经济学一流专业系列规划教材

经济学原理与应用

Principles and Applications of Economics

张建武　官华平　张晶晶　主编

中国社会科学出版社

图书在版编目(CIP)数据

经济学原理与应用/张建武等主编.—北京:中国社会科学出版社,2021.1
ISBN 978-7-5203-7732-4

Ⅰ.①经… Ⅱ.①张… Ⅲ.①经济学 Ⅳ.①F0

中国版本图书馆CIP数据核字(2021)第018119号

出 版 人 赵剑英
责任编辑 王 衡
责任校对 王 森
责任印制 王 超

出 版 中国社会科学出版社
社 址 北京鼓楼西大街甲158号
邮 编 100720
网 址 http://www.csspw.cn
发 行 部 010-84083685
门 市 部 010-84029450
经 销 新华书店及其他书店

印 刷 北京明恒达印务有限公司
装 订 廊坊市广阳区广增装订厂
版 次 2021年1月第1版
印 次 2021年1月第1次印刷

开 本 710×1000 1/16
印 张 24.5
字 数 398千字
定 价 129.00元

绪　　论

一　编写目的

在编写本教材时，正值全球新冠肺炎大流行阶段，此次疫情给各国带来了巨大的损失。由于各国文化差异、政治经济体制不同，应对疫情的措施也不尽相同，当然这些措施的效果差异很大。中国是集中爆发的国家之一，但在以习近平为总书记的党中央坚强领导下，在社会各界特别是医疗界的努力付出下，经过两个月左右的时间，将疫情控制住了。反观部分欧美国家，在应对疫情方面措施不得力，浪费了宝贵的窗口时间，导致疫情失控，付出了巨大代价。尽管疫情还没有结束，但是对于疫情的反思已经开始。在此次疫情防控过程中，中国政治社会体制制度的优势展示得淋漓尽致，坚强的领导和具有自我约束的老百姓的配合，迅速将疫情控制下来。此次疫情给中国坚持道路、理论、制度和文化自信增加了最强的展现。

中国改革开放后逐渐引入西方经济学，在经济管理类专业中，微观经济学和宏观经济学已经成为两门重要基础课。在理论体系方面，大部分西方经济学教材都是在梳理西方经济学发展脉络和演进过程的基础上搭建知识体系框架。西方经济学理论演进过程主要是基于西方国家经济发展实际过程；由于文化背景差异，中国经济发展历程和演进过程跟西方国家有明显差异。如何在经济学教材编写和教学过程中讲好中国经济改革发展的故事，是眼下经济学教育者的当务之急。本书编写初衷在于将经济学的原理应用到中国经济实际中，使学生能够更加直观认识中国经济基本情况和演进过程，了解中国社会主义基本经济制度；更加理性客观认识各国经济体制差异，了解其优势和劣势，增强中国建设社会主义现代化强国的理论自信和道路自信。

二　教材编写的特点

1. 编写理念

本教材适用于经济管理类大学低年级使用。主要编写理念包括以下几点。

第一，本土化案例。从亚当·斯密的《国富论》出版以来，西方经济学经过200多年的发展，已经形成了相对严密的理论体系。从理性人为出发点，以完全竞争市场为中心，对不同经济主体的各种经济行为进行分析，形成了系统性的经济理论。西方经济学具有一定的现实性和科学性，我们从事经济学研究和教学不能完全推倒重来。从事经济学研究和教学只能基本遵循西方经济学的基本框架，引入中国实际经济案例，引导学生运用经济学基本理论思考中国现实问题。中国从改革开放以来，逐步深化市场经济体制改革；在改革过程中不断借鉴西方国家经济管理经验，建立了中国特色的社会主义市场经济体制。因此应用西方经济学原理来分析中国现实问题具有逻辑上的合理性。本文每章都有案例，基本上是有关中国的现实问题。例如，第九章第一节，关于经济周期的经验事实，教材直接运用中国近些年数据来说明经济周期及宏观经济波动等问题；第十章的案例“中国地方政府隐性债务问题”。通过这些案例的介绍和讨论，引导学生思辨能力。

第二，创新性思维。突出创新思维，培养创新人才是经济学教书育人的要求和目的。市场经济是创新型经济，只有具有创新思维的人才才能适应社会，为社会所重用。培养创新思维是由经济学学科本身的性质决定的；经济学是总结经济社会人们操作的成功经验和提出新的建议构想的理论结合体，其全部理论需要在学习和探究经济学过程中不断更新。因而只有在学习和探研经济学的过程中坚持创新思维才能准确把握经济学的合理内核。本教材编写体现创新性的地方主要包括：一是理论联系实际，活化教学内容；在教学编写过程中尽量多收集案例，如在介绍价格理论时，教材能够引用中国“票贩子”问题。二是通过理论自测引导学生进行讨论和思考，如价格弹性、竞争厂商中价格和产量决定、消费和储蓄对经济增长的作用等；在理论自测部分，都设置了相应的问题，可以用于课堂讨论。

第三，系统性。系统是普遍存在的。大至渺茫的宇宙，小至微观的原子：人、细胞、地球等所有的事物以其自身的行为模式在整体层面相互联系。整个经济系统也是如此，它的运转方式会影响到置于其中的各经济主体（家庭、企业、政府和国外部门）的行为模式及其相互联系。现实经济系统中，家庭供给劳动给企业，也在金融机构储蓄，金融机构贷款给企业，企业利用劳动和资本生产出产品，这些产品在家庭、企业和政府以及国外部门之间进行分配；经济主体之间通过市场相互联系，但每个经济主体又都具有自己的行为模式，其行为又会反馈到整个系统。因此，我们需要基于系统论来解释观察到的经济现象，并按照系统性思维来制定经济政策、优化经济行为模式。本教材在编写过程中也坚持系统性原则，包括了微观经济学和宏观经济学的主要内容，同时做到微观经济学与宏观经济学之间的呼应；首先介绍了微观经济主体的行为方式（消费理论、厂商理论），接着介绍了市场理论；当然市场也存在不足，需要政府调控；便介绍宏观经济学内容。宏观经济学部分介绍了宏观经济短期波动以及政策调控；长期经济增长基本理论。在介绍长期经济增长理论时应用了微观主体的决策法则，与微观经济学相呼应。

2. 知识结构

本教材主要面向经济管理类专业本科生，目的在于让学生掌握经济学的基本理论框架；因此本教材尽力避免繁杂的数学推导，运用相对平实语言说明经济现象，厘清经济学理论分析思路，说明经济理论的现实含义。第一章到第七章为微观经济学；第八章到第十四章为宏观经济学。

第一章是经济学理论的导引部分。通过对经济与经济学的关系的解释，说明了经济学理论的重要性，同时回顾了现代经济学的发展历程，阐明现代经济学的思路和理论体系。在此基础上，简要介绍了现代经济学的研究对象、主要内容和研究方法。最后，对于经济学的争议、如何将社会主义经济与西方经济学相结合起来等问题进行了探讨。

第二章是价格理论。在市场经济中，价格是经济活动参与者相互之间联系和传递经济信息的信号，价格机制能够使经济资源得到有效配置。本章介绍了需求理论、供给理论和均衡价格理论。

第三章是消费理论。将分析需求曲线背后的消费者的选择行为，并从对消费者的选择行为的分析中推导出需求曲线。由于消费者选择行为的目标是在一定的约束条件下追求自身的最大效用，所以消费者选择理论亦可被称为效用论。本章分别介绍基数效用论和序数效用论对消费者行为的分析和对需求曲线的推导。

第四章从供给视角出发，介绍了企业生产函数，成本函数，以及企业产量的决定，最后给出了短期和长期供给曲线。

第五章是对市场结构的分析，包括市场概念、完全竞争市场和非完全竞争市场三个部分，其中非完全竞争市场又分为三种。本章的重点是解释不同市场结构中，厂商面对不同条件时的均衡状况，理解厂商的最优决策，并推导短期和长期内厂商及行业的供给曲线。最后分析、比较不同市场结构中厂商的资源配置效率。

第六章主要介绍了生产要素的供给和需求；土地的供给与需求，以及地租的决定；劳动力的供给与需求，以及工资率的决定；资本的供给和需求，以及利息率的决定。

第七章是市场失灵。政府之所以要参与经济活动，是由于市场机制并不是在任何情况下都能充分地起到作用的，现实的市场机制运行经常会背离帕累托最优，出现市场失灵。市场失灵需要政府进行调节和干预，发挥“看得见的手”的功能。政府的职能主要是弥补市场的不足，促进效率、公平和稳定。主要介绍了垄断与市场失灵，外部影响与市场失灵，公共物品与市场失灵，不完全信息与市场失灵，政府在解决市场失灵中的作用。

第八章是国民经济核算。为了实现经济体的良好宏观环境和准确平稳地执行宏观经济政策，我们需要通过一些统计数据指标测度经济体的整体运行情况。测度宏观经济运行情况的三类重要指标是：经济整体收入水平的衡量指标、整体价格水平的衡量指标和失业情况的衡量指标，这三类重要指标包括了最重要和最常用的宏观经济数据。经济体整体收入水平衡量经济体中所有经济活动在一段时期内的总和。它可以使用以下几个总量衡量：国内生产总值（GDP）、国民生产总值（GNP）、国民收入（NI）和个人可支配收入（DI）等。

第九章是国民收入决定理论。本章主要介绍凯恩斯主义经济周期理论的相关模型及其应用，我们假设封闭经济，即不考虑经济体外部影响的情况，把经济体划分为家庭、企业和政府三大部门，总收入等于消费、投资与政府购买之总和。本章第一节介绍关于中国经济周期波动的一些经济事实；第二节将基于凯恩斯交叉和流动性偏好理论构建关于产品市场和货币市场短期均衡的 IS-LM 模型；第三节将基于 IS-LM 模型推导总需求曲线，构建总需求—总供给模型，从而解释短期经济波动。

第十章是宏观经济调控。宏观经济政策指的是政府有意识有计划地运用一定的政策工具，调节控制宏观经济的运行，以达到一定的政策目标。国家宏观调控的政策目标，一般包括充分就业、经济增长、物价稳定和国际收支平衡等四项。本章介绍了财政政策工具和货币政策工具，以及政府如何运用财政政策和货币政策调控宏观经济，熨平短期经济波动。

第十一章是失业与通货膨胀。每个国家政府都十分重视失业和通货膨胀的问题，并在不同时期通过制定公共政策来改善和影响失业和通货膨胀。本章就失业和通货膨胀的相关理论进行系统的研究。主要介绍了失业的概念，失业的成因及分类；通货膨胀的分类及成因；失业和通货膨胀的关系等。

第十二章开放经济下的短期经济模型。本章开始放弃封闭经济的假设，从开放经济的视角考察和研究一国宏观经济的运行情况。主要介绍了汇率、国际收支的概念，蒙代尔—弗莱明模型。

第十三章是经济增长理论。主要介绍了长期经济增长的概念，以及哈德罗—多马模型、索洛模型和内生增长理论，并对几个理论进行了比较。

第十四章是宏观经济学的争论。介绍了各个经济学流派，包括新古典综合派经济学、现代货币主义学派、理性预期学派、新凯恩斯主义经济学；介绍了这些学派的产生背景，主要政策观点。

本书编写分工具体为：倪秋菊负责编写第一章和第五章，张建华负责编写第二章和第三章，宋晖负责编写第四章和第十三章，成冬梅负责编写第六章，官华平负责编写第七章、第十章和第十四章，吴周恒负责编写第八章和第九章，张晶晶负责编写第十一章和第十二章，张建武负责统筹和审校。

3. 编写体例

本书编写过程中，遵循问题导入—问题分析—基本结论—自我思考的编写体例。每章都有前言部分，主要介绍本章的主要内容，以及同前后章节的关系；其次是对问题的深入分析，是每章的主要内容；再次每章都有小结部分，是对本章内容的一个总结；最后是引导学生进行思考的理论自测和应用自测（复习与思考）。

三　本教材与政治经济学的关系

一是教学目的不同。政治经济学和西方经济学这两门课程有不同的教学目的。在中国，政治经济学是作为一门马克思主义理论课设置的，因此，它的教学目的就是要使学生系统地掌握马克思主义政治经济学的基本原理和分析方法，理解资本主义被社会主义所替代的历史必然性和共产主义必然实现的历史发展趋势。不过，改革开放以来，在教学实践和教材编写过程中，政治经济学这门又增加了这样一个目的：使学生掌握市场经济发展的一般规律，理解中国现阶段经济建设的理论和方针政策。西方经济学教学目的在于使学生比较全面、系统地掌握现代西方微观经济学和宏观经济学的基本概念、原理和方法，理解现代市场经济运行的一般规律和政府干预经济生活的必要性及其方法，了解现代经济学发展的最新动态，培养和提高联系实际运用所学理论和方法分析当前国际经济和中国经济发展的重大问题的能力。

二是对西方经济学学习的辩证态度。应当看到，从来不存在纯粹的或抽象的市场经济，市场经济总是与特定的基本经济制度结合在一起。与资本主义基本经济制度结合在一起的市场经济是资本主义市场经济，其实质是维护和发展私有制；与社会主义基本经济制度结合在一起的市场经济是社会主义市场经济，生产资料公有制是社会主义的基本制度，其宗旨是解放和发展生产力，避免两极分化，逐步实现共同富裕。因此，不同基本经济制度下的市场运行机制有共同之处，但又有着本质的区别。中国正处在社会主义初级阶段，实行以公有制为主体、多种所有制经济共同发展的基本经济制度，与西方资本主义私有制不能相提并论。坚持公有制为主体，促进非公有制经济发展，统一于中国社会主义现代化建设的历史进程中，不能将这两者对立起来。建立和完善社会主义市场经济，可以研究和借鉴资本主义市场经济的运行机制，但决不能照抄照搬，按图索骥。

目　录

第一章　导论

本章是经济学理论的导引部分。通过对经济与经济学的关系的解释，说明了经济学理论的重要性，同时回顾了现代经济学的发展历程，阐明现代经济学的思路和理论体系。在此基础上，简要介绍了现代经济学的研究对象、主要内容和研究方法。最后，对于经济学的争议、如何将社会主义经济与西方经济学相结合起来等问题进行了探讨。

第一节　经济与经济学

一　人们为什么需要学习经济学？

经济学（Economics）是对经济体（Economy）的研究。经济或经济体是我们所处身的现实世界，是使用资源、制造产品并决定个人能获得什么的地方。所有的人都必然要接触到各种现实经济问题，但对于没有学习过经济学的人，经济学无疑将展开一个全新的、陌生的世界。作为理论，“经济学”听起来或许显得生硬和枯燥，但它其实是一门既有用也有趣的学科。经济学包括理论和基础知识部分，即用专业术语、数理工具和图表来表达的部分，也涵盖了现实经济世界的运行：从个人的消费、投资决策，到国家政策问题探讨，经济学涉及人们日常生活的方方面面。

当人们走到书店，随意挑选一本经济学书籍，然后付钱购买，这似乎是再简单不过的事。但市场上是否有足量的书籍供人们尽情挑选？又是否每个人都能够支付得起自己合意的书籍的价格？即使以付款方式而言，是使用现金，还是信用卡，或者是某种电子支付方式？这取决于当地的金融系统。

值得注意的是，经济学涉及金钱和财富的运转，但经济学并不能直接授予人们致富或成功的诀窍，例如经济学不能教人们炒股、告诉人们房价涨还是跌、培养商业精英。经济学是对人和社会的决策行为的解析，它讲的是如何帮助人们改善思维方式，满足需求，获得富足快乐的人生，也可以用来解释为什么有些社会以及生存于这些社会中的人群会陷入困境。正如一位经济学学者所言，"研究经济学不会使你脱离领接济食物的穷人队伍，但是至少会使你了解你为什么会站在那个队伍中"①。

总之，学习经济学有助于人们了解周边世界，能帮助个人作出更精明的经济决策，也有助于理解经济政策的潜力和局限性。这就是人们需要经济学的理由。

二 经济学的源流

相对于文学、哲学、数学等古老文明，经济学是较为年轻的学科，经济学的思想可以追溯到古希腊时代，理论体系则是伴随资本主义的出现而逐渐建立的。古希腊文明萌生了较为复杂的经济种类，从而引发了哲学家对于经济问题的思考，如色诺芬（Xenophon）的"家计"论，柏拉图（Plato）和亚里士多德（Aristotle）的货币论和财富论。但直到 1776 年亚当·斯密（Adam Smith）的《国富论》出版，才标志着作为理论体系的西方经济学正式形成。

（一）古典经济学之前的时代

1. 重商主义（Mercantilism）

15 世纪末到 16 世纪，得到欧洲统治者授权的商人势力不断向海外扩张，商人们获得了前所未有的财富和影响力，由此催生了重商主义。重商主义者把金银看作财富的唯一形式，认为对外贸易是获得货币财富的真正源泉，只有在对外贸易中多卖少买，才能给国家带来货币财富。重商主义的时代，经济生活开始跨区域发展、货币经济逐渐占支配地位，重商主义是这个时代的思想标杆，但此时没有成体系的经济理论，观点方面众说纷纭。

2. 重农主义（Physiocracy）

18 世纪中，以弗朗索瓦·魁奈（Fransois Quesnay）为代表的学者们针

① 转引自陈赓拓《经济学改变生活》，湖南人民出版社 2012 年版，第 20 页。

对法国的经济和社会问题，指出农业才是国家财富最终的源泉，经济价值来源于土地和农民的劳动。这些学者的观点被称为重农主义，他们也是首批自称为经济学家的人。魁奈在其代表性著作《经济表》中使用了模型方法（经济图表）对于经济行为进行描述，并试图找寻其中规律，这种现代化的分析方法被沿用至今。另一位重农主义者杜尔阁（Turgot）进一步提出，财富的形成依赖于生产、流通、分配和消费的系统运作。重农主义为之后的经济学家开辟了通往现代经济形式的新道路。

（二）古典（政治）经济学（Classical Economics）阶段

18 世纪末，伴随着工业革命，西方世界步入大工业时代，资本主义经济制度日益确立和完善起来。亚当·斯密首次将经济学发展成一个完整体系，其追随者李嘉图（David Ricardo）、穆勒（James Mill）、萨伊（Jean-Baptiste Say）等人则引导和推动经济学走向系统化、实证化，逐渐形成了一个经典的经济学理论体系。

1. 亚当·斯密（Adam Smith）与《国富论》

亚当·斯密在《国富论》中创造了著名的“看不见的手”的理论：个人在经济生活中只考虑自己利益，受“看不见的手”驱使，即通过分工和市场的作用，最终能实现国民富裕。“看不见的手”描述了一种自发秩序，其中个人利益、劳动分工和自由交易这几个核心要素，至今仍然发挥着重要影响。对于国民财富，斯密也作出了全新的诠释，他认为一切物质生产部门都创造财富，劳动、资本和土地是国民财富的三个源泉。同时，亚当·斯密指出，劳动分工、新财富的分配会带来新的问题。亚当·斯密提出的经典问题，引出了经济学的延伸思考。

2. 大卫·李嘉图（David Ricardo）与《政治经济学及赋税原理》

亚当·斯密是经济学体系的开创者，李嘉图则以出色的抽象分析和严密的逻辑推理，完善了斯密的体系。李嘉图在《政治经济学及赋税原理》中批判地继承了斯密的劳动价值论，不仅论述了工资、利润和地租，将报酬递减法则运用到差额地租理论上，还说明了工资和利润、利润和地租的对立。他还论述了国际分工的比较优势理论、赋税的一般原理和原则，这些理论在当今的相关领域中仍然有着重要地位。

3. 萨伊定律（Say’s Law）与三分法

法国经济学家萨伊（Jean-Baptiste Say）是 19 世纪初欧洲最重要的经

济学家之一，他使斯密的经济学说具体化和系统化。萨伊在其代表作《政治经济学概论》中把经济学划分为财富的生产、财富的分配和财富的消费三部分，并指出劳动、资本、土地共同创造了产品的效用，物品的效用是物品价值的基础。工资、利息、地租分别来源于劳动、资本、土地，这就是“三位一体”公式。

萨伊还提出了著名的“供给能够自动创造需求”（Supply creates its own demand）的观点，即萨伊定律（Say's Law）。萨伊把生产费用和供求论结合起来，以随供给和需求的变动而变动的价格作为测量物品价值的尺度。他认为，买者同时也就是卖者，买卖是完全统一的，商品的供给会为自己创造出需求，总供给与总需求必定是相等的，局部的供求不一致也会因价格机制的调节而达到均衡。

萨伊规定了经济学的研究对象和研究方法，主张以实证方法研究经济问题，抛弃价值判断。萨伊与英国经济学家西尼尔同为经济学实证化的先锋，是经济学科学化之始。

4. 詹姆斯·穆勒（James Mill）的四分法

穆勒的《政治经济学要义》沿用了李嘉图学说，同时参照萨伊的模式，将经济学划分为生产、分配、交换和消费四个部分，即“四分法”。这种方法不同于“三分法”之处在于把生产、分配、交换和消费看成同等和并列的，作为分配结果，资本家占有剩余价值和工人得到工资也处在同等地位。批评者认为穆勒的理论避开了劳动与资本的对立，也无视了李嘉图学说与现实之间的矛盾，导致古典经济学走向庸俗化。

（三）新古典经济学（Neoclassical Economics）阶段

古典经济学重生产、成本和供给分析，忽视对需求的研究，这是其局限所在。自1825年英国首次爆发生产过剩的经济危机，西方国家开始周期性出现生产过剩。这意味着萨伊定律失灵，也意味着消费和需求出了问题。经济学的注意力开始向消费和需求转移，同时，在坚持自由市场的前提下，研究重点从价值转变为价格。

1. “边际革命”（Marginal Revolution）

边际效用论的先驱是德国经济学家戈森（Hermann Heinrich Gossen），他提出人类行为的目的在于追求最大化的享乐，这种行为通常受到两个规律支配：一是边际效用递减规律；二是边际效用相等规律。这就是著名的

“戈森两大定律”（Gossen's Law）。之后，在戈森定律的基础上，奥地利的门格尔（Carl Menge）、英国的杰文斯（William Stanley Jevons）和法国的瓦尔拉斯（Leon Walras）几乎同时明确提出了以边际效用价值论为核心的理论，他们被认为是“边际革命”的奠基者。美国的克拉克（John Bates Clark）则提出了边际生产力理论。边际分析使用了数学的微积分方法来分析经济现实，同时在经济思想上是一种从存量分析到增量分析的演变，是经济学的重大变革，故称“边际革命”。

2. 马歇尔（Alfred Marshall）和新古典经济学

英国经济学阿尔弗雷德·马歇尔是新古典经济学最著名的代表人物。他在1890年出版的《经济学原理》（*Principles of Economics*）一书中，综合了古典经济学和边际效用理论，以均衡价格理论为中心，提出了系统的微观经济理论。厂商群体构成供给力量，供给的基础是边际成本；消费者群体构成需求力量，需求的基础是边际效用，供给与需求、边际成本与边际效用这两个层次共同决定了市场的均衡价格。马歇尔的另一大贡献是通过对完全竞争市场的分析，证明了市场体制的效率，相应地也就证明了“看不见的手”的理论。马歇尔的理论体系被称为新古典经济学，是古典经济学的升级版。古典经济学关注市场如何调控经济并促进繁荣，新古典经济学关注的是理性的个人如何掌控市场。

3. 对马歇尔微观经济学的补充

其一，不完全竞争理论的出现。1933年，英国的琼·罗宾逊（Joan Robinson）和美国的张伯伦（Edward Chamberlin）分别提出了不完全竞争和垄断竞争理论，张伯伦因此获得诺贝尔经济学奖。其二，希克斯（John Hicks）、瓦尔拉斯（Leon Walras）等人在数理方面的建构达到了新的高度，尤其是瓦尔拉斯的一般均衡理论。同时，庇古（Arthur Cecil Pigou）的福利经济学（Welfare Economics）也是对微观经济学的有力补充。其三，博弈论（Game theory）的引入。博弈论推动了经济学的数学化，其理论框架则用于分析各种企业行为，为寡头垄断提供了可靠且有用的分析模式。

三 现代西方主流经济学

（一）凯恩斯革命（Keynesian Revolution）与宏观经济学

20世纪30年代，席卷全世界的经济危机对传统经济学提出了严重挑战。古典经济学认为供求会自动平衡，新古典经济学则认为经济波动是一种自然现象，无须干预。但严峻的现实需要新的理论解释和答案。1936年，凯恩斯（John Maynard Keynes）在《就业、利息和货币通论》（*The General Theory of Employment, Interest and Money*，以下简称《通论》）中提出了自己的理论。凯恩斯经济学的第一个重要贡献就是国民收入决定理论，从系统循环的角度、从国民财富总量的角度审视了价值决定，这是从微观到宏观的巨大变化。凯恩斯理论的第二大贡献是政府干预经济的思想，指出政府的经济运行的干预是避免现行经济形态全部毁灭的唯一可行办法。凯恩斯理论开辟了宏观总量分析的新领域，指出了传统经济学的缺陷，提出了一些新的理论和政策主张。在他之后，经济学被划分为宏观部分和微观部分，凯恩斯学说的提出也因此被称为“凯恩斯革命”。

（二）后凯恩斯主义（Post Keynesianism）

凯恩斯之后，经济学内部逐渐形成两大主要支派：以美国的萨缪尔森（Paul Samuelson）为首的新古典综合派（Neoclassical Synthesis）和以英国的琼·罗宾逊（Joan Robinson）为首的新剑桥学派（Neo-Cambridge School），两个支派之间长期的争论被称为“两个剑桥之争”。由于第二次世界大战后政府对经济进行干预时主要推行的是新古典综合派的主张，这一学派也被称为后凯恩斯的主流学派。

1. 新古典综合学派（Neoclassical Synthesis）

萨缪尔森是新古典综合派最主要的代表人物和奠基者，他几乎在经济学的各个方面均有自己的改正、补充和完善。1948年萨缪尔森的《经济学》教科书出版，该书融合了宏观和微观分析，将新古典经济学和凯恩斯经济学综合起来，因此成为新古典综合学派形成的标志。在《经济学》的第3版中，萨缪尔森将其经济理论称为“新古典综合经济学”。新古典综合派的其他代表人物包括劳伦斯·克莱因（Lawrence Robert Klein）、詹姆士·托宾（James Tobin）、弗兰科·莫迪利安尼（Franco Modigliani）、约翰·希克斯（John R. Hicks）、詹姆斯·爱德华·米德（James Edward Meade）等。20世纪60年代中期以前，新古典综合经济学成为当时西方经济学的主流。但是70年代后，各主要工业国家的经济陷入新的困境，新古典综合派遭到了货币主义、供给学派和理性预期学派的争相批判，不得不在原有理论基础上对于上述三个新学派的理论和观点加以部分吸收，即“现代经济学的重新综合”。

2. 新剑桥学派（Neo-Cambridge School）

新剑桥学派的代表人物有琼·罗宾逊、斯拉法（Piero Sraffa）和卡尔多（Nicholas Kaldor）等，其基本理论包括价值理论、经济增长理论和收入分配理论三个部分。新剑桥学派的理论以凯恩斯的投资—储蓄模型为基础，同时否定了新古典经济学的边际生产力分配理论，将分配论建立在劳动价值论的基础上，并结合经济增长理论，试图考察增长过程中分配关系的变动趋势。新古典综合理论以经济增长为宏观政策的主要目标，对工资、物价进行管制，新剑桥主义认为这是没有抓住主要矛盾，是片面的、无效的，经济危机的根源是收入分配失调，提出应当实现收入均等化。

（三）新（古典）自由主义经济学（Neo-classical Liberalism）和新凯恩斯主义（New Keynesianism）经济学

1. 新（古典）自由主义（Neo-classical Liberalism）经济学

“新古典自由主义”是指货币学派（Monetarism）、供给学派（Supply-side School）、理性预期学派（Rational Expectation School）所组成的学术群体。新古典自由主义经济学没有统一的体系，共同点是信奉“自由市场”理念，反对凯恩斯的政府干预主义。其中，供给学派认为，总供给的增长取决于劳动力和资本等生产要素的供给和有效利用，对报酬的刺激能够影响个人和企业提供生产要素和从事经营的行为。自由市场会自动调节生产要素的供给和利用，应当消除阻碍市场调节的因素。货币学派以弗里德曼（Milton Friedman）为代表，强调一切经济问题都是货币问题。货币供应量的变动，是引起经济活动和物价水平发生变动的根本的和起支配作用的原因。主张稳定货币，实行“单一规则”的货币政策，减少政府干预。理性预期学派是从货币学派中分化出来的，是更为彻底的经济自由主义。在理性预期学派的基础上产生了新古典宏观经济学，结合了宏观和微观两个方面，发展出一种全新的、具有微观基础的宏观理论。

2. 新凯恩斯主义（New Keynesianism）经济学

20 世纪 80 年代末，美国陷入经济衰退，新古典自由主义也迎来了很多的质疑，这导致了凯恩斯主义的复兴。新凯恩斯主义是在传统凯恩斯主义的基础上，扬弃原有体系中一些带有明显缺陷的地方，又吸收了新古典综合派所整合的成果，从而建立起了有别于传统理论的新体系。新凯恩斯主义的发展和演变主要表现在：其一，使得微观和宏观的结合更为有机和紧密，将微观的供求概念运用于经济增长与发展、国际贸易、公平与效率问题的探讨等各个方面；其二，善于吸收当代经济学各种流派的有用成分。

同样是将宏观与微观结合起来，新凯恩斯主义的重点是为凯恩斯主义补全微观基础，新古典宏观经济学的重点则是将微观经济学发展到宏观领域。两个流派之间互有融合，其争论也至今不休。新古典综合经济学、新古典宏观经济学与新凯恩斯主义经济学，合称现代经济学主流。

四　经济学的争议和新发展

对于普通公众来说，驱动经济从繁荣走向衰退又回到繁荣的力量一直是一个谜，经济学则被视为是破解经济之谜的钥匙。随着全球经济的繁荣发展，经济学和经济学的分支——金融学、银行学、国际贸易学等也不断产生和发展，学习经济学及其相关学科的学生人数不断增加，经济学的领域和规模进入快速扩张阶段。但是2007—2008年的金融危机带来了对现存经济学体系的严厉批评。

2009年7月，全球性经济危机尚未完全消退，英国女王访问伦敦政治经济学院时问道："既然有这么多杰出的经济学家，为什么不能预测如此严重的经济危机呢?"一位经济学家解释道："陛下，因为经济学已经消亡了。"① 著名经济学家保罗·克鲁格曼（Paul Krugman）对经济学界提出批评，认为学界已经步入歧途。菲利普·克莱因（Phil Klein）等学者也撰文指出，西方主流经济学阻碍了新思想的出现，使得经济学琐碎化，脱离现实世界并在逐渐削弱社会。

其实，对经济学（尤其是西方主流经济学）的批评由来已久，2008年的金融危机只是促成了矛盾的尖锐化。经济学受到的质疑一部分来自于它并不能很好地解释现实、不能预测经济中的重大危机，另一部分则源自它的学科属性。相对于物理等自然科学而言，经济学的学科核心并不统一，学科内部的共识较弱。物理学的定律不能被轻易否定，经济学的定律则大部分基于假设，没有牢固的实证基础。近年来，对经济学现状的不满

---

① ［韩］李正典：《颠覆经济学》，北京大学出版社2013年版，前言。

主要在于经济学教学中的教条化、统计方法有缺陷等，也有一些批评指出，主流经济学没有考虑到阶层、权利和收入分配。

无论是批评还是拥护，对于经济学这门学科有不同看法本身是极为正常的事情。例如，关注的重点不同、研究与教学之间有差距、对于经济学与政策的相关性看法不同、意识形态分歧，这些都足以造成观点和意见差异。但纵观经济学的源泉和历程，经济学一直是在争论中发展的。人们需要经济学理论，也需要严谨的实证研究，经济学正在科学化的道路上。

第二节 经济学的研究对象、基本内容和基础假定

一 经济学的研究对象和基本问题

经济学的研究对象指的是经济学研究的客体，是独立于人们意识之外的客观存在，与经济学研究的“问题”有所不同。人们在观察客体的过程中产生了各种认识上的问题，发现问题、提出问题、解决问题，这就是经济研究。

（一）研究对象

古典主义将经济学定义为国民财富的研究，或者对市场上的商业体系的研究。马歇尔认为经济学是对“日常商业活动中的人类的研究”。也有一种观点认为，经济学关注的是经济活动的基本特征——“经济化”本身，也即如何有效利用资源。之后，莱昂内尔·罗宾斯（Lionel Robbins）提出一个定义，认为经济学探讨的是人类的行为与具有各种不同用途的稀缺资源之间的关系[①]。这一定义在20世纪60年代得到了广泛认可。综合而言，经济学研究的是社会如何配置自身的稀缺资源，以及社会中的居民、厂商、政府等个人或机构如何利用资源的行为。

资源是指社会经济活动中人力、物力和财力的总和，是社会经济发展的基本物质条件。在特定的时间和技术条件下，社会拥有的、可供利用的现实资源是有限的，投入某种生产的资源增加就必然会导致投入其他领域的资源减少。因此，需要对有限资源在各种可能用途中进行选择，以便用

① ［英］莱昂内尔·罗宾斯：《经济科学的性质和意义》，朱泱译，商务印书馆2000年版，第20页。

最少的资源耗费，生产出最适用的商品和劳务，实现最优效率。这也就是资源的配置和资源的利用。

资源配置是根据社会需求，组织物资资料、设备、资本、劳动力等生产要素，以合理的比例分配到社会经济各部门。资源的利用需要先设定效率指标，用于描述资源被居民、厂商、政府等部门充分利用时的状态。就内涵而言，资源配置和资源的利用其实是一致的，因为当资源被合理配置的时候也就是资源被有效利用的时候。但是两者也可以被分开单独定义。当经济学以合理配置资源为目标时，会假定社会的资源已经得到充分利用；而当经济学以如何更多地利用潜在资源为目标，会假定社会资源能得到合理配置。

（二）基本问题

1. 资源配置（Resources Allocation）

资源的合理配置，包括三个必须要解决的基本问题：生产什么与生产多少（What）？如何生产（How）？为谁生产（For Whom）？

第一，该生产什么，要生产多少，如何才能最大限度地满足人们的需要？例如，一家面包店，必须决定其主打产品是蛋糕还是面包？该生产多少？政府也应选择，某一块土地是要拿来做商业开发，还是兴建学校、幼儿园？

第二，如何生产，即使用什么生产方法。要解决的问题是在生产同一种产品的许多种不同方法中选择一种最有效率的方法，这既要从技术角度考虑，也要从经济角度考虑。

第三，为谁生产，即生产出来的产品及其利益应该如何分配。谁可以得到？又该得到多少？这在相当程度上是一个收入分配问题，从根本上讲，为谁生产取决于生产要素的供求关系所确定的要素价格。

2. 资源利用（Resources Utilization）

社会如何才能更好地利用既定资源，生产出更多的物品？这是资源利用效率的探讨。假定资源已经被合理配置，但资源并未得到充分利用，意味着存在闲置资源，一般表现为失业现象；如果资源已被充分动员，但产量并不稳定，这是经济波动问题；如果由于货币的购买力不稳定，引发各种经济问题，一般表现为通货膨胀或通货紧缩。

二　经济学的基本假设

所有的理论都必须基于一定的假设，假设不同，最后的结论也不同。经济学的基本框架也要从假设开始，才能构成完整严密的逻辑体系。当理论运用于现实，在解决不同问题时应调整所用的假设，即理论的衍生。经济学的基本假设反映了经济世界公认的重要特征，是逻辑推理得以展开的前提，也是经济学研究的意义所在。

（一）稀缺性（Scarcity）假设

稀缺性指的是资源的有限性，这一假设同时包含了一个隐藏假设，即人类欲望的非餍足性。根据马斯洛（Abraham Maslo）的理论，人类生存在世上，只要有未满足的需要（非餍足性），就能形成对行为的激励。人的需要按照重要性和层次排成一定的次序，当某一级的需要得到满足后就会追求高一级的需要，如此逐渐上升。[①] 也就是说，人类的欲望是无穷的。

人类要满足自己的欲望，就要消费各种产品以及服务。有些物品人们不需要耗费代价就能得到并消费，比如空气，这类“可自由取用”的物品被称为非经济物品（Free Goods）。而现实中，绝大部分物品都必须耗费代价去进行生产才能得到，这些物品被称为经济物品（Economic Goods）。相对于人类社会的无穷欲望而言，产品以及用于提供这些产品所需要的各种资源总是不足的。在经济学中，这种资源的相对有限性被称为稀缺性。

一方面，稀缺性是相对的，它产生于人类欲望的无限性与资源的有限性这一矛盾。也就是说，稀缺性强调的不是资源的绝对数量的多少，而是相对于欲望无限性的有限性。另一方面，稀缺性的存在又是绝对的。即，它存在于人类历史的各个时期和一切社会。稀缺性是人类社会永恒的问题，只要有人类社会，就会有稀缺性。正是因为受到资源稀缺的限制，才使得经济效率的研究成为必要。

稀缺性假设可以用穷举法和反证法进行验证，是目前被普遍接受的经济学前提假设。

（二）经济理性假定（Rationality）

经济学并不研究稀缺性本身，而是研究在资源稀缺的制约下，行为主

---

① ［美］马斯洛：《动机与人格》，许金声等译，陕西师范大学出版社2010年版，第69页。

体的优化应对。这需要假设行为主体充满理智，能够为了实现自身利益最大化而进行成本——收益计算，这种能力被称为经济理性（Rationality）；具有对稀缺性作出理性应对的行为主体，则称之为经济人（Economic Man）或理性人。

经济人不可能单独存在，个体的优化行为应在整个经济社会中相互联系。如果经济社会有一套正确的激励机制，具有经济理性的主体之间就能形成良性竞争，协调彼此的利益冲突。值得注意的是：经济人作出选择时应当是平等、自由的，交易也应当是互利的，否则系统无法自我维持。典型的激励机制如斯密的“看不见的手”，每个决策主体选择自己效率最高的行为，再互相交易其成果，最终能实现整体利益最大。

经济人假设实际运用起来有很多限制，因为“理性”本身是一个模糊的概念，不具有定性和定量的特征。要解释何为“理性”，经济学家只能通过构建更多新的概念进行更多的假设。有些经济学流派则偏离了新古典主义的“完全经济理性”假设，其中有阿马蒂亚·森（Amartya Sen）的经济伦理学和西蒙（Herbert Simon）的“有限理性”理论（Bounded Rationality Model）等。

三　理性选择（Rational Choice）和机会成本（Opportunity Cost）

理性选择是在一定的约束条件下，在不同可供选择的事件中进行挑选的活动。如果作出一项选择而不能不放弃另一项选择，另一项选择在实际上可能的最高代价，称之为该项选择的机会成本。如果资源不稀缺，则所有的经济行为都可以发生，并不需要选择。选择是稀缺性的必然的逻辑延伸。选择也意味着机会成本的出现，因为，作出任何一项选择的同时，也就失去了选择其他资源用途的机会。从理论上说，理性选择的结果是资源在所有用途中结果最优的一项，也是机会成本最小的一项。机会成本是某资源改作他用的各种可能中最优的选择；但由于现实中条件的限制，只能是其他使用中能够满意的选择。从机会成本的角度，“世界上没有免费的午餐”是符合经济学规律的。

四　经济体制（Economic Structure）

经济体制就是指不同的资源配置方式。在特定的时间和技术条件约束下，决策者需要对有限资源在各种可能用途中进行选择，使其充分利用，实现最佳效益。资源配置方式也是一种系统的激励机制，正确的激励能带来积极反应，反之，错误的激励可能会导向扭曲的结果。在工业革命之前，人类社会处在自然经济时代，并未实现全社会范围的资源流动与配置。工业革命之后，商品经济日益发达，才形成了以稳定的、以市场为中心的资源配置机制。

第一，市场经济体制（Market Economy），即通过市场对有限资源进行合理配置，市场机制对由谁生产、生产什么、如何生产等问题起着基础性的决定作用。市场是联系和组织人类分工和交易的纽带，为经济活动提供信息和协助，使经济主体在竞争中得到激励和活力。市场经济由于存在竞争，能促使商品生产者改进生产技术和生产方法，提高劳动生产率，改善经营管理，进而有力地推动生产力和社会的不断发展。

第二，计划经济体制（Planned Economy），也称指令经济，即由中央计划部门预先对资源进行分配的一种资源配置方式。资源的流动通过自上而下的指令性计划和行政命令来推动。生产什么、如何生产、为谁生产由中央计划部门调节。

第三，混合经济体制（Mixed Economy）。除上述两种资源配置方式外，在现代市场经济国家中，普遍盛行市场和计划相结合的资源配置方式。一方面资源配置基本上是市场决定的，另一方面政府又通过财政政策、金融政策及其他政策对私人经济决策施加影响。

第三节　经济学的理论体系和研究方法

一　微观经济学与宏观经济学

现代经济学的较为通行的一种定义为：经济学是研究稀缺资源在各种可供选择的用途中如何进行最有效的配置，以使得人类的无限欲望得到最大满足的一门理论学科。根据研究内容的不同，主要将经济学分为微观经济学和宏观经济学。

（一）微观经济学（Microeconomics）

微观经济学以单个经济主体的经济行为作为考察对象，这些经济个体包括消费者（个人或家庭）、生产者（厂商）和生产要素的所有者（个人或家庭）等。价格机制是微观经济学的核心，考察的是在市场交换体系中消费者的需求行为与厂商的供给行为，以及需求和供给如何在市场上互相影响。微观研究方法的特点是从研究单个经济单位的最大化行为入手，来解决社会资源的最优配置问题。因为如果每个经济单位都实现了最大化，整个社会的资源配置也就实现了最优化。

（二）宏观经济学（Macroeconomics）

宏观经济学以一个国家的整体经济活动或经济运行作为考察对象，考察一个国家整体经济的运作情况以及政府如何运用经济政策来影响国家整体经济的运行。国民收入决定理论是宏观经济学的核心，要解决的是资源利用问题。微观经济学把资源的充分利用作为既定的前提，但是20世纪30年代的经济危机打破了这个神话。这样，资源利用就被作为经济学的另一个组成部分——宏观经济学所要解决的问题。宏观经济学把资源合理配置视为默认条件，研究现有资源未能得到充分利用的原因、达到充分利用的途径，以及如何实现增长等问题。失业、通胀、经济的周期性波动等，都是典型的宏观经济问题。

（三）其他经济学分类

同样基于内容细分，国际经济学这一分支沿着宏观经济学的框架，将重点放在了研究国与国之间的经济交易。当考虑到资源配置方式的变化，从历史的角度对资源配置方式变化——也即经济制度变迁——进行研究，则催生了制度经济学。在行为主体的假设方面，经济理性的前提是信息充分，围绕着信息产品是什么、如何生产、为谁生产这些问题，就产生了信息经济学。至于将经济理论与现实结合，产生的其他应用分支，数量众多，分类也日渐复杂。

二　经济学的研究方法

经济学作为一门分析经济现象和经济行为抉择的社会科学，其研究活动本身也面临着一个现实的选择，即分析方法的选择。

（一）规范分析与实证分析（Normative versus Positive Analysis）

规范分析（Normative Analysis）是以一定的价值观念或现有的制度或政策作为评判标准，回答经济行为人的行为应该是什么的分析方法。规范分析采用的是演绎法，从某些假设出发，通过逻辑演绎得到理论，研究的是经济现象“应该是什么”（What it should be）。这种分析侧重逻辑而脱离现实，往往用来提出纯理论，简称“就事论理”。

实证分析（Positive Analysis）是通过直接和间接的观察或经验而获得知识的一种方式，采用的是归纳法，以现实中的经验来证实已有的理论或通过对现实的观察推导出新的理论。实证的经济分析分为两部分：一是观察并得到经济规律；二是在经济规律的基础上分析和预测人们经济行为的后果。实证分析基于事实，研究的是经济现象“是什么”（What it is），内容具有客观性。结论正确与否，可通过事实验证，简称“就事论事”。

例如，人们会如何得出需求定理？甲以已知的效用理论为基础进行逻辑推演得到了需求定理；乙进行社会观察，收集大量数据，发现所有的调查结果都显示需求取决于价格等关键因素，于是归纳得到需求定理。两者的结论是一样的，只不过甲靠的是理性，乙靠的是经验。

实证分析与规范分析的分歧是经济学说史上的经久话题，这一分歧实质是哲学思维在经济学方法论上的延伸。实证分析法来自孔德（Auguste Comte）的科学哲学思想，认为哲学应根据实证的自然科学，通过观察和实验得出经验事实和知识。规范研究法来自库恩（Thomas Kuhn）的历史主义哲学，他提出研究的“范式”（Paradigm）的概念，即理论上或方法上的信念或规范。信念必然包括价值观，于是规范与价值观联系起来了。实证主义反对“价值判断”，历史主义则崇尚“价值判断”。

实证经济学的内容具有客观性，所得的结论可以根据事实来进行检验。规范经济学则没有客观性，它所得的结论要受到不同价值观的影响，谁是谁非没有什么绝对标准，从而也就无法进行检验。但是现代经济学家们更趋向认为实证和规范之间不存在鸿沟，经济学不可能摆脱价值判断，实证和规范应当结合。规范是实证的前提条件，是为了更好的实证。实证法则是用事实对规范进行检验，是实现研究目标、达到预期效果的实用工具。经济学需要从事实出发，进而解决“应当如何”的问题。

（二）均衡分析（Equilibrium Analysis）

均衡分析来自物理的均衡概念。经济学中的均衡是指经济体系中，相互抗衡的力量势均力敌，使体系处于一种相对静止、不再变动的状态。在这种状态下，决策各方已经不可能再有任何利益的改进，任何一方都不会主动改变当前的经济行为。均衡分析就是在假定经济体系中的经济变量既定条件下，考察体系达到均衡时所出现的情况以及实现均衡所需要的条件。

1. 局部均衡分析（Partial Equilibrium Analysis）

局部均衡分析，是指假定在其他条件不变的情况下，考察单一的商品市场达到均衡的状况和条件。这是马歇尔在《经济学原理》中所经常使用的分析方法，分析的是一个产品、一个市场中的供需均衡问题，也可以扩展为对一些产品或一些市场中的均衡问题。为了进行这样的分析，就不能不排除其他产品或其他市场对正在进行的均衡分析的影响。

2. 一般均衡分析（General Equilibrium Analysis）

一般均衡分析，是指在充分考虑所有经济变量之间关系的情况下，考察整个经济系统完全达到均衡状态时的状况，和达到均衡的条件。这是瓦尔拉斯首先使用的分析方法，以一个系统中所有的市场都能够同时实现均衡为前提。一般均衡构建了近乎完美的一套数学模型，但一般来说仅有理论意义而无法完全运用于现实。

3. 对均衡分析法的评价

均衡分析法依据物理学原理，单纯考察某个条件与结果之间的一一对应关系，把经济系统中参与人看作互不联系的单个人，忽略了制度环境、社会环境及人文环境等对参与人行为的影响，对经济系统是如何达到均衡结果以及达到均衡所需的时间等都置之不理。这种研究方法只重原因和结果，面对诸多现实问题，无法给予合理解释。博弈论和信息经济学是对这种均衡分析的有效补充。

（三）静态、比较静态与动态分析（Static，Comparative Static versus Dynamic Analysis）

静态分析（Static Analysis）是不考虑时间因素时的经济分析方法，假设所使用的变量都是同一时期的。例如，“当价格为 3，苹果的需求数量为 50”，就是一个静态分析的结果。单纯的静态分析并没有多少实际用处，静态分析只有用于对比时才有意义，此时需要使用静态比较分析。

静态比较分析（Comparative Static Analysis）是对不同时点的静态进行比较。例如，“随着消费者收入减少，需求曲线向左移动”，就是静态比较分析的结果。这是经济分析中较为常用一种分析法。

动态分析（Dynamic Analysis）的特点是变量具有时间特征，基于经济状态随时间而变动的过程或变动的机制，而不止于仅仅对变动前后状态进行比较。

(四) 边际分析法 (Marginal Analysis)

边际 (Marginal) 的本义是“额外的”“追加”，指处在边缘上的“已经追加上的最后一个单位”或“可能追加的下一个单位”，也就是指变化。边际分析法的原理是一种变动的数量分析，可以用于研究变量本身的数量的变动以及变量之间的相互关系。在数学上，边际分析法就是运用导数和微分方法研究经济运行中微增量的变化。

边际分析也是一种最优分析。边际分析实质上是研究变量在某一点递增、递减变动的规律，包括是函数在边际点上的极值。边际点的极值是作出判断并加以取舍的最佳点，据此可以作出最优决策。

如果不借助微积分，边际分析也可以采用一种较为简便的常规方法，直接对微增量进行对比，即增量分析。经济人的理性选择是基于预期的成本和收益，现状的任何变动都会引起成本或收益的新变化。忽略伴随着过去的选择而产生的成本和利益，专注于对新出现的情况进行边际上的分析，这是一种更为精准有效的方式。

与之边际分析相对应的，是沉淀成本（沉没成本）这一概念，即已经发生、无论你未来做什么都不可能消除的成本。在进行经济选择时，应该忽视沉淀成本。

三　经济学与其他学科

回顾经济学的起源和发展历程，就可以看到在这一领域中，充满了来自数学、心理学、政治学、社会学、法学、哲学、伦理学等学科的理论支持。

(一) 经济学与哲学

哲学是所有研究人文社会学科的源头。形而上学、辩证法、逻辑学、认识论、方法论等哲学思辨，为经济学的发展提供了必不可少的基础。早期的经济学家，很多是从研究哲学开始，进而转入了经济学的研究，亚当·斯密就是其中代表。以经济学的基本假设“经济人”为例，来自于功利主义思想，即哲学的“人性”探讨，同时被用于经济学分析。经济学的规范体系受到哲学的影响最深，也被称为为经济哲学。

（二）经济学与数学

经济学应当具有科学性，科学性的表现就是通过严谨的方法得出研究结果。因为经济学通常不能采取和自然科学一样的实验证明，以数理分析和计量工具建立模型来表达经济活动，成了经济学理论的常用选择。如马歇尔所言，“数学能通过异常简练准确的语言来清楚表达一些一般关系和一些经济推理的简短过程……使用数学方法处理物理的经验会使人们深刻领会经济变化之间的相互作用，这是其他任何途径都不可能达到的效果”①。但数学无法代替抽象思维的作用，数学工具的具体运用应基于经济学原理和经济思维的指导，才不至被滥用。

（三）经济学与心理学

心理学是用观察、实验的方法观察人们的现实行为。将经济学定义为理性选择的学科，则心理学的许多研究都可以被经济学借用。比如，将心理学家发明的问卷调查方法用于经济研究，也可以通过可控制的实验去了解人们的经济行为——这就是实验经济学的方法。

（四）经济学与生物学

生物学带给经济学的启示来自达尔文的进化论，强调要用动态的、在生物学意义上不断变化的眼光来考察人类行为。引入生物学演化论的方法，有助于在社会经济系统演进的条件下，更全面地研究各类经济主体的交换行为，以及由于交换行为的演化和复杂化带来的社会演化，避免一般均衡理论重于物理均衡，而忽略系统演变的局限。这一部分的理论分支走向了演化经济学。

（五）经济学与其他社会科学

经济学与社会学、政治学、历史学一样，都是研究人类社会的学科，只是出发点和视角不同。其中，经济学的研究是从个人到社会，社会学研究则是从社会到个人，政治学研究着重的是组织管理和制度。历史学将人类社会发展演变作为对象，视野具有高度的综合性、整体性。经济现象是一种非常复杂的社会现象，所以要从历史的角度、制度的角度、实验的角度、系统工程的角度等多方面进行全面研究。

---

① ［英］阿尔弗雷德·马歇尔：《经济学原理》，宇琦译，北京出版社 2012 年版，附录四。

第四节　对经济学的认识

一　发展有中国特色的经济学

经济学研究是对于人类经济行为及其规律的探寻，起源于西方的经济学的基本理论是适合市场经济，也适用于中国的经济社会。现代经济学也已经形成了完整而成熟的体系，经济学的研究范式和方法论通行于国际，中国理论界既无可能、也无必要绕开已经成型的西方经济学而独立创造一套新体系。只是，抽象的理论必须结合具体应用，中国的经济学研究也要立足于本国的社会、历史、制度等，才能得以深化和演进。

在纪念中国改革开放 40 周年的论坛上，著名经济学家林毅夫指出，自 1978 年开始改革开放以来，中国平均每年国内生产总值的增长率超过 9%。在这个过程当中，中国有超过 7 亿人摆脱贫困。同时，中国也是唯一没有出现金融经济危机的新兴市场经济体。而这也不完全只归功于改革开放。因为在 20 世纪八九十年代，所有的发展中国家都在改革开放，但是这些国家的情形与中国恰恰相反，出现了经济停滞，危机不断。[①] 中国的问题有其特殊性，要更好地解释中国经济现象，只能期待中国学者。

发展中国特色的经济学，可以从以下几个方面着手。

其一，建立中国经济研究的范式。中国经济的制度前提是社会主义市场经济，走向共同富裕是社会主义的目标，所以中国的经济学研究应当致力于寻找现代化体系中实现“共同富裕”的路径。在研究范式方面，中国应当依托现有的规范，有所创新，而不是简单模仿，将已有的模式套用到中国的数据上。

其二，发展问题导向的经济学。“问题”是互相联系的，“问题”也是动态发展的。理论创新的前提是发现问题，接下来才是建立理论并进行验证。要建立中国特色的经济学理论体系，重点也是要发现中国和别的国家不同的地方，提出独特的问题。

其三，发展开放的经济学。21 世纪的中国经济学，应当是一个开放的

---

① 来自 2017 年 12 月，经济学家林毅夫在北京大学国家发展研究院第二届《国家发展论坛》的演讲稿。

学科体系，不断吸纳其他学科的进步因素，鼓励多种方法、多角度的研究。当今的大数据时代为经济学研究提供了更加丰富的素材和更为强大的工具，中国的经济学发展也面临着前所未有的机遇。

二 如何学好经济学

学习本身是复杂的系统工程，更可能是终身的过程，没有可以通用的标准答案。就经济学的学习而言，可供的意见如下。

第一，明确学习的目的。学习的目的应当是从学习中获得报偿，拥有继续成长的能力。读书、测验、得到证书，都是学习的方式或手段，并非目的。更进一步地，学习还是个人走近人生目标的过程，个人应具有主动性，而不是将学习视为被动完成的任务。

第二，经济学理论是人类观察、思考和认识经济生活的结果，不是一些现成的、可以直接照搬到现实中的结论，也不是僵化的、一字不能更改的教条。经济学理论传授的是了解现实社会的方法，是一种思维技巧，有助于人们得出明智的结论。

第三，“兴趣是最好的老师”。经济学不是高高在上、枯燥冰冷的理论知识，也是生活智慧的体现。沉没成本、边际分析、市场结构、供求规律，都是身边小事中随手可用的知识。将经济学思考的方法运用在现实生活，能够激发学习兴趣，也有助于理论知识的强化。当然，兴趣只是入门的条件，要学好经济学，还应有良好的学习习惯，如做好预习和复习，学会“提纲挈领”式读书等。

第四，要有开放的心态。规范法和实证法是经济学研究的基本方法之一，而规范法是不具备客观性的，在学习中人们经常容易在规范方面产生争论。此时应当争取达成共识，而非强求结果的输赢。此外，经济学本身是一个较为开放的学科体系，学习之余也应了解一些其他学科的知识，如微积分与概率论、社会学、经济哲学、心理学等。

三 经济学的常见争论

现代经济学争议的一大来源是数学建模问题。经济学的严谨性意味着理论要受实验数据的约束，要通过数学建模来保证逻辑的一致性，但数学模型并不能确保理论与现实一致。首先，数学建模只能确定现实中的因果关系机制，但这些因果关系机制能否起作用只是一个经验性的问题，模型的解释和预测并不清晰。其次，纳入模型的数据本身未必能准确衡量出理论所想要衡量的东西，导致模型的检验结果通常具有不确定性。原因可能是数据不对，也可能是因为观测结果太少而无法准确评估模型。

争议的另一大来源可能是利益冲突、价值观冲突和主观偏见。现实中人们存在利益的差别，而经济学又不能不涉及利益问题，因此，具有不同利益的人，对同一现象会有不同的看法。而不管有意还是无意，人们通常也很难摆脱偏见的影响，这样就导致了观点差异。

此外，思维误区也是经济学争论的来源之一。经济学的常见谬误有忽略假设条件而直奔结论、混淆微观方法与宏观方法、误判因果关系等，这些误区是思考和研究中应当尽量避免的。

本章小结

本章是对经济学的介绍和引导，分为四节内容。第一节通过介绍经济学发展源泉的历程，解释了经济与经济学的关系。第二节重点介绍经济学的研究对象、基本内容和基础假定，强调了稀缺性、理性选择和机会成本这几个重点概念。第三节是对于经济学的理论体系和研究方法的介绍，区分了微观领域与宏观领域的不同，解释了经济学的研究方法有哪些。第四节是对于如何在中国进行经济学研究、学生怎样才能学好经济学的探讨。

理论自测

1. 为什么自由交易是互利的？
2. 过去 40 年中国经济成功的关键是什么？
3. 自私自利是否符合经济理性？
4. 经济学不讲道德吗？

应用自测

1. 需求定理说，“价格上升需求下降”。然而，鸡蛋价格现在比 20 世纪 50 年代时上升了很多，但需求却是增加的。这是否推翻了需求定理呢？

2. 美国总统德怀特 · D. 艾森豪威尔曾经说道：“我们造出的每一支枪，下水的每艘军舰，发射的每一枚火箭，归根结底，都意味着一种对于那些忍饥挨饿的人们的偷盗。”请结合所学理论，分析艾森豪威尔讲话背后的经济学逻辑。

参考文献

［英］罗杰·E. 巴克豪斯：《经济学是科学吗?》，苏丽文译，上海人民出版社2018年版。

［英］尼尔·基什特尼：《经济学通识课》，刘婧、张缘译，民主与建设出版社2017年版。

薛治龙：《微观经济学》，经济管理出版社2009年版。

第二章　价格理论

在市场经济中，价格是经济活动参与者相互之间联系和传递经济信息的信号，价格机制能够使经济资源得到有效配置。既然在市场经济中价格的作用如此重要，那么，市场价格是如何形成的呢?

我们知道，市场就是买卖双方交易的场所。买卖双方的经济行为的相互联系表现为市场供求关系的相互作用，而正是在这种供求关系的相互作用下形成了市场的均衡价格。任何商品的价格都是由需求和供给这两种市场力量共同作用的。下面我们就分别介绍需求、供给以及价格的决定。

第一节　需求理论

一　价格与需求数量：需求（Demand）

一种商品的需求指的是在其他因素不变的条件下消费者在一定时期内在各种可能的价格下愿意并且能够购买的该商品的数量。由此定义可知，需求必须是指消费者具有购买欲望又有购买能力的有效需求；需求描述的是价格与需求数量的一一对应关系。

二　需求的表现形式

（一）需求函数（Demand Function）

需求函数表示一种商品的需求数量和影响该需求数量的各种因素之间的相互关系。其中，影响需求数量的各因素是自变量，需求数量是因变量。一种商品的需求数量是所有这些影响因素的函数。但是，如果我们对影响一种商品需求数量的所有因素同时进行分析，就会使问题变得复杂起来。在处理这种复杂的多变量的问题时，通常可以将问题简化，即一次把注意力集中在一个影响因素上，而假定其他因素保持不变。在这里，由于一种商品的价格是决定需求数量的最基本的因素，所以，我们假定其他因素保持不变，仅仅分析一种商品的价格对需求数量的影响，即把一种商品的需求数量仅仅看成是这种商品的价格的函数，于是，可以得到一个简化的需求函数：

$$Q_d = f\ (P) \tag{2.1}$$

其中，P 为商品的价格；Q_d 为商品的需求数量。

（二）需求表（Demand Schedule）

需求描述的价格与需求数量的一一对应关系可以用表格的形式表现出来（见表 2－1）。表 2－1 可以清楚地看出某商品的价格和需求量之间的一一对应关系。例如，当价格为 3 元时，需求量为 14 千克；价格为 4 元时，需求量为 12 千克；如此，等等。

表 2－1　**某消费者对某商品的需求**

市场价格（元/千克）	需求量（千克）
3	14
4	12
5	10
6	8
7	6
8	4
9	2

（三）需求曲线（Demand Curve）

需求描述的价格与需求数量的一一对应关系还可以用图像的形式表现出来（见图 2－1）。图 2－1 中，横轴表示商品的数量，纵轴表示商品的价格。需求曲线向右下方倾斜，反映了需求量与价格反方向变动的关系。

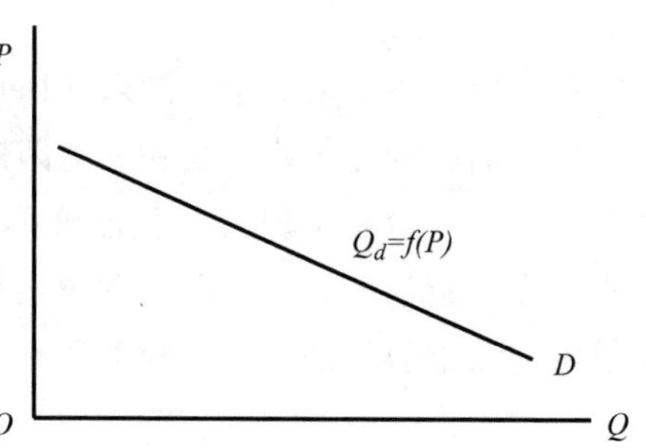

图 2－1　某商品的需求曲线

三　影响需求数量的因素

以上讨论需求的内容为了简化问题，我们只保留了影响需求量的最基本因素——价格。在现实经济生活中，一种商品的需求数量受到很多因素的影响，除了价格以外，还有消费者的收入、相关商品的价格、消费者的偏好（Preference）、消费者对该商品的价格预期等。它们各自对商品的需求数量的影响如下。

第一，商品自身的价格。一般来说，一种商品的价格越高，该商品的需求数量就会越小；相反，价格越低，需求数量就会越大。这是一种普遍现象，这种现象也被称为需求定理或者需求规律，需求法则。

第二，消费者的收入。对于大多数商品（正常商品）来说，当消费者的收入水平提高时，就会增加对商品的需求数量；相反，当消费者收入水平下降时，就会减少对商品的需求数量。对于不符合以上情形的商品，我们称之为低档商品。

第三，相关商品的价格。当一种商品自身的价格保持不变，而与它相关的其他商品价格发生变化时，这种商品的需求数量也会发生变化。例如，在康师傅方便面的价格不变而统一方便面价格下降时，康师傅方便面的需求数量会减少。又例如，汽车价格不变，汽油价格下降时会引起汽车需求数量的增加。

第四，消费者的偏好。当消费者对某种商品的偏好增强时，该商品的需求量会增加；相反，当偏好程度减弱时，需求数量就会减少。

第五，消费者对商品的价格预期。当消费者预期某种商品的价格在下一期会上升时，就会增加对该商品的现期需求数量；当消费者预期某商品的价格在下一期会下降时，就会减少对该商品的现期需求数量。

四　个人需求与市场需求

在一个市场上，往往不止一个消费者。在每一个价格下，每个消费者都有一个相应的需求数量，我们把单个消费者的需求数量相加就可以得到市场的需求数量，不同价格下对应的市场需求数量就构成了市场的需求。假设某鸡蛋市场有 3 个消费者，他们的需求函数分别为：

$$Q_A = 20 - 2P \tag{2.2}$$

$$Q_B = 25 - 2P \tag{2.3}$$

$$Q_C = 32 - 3P \tag{2.4}$$

则鸡蛋市场的需求函数为所有个人需求函数的水平加总：

$$Q_d = 77 - 7P \tag{2.5}$$

表 2－2　　鸡蛋的个人需求与市场需求

鸡蛋价格（元/千克）	A 的需求量（千克）	B 的需求量（千克）	C 的需求量（千克）	市场的需求量（千克）
3	14	19	23	56
4	12	17	20	49
5	10	15	17	42
6	8	13	14	35
7	6	11	11	28
8	4	9	8	21
9	2	7	5	14

五　沿着需求曲线移动与需求曲线位置的移动

前文已述，商品的需求数量受很多因素的影响。如果只考虑某商品的价格变化对该商品需求数量的影响，那么，我们就可以用一条需求曲线来表示。但是，如果我们需要考虑除某商品价格以外的其他因素变化对该商品需求数量的影响，那就要用需求曲线的位置的移动来表示。

（一）价格导致的需求数量变动：沿着需求曲线移动

在其他因素保持不变的条件下，仅由商品自身价格变化所导致的商品需求数量的变化，被称为需求量的变动。在图像上，需求量的变动表现为沿着一条既定的需求曲线的移动。如图 2－2 所示，需求曲线上的 A 点沿

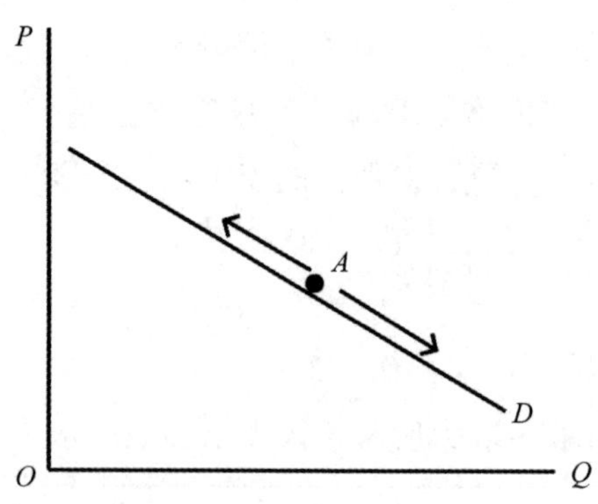

图 2－2　需求量的变动：沿着需求曲线移动

着需求曲线向左上方移动，需求量减少，向右下方移动，则需求量增加。

（二）价格以外的因素导致的需求数量变动：需求曲线位置的移动

在影响商品需求数量的诸多因素中，除了商品自身的价格以外的其他因素变化所导致的需求数量的变化，被称为需求的变动。在图像上，表现为需求曲线位置的移动。

具体地说，在一个商品的市场上，如果在任何一个既定价格水平上其他因素的变动使得该商品的需求数量都增加了，则称为需求的增加。需求的增加表现为需求曲线的位置向右移动。相反，如果其他因素的变动使得在任何一个既定价格水平上该商品的需求数量都减少了，则称为需求的减少，表现为需求曲线的位置向左移动。如图 2－3 所示，原有的需求曲线为 D_1，在商品价格不变的前提下，如果其他因素的变化如消费者的收入增加使得需求增加，则表现为需求曲线 D_1 向右移动到 D_2 曲线的位置。相反，如果其他因素变化如消费者的收入减少使得需求减少，则表现为需求曲线向左移动到 D_3 的位置。这种需求曲线位置的移动表示在每一个既定的价格水平下需求数量都增加或者减少了。例如，在一个既定的价格水平如 P_0，消费者收入增加使得需求数量由 D_1 曲线对应的 Q_1 增加为与 D_2 曲线对应的 Q_2；反之，消费者收入的减少使得需求数量由 D_1 曲线对应的 Q_1 减少为与 D_3 曲线对应的 Q_3。

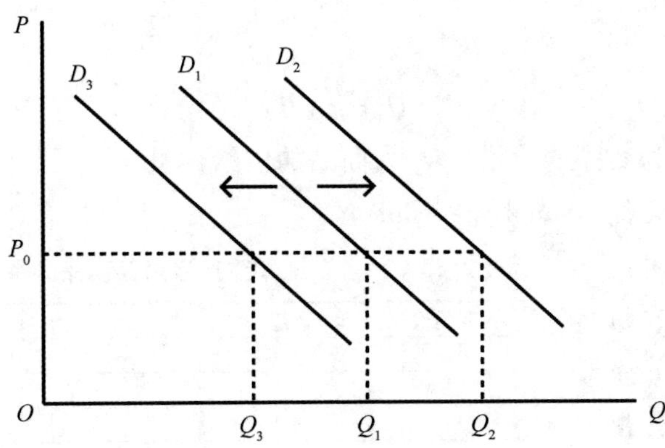

图 2－3　需求的变动和需求曲线的移动

第二节 供给理论

一 价格与供给数量：供给（Supply）

一种商品的供给指的是在其他因素不变的条件下生产者在一定时期内在各种可能的价格下愿意并且能够提供的该商品的数量。由此定义可知，供给必须是指生产者具有提供出售商品的欲望又有提供出售商品的能力的有效供给；供给描述的是价格与供给数量的一一对应关系。

二 供给的表现形式

（一）供给函数（Supply Function）

供给函数表示一种商品的供给数量和影响该供给数量的各种因素之间的相互关系。其中，影响供给数量的各因素是自变量，供给数量是因变量。一种商品的供给数量是所有这些影响因素的函数。但是，如果我们对影响一种商品供给数量的所有因素同时进行分析，就会使问题变得复杂起来。在处理这种复杂的多变量的问题时，通常可以将问题简化，即一次把注意力集中在一个影响因素上，而假定其他因素保持不变。在这里，由于一种商品的价格是决定供给数量的最基本的因素，所以，我们假定其他因素保持不变，仅仅分析一种商品的价格对供给数量的影响，即把一种商品的供给数量仅仅看成是这种商品的价格的函数，于是，可以得到一个简化的供给函数：

$$Q_s = f(P) \tag{2.6}$$

其中，P 为商品的价格；Q_s 为商品的供给数量。

（二）供给表（Supply Schedule）

供给描述的价格与供给数量的一一对应关系可以用表格的形式表现出来，如表2－3所示。

表2－3 某生产者对某商品的供给

市场价格（元/千克）	供给量（千克）
3	0
4	1
5	2
6	3
7	4
8	5
9	6

（三）供给曲线（Supply Curve）

供给描述的价格与供给数量的一一对应关系还可以用图 2－4 的形式表现。

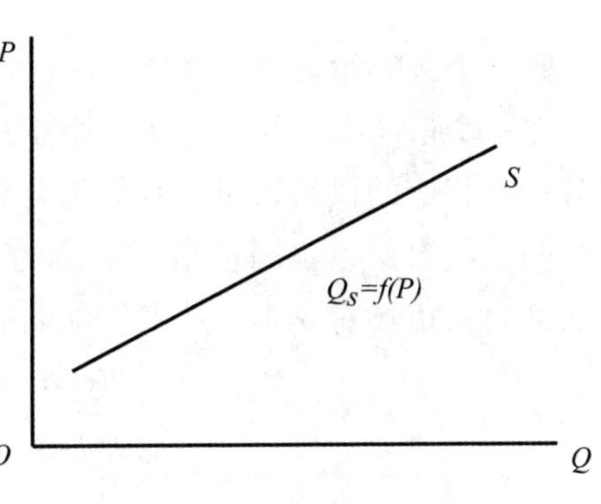

图 2－4　某商品的供给曲线

三　影响供给数量的因素

以上讨论供给的内容为了简化问题，我们只保留了影响供给量的最基本因素—价格。在现实经济生活中，一种商品的供给数量受到很多因素的影响，除了价格以外，还有生产的成本、生产的技术水平、相关商品的价格、生产者对未来的预期等。它们各自对商品的供给数量的影响如下。

第一，商品自身的价格。一般来说，一种商品的价格越高，该商品的供给数量就会越大；相反，价格越低，供给数量就会越小。这是一种普遍现象，这种现象也被称为供给定理或者供给规律，供给法则。

第二，生产成本。在商品自身价格不变的条件下，生产成本上升会减少利润，生产者会减少商品的供给数量；相反，生产成本下降会增加利润，生产者会增加商品的供给数量。

第三，生产技术水平。一般来说，技术水平提高能够使同样的投入生产出更多的产量，从而供给数量增加。

第四，相关商品的价格。当一种商品自身的价格保持不变，而与它相关的其他商品价格发生变化时，这种商品的供给数量也会发生变化。例如，在笔记本电脑的价格不变而台式电脑价格上升时，笔记本电脑的供给数量会减少。又比如，沥青价格不变而汽油价格上升，炼油厂为了增加汽油的供给量就会多炼油，从而连带着使沥青的供给数量增加。

第五，生产者对商品的价格预期。如果生产者对未来的预期看好，预期商品的价格会上涨，往往会在短期内待价而沽，囤积居奇，从而减少商品供给数量。而在长期会扩大生产，增加供给数量。

四　个人供给与市场供给

在一个市场上，往往不止一个生产者。在每一个价格下，每个生产者都有一个相应的供给数量，我们把单个生产者的供给数量相加就可以得到市场的供给数量，不同价格下对应的市场供给数量就构成了市场的供给。假设某鸡蛋市场有 3 个生产者，他们的供给函数分别为：

$$Q_A = -3 + P \tag{2.7}$$

$$Q_B = -5 + 2P \tag{2.8}$$

$$Q_C = -6 + 3P \tag{2.9}$$

则鸡蛋市场的供给函数为所有个人供给函数的水平加总：

$$Q_s = -14 + 6P \tag{2.10}$$

表 2－4　　鸡蛋的个人供给与市场供给

鸡蛋价格（元/千克）	A 的供给量（千克）	B 的供给量（千克）	C 的供给量（千克）	市场的供给量（千克）
3	0	1	3	4
4	1	3	6	10
5	2	5	9	16
6	3	7	12	22
7	4	9	15	28
8	5	11	18	34
9	6	13	21	40

五　沿着供给曲线移动与供给曲线位置的移动

前文已述，商品的供给数量受很多因素的影响。如果只考虑某商品的价格变化对该商品供给数量的影响，那么，我们就可以用一条供给曲线来表示。但是，如果我们需要考虑除某商品价格以外的其他因素变化对该商品供给数量的影响，那就要用供给曲线的位置的移动来表示。

（一）价格导致的供给数量变动：沿着供给曲线移动

在其他因素保持不变的条件下，仅由商品自身价格变化所导致的商品供给数量的变化，被称为供给量的变动。在图像上，供给量的变动表现为沿着一条既定的供给曲线的移动。如图 2 - 5 所示，供给曲线上的 A 点沿着需求曲线向左下方移动，供给量减少，向右上方移动，则供给量增加。

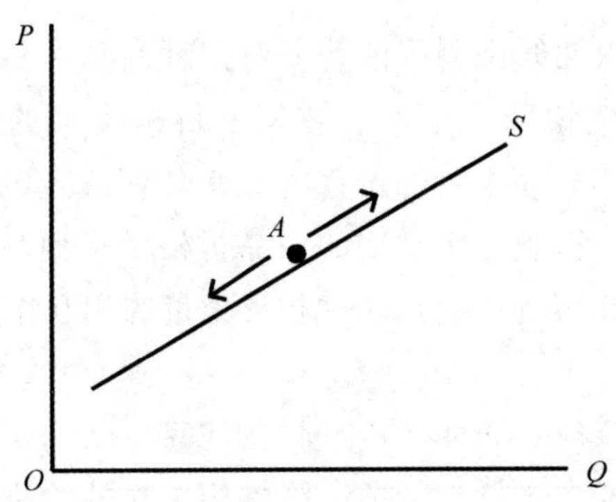

图 2 - 5　供给量的变动：沿着供给曲线移动

（二）价格以外的因素导致的供给数量变动：供给曲线位置的移动

在影响商品供给数量的诸多因素中，除了商品自身的价格以外的其他因素变化所导致的供给数量的变化，被称为供给的变动。在图像上，表现为供给曲线位置的移动。

具体地说，在一个商品的市场上，如果在任何一个既定价格水平上其他因素的变动使得该商品的供给数量都增加了，则称为供给的增加。供给的增加表现为供给曲线的位置向右移动。相反，如果其他因素的变动使得在任何一个既定价格水平上该商品的供给数量都减少了，则称为供给的减少，表现为供给曲线的位置向左移动。例如，在一个既定的价格水平如 P_0，成本下降使得供给数量由 S_1 曲线对应的 Q_1 增加为与 S_2 曲线对应的 Q_2；反之，成本增加使得供给数量由 S_1 曲线对应的 Q_1 减少为与 S_3 曲线对应的 Q_3。

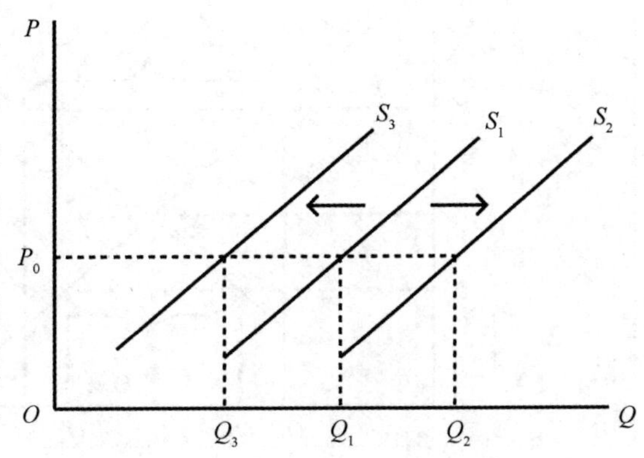

图 2 - 6　供给的变动与供给曲线的移动

第三节 均衡价格

我们已知，需求曲线说明了消费者对某种商品在每一价格水平的需求量是多少，供给曲线说明了生产者在每一价格水平的供给量是多少。但是，他们都没有说明商品本身的价格究竟是如何决定的。那么，商品的价格是如何决定的呢？微观经济学中的商品价格是指商品的均衡价格，它是在商品的市场需求和市场供给这两种相反力量的相互作用下形成的。

一 均衡价格（Equilibrium Price）的决定

一种商品的市场需求量和市场供给量相等时的价格为该商品的均衡价格。在几何图形中，一种商品的市场需求曲线和市场供给曲线的相交点被称为该商品市场的均衡点，均衡点上的价格和数量分别为均衡价格和均衡数量。如图 2 -7 所示，图中需求曲线 D 和供给曲线 S 相交于 E 点，E 点为均衡点，相应的均衡价格为 P_e，均衡数量为 Q_e。

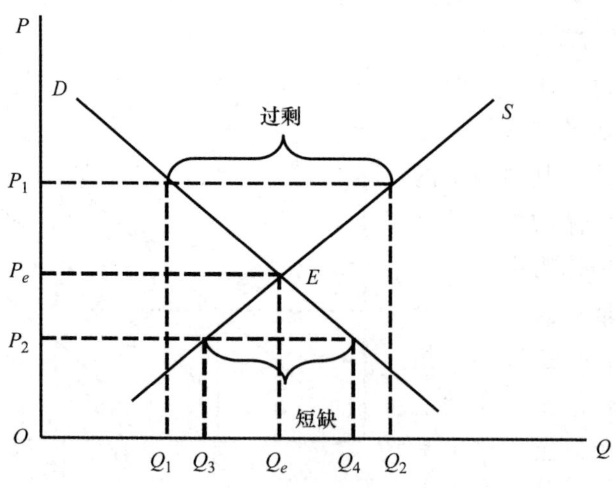

图 2 -7 均衡价格的决定

商品的均衡价格表现为商品市场上需求和供给这两种相反力量的共同作用的结果，它是在市场的供求力量的自发调节下形成的。当市场价格偏离均衡价格时，市场上会出现需求量和供给量不相等的非均衡状态。一般来说，在市场机制的作用下，这种供求不相等的非均衡状态会逐步消失，实际的市场价格会自动地回复到均衡的价格水平。

现在把需求曲线和供给曲线结合在一起，用图 2－7 说明一种商品的市场均衡价格的决定。

图 2－7 中，D 为市场的需求曲线，S 为市场的供给曲线。需求曲线 D 和供给曲线 S 相交于 E 点，E 点为均衡点。在均衡点 E，均衡价格为 P_e，均衡数量为 Q_e。显然，在 P_e 的价格水平，消费者的需求量和生产者的供给量是相等的。也可以反过来说，在 Q_e 的数量下，消费者愿意支付的最高价格和生产者愿意接受的最低价格是相等的。因此，这样一种状态便是使买卖双方都感到满意并愿意持续下去的均衡状态。

商品的均衡价格是如何形成的呢？商品的均衡价格表现为商品市场上需求和供给这两种相反的力量共同作用的结果，它是在市场供求力量的自发调节下形成的。当市场的实际价格高于均衡价格时，如图 2－7 中的 P_1，商品的需求量为 Q_1，供给量为 Q_2。这种供给量大于需求量的情况造成商品过剩。这时，一方面会使需求者压低价格来购买商品，另一方面，供给者为了减少过剩也会降低价格。这样，该商品的市场价格必然下降。随着价格的下降，需求量不断增加，供给量不断减少，一直达到均衡水平。相反，当市场的实际价格低于均衡价格时，如图 2－7 中的 P_2，会出现商品的需求量 Q_4 大于供给量 Q_3 的商品短缺情况。这时，一方面会使需求者愿意出更高的价格来得到他想要购买的商品；另一方面供给者发现提高价格也能卖出。这样，该商品的市场价格必然上升。随着价格的上升，需求量不断减少，供给量不断增加，一直达到均衡水平。由此可见，当市场的实际价格偏离均衡价格时，市场总能够使买卖双方各自作出调整，最终达到市场的均衡或市场出清。

二　均衡价格的变动

需求的变动和供给的变动都会使均衡价格和均衡数量发生变化。

（一）需求变动的影响

在供给不变的情况下，需求增加会使需求曲线向右移动，从而使均衡价格上升，均衡数量增加；需求减少会使需求曲线向左移动，从而使均衡价格下降，均衡数量减少，如图 2－8 所示。

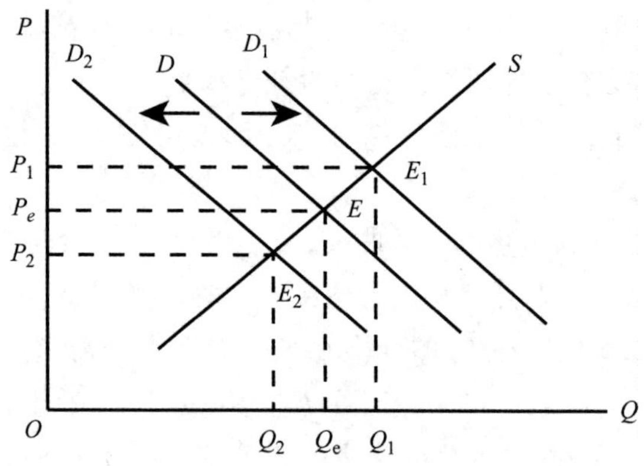

图2-8 需求变动对均衡的影响

图2-8中，既定的供给曲线 S 和最初的需求曲线 D 相交于 E 点。均衡价格为 P_e，均衡数量为 Q_e。需求增加使需求曲线 D 向右平移至 D_1，并与供给曲线相交于 E_1 点，均衡价格上升为 P_1，均衡数量增加为 Q_1。相反，需求减少使需求曲线 D 向左平移至 D_2，并与供给曲线相交于 E_2 点，均衡价格下降为 P_2，均衡数量减少为 Q_2。

（二）供给变动的影响

在需求不变的情况下，供给增加会使供给曲线向右移动，从而使均衡价格下降，均衡数量增加；供给减少会使均衡价格上升，均衡数量减少，如图2-9所示。

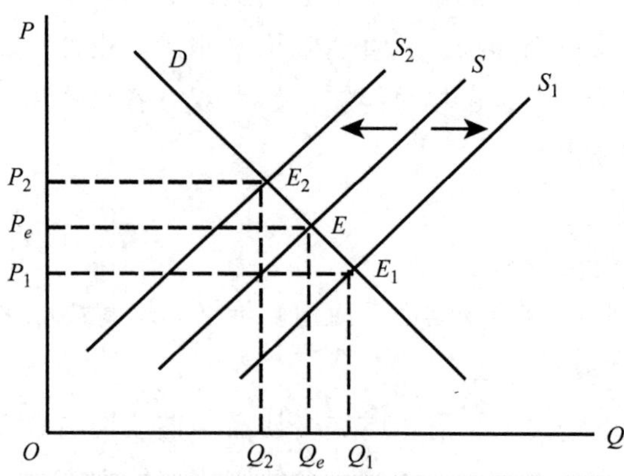

图2-9 供给变动对均衡的影响

图2-9中，既定的需求曲线 D 与最初的供给曲线 S 相交于 E 点，均衡价格和均衡数量分别为 P_e 和 Q_e。供给增加使供给曲线 S 向右平移至 S_1 并与需求曲线相交于 E_1 点，均衡价格下降为 P_1，均衡数量增加为 Q_1。相反，供给减少使供给曲线 S 向左平移至 S_2 并与需求曲线相交于 E_2 点，均衡价格上升为 P_2，均衡数量减少为 Q_2。

需求的变动和供给的变动对均衡价格和均衡数量的影响可称为供求定理：在其他条件不变的情况下，需求的变动分别引起均衡价格和均衡数量的同方向的变动；供给的变动分别引起均衡价格的反方向的变动和均衡数量的同方向的变动。

（三）需求和供给同时变动的影响

事实上，市场的需求和供给经常会同时发生变化，这种情况下的均衡价格和均衡数量的变化往往是不确定的，需要结合供求变化的具体情况来考虑。

第四节　弹性理论

一　弹性（Elasticity）的一般含义

我们已经知道，当一种商品的价格发生变化时，这种商品的需求数量会发生变化。此外，当消费者的收入水平或者相关商品的价格发生变化时，这种商品的需求数量也会发生变化。同样地，当一种商品的价格发生变化，或者这种商品的生产成本等其他因素发生变化时，这种商品的供给数量会发生变化。由此，我们会很自然地想知道，例如，当一种商品的价格上升1%时，它的需求量和供给量分别会减少和增加多少？又比如，当消费者的收入增加1%时，商品的需求量会增加多少？等等。弹性概念将为我们解答这些问题。

一般来说，只要两个经济变量之间存在函数关系，我们就可以用弹性来表示因变量对自变量变化的反应敏感程度。弹性系数（Elasticity Coefficient）是指，任一函数中，自变量的相对变动所引起的因变量的相对变动，即因变量的变化率与自变量的变化率之比。可以表示为：

$$\text{弹性系数} = \frac{\text{因变量的变动率}}{\text{自变量的变动率}} \tag{2.11}$$

设两个经济变量之间的函数关系为 $Y=f(X)$，则弹性的一般公式还可以表示为：

$$E=\frac{\frac{\Delta Y}{Y}}{\frac{\Delta X}{X}}=\frac{\Delta Y}{\Delta X}\cdot\frac{X}{Y} \tag{2.12}$$

其中，E 为弹性系数；ΔX、ΔY 分别为变量 X、Y 的变动量。

若经济变量的变化量趋于无穷小，即当 $\Delta X\to 0$ 时，则弹性公式为：

$$E=\lim_{\Delta X\to 0}\frac{\frac{\Delta Y}{Y}}{\frac{\Delta X}{X}}=\frac{\frac{\mathrm{d}Y}{Y}}{\frac{\mathrm{d}X}{X}}=\frac{\mathrm{d}Y}{\mathrm{d}X}\cdot\frac{X}{Y} \tag{2.13}$$

通常将式（2.12）称为弧弹性公式，将式（2.13）称为点弹性公式。

二　需求的价格弹性（Price Elasticity of Demand）

（一）需求价格弹性的含义

需求的价格弹性表示在一定时期内一种商品的需求量变动对于该商品的价格变动的反应程度。或者说，它表示在一定时期内一种商品的价格变化百分之一时所引起的该商品的需求量变化的百分比。其公式为：

$$\text{需求的价格弹性系数}=\frac{\text{需求量变动率}}{\text{价格变动率}} \tag{2.14}$$

其中，弧弹性公式为：

$$E_d=\frac{\frac{\Delta Q_d}{Q_d}}{\frac{\Delta P}{P}}=\frac{\Delta Q_d}{\Delta P}\cdot\frac{P}{Q_d} \tag{2.15}$$

点弹性的公式为：

$$E_d=\lim_{\Delta P\to 0}\frac{\frac{\Delta Q_d}{Q_d}}{\frac{\Delta P}{P}}=\frac{\mathrm{d}Q_d}{\mathrm{d}P}\cdot\frac{P}{Q_d} \tag{2.16}$$

其中，Q_d 为需求量；ΔQ_d 为需求量的改变量；P 为价格；ΔP 为价格的变动量。按照需求规律，需求量与价格呈反方向变动，E_d 一般为负值，

在数学演算时必须注意其正负号，但在文字表述时，习惯上都略去负号，研究其绝对值 $|E_d|$。根据 $|E_d|$ 的大小，可将需求价格弹性分为五种类型。

（二）需求价格弹性的五种类型

1. 富有弹性：当 $1 < |E_d| < \infty$ 时，表示价格变动时，会引起需求量较大幅度的变动。通常，高档奢侈品富有弹性，如珠宝、首饰、化妆品等。

2. 缺乏弹性：$0 < |E_d| < 1$ 时，表示价格变动时，会引起需求量较小幅度的变动。通常，生活必需品缺乏弹性，如柴、米、油、盐等。

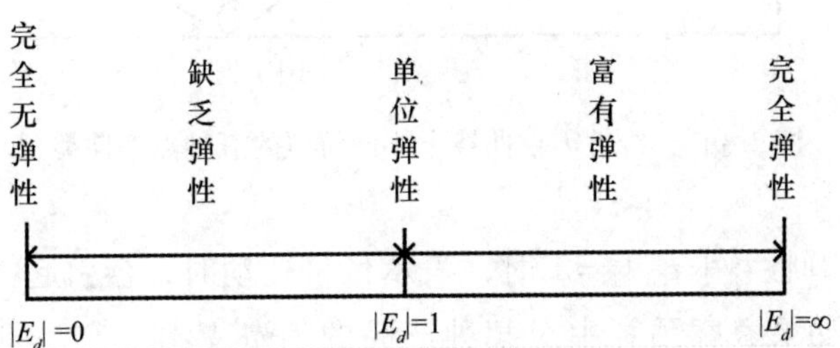

图 2-10　需求价格弹性的分类

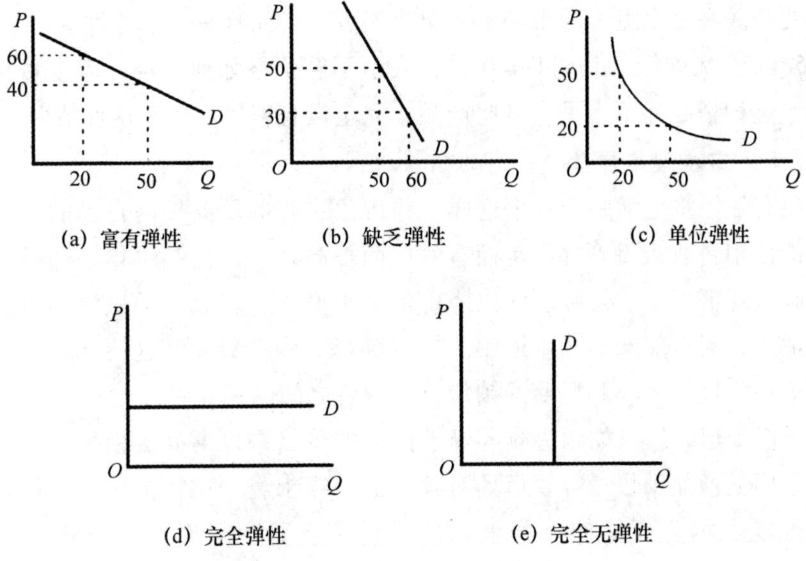

图 2-11　弧弹性五种类型的几何图形

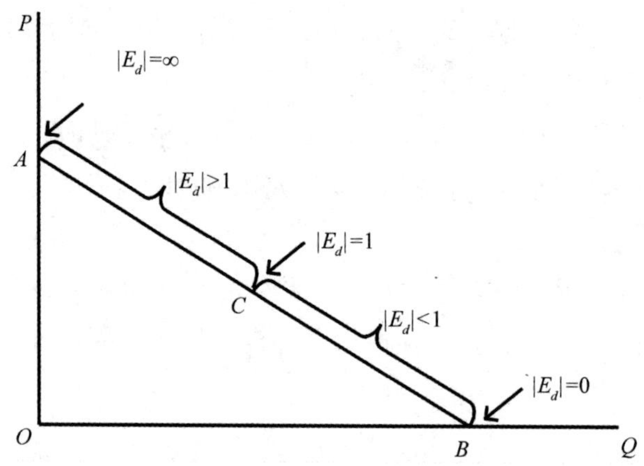

图 2-12 线性需求曲线上不同位置的五种点弹性类型

3. 单一弹性：$|E_d|=1$ 时，表示价格变动时，会引起需求量同等幅度的变动。如果家庭预算中对某种产品的消费支出一定，即 $P \times Q_d = m$，（m 为一常数），这种产品就是单一弹性，或单位弹性。

4. 完全弹性：当 $|E_d|=\infty$ 时，表示价格稍有变动，会引起需求量无限的变动。在完全竞争的市场上，单个卖者的产品具有完全弹性。

5. 完全无弹性：$|E_d|=0$ 时，表示不管价格如何变动，需求量保持不变。这种情况并不多见，某些产品，完全没有替代品属于这种情形。

（三）需求价格弹性与厂商的销售收入

在实际经济生活中会发生这样一些现象：有的厂商提高自己的产品价格，能使销售收入得到提高，而有的厂商提高自己的商品价格，却反而使销售收入降低了。这意味着，以降价促销来增加销售收入的做法，对有的产品适用，对有的产品却不适用。如何解释这些现象呢？这便涉及商品的需求价格弹性的大小和厂商的销售收入两者之间的相互关系。

我们知道，厂商的销售收入等于商品的价格乘以商品的销售量。在此假定厂商的商品销售量等于市场对其商品的需求量。这样，厂商的销售收入就可以表示为商品的价格乘以商品的需求量，即厂商的销售收入 = $P\Delta Q$，其中，P 表示商品的价格，Q 表示商品的销售量即需求量。

由于消费者对商品需求弹性的不同，当价格变动的时候，需求量对价格变动的敏感程度不同，从而销售收入会有不同的变化。

第一种情况，对于$|E_d|>1$的富有弹性的商品，降低价格会增加厂商的销售收入，相反，提高价格会减少厂商的销售收入，即厂商的销售收入与商品的价格呈反方向变动。

第二种情况，对于$|E_d|<1$的缺乏弹性的商品，降低价格会减少厂商的销售收入，相反，提高价格会增加厂商的销售收入，即厂商的销售收入与商品的价格呈同方向变动。

第三种情况，对于$|E_d|=1$的具有单位弹性的商品，降低价格或提高价格都不会影响厂商的销售收入。

如果将$|E_d|=\infty$和$|E_d|=0$的两种特殊情况考虑在内，商品的需求弹性和厂商的销售收入之间的关系如表2－5所示。

表2－5　**需求的价格弹性与厂商的销售收入**

	$\|E_d\|>1$	$\|E_d\|<1$	$\|E_d\|=1$	$\|E_d\|=0$	$\|E_d\|=\infty$
降价	增加	减少	不变	与价格同比例减少	厂商不必要降价
提价	减少	增加	不变	与价格同比例增加	收益会减少为零

（四）影响需求价格弹性的因素

影响需求价格弹性的因素有很多，其中主要有以下几个。

第一，商品的可替代性。一般来说，一种商品的可替代品越多，相近程度越高，该商品的需求价格弹性往往就越大；相反需求价格弹性就越小。例如，一种特定商标牌号的洗发水，它的替代品包括许多其他牌号的洗发水，但若所指商品是洗发水，它的替代品很难找到。所以某种特定牌号的洗发水的需求价格弹性大于泛指的洗发水的需求价格弹性。又例如，对于食盐来说，没有很好的替代品，加之食盐又是生活必需品，所以，它的需求价格弹性是很小的。

第二，商品用途的广泛性。一般来说，一种商品的用途越是广泛，它的需求价格弹性也就越大；相反，用途越是狭窄，它的需求价格弹性就可能越小。这是因为，如果一种商品具有多种用途，当它价格较高时，消费者只购买较少的数量用于最重要的用途。当它的价格逐步下降时，消费者的购买数量就会逐渐增加，将商品越来越多地用于其他各种用途上。

第三，商品对消费者生活的重要程度。一般来说，生活必需品的需求价格弹性较小，非必需品的需求价格弹性较大。例如，人们对食物的需求价格弹性较小，对外出旅游的需求价格弹性较大。

第四，商品的消费支出占消费者预算总支出的比重。消费者在某商品上的消费支出占预算总支出的比重越大，该商品的需求价格弹性就越大；反之，则越小。如柴米油盐等商品的需求价格弹性是比较小的。由于消费者在这些商品上的支出很小，消费者往往不太重视这类商品价格的变化。相反，对于汽车、家用电器的消费，需求价格弹性就比较大。

第五，考察时间的长短。一般来说，所考察的时间越长，则需求价格弹性可能就越大。这是因为，在消费者决定减少或停止对价格上升的某种商品的购买之前，他一般需要花费时间去寻找和了解该商品的替代品。时间越长，越容易找到替代品，从而需求价格弹性就大，时间越短，越不容易找到替代品，从而需求价格弹性就会越小。

三 需求的收入弹性（Income Elasticity of Demand）

（一）需求收入弹性的含义

需求的收入弹性表示在一定时期内一种商品的需求量变动对于消费者的收入变动的反应程度。或者说，它表示在一定时期内消费者的收入变化百分之一时所引起的该商品的需求量变化的百分比。其公式为：

$$\text{需求的收入弹性系数} = \frac{\text{需求量变动率}}{\text{收入变动率}} \tag{2.17}$$

假定某商品的需求量 Q_d 是消费者收入水平 M 的函数，即 $Q_d = f(M)$，则该商品的需求收入弹性公式为：

$$E_M = \frac{\frac{\Delta Q_d}{Q_d}}{\frac{\Delta M}{M}} = \frac{\Delta Q_d}{\Delta M} \cdot \frac{M}{Q_d} \tag{2.18}$$

或：

$$E_M = \lim_{\Delta M \to 0} \frac{\frac{\Delta Q_d}{Q_d}}{\frac{\Delta M}{M}} = \frac{dQ_d}{dM} \cdot \frac{M}{Q_d} \tag{2.19}$$

（二）需求收入弹性的类型

根据需求的收入弹性系数值，可以给商品分类。首先，可以根据收入弹性的正负值，可以将商品分为正常品和低档品。其中，正常品是指消费者对该商品的需求量与收入呈同方向变化的商品，即 $E_M > 0$；低档品是指消费者对该商品的需求量与收入呈反方向变化的商品，即 $E_M < 0$。其次，还可以将正常品再进一步分为必需品和奢侈品两类。其中，必需品 $E_M < 1$；奢侈品 $E_M > 1$。

不难得出，生活必需品，例如食物，由于 $E_M < 1$，其支出在消费者收入中所占的比重（恩格尔系数）随着收入的增加而不断下降。这一现象被称为恩格尔定律。恩格尔系数可以反映一个国家或一个家庭的富裕程度。

四 需求的交叉弹性（Cross-price Elasticity of Demand）

（一）需求交叉弹性的含义

需求的交叉弹性表示在一定时期内一种商品的需求量变动对于另一种商品的价格变动的反应程度。或者说，它表示在一定时期内另一种商品的价格变化百分之一时所引起的该商品的需求量变化的百分比。其公式为：

$$\text{需求的交叉弹性系数} = \frac{\text{一种商品需求量变动率}}{\text{另一种商品价格变动率}} \tag{2.20}$$

其中，弧弹性公式为：

$$E_{XY} = \frac{\dfrac{\Delta Q_X}{Q_X}}{\dfrac{\Delta P_Y}{P_Y}} = \frac{\Delta Q_X}{\Delta P_Y} \cdot \frac{P_Y}{Q_X} \tag{2.21}$$

点弹性的公式为：

$$E_{XY} = \lim_{\Delta P_Y \to 0} \frac{\dfrac{\Delta Q_X}{Q_X}}{\dfrac{\Delta P_Y}{P_Y}} = \frac{dQ_X}{dP_Y} \cdot \frac{P_Y}{Q_X} \tag{2.22}$$

其中，Q_X 为 X 的需求量；ΔQ_x 为 X 的需求量的改变量；P_Y 为 Y 的价格；ΔP_Y 为 Y 的价格的变动量。

（二）需求交叉弹性的类型

需求交叉弹性系数的符号可能为正，也可能为负。若两种商品之间存在着替代关系，则一种商品的需求量与它的替代品的价格之间呈同方向变动，相应的需求的交叉弹性系数为正值。这是因为，例如，当苹果的价格上升时，人们会在减少苹果的购买量的同时，增加对苹果的替代品梨子的购买量。若两种商品之间存在着互补关系，则一种商品的需求量与它的互补品价格之间呈反方向变动，相应的需求的交叉价格弹性系数为负值。这是因为，例如，当汽车的价格上升时，人们会减少对汽车的需求量，这样，作为汽车的互补品的汽油的需求量也会因此而减少。

五 供给的价格弹性（Price Elasticity of Supply）

（一）供给价格弹性的含义

供给的价格弹性表示在一定时期内一种商品的供给量变动对于该商品的价格变动的反应程度。或者说，它表示在一定时期内一种商品的价格变化百分之一时所引起的该商品的供给量变化的百分比。其公式为：

$$\text{供给的价格弹性系数} = \frac{\text{供给量变动率}}{\text{价格变动率}} \tag{2.23}$$

其中，弧弹性公式为：

$$E_s = \frac{\frac{\Delta Q_s}{Q_s}}{\frac{\Delta P}{P}} = \frac{\Delta Q_s}{\Delta P} \cdot \frac{P}{Q_s} \tag{2.24}$$

点弹性的公式为：

$$E_s = \lim_{\Delta P \to 0} \frac{\frac{\Delta Q_s}{Q_s}}{\frac{\Delta P}{P}} = \frac{dQ_s}{dP} \cdot \frac{P}{Q_s} \tag{2.25}$$

其中，Q_s 为供给量；ΔQ_s 为供给量的改变量；P 为价格；ΔP 为价格的变动量。按照供给规律，供给量与价格呈同方向变动，E_s 一般为正值。

（二）供给价格弹性的五种类型

根据 E_s 的大小，可将供给价格弹性分为五种（见图 2－13）。

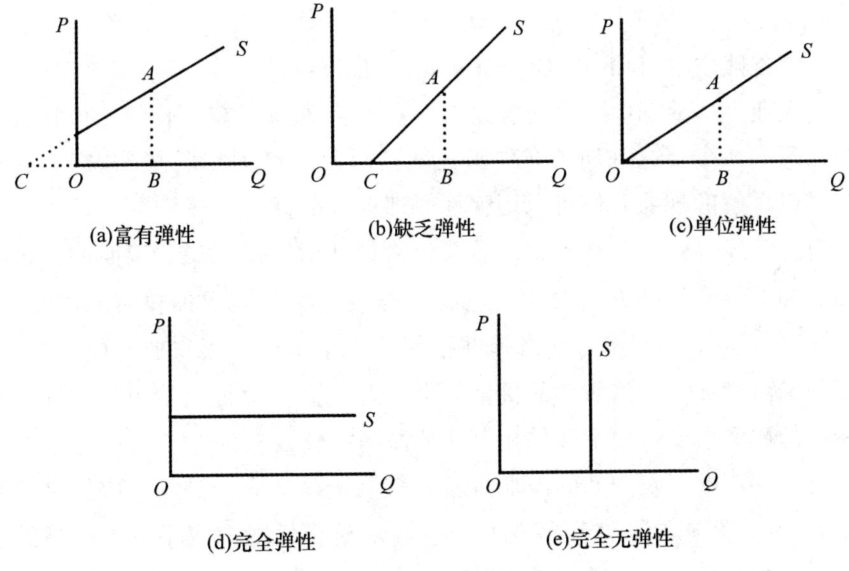

图 2－13　供给弹性的五种类型

（三）影响供给价格弹性的因素

在影响供给价格弹性的因素中，时间是一个很重要的因素。当商品价格发生变化时，厂商对产量的调整需要一定的时间。在很短的时间内，厂商很难根据价格的涨跌调整产量，相应地，供给的价格弹性是比较小的。但是，如果时间足够长，厂商可以根据价格对产量作出充分的调整，供给的价格弹性自然就比较大了。

其次，生产的难易程度也是一个重要因素。有些产品，增加产量并不需要增加太多的投入，或者说产量增加只会引起边际成本的轻微的提高，供给的价格弹性可能比较大；相反，如果产量的增加需要增加很多的投入，供给的价格弹性就会比较小。而对于一些无法生产的商品来说，如已故的名人的字画，无法生产再造，其供给价格弹性为零。

第五节　均衡价格理论和弹性理论的应用

运用需求、供给及其决定的均衡价格的基本原理，可以描述和解释实际的市场经济活动。本节介绍这方面的几个事例。

一 谷贱伤农（Cheap Grain Hurts the Farmer）

在农业生产活动中，存在着这么一种经济现象：在丰收的年份，农民的收入反而减少。这种现象在中国民间被形象地称为“谷贱伤农”。这种看似难以理解的现象我们可以用弹性原理进行解释。

前文已经分析过，对于缺乏需求价格弹性的商品来说，厂商的销售收入与商品的价格呈同方向变化。造成“谷贱伤农”现象的根本原因在于：农产品（如谷类）的需求价格弹性往往是小于 1 的，当农业丰收的时候，农产品供给增加，导致农产品价格下降，需求量（销售量）虽然增加，但是增加的比例小于价格下降的比例，从而销售收入减少。

图 2－14 中，农产品的需求曲线 D 较为陡峭。农产品的丰收使供给曲线由 S_1 的位置向右移动至 S_2 的位置。在缺乏弹性的前提下，农产品的均衡价格大幅度地由原先的 P_1 下降至 P_2，而农产品的均衡数量仅仅小幅度地由原先的 Q_1 增加到 Q_1。由于农产品均衡价格下降的幅度大于农产品均衡数量增加的幅度，因而农民的收入减少。总收入的减少量相当于图 2－14 中矩形 $OP_1E_1Q_1$ 和 $OP_2E_2Q_2$ 的面积之差。

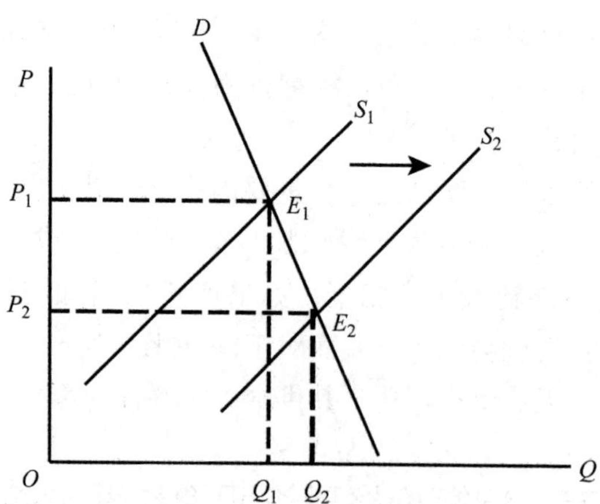

图 2－14 缺乏弹性的需求曲线和“谷贱伤农”

基于以上的经验和事实，在一些国家，为了保护农场主和农民的利益，也为了保护和支持农业的发展，政府纷纷采取了支持农产品价格的一些做法。

二　支持价格（Support Price）和限制价格（Limit Price）

（一）支持价格

支持价格也被称为最低限价。它是政府所规定的某种商品的最低价格，即防止商品的价格下跌到此限价水平之下。最低限价总是高于市场的均衡价格。

图 2－15 表示政府对某种商品实行支持价格的情形。市场均衡价格为 P_e，均衡数量为 Q_e。政府实行的最低限价为 P_1。由图可见，支持价格 P_1 高于均衡价格 P_e，在这一价格水平上，市场供给量 Q_2 大于市场需求量 Q_1，市场上出现产品过剩的情况。

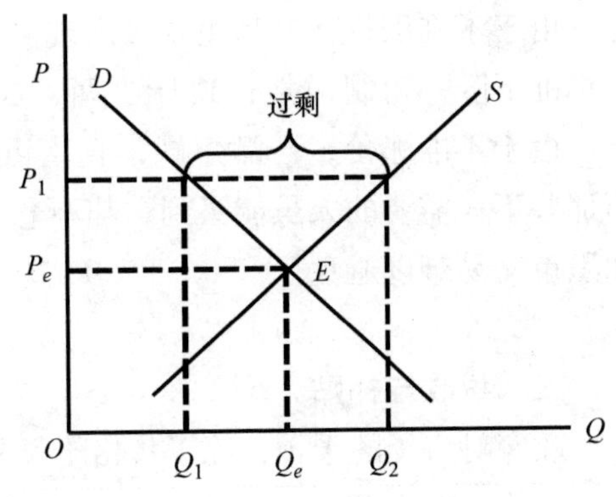

图 2－15　支持价格（最低限价）

政府实行支持价格的目的通常是为了扶持某些行业的发展。农产品的支持价格是一些西方国家所普遍采取的旨在扶持农业发展的政策。在实行这一政策时，政府通常要收购市场上过剩的农产品。

（二）限制价格

限制价格也被称为最高限价。它是政府所规定的某种商品的最高价格，即防止商品价格上升到限制价格之上。限制价格总是低于市场的均衡价格。

图 2－16 表示政府对某种商品实行限制价格的情形。假设政府实行的最高限价为 P_1，由图可见，

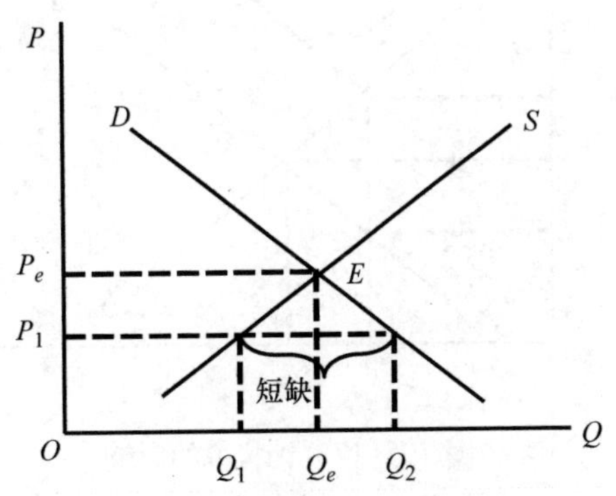

图 2－16　限制价格（最高限价）

限制价格 P_1 低于均衡价格 P_e，在此价格水平，市场需求量 Q_2 大于市场供给量 Q_1，市场出现了供不应求的短缺情况。最高限价下的供不应求会导致消费者排队抢购。为此，政府必须向市场投放大量的产品，以弥补这个缺口，或者采取发配给券、定配给量、凭证供应等措施。

价格干预虽然对任何国家都是必要的，但也会造成一些不良影响。首先是产品分配不公。以不准涨价为例，当需求增加，供给不变时，价格本应从 P_1 上升到 P_e，这时真正需要的人会以 P_e 的价格购买，不太需要的人就不会购买，产品的分配比较公平。然而，由于不准涨价，使需求量不必要地扩大，造成产品短缺，导致排队或配给，这就使得本来真正需要的人不一定能够买得到，而不太需要的人反而能够买得到。其次是产品质量下降。由于不准涨价，产品短缺，出现“皇帝女儿不愁嫁”，会使原来的质量标准下降，粗制滥造，缺斤少两，成为变相涨价。最后是黑市交易盛行。由于不准涨价，产品短缺，真正需要的人出于急需，愿以高价购买，而那些不太需要的人虽能买到，却不急需，愿以高价转售。从而倒买倒卖和黑市交易难以避免。

三 税收与补贴

政府对市场的干预，除了价格干预外，还有税收和补贴。

（一）税收

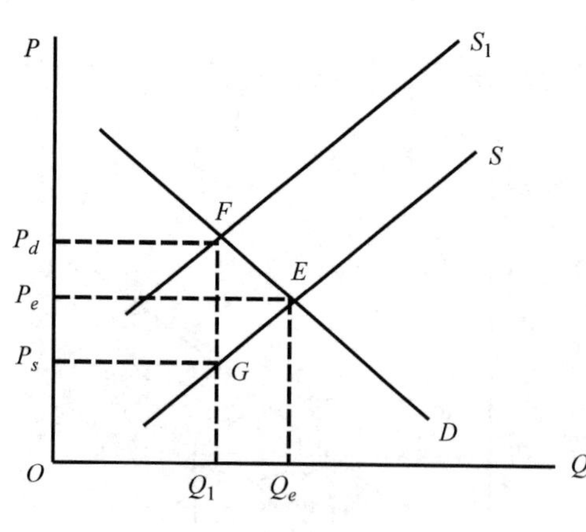

图 2－17 销售税的影响

如果政府征收销售税，例如，对每一单位商品征收 t 元的销售税，那么，商品价格是否也上涨 t 元呢？销售税最终由谁来承担呢？

由于征收销售从量税，使得生产者在任何一个数量下的供给价格上升 t 元，也就是供给曲线向上移动 t 的距离。如图 2－17 所示，供给曲线由征税前的 S 上移至 S_1 的位置，均衡点由征税前的 E 点移动到

F 点，即均衡价格上升而均衡数量减少。比较征税前后可知，首先，征税使市场的交易量由原来的 Q_e 减少到 Q_1。其次，市场交易价格由原来的 P_e 上升到 P_d。作为消费者，每购买一单位商品所需支付的价格升高了 $P_d - P_e$；而作为生产者，每出售一单位商品实际得到的价格却下降了 $P_e - P_s$。（生产者虽然从消费者手中得到的价格为 P_d，但扣除交给政府的税收 t 之后只剩下 P_s。）也就是说，政府向生产者征收销售税，税收并非生产者一方承担，而是由买卖双方共同承担的。其中，$P_d - P_e$ 由消费者承担，$P_e - P_s$ 由生产者承担。

那么，税收承担的比例是如何决定的呢？通过比较图 2 - 18，不难发现，如果供给曲线比需求曲线平坦，则消费者承担较大的比例。反之，则生产者承担较大的比例。也就是说，弹性小的一方承担了较多的税赋。

（二）补贴

补贴与税收的做法相反，对市场的影响也是相反。补贴会使买卖双方同时获益，至于具体获益多少，留给同学们自己分析。

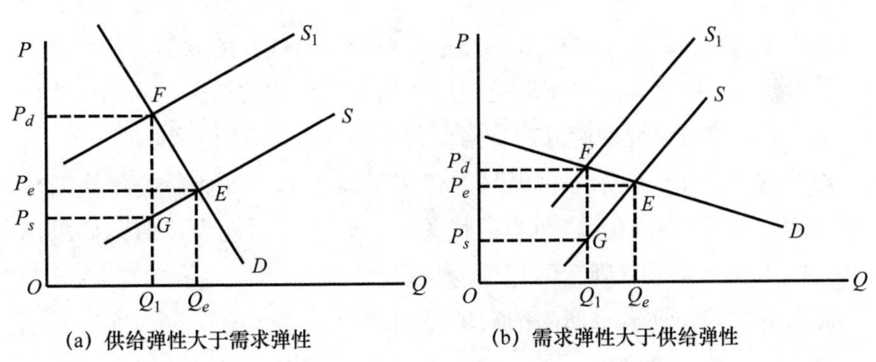

图 2 - 18　销售税的归属

本章小结

一种商品的需求是指消费者在一定时期内在各种可能的价格下愿意而且能够购买的某种商品的数量。需求可以用需求函数、需求表和需求曲线来表示。需求曲线一般向右下方倾斜，表示商品的需求量与价格呈反方向变动。这一现象也被称为需求规律。市场的需求曲线可以由消费者的需求曲线水平相加得到。

一种商品的供给是指生产者在一定时期内在各种可能的价格下愿意而且能够提供的某种商品的数量。供给可以用供给函数、供给表和供给曲线来表示。供给曲线一般向右上方倾斜，表示商品的供给量与价格呈同方向变动。这一现象也被称为供给规律。市场的供给曲线可以由单个生产者的供给曲线水平相加得到。

商品的需求量受很多因素影响，除价格以外的因素的变化，会导致需求曲线移动，称为需求的变动。同样，商品的供给量也受很多因素影响，除价格以外的因素变化，会导致供给曲线移动，即供给的变动。

均衡价格指商品的市场需求量和市场供给量相等时的价格。均衡价格是在市场机制作用下自发形成的。需求的变化会引起均衡价格同方向的变化，供给的变化会引起均衡价格反方向的变化。

当两个经济变量存在函数关系时，可以用弹性来表示因变量对于自变量变化的反应程度。任何弹性都可以表示为弧弹性或者点弹性。

需求的价格弹性表示商品需求量对于价格变化的反应程度，需求价格弹性通常为负值。按照弹性绝对值的大小可以分为富有弹性、缺乏弹性、单位弹性、完全弹性和完全无弹性五种类型。对于富有弹性的商品，厂商的销售收入与价格反方向变动。对于缺乏弹性的商品，厂商的销售收入与价格同方向变动。对于单位弹性的商品，价格变化不影响厂商的销售收入。

需求的交叉弹性表示一种商品的需求量对于另一种商品的价格变化的反应程度。如果两种商品之间为替代关系，则交叉弹性为正值；如果两种商品之间为互补关系，则交叉弹性为负值。

需求的收入弹性表示商品的需求量对于收入变化的反应程度。对于正常商品来说，收入弹性大于零；对于低档商品来说，收入弹性小于零。在正常商品中，必需品的收入弹性小于1，奢侈品的收入弹性大于1。

供给价格弹性表示供给量对于价格变化的反应程度，供给弹性为正值。根据供给弹性大小也可以分为富有弹性、缺乏弹性、单位弹性、完全弹性和完全无弹性五种类型。

理论自测

1. 什么是均衡价格，它是如何形成的？

2. 根据需求弹性理论说明“薄利多销”的适用范围。

3. 根据需求弹性理论解释“谷贱伤农”。

4. 众所周知市场对个人电脑的需求不断增加，但其价格却不断下降，这是否违背了供求规律?

5. 影响商品需求的主要因素有哪些?

6. 影响商品供给的主要因素有哪些?

7. 说明下列情况下某品种的牛肉的需求会发生怎样的变动，为什么?

(1) 卫生检疫部门报告，认为这种牛肉含某种疯牛病的成分;

(2) 另一种牛肉的价格上涨了;

(3) 消费者的收入增加了;

(4) 养牛的工人工资增加了;

(5) 人口有了较大的增长。

8. 一般商品的需求曲线的特征是：当价格上升时，消费者的需求量会降低。在旅游旺季，飞机票价通常要高出平时票价的三成。请说明为何在旅游旺季时飞机票仍是“一票难求”?

9. 用供求定理说明政府实施支持价格和限制价格的原因、后果以及清除产量过剩或短缺的方法。

10. 下列事件对电脑产品供给或需求的影响。

(1) 生产电脑的技术进步了;

(2) 生产电脑的人工和原材料价格上涨;

(3) 智能手机功能更强大了。

11. 对于下列各对物品，你认为哪一种物品更具有价格弹性，并说明理由。

(1) 香料和食盐;

(2) 青霉素和冰淇淋;

(3) 香烟和骆驼牌香烟。

12. 两个司机——汤姆和杰瑞——每个人开车到加油站。在看到价格之前，每个人都发出一个指令。

汤姆说：“给我油箱加满汽油。”

杰瑞说：“我加 200 元汽油。”

他们对汽油的需求价格弹性各是多少?

13. 丽丽总是把她收入的 1/3 用于买衣服。

（1）她对衣服的需求收入弹性是多少？

（2）她对衣服的需求价格弹性是多少？

14. 上个月茶叶的价格急剧上升，而销售量没变。5 个人给出了五种解释，哪些解释可能是正确的？

（1）小张：需求增加了，但供给完全无弹性；

（2）小王：需求增加了，但需求完全无弹性；

（3）小李：需求增加了，但供给同时减少；

（4）小陈：供给减少了，但需求是单位弹性；

（5）小黄：供给减少了，但需求是完全无弹性。

15. 咖啡和面包是互补品。两者的需求都缺乏弹性。一场飓风摧毁了一半的咖啡豆。用图形回答以下问题：

（1）咖啡豆的价格会发生什么变化？

（2）咖啡豆的价格会发生什么变化？用于喝咖啡的总支出会发生什么变化？

（3）面包的价格会发生什么变化？用于面包总的支出会发生什么变化？

应用自测

1. 若某市场上只有 A 与 B 两个人，其需求函数分别为：

$Q_A = 100 - P_A$

$Q_B = 90 - 0.5P_B$

（1）试求市场需求函数，并画图。

（2）当市场价格为 50 时，A 和 B 的需求弹性各为多少？市场需求弹性为多少？两者之间有何关系？

2. 假定某商品的需求价格为 $P = 100 - 5Q$，供给价格为 $P = 40 + 10Q$。求均衡价格、均衡产量以及均衡点的需求弹性和供给弹性。

3. 某消费者对某商品的需求函数为 $P = 100 - \sqrt{Q}$，分别计算 $P = 60$ 和 $Q = 900$ 时的需求价格弹性。

4. 假设：（1）X 和 Y 的需求曲线均为直线，X 的需求函数为 $Q_X = 40 - 0.5P_X$；（2）X 与 Y 的需求曲线在 $P = 8$ 时相交；（3）在交点上，X 的

需求弹性为 Y 需求弹性的 1/2。根据已知条件推导出 Y 的需求函数。

5. 某公司最近研制出一种新型保健药品，市场部经过调查，得出此保健品的需求和供给如下：

P（元）	Q_D（盒）	Q_s（盒）
15	40	10
25	20	40

假定需求曲线和供给曲线均为直线。求：

（1）导出该保健品的需求曲线和供给曲线。

（2）为保证供求平衡，在市场上的价格和产量是多少？

（3）价格在 15 元和 25 元之间的需求弹性和供给弹性分别是多少？

（4）均衡点的需求弹性和供给弹性分别是多少？

（5）若政府对每盒保健品征收 1 元的销售税，税收最终由谁负担？负担多少？

6. 假设公务乘客和度假乘客对从广州到北京之间民航机票的需求如下：

价格（元）	需求量（公务乘客）（张）	需求量（度假乘客）（张）
1500	2100	1000
2000	2000	800
2500	1900	600
3000	1800	400

求：（1）票价从 2000 元到 2500 元之间公务乘客和度假乘客的需求价格弹性（用中点法计算）。

（2）为什么度假乘客与公务乘客的需求弹性不同？

7. 在经济衰退期间，在餐馆吃饭的支出比在家吃的食物支出减少得多。如何用弹性概念解释这种现象？

8. 请解释下列情况：全世界的干旱使得从出售粮食中得到收入的农民的

总收益增加。但如果只是黑龙江有干旱，就会减少黑龙江农民得到的总收益。

9. 考虑针对吸烟的公共政策：

（1）研究表明，香烟的需求价格弹性是0.4。如果现在每盒香烟为20元，政府想减少20%的吸烟量，价格应该提高多少？

（2）研究还发现，青少年的需求价格弹性大于成年人。为什么这可能是正确的？

案例分析

案例2-1 谁为奢侈品税收付出代价——税收的转嫁与归宿[①]

1990年，美国国会通过对游艇、私人飞机、珠宝、皮革、豪华轿车这类奢侈品征收新的奢侈品税。

支持这项税收的人认为，这些奢侈品全部由富人消费，这种税也必然由富人承担。向富人收税以补助低收入者，平等又合理。

实施之后反对者并不是富人，而是生产这些奢侈品的企业与工人，其中大部分是这项税收所要帮助的低收入者。为什么这些并不消费奢侈品的人反而反对这项税呢？

征税后，出现了豪华游艇的替代品，例如，在科罗拉多州的旅游胜地阿斯潘安购置房产。人们想方设法逃避征税，尤其是在佛罗里达州，那儿是巴哈马国家和加勒比地区的边界。人们在境外购买奢侈品、在国内使用。该项税收摧毁了作为“世界游艇交易之都”佛罗里达的游艇产业。

游艇这类奢侈品需求富有弹性而供给缺乏弹性。这是因为，这类商品并非生活必需品，而且替代品多。所以，当价格上升时，需求量大幅减少，需求富有弹性。但生产这类商品的企业短期内难以转产其他产品，供给缺乏弹性。税收实际上落到了生产者身上。

生产这些奢侈品的企业不仅要承受税收，还面临需求减少引起的两种后果。一是企业不得不减少生产，二是企业不得不降价。这就使这类企业生产经营困难，不得不解雇工人。这个行业所有者利润减

① 梁小民：《微观经济学纵横谈》，生活·读书·新知三联书店2000年版，第69—72页。

少，工人收入减少。本来这些行业的工人大多属于低收入工人，是这种“劫富济贫”政策要帮助的对象，结果反受这种政策之害。

生产奢侈品企业的所有者与工人深受高奢侈品税之害，又承担了绝大部分这种税收。所以，这种税收并没有受到富人的反对，而是主要受到这些行业工人与工会的反对。美国国会迫于压力在1993年取消了这种奢侈品税。1993年这项法令被克林顿总统废止，这是美国历史上最短命的税种。

案例2－2　票贩子为何屡禁不止——限制价格的弊端

春节前夕，坐火车回家的人可能都有切身体会。火车票总是那么紧张，要提前排队购买，如果实在买不到，也可以想办法从票贩子手中高价购买。每年的这个时候，各地公安机关都会出动警力进行打击，但票贩子们总是屡禁不止。其原因实际上不是公安部门打击不力，而是限制价格的做法违背了市场经济规律。

均衡价格由市场供求决定。如果铁路部门确定的火车票低于均衡价格，坐火车的需求量就大于供给量，这时存在价格上升的压力。随着价格上升，需求量（想坐火车回家的人）减少，供给量不变，价格就会上升到供求相等的均衡水平。反之，如果铁路部门确定的价格高于均衡价格，需求量小于供给量，价格下降，直至供求相等。当价格达到均衡时，想坐火车回家的人得到了满足，这就是实现了经济学家所说的资源配置最优化。

但是，如果受到外力的干预，价格就无法起到这种调节作用。比如坐火车的均衡价格应该是60元，但物价部门规定的限制价格是30元。由于价格低于均衡价格，且不能上市，必然存在超额需求或供给短缺。火车票为30元时许多人买不到回家的票正是这种情况。

在这种情况下，解决供不应求的方法有三种：配给（由铁路部门决定给谁）、排队（按先来后到的原则）和黑市。票贩子和买票人之间的交易是黑市交易。票贩子或者拉帮结伙装作乘客排队买票，或者与铁路有关人员勾结把紧缺的车票弄到手，然后以黑市的均衡价格（如100元）卖给真正需要火车票的人。只要存在限制价格，票贩子倒票有利可图，无论怎样“严打”也是“野火烧不尽，春风吹又生”。

钻价格政策的空子是票贩子的理性行为。

显然，票贩子的存在既损害了消费者的利益，又损害了生产者（铁路部门）的利益。

购买者不得不付出高价，这种高价又不由铁路部门所得。在我们的例子中，限制价格为 30 元，买票却付出了 100 元，其间差额 70 元就归于票贩子及其同伙所得到。有关部门制定限制价格的意图也许是在于维护消费者的利益，但实际却损害了消费者利益。这种事与愿违的结果就在于违背了市场经济的基本规律，人为地破坏了价格自发调节供求的作用。

从经济学的角度看，消除票贩子的办法不是“加大打击力度”云云，而只是取消对火车票的限制价格政策。一旦价格放开，热门火车票价格上升，想要的人就会减少（找其他替代工具），而火车站也会多加开车次，最终会使双方满意。

参考文献

高鸿业：《西方经济学·微观部分》（第七版），中国人民大学出版社 2018 年版。

李明志、黎诣远：《微观经济学》（第四版），高等教育出版社 2014 年版。

刘冰、王立成：《经济学基础》，高等教育出版社 2011 年版。

梁小民：《微观经济学纵横谈》，生活·读书·新知三联书店 2000 年版。

曼昆：《经济学原理·微观经济学分册》（第七版），梁小民译，北京大学出版社 2015 年版。

第三章　消费理论

前一章介绍了需求曲线和供给曲线的基本特征，但并没有说明形成这些特征的背后原因是什么。在微观经济学里，构造需求曲线和供给曲线是分别以对消费者行为和生产者行为的分析为依据的。本章将分析需求曲线背后的消费者的选择行为，并从对消费者的选择行为的分析中推导出需求曲线。由于消费者选择行为的目标是在一定的约束条件下追求自身的最大效用，所以消费者选择理论亦可被称为效用论。本章分别介绍基数效用论和序数效用论对消费者行为的分析和对需求曲线的推导。

第一节　效用论概述

一　效用的概念

效用（Utility）是指商品满足人的欲望的能力，即消费者在消费商品时所感受到的满足程度。一种商品对消费者是否具有效用，取决于消费者是否有消费这种商品的欲望，以及这种商品是否具有满足消费者欲望的能力。效用这一概念与人的欲望是联系在一起的，是消费者对商品满足自己欲望的能力的一种主观心理评价。效用因人而异、因地而异、因时而异。

二　基数效用（Cardinal Utility）和序数效用（Ordinal Utility）

既然效用是用来表示消费者在消费商品时所感受到的满足程度，那么，就产生了对这种“满足程度”即效用大小的度量问题。在这一问题上，经济学家先后提出来基数效用和序数效用的概念。19 世纪 70 年代至 20 世纪初期，经济学普遍使用基数效用的概念。基数效用论者认为，效用如同长度、重量等概念，可以具体衡量并加总求和。效用的度量单位是

“效用单位”。基数效用论（Cardinal Utility Theory）用边际效用分析方法来研究消费者行为。

20 世纪 30 年代，序数效用的概念为大多数经济学家所使用。序数效用论（Ordinal Utility Theory）认为，效用如同香、臭、美、丑等概念，其大小是无法具体度量的，效用之间的比较只能通过顺序或等级来表示。序数效用论者用无差异曲线的分析方法来研究消费者行为。

第二节　基数效用论的边际效用分析

一　总效用、平均效用与边际效用

基数效用论者将效用区分为总效用（Total Utility，TU）、平均效用（Average Utility，AU）和边际效用（Marginal Utility，MU）。总效用是指消费者在一定时间内从一定数量的商品的消费中所得到的效用量的总和。平均效用是消费者在一定时间内平均从每一单位商品的消费中所得到的效用量。边际效用是指消费者在一定时间内增加一单位商品的消费所得到的效用量的增量。假定消费者对一种商品的消费数量为 Q，则总效用函数为：

$$TU=f(Q) \tag{3.1}$$

相应的平均效用函数为：

$$AU=\frac{TU}{Q} \tag{3.2}$$

边际效用函数为：

$$MU=\frac{\Delta TU}{\Delta Q} \tag{3.3}$$

当商品的增加量趋于无穷小，即 $\Delta Q \to 0$ 时，有：

$$MU=\lim_{\Delta Q \to 0}\frac{\Delta TU}{\Delta Q}=\frac{\mathrm{d}TU}{\mathrm{d}Q} \tag{3.4}$$

在经济学中，边际分析是最基本的分析方法之一，“边际”概念则是很重要的一个基本概念。边际效用是本书出现的第一个边际概念。在此，我们有必要强调一下，边际量的一般含义是表示一单位的自变量的变化量所引起的因变量的变化量。边际量的一般公式定义为：

$$边际量=\frac{因变量的改变量}{自变量的改变量} \tag{3.5}$$

下文用表 3 - 1 来具体说明总效用、平均效用和边际效用之间的关系。随着商品消费量的增加，总效用呈现先增加，达到最大值后转为下降的特征。而边际效用则呈现出递减的特征。具有同样特征的还有平均效用。当商品的消费量由 0 增加为 1 时，总效用由 0 增加为 10 效用单位，边际效用为 10 效用单位$\left(\frac{10-0}{1-0}=10\right)$，平均效用为 10 效用单位$\left(\frac{10}{1}=10\right)$。当商品的消费量由 1 增加为 2 时，总效用由 10 效用单位增加为 18 效用单位，边际效用下降为 8 效用单位$\left(\frac{18-10}{2-1}=8\right)$，平均效用为 9 效用单位$\left(\frac{18}{2}=9\right)$。以此类推，商品数量每增加一单位，边际效用递减 2 效用单位，而平均效用递减 1 效用单位。当商品消费量增加为 6 时，总效用达到最大值，为 30 效用单位，而边际效用已递减为 0。此时，消费者对该商品的消费已达到饱和点。当商品的消费量增加为 7 时，边际效用会进一步递减为负值，即 - 2效用单位。

表 3 - 1　　**某商品的效用**

商品数量（1）	总效用（2）	边际效用（3）	平均效用（4）
0	0		
1	10	10	10
2	18	8	9
3	24	6	8
4	28	4	7
5	30	2	6
6	30	0	5
7	28	- 2	4

根据表 3 - 1 可绘制出总效用、平均效用和边际效用曲线如图 3 - 1 所示。其中，横轴表示商品的数量，纵轴表示效用量，*TU* 曲线以递减的速率先上升后下降，而 *MU* 曲线和 *AU* 曲线都是向右下方倾斜的。具体来说，边际效用与总效用的相互关系为：当边际效用为正值时，总效用曲线呈上升趋势；当边际效用为零时，总效用曲线达到最高点；当边际效用递减为

负值时，总效用曲线呈下降趋势。从数学意义上讲，如果效用曲线是连续的，则每一消费量上的边际效用值就是总效用曲线上的点的斜率。平均效用与总效用的相互关系为：平均效用是总效用曲线上的点到坐标原点连线的斜率。平均效用与边际效用的相互关系为：平均效用曲线模仿边际效用曲线的形状，图 3－1 可见，两者都向右下方倾斜且两者都为直线，但边际效用曲线的斜率是平均效用曲线斜率的两倍。

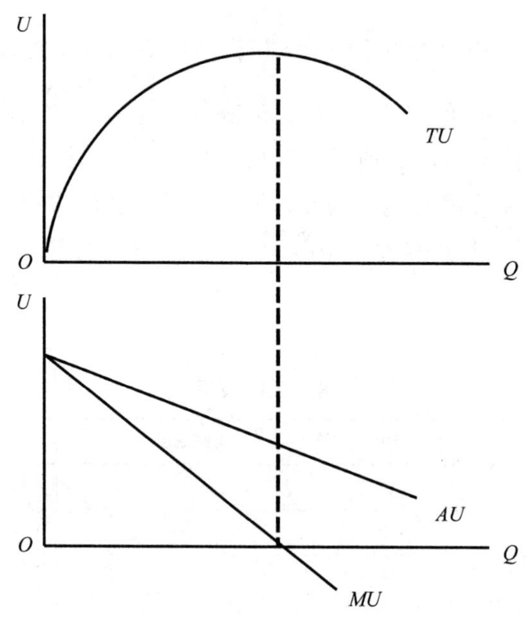

图 3－1　某商品的效用曲线

二　边际效用递减规律（The Law of Diminishing Marginal Utility）

边际效用递减规律是指，在一定时间内，在其他商品的消费数量保持不变的前提下，随着消费者对某种商品的消费数量的增加，消费者从该商品连续增加的每一消费单位中所得到的效用增量即边际效用是递减的。例如，在一个人饥饿的时候，吃第一个包子给他带来的效用是很大的。随着这个人所吃的包子数量的连续增加，虽然总效用是不断增加的，但每一个包子给他带来的效用增量即边际效用是递减的。当他完全吃饱的时候，包子的总效用达到最大值，而边际效用却降为零。如果他还继续吃，就会感到不适，这意味着包子的边际效用已经为负值，总效用也开始下降。

边际效用递减规律的要点：类似吃包子这种边际效用递减的现象，在生活中司空见惯。在一定时间内，一个人消费一种产品的边际效用随其消费量的增加而减少，叫作边际效用递减法则，又叫戈森第一法则（The First Law of Carlos Ghosn）。通过上述吃包子的例子，我们可以看到边际效用递减法则具有以下特点：（1）边际效用的大小，与欲望的强弱成正比。当一个人非常饿的时候，第一个包子的边际效用很大；当他不那么饿的时候，包子的边际效用很小。（2）边际效用的大小，与消费数量的多少反方向变动。由于欲望强度有限，并随满足的增加而递减，因此，消费数量越多，边际效用越小。就上述吃包子的人来说，吃两个包子的总效用大于吃一个包子，但第二个包子的边际效用小于第一个包子。（3）边际效用是特定时间内的效用。由于欲望具有再生性，边际效用也具有时间性。这一顿饭包子的边际效用从 10 降到 0；下一顿饭，第一个包子的边际效用又恢复到 10。（4）边际效用实际上永远是正值。虽然在理论上有负效用，但实际上，当一种产品的边际效用趋于零时，理性的消费者必然会停止消费这种产品。（5）边际效用是决定产品价值的主观标准。边际效用价值论认为，产品的需求价格，不取决于总效用，而取决于边际效用。消费数量少，边际效用高，需求价格高；消费数量多，边际效用低，需求价格也低。

三　货币的边际效用（Marginal Utility of Money）

经济学家认为，货币如同商品一样，也具有效用。消费者用货币购买商品，就是用货币的效用去交换商品的效用。商品的边际效用递减规律对于货币也同样适用。通常，对于一个消费者来说，随着货币收入量的不断增加，货币的边际效用是递减的。这就是说，随着某消费者货币收入的逐步增加，每增加一元钱给消费者所带来的边际效用一般是越来越小的。

但是，在分析消费者行为时，又通常假定货币的边际效用是不变的。这是因为，在一般情况下，消费者的收入是给定的，而且，单位商品的价格是消费者总货币收入量中的很小部分，所以，当消费者对某种商品的购买量发生很小的变化时，所支出的货币的边际效用的变化是非常小的，可以忽略不计。这样，货币的边际效用便通常被假定为是一个不变的常数。

四 消费者均衡（Consumer Equilibrium）

消费者均衡是指消费者实现效用最大化的状态，此时，消费者达到了既不想再增加、也不想再减少任何商品购买数量的一种相对静止状态。

我们先考虑消费者购买一种商品 X 的情况。假定货币的边际效用为常数 λ，商品的边际效用为 MU_X，商品的价格为 P_X。消费者购买一单位该商品获得的边际效用为 MU_X，而付出的总效用为 $P_X \cdot \lambda$，或者说，消费者花费一元钱买回的效用为$\frac{MU_X}{P_X}$，而付出的效用为 λ。很显然，只要$\frac{MU_X}{P_X} > \lambda$，消费者就会继续购买这种商品，由于边际效用递减规律的作用，商品的边际效用MU_X 随着购买数量的增加而递减，当$\frac{MU_X}{P_X} = \lambda$ 时，消费者就会停止购买 X。此时消费者就实现了效用最大化的均衡状态。

现在，我们再来考虑购买两种商品 X 和 Y 的情况：消费者花费 1 元钱在 X 上可以得到的效用为$\frac{MU_X}{P_X}$，消费者花费 1 元钱在 Y 上可以得到的效用为$\frac{MU_Y}{P_Y}$，如果$\frac{MU_X}{P_X} > \frac{MU_Y}{P_Y}$，消费者就会把这 1 元钱花费在 X 的购买上，随着 X 购买数量的增加，MU_X 递减，直至$\frac{MU_X}{P_X} = \frac{MU_Y}{P_Y}$。

最后，消费者购买 n 种商品，P_1，P_2，…，P_n 分别表示 n 种商品的既定价格，MU_1，MU_2，…，MU_n 分别表示 n 种商品的边际效用，则消费者效用最大化的均衡条件为：

$$\frac{MU_1}{P_1} = \frac{MU_2}{P_2} = \cdots = \frac{MU_n}{P_n} = \lambda \tag{3.6}$$

五 推导需求曲线

边际效用递减规律是基数效用论推导消费者需求曲线的基础。

基数效用论者指出，消费者对商品愿意支付的最高价格应该取决于商品的边际效用。具体而言，某一单位的某种商品的边际效用越大，则消费者为购买这一单位的该种商品所愿意支付的最高价格就越高；反之，某一单位的某种商品的边际效用越小，则消费者为购买这一单位的该种商品所愿意支付的最高价格就越低。由于边际效用递减规律的作用，随着消费者对某一种商品消费数量的连续增加，该商品的边际效用递减，相应地，消费者为购买每一单位的该种商品所愿意支付的最高价格也越来越低。这意味着，建立在边际效用递减规律基础上的需求曲线是向右下方倾斜的。

不难理解，消费者愿意支付的最高价格即需求价格 $P=\frac{MU}{\lambda}$。假定表3－1中货币的边际效用 $\lambda=2$。当商品的消费量为1时，边际效用为10，则消费者为购买第一单位的商品所愿意支付的最高价格为 $5\left(\frac{10}{2}=5\right)$。当商品的消费量为2时，边际效用为8，则消费者为购买第二单位的商品所愿意支付的最高价格为 $4\left(\frac{8}{2}=4\right)$……直至商品的消费量增加为5时，边际效用进一步递减为2，消费者为购买第5单位的商品所愿意支付的最高价格将为 $1\left(\frac{2}{2}=1\right)$。显然，随着商品消费数量的不断增加，消费者愿意支付的最高价格 P 同比例于 MU 的递减而递减。

图3－2（b）中，$P=f(Q)$ 反映了需求价格与商品消费量之间的反方向变动关系，这一函数就是消费者的需求曲线。而且，这条需求曲线上的每一点都是能够给消费者带来最大效用的商品的价格和需求量组合点。

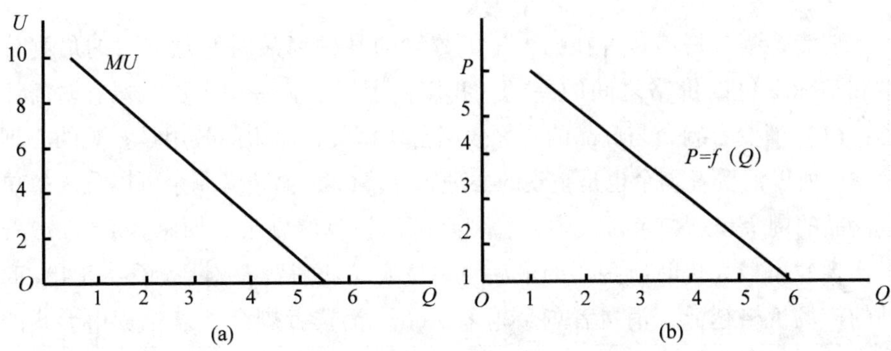

图3－2　从边际效用递减推导需求曲线

六 消费者剩余（Consumer Surplus，CS）

我们知道，随着消费者对某种商品消费数量的不断增加，该商品的边际效用是递减的，所以，消费者对每一单位该商品的支付意愿也是递减的。消费者的支付意愿是指消费者对商品所愿意支付的最高价格。但是，事实上，消费者在购买商品时是按实际的市场价格来支付的，于是，在消费者愿意支付的最高价格和实际的市场价格之间就产生了一个差额，这个差额就是消费者剩余。

表 3－2　　**消费者剩余**

商品数量（1）	商品的边际效用（2）	消费者愿意支付的最高价格（3）$=\frac{(2)}{\lambda}$	消费者实际支付的价格（4）	消费者剩余（3）－（4）（货币单位，元）	消费者剩余（效用单位）
1	10	5	1	4	8
2	8	4	1	3	6
3	6	3	1	2	4
4	4	2	1	1	2
5	2	1	1	0	0
合计	30	15	5	10	20

注：假定货币的边际效用 $\lambda=2$。

消费者剩余是消费者在购买一定数量的某种商品时愿意支付的最高价格和实际支付的价格之间的差额。我们在理解消费者剩余这一概念时需注意：（1）消费者剩余与商品的边际效用密切相关，而边际效用是主观的心理感受，所以消费者剩余也是主观的心理感受。（2）消费者剩余可以分为每单位商品的剩余和总剩余，其中，总剩余是每一单位剩余的加总。（3）消费者实现效用最大化时所购买的最后一单位商品的消费者剩余为零。（4）商品的市场价格越低，消费者剩余越多。（5）消费者剩余可以是货币形式的剩余，也可以是效用形式的剩余。消费者剩余通常被用来度量和分析社会福利问题。

消费者剩余可以用几何图形来表示，即用消费者需求曲线以下、市场价格线以上的面积来表示，如图 3 – 3 中的曲边三角形 ABP_0 面积所示。

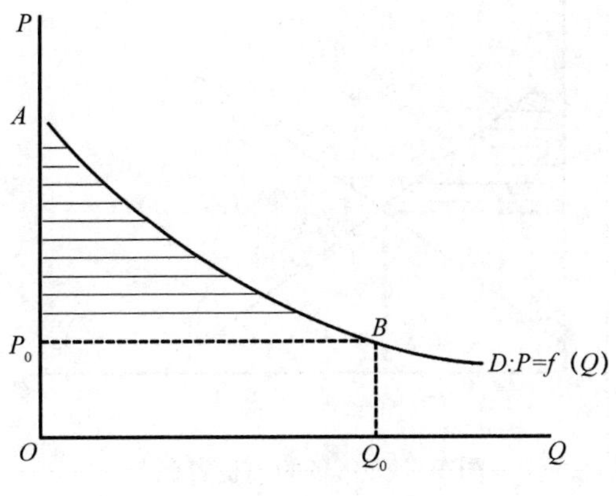

图 3 – 3　消费者剩余

图 3 – 3 中，需求曲线以反需求函数的形式 $P=f(Q)$ 给出，它表示消费者对每一单位商品所愿意支付的最高价格。假定该商品的市场价格为 P_0，消费者购买量为 Q_0。根据消费者剩余的定义，在商品数量 0 到 Q_0 区间需求曲线以下的面积表示消费者为购买 Q_0 数量的商品所愿意支付的最高总金额，即相当于图中曲边梯形 $OABQ_0$；而实际支付的总金额等于市场价格 P_0 乘以购买量 Q_0，即相当于图中的矩形面积 OP_0BQ_0。这两块面积的差额即图中的曲边三角形面积 P_0AB，就是消费者剩余。

消费者剩余还可以用数学公式来表示：

$$CS = \int_0^{Q_0} f(Q)\,dQ - P_0Q_0 \tag{3.7}$$

其中，右边的第一项即积分项表示消费者愿意支付的最高总金额，第二项表示消费者实际支付的总金额。

以上，我们利用单个消费者的需求曲线得到了单个消费者剩余，这一分析可以扩展到整个市场。类似地，我们可以由市场的需求曲线得到整个市场的消费者剩余，市场的消费者剩余可以用市场需求曲线以下、市场价格线以上的面积来表示，如图 3 – 4 所示。市场均衡价格和均衡数量分别为 P_e 和 Q_e，市场的消费者剩余表示为三角形 AEP_e 的面积。

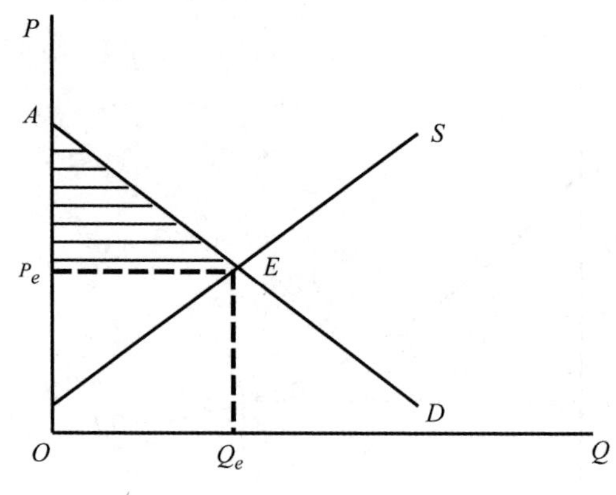

图 3-4 市场的消费者剩余

第三节 序数效用论的无差异曲线分析

序数效用论（Theory of Ordinal Utility）用无差异曲线分析方法考察消费者的选择行为，并在此基础上推导出消费者的需求曲线。

一 关于偏好的假定

序数效用论是为了弥补基数效用论的缺点而提出来的另一种研究消费者行为的理论。序数效用论者认为，效用的大小是无法具体衡量的，不可能用基数准确地表示出来，效用之间只能通过顺序或等级即用序数（第一、第二、第三等）来表示。为此，序数效用论者提出了消费者偏好的概念。偏好是指消费者对任意两个商品组合所做的一个排序。序数效用论者提出了关于偏好的三个基本假定。

第一，偏好的完全性。偏好的完全性是指消费者总是可以比较和排列所给出的两个不同的商品组合。对于任意两个商品组合 A 和 B，消费者可以断定，要么对 A 的偏好大于对 B 的偏好，要么对 A 的偏好小于对 B 的偏好，要么对 A 的偏好等于对 B 的偏好。

第二，偏好的可传递性。对于三个商品组合 A、B 和 C，如果消费者对 A 的偏好大于 B 的偏好，对 B 的偏好大于对 C 的偏好，则该消费者对 A 的偏好一定大于对 C 的偏好。

第三，偏好的非饱和性。在其他商品数量相同的条件下，消费者更偏好于一种商品数量大的组合。

二　无差异曲线

无差异曲线（Indifference Curve），是描述两种商品不同数量的组合给消费者带来完全相同效用的一条曲线。或者说无差异曲线是消费者偏好相同的两种商品的各种不同组合的轨迹。

表 3－3　**带来相同总效用的苹果和梨子的组合**

组合	苹果（X）	梨子（Y）
A	1	10
B	2	6
C	3	4
D	4	2.5

无差异曲线具有以下特征：第一，无差异曲线的形状取决于消费者的偏好，不同的消费者具有不同形状的无差异曲线。第二，在同一平面图上有无数条无差异曲线，每一条曲线代表一种满足水平即效用水平。距离原点越远的无差异曲线所代表的效用水平越大。第三，在同一平面图上，任意两条无差异曲线不能相交。否则就违背了偏好的假定。第四，无差异曲线向右下方倾斜并凸向原点。无差异曲线向右下方倾斜，表明在增加一种商品消费的同时，必须减少另一种商品的消费才能保持效用不变；无差异曲线凸向原点表明无差异曲线的斜率的绝对值是递减的。为什么无差异曲线具有凸向原点的特征呢？这是因为边际替代率递减规律。

三　商品的边际替代率

（一）商品的边际替代率的含义

当消费者沿着一条既定的无差异曲线移动时，两种商品的数量组合会不断发生变化，而效用水平却保持不变。这说明，在维持效用水平不变的前提下，消费者在增加一种商品消费量的同时，必然会放弃一部分另一种商品的消费量，即两种商品之间存在着替代关系。由此，经济学家提出了

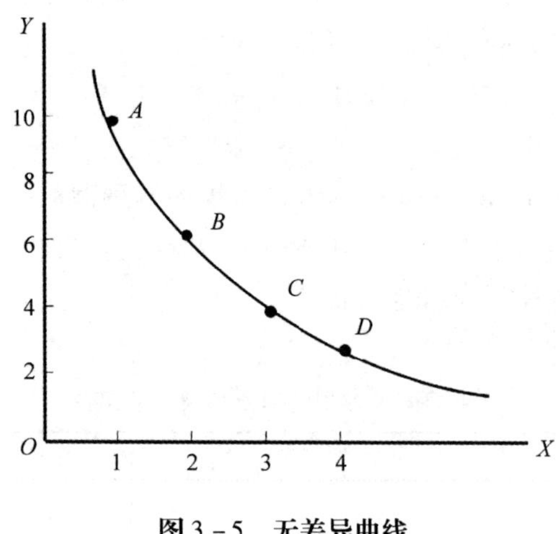

图3-5 无差异曲线

商品的边际替代率（Marginal Rate of Substitution for Goods，MRS）的概念。在维持效用水平不变的前提下，消费者增加一单位某种商品的消费数量时所需要放弃的另一种商品的消费数量，被称为商品的边际替代率。商品 X 对商品 Y 的边际替代率用公式表示为：

$$MRS_{XY} = -\frac{\Delta Y}{\Delta X} \tag{3.8}$$

当商品数量的变化趋于无穷小时，则边际替代率的公式为：

$$MRS_{XY} = \lim_{\Delta X \to 0} -\frac{\Delta Y}{\Delta X} = -\frac{dY}{dX} \tag{3.9}$$

显然，无差异曲线上某一点的边际替代率就是无差异曲线在该点的斜率的绝对值。

进一步地，由于在保持效用水平不变即在同一条无差异曲线上，消费者增加一种商品带来的效用增加量和相应减少另一种商品的数量所带来的效用减少量必定是相等的，所以有：

$$|MU_X \cdot \Delta X| = |MU_Y \cdot \Delta Y| \tag{3.10}$$

从而，$MRS_{XY} = -\frac{\Delta Y}{\Delta X} = \frac{MU_X}{MU_Y}$。

也就是说，边际替代率等于两种商品的边际效用之比。

（二）商品的边际替代率递减规律

在两种商品的替代过程中，普遍存在这么一种现象，这种现象被称为边际替代率递减规律（The Law of Diminishing Marginal Rate of Substitution for Goods）。具体地说，商品的边际替代率递减规律是指：在维持效用水平或满足程度不变的前提下，随着一种商品消费数量的连续增加，消费者为得到每一单位的这种商品所需要放弃的另一种商品的消费数量是递减的。之所以会发生边际替代率递减的现象，其原因在于：随着一种商品的消费数量的逐步增加，消费者想要获得更多的这种商品的愿望就会递减，从而，他为了多获得一单位的这种商品而愿意放弃的另一种商品的数量就会越来越少。

由于从几何意义上讲，商品的边际替代率递减表示无差异曲线的斜率的绝对值是递减的，所以，无差异曲线是凸向原点的。

图3-6中，当消费者沿着无差异曲线由A点运动到B点时，商品X的增加量为ΔX，相应地商品Y的减少量为ΔY。这两个变量的比值的绝对值即$-\frac{\Delta Y}{\Delta X}$，就是由$A$点运动到$B$点的$MRS_{XY}$。由于无差异曲线是凸向原点的，这就保证了当商品$X$的数量逐步增加时，即在消费者由$A$点经$B$、$C$、$D$点运动到$E$点的过程中，每增加一单位商品$X$所需要放弃的商品$Y$的数量是递减的。

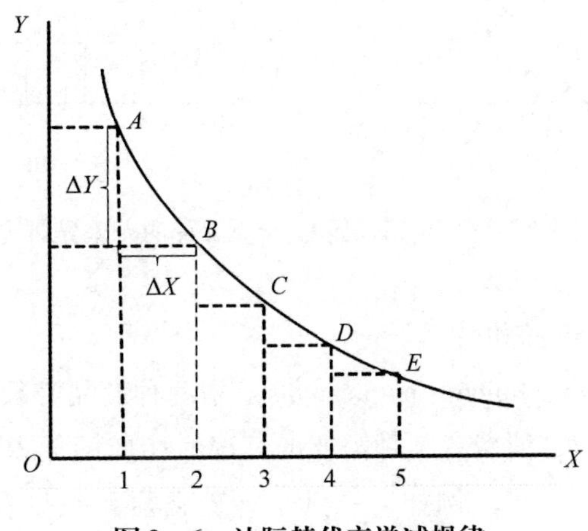

图3-6　边际替代率递减规律

四　无差异曲线的特殊形状

无差异曲线的形状表明在维持效用水平不变的前提下一种商品对另一

种商品的替代程度。由边际替代率递减规律决定的无差异曲线是凸向原点的，这是无差异曲线的一般形状。在某些场合，无差异曲线具有特殊的形状，完全替代品的无差异曲线是直线型的，完全互补品的无差异曲线为直角形状。

（一）完全替代品的情况

完全替代品（Complete Substitutes）指两种商品之间的替代比例是固定不变的。两种商品之间的边际替代率MRS_{XY}是一个常数，相应的无差异曲线是一条斜率不变的直线，如图3－7（a）所示。例如，在某个消费者看来，一瓶康师傅矿泉水和一瓶统一矿泉水是无差异的，两者可以以1∶1的比例相互替代。相应的效用函数形式为：

$$U = aX + bY \qquad (3.11)$$

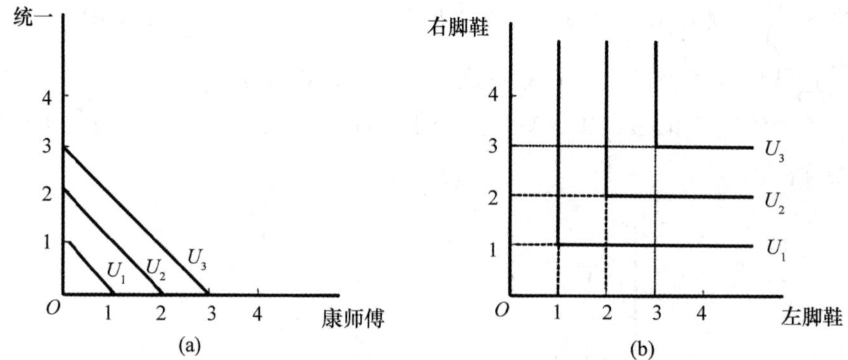

图3－7 完全替代品和完全互补品的无差异曲线

（二）完全互补品的情况

完全互补品（Complete Complements）指两种商品必须按固定不变的比例同时使用才能满足消费者某种需要的情况。相应的无差异曲线为直角折线如图3－7（b）所示。例如，一只左脚鞋必须和一只右脚鞋同时使用。左脚鞋代替不了右脚鞋，右脚鞋也代替不了左脚鞋。相应的效用函数形式为：

$$U = min\ (aX,\ bY) \qquad (3.12)$$

五　预算线

（一）预算线的含义

预算线（Budget Line）又被称为预算约束线、消费可能线。预算线表示在消费者收入和商品价格既定的条件下，消费者的全部收入所能购买到的两种商品的不同数量的各种组合。

假定某消费者的收入为 I 全部用来购买商品 X 和 Y，其中 X 的价格为 PX，Y 的价格为 PY。所有的购买组合即预算线方程式为：

$$I = P_X X + P_Y Y \tag{3.13}$$

图 3－8 中，如果全部收入用来买 X 可以买到$\frac{I}{P_X}$，即 OB 段，全部用来买 Y 可以买到$\frac{I}{P_Y}$，即 OA 段。不难看出，预算线的斜率为 $-\frac{OA}{OB} = -\frac{P_X}{P_Y}$。

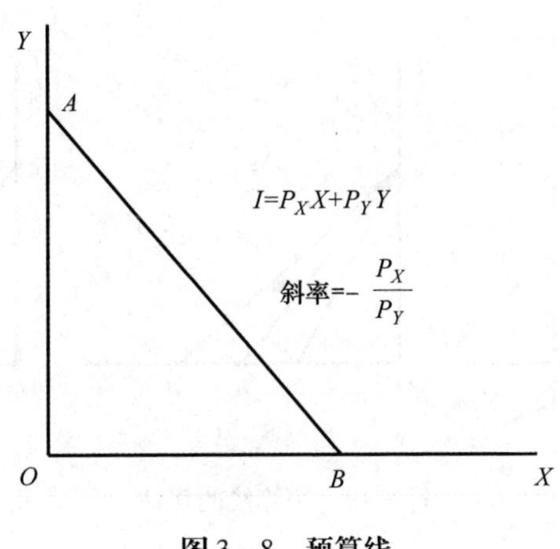

图 3－8　预算线

（二）预算线的移动

当消费者收入和商品价格已知的条件下，就可以确定一条预算线。所以，当消费者的收入或者商品价格发生变化时，预算线就会发生相应的变动。

第一种情况：两种商品价格不变，消费者收入发生变化。这时。预算线的位置会发生平移。当消费者收入增加时，预算线向右平移；相反，消费者收入减少时，预算线向左平移，如图3－9（a）所示。

第二种情况：消费者收入不变，两种商品价格同比例同方向发生变动。这时，预算线的位置也会发生平移。如果两种商品价格同比例下降，则预算线向右平移；反之，两种商品价格同比例上升，则预算线向左平移，如图3－9（a）所示。

第三种情况：消费者收入不变，商品 X 价格变化而商品 Y 价格保持不变。这时，预算线在纵坐标上的截距不变，而在横坐标上的截距会发生变化，如果 X 价格下降，则截距变长，反之，X 价格上升，截距变短，如图3－9（b）所示。

第四种情况：消费者收入不变，商品 X 价格不变而商品 Y 价格发生变化。这时，预算线在横坐标上的截距不变，而在纵坐标上的截距会发生变化，如果 Y 价格下降，则截距变长，反之，Y 价格上升，截距变短，如图3－9（c）所示。

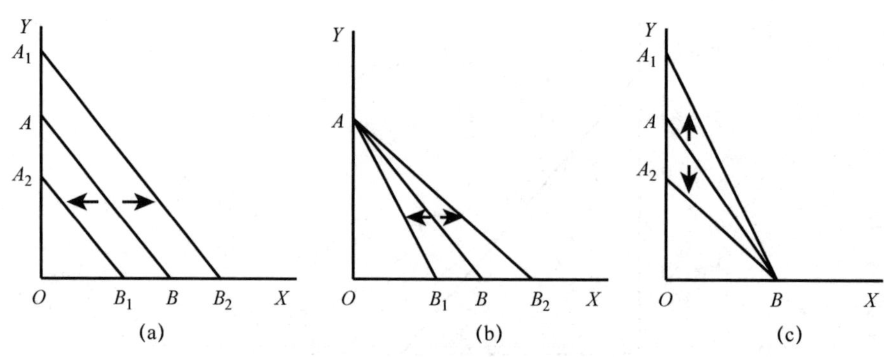

图3－9 预算线的移动

六 效用最大化与消费者均衡

序数效用论者把无差异曲线和预算线结合在一起来分析消费者的均衡。消费者的最优购买行为必须满足两个条件：第一，最优的商品组合必须是消费者最偏好的或者说是能够给消费者带来最大效用的商品组合。第二，最优的商品组合必须位于给定的预算线上。在消费者的偏好次序不变、消费者的收入固定和两种商品的价格已知的条件下，消费者的预算线和无差异曲线的相切点，便是消费者实现最大效用的均衡点，如图3－10

中的 E 点。E 点表明，消费者的最优购买组合为（X_1、Y_1）。

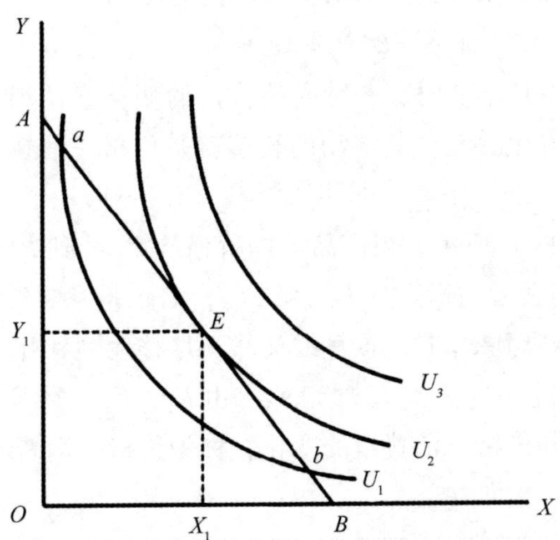

图 3 - 10　效用最大化与消费者均衡

为什么唯有 E 点才是消费者效用最大化的均衡点呢？这是因为，就图 3 - 10 中无差异曲线来说，U_3 代表的效用水平是最高的，但是它与既定的预算线 *AB* 既无交点也无切点，说明消费者在既定的收入水平下无法达到 U_3 的效用水平。就无差异曲线 U_1 来说，它与既定的预算线 *AB* 有 *a* 和 *b* 两个交点，这说明消费者利用既定收入可以购买 *a* 点或 *b* 点的商品组合，可以实现 U_1 的效用水平。但是，U_1 的效用不是消费者追求的最大效用。事实上，就 *a* 点或 *b* 点来说，若消费者能改变购买组合，选择 *AB* 线段上位于 *a* 点右边或者 *b* 点左边的任何一点的商品组合，则都可以达到比 U_1 更高的无差异曲线，获得比 U_1 更高的效用。这种沿着 *AB* 由 *a* 向右或者由 *b* 向左的运动，最后必定在 *E* 点达到均衡。显然，只有当既定的预算线 *AB* 和无差异曲线 U_2 相切于 *E* 点时，消费者才在既定的预算约束下获得最大的满足。故 *E* 点就是消费者效用最大化的均衡点。

图中的消费者均衡点满足的条件用公式可以表示为：

$$I = P_X X + P_Y Y \tag{3.14}$$

$$\frac{MU_X}{MU_Y} = \frac{P_X}{P_Y} \tag{3.15}$$

七 价格变化和收入变化对消费者均衡的影响

（一）价格变化：价格—消费曲线

在其他条件保持不变时，一种商品价格的变化会使消费者效用最大化的均衡点的位置发生移动，其移动的轨迹就是价格—消费曲线（Price-consumption Curve）。

如图 3－11（a）所示，当商品 X 的价格从 P_1 降到 P_2 时，预算线便从 AB_1 移到 AB_2，消费者均衡点从 E_1 移到 E_2，需求量从 X_1 增至 X_2；当 X 的价格从 P_2 进一步降到 P_3 时，预算线又从 AB_2 移动到 AB_3，均衡点从 E_2 移到 E_3，需求量也进一步从 X_2 增加到 X_3。由 E_1、E_2、E_3 所形成的轨迹，反映了消费者在不同价格下消费量的变化，称为价格—消费曲线。

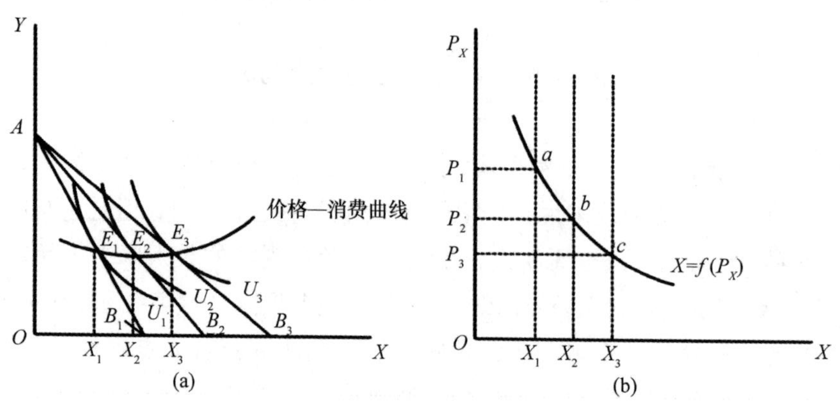

图 3－11 价格消费曲线和需求曲线

（二）需求曲线

由于价格消费曲线反映了价格与需求量之间的关系，因此，以价格为纵轴，需求量为横轴，很容易从价格—消费曲线推导出需求曲线，如图 3－11（b）所示。

（三）收入变化：收入—消费曲线

在其他条件保持不变时，消费者收入的变化会使消费者效用最大化的均衡点的位置发生移动，其移动的轨迹就是收入—消费曲线（Income-consumption Curve，ICC）。

（四）恩格尔曲线

当价格不变，而消费者的货币收入发生变动时，预算线会平行移动，消费者均衡点也会随之移动。如图 3－12（a）所示，当消费者收入 I 增加时，预算线从 A_1B_1 移至 A_2B_2，消费者均衡点自 E_1 移动至 E_2，对 X 的需求量从 X_1 增至 X_2。当消费者的收入进一步增加时，预算线又从 A_2B_2 移动到 A_3B_3，均衡点自 E_2 移动到 E_3，对 X 的需求量也从 X_2 增至 X_3，由 E_1、E_2、E_3 所形成的轨迹，反映了消费者在不同的收入下对两种商品消费量的变化，称为收入—消费曲线。

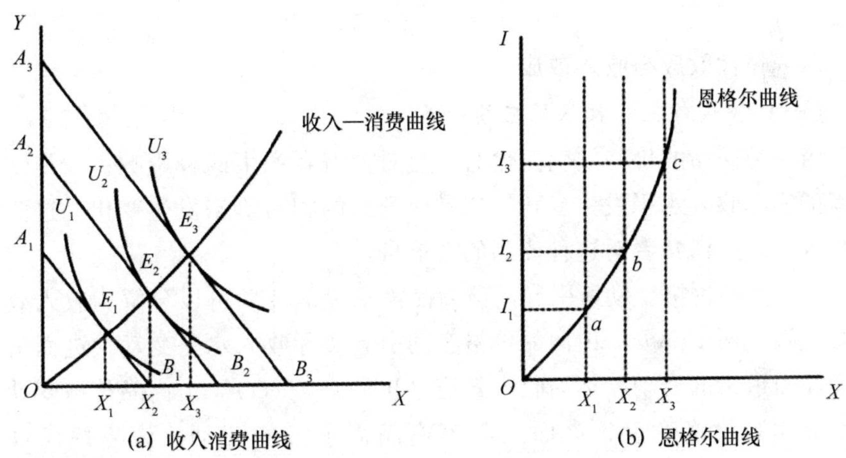

图 3－12 收入—消费曲线与恩格尔曲线

表明消费者的货币收入与某种商品需求量之间关系的曲线，称为恩格尔曲线（Engel's Curve）。它以货币收入 I 为纵轴，以某种商品 X 的消费量为横轴，可从收入—消费曲线方便地导出，如图 3－12（b）。恩格尔曲线的方程式为 $X=f(I)$。

一般来说，随着收入的增加，消费者对大多数商品的消费量会增加，从而恩格尔曲线的斜率为正。恩格尔曲线的具体形状取决于收入弹性的大小，如图 3－12（a）需求收入弹性小于 1；如图 3－12（b）需求收入弹性大于 1。考虑到有些商品随着消费者收入的持续增加，可能沦为低档品，这时，收入增加，消费者对低档品的需求量会减少，也就是商品的需求量与收入呈反方向变动，恩格尔曲线斜率为负，如图 3－12（c）所示。

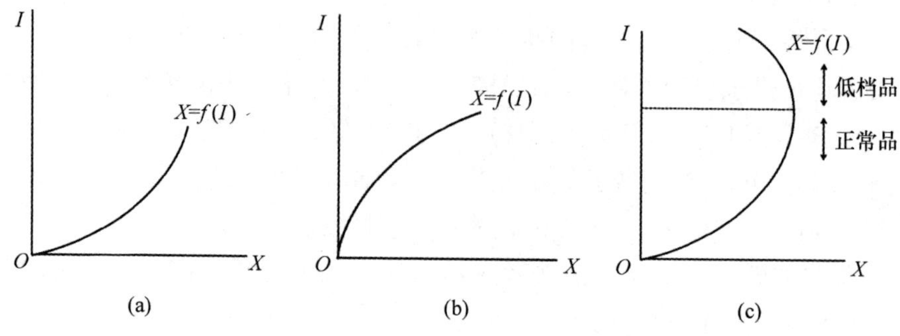

图 3 - 13 恩格尔曲线的不同形状

八 替代效应与收入效应

（一）替代效应和收入效应的含义

当一种商品的价格发生变化时，会对消费者产生两种影响：一是使消费者的实际收入水平发生变化。二是使商品的相对价格发生变化。这两种变化都会改变消费者对这种商品的需求量。

一种商品价格变动所引起的该商品需求量的变动可以分解为收入效应和替代效应两个部分。由商品价格变动引起实际收入水平变动，进而引起该商品需求量的变动，称为收入效应（Income Effect）。由商品价格变动引起商品相对价格变动，进而引起该商品需求量的变动，称为替代效应（Substitution Effect）。

例如，在消费者购买两种商品 X 和 Y 的情况下，当商品 X 价格下降时，一方面，对于消费者来说，虽然货币收入不变，但是现有的货币收入的购买力增加了，也就是相当于实际收入水平提高了。实际收入水平的提高，会使消费者改变对两种商品的购买量，从而达到更高的效用水平，这就是收入效应。另一方面，商品 X 价格下降，会使消费者增加对商品 X 的购买而减少商品 Y 的购买，这就是替代效应。替代效应不改变效用水平，收入效应改变效用水平。

（二）正常物品的替代效应和收入效应

图 3 - 14（a）中横轴表示的 X 商品为正常品。在 X 价格变化之前，消费者的预算线为 AB_1，该预算线与无差异曲线 U_1 相切于 a 点。在均衡点 a 上，相应的商品 X 的需求量为 X_1。现假定商品 X 的价格下降使预算线位

置由 AB_1 移动到 AB_2。新的预算线 AB_2 与另一条代表更高效用水平的无差异曲线 U_2 相切于 c 点，c 点是商品 X 价格下降后的消费者效用最大化的均衡点。在均衡点 c 点，相应的商品 X 的需求量为 X_3。比较 a、c 两个均衡点，商品 X 的需求量的增加量为 X_1X_3，这便是商品 X 价格下降所引起的总效应。这个总效应可以被分解为替代效应和收入效应两个部分。

为了将总效应分解为替代效应和收入效应，我们需要作一条与预算线 AB_2 平行且与无差异曲线 U_1 相切于 b 点的补偿预算线 FG。

通过补偿预算线 FG，可以将总效应 X_1X_3 分解为两部分，其中，替代效应为 X_1X_2，收入效应为 X_2X_3。

首先，比较 a 和 b 两个均衡点。a 和 b 点均位于无差异曲线 U_1 上，即效用水平不变。预算线 AB_1 和补偿预算线 FG 先后与无差异曲线 U_1 相切于均衡点 a、b，且它们各自以预算线的不同斜率表示了商品的相对价格的变化：与预算线 AB_1 相比，补偿预算线 FG 的斜率绝对值较小，它表示在商品 Y 价格保持不变而商品 X 价格下降的情况下，商品 X 的相对价格下降了。于是，消费者就会增加商品 X 的购买而减少商品 Y 的购买，或者说，用商品 X 来替代商品 Y。所以，与均衡点 a、b 相对应的 X 的需求量的变化量 X_1X_2 就是替代效应。

然后，比较 b 和 c 两个均衡点。过切点 b 的补偿预算线与过切点 c 的预算线 AB_2 是平行的，这表示在 b 和 c 两个均衡点的商品 X 和 Y 的相对价格保持不变而实际收入发生了变化，从均衡点 b 点到均衡点 c 点，消费者的效用水平提高了，或者说，商品 X 价格下降使得消费者的实际收入水平上升了，从而使得消费者对正常品 X 的需求量由 X_2 增加至 X_3。所以与均衡点 b、c 相对应的 X 的需求量的增加量 X_2X_3 就是收入效应。

综上所述，图 3－14（a）中的需求量的变化量 X_1X_2 为替代效应，它与价格 P_X 呈反方向的变动。收入效应为需求量的变化量 X_2X_3，它与价格 P_X 也呈反方向的变动。由于商品价格变化所引起的需求量的变化量是替代效应和收入效应之和，所以，正常物品的价格与需求量呈反方向的变动，正常物品的需求曲线是向右下方倾斜的。

（三）低档品的替代效应和收入效应

以下用图 3－14（b）来分析低档品价格下降时的替代效应和收入效应。

图 3－14（b）中的横轴代表低档品 X 的数量。商品 X 价格变化前的消费者均衡点为 a 点，X 价格下降后的消费者均衡点为 c，因此，价格下降所引起的商品 X 的需求量的增加量为 X_1X_3，这就是总效应。然后，作与预算线 AB_1 平行且与无差异曲线 U_1 相切的补偿预算线 FG，便可以将总效应分解为替代效应和收入效应。其中，X 价格下降引起的商品相对价格的变化，使消费者由均衡点 a 运动到均衡点 b，相应的需求量的增加量为 X_1X_2，这就是替代效应，X_1X_2 为正值。而 X 价格下降引起的消费者的实际收入水平的变动，使消费者均衡点 b 运动到均衡点 c，需求量由 X_2 减少到 X_3，这就是收入效应。收入效应 X_2X_3 为负值，原因在于：X 价格下降所引起的消费者实际收入水平的提高，会使消费者减少对低档品 X 的需求量。

图 3－14（b）中商品 X 价格下降所引起的商品 X 需求量的变化的总效应为 X_1X_3，它是正的替代效应 X_1X_2 和负的收入效应 X_2X_3 之和。在替代效应绝对值大于收入效应绝对值的情况下，总效应与替代效应方向一致，即总效应为正值。从而总效应与价格呈反方向变动，相应的需求曲线向右下方倾斜。

（四）一个特例：吉芬品的替代效应和收入效应

1845 年爱尔兰发生饥荒，土豆价格上升，但是土豆的需求量反而增加了。英国人罗伯特·吉芬注意到这一反常现象，在当时，这个难以解释的现象被称为“吉芬难题”。

图 3－14（c）中的横轴表示吉芬品 X 的数量。吉芬品（Giffen Goods）价格下降前后的消费者均衡点分别为 a 点和 c 点。相应的 X 的需求量改变量 X_1X_3 就是总效应。通过补偿预算线 FG 可知：与均衡点 a、b 相对应的 X_1X_2 为替代效应，为正值；与均衡点 b、c 相对应的 X_2X_3 为收入效应，为负值。而且，负的收入效应 X_2X_3 的绝对值大于正的替代效应 X_1X_2 的绝对值，所以，最后形成的总效应 X_1X_3 为负值。

需指出，吉芬品是一种特殊的低档品。作为低档品，吉芬品的替代效应与价格呈反方向变动，收入效应则与价格呈同方向变动。吉芬品的特殊性在于：它的收入效应超过替代效应，从而使得总效应与价格呈同方向变动。也就是说，吉芬品的需求曲线向右上方倾斜，斜率为正。

以上的分析可以解释“吉芬难题”。在 19 世纪中期的爱尔兰，购买土豆的消费支出在大多数贫困家庭的收入中占一个较大的比例，于是土豆价

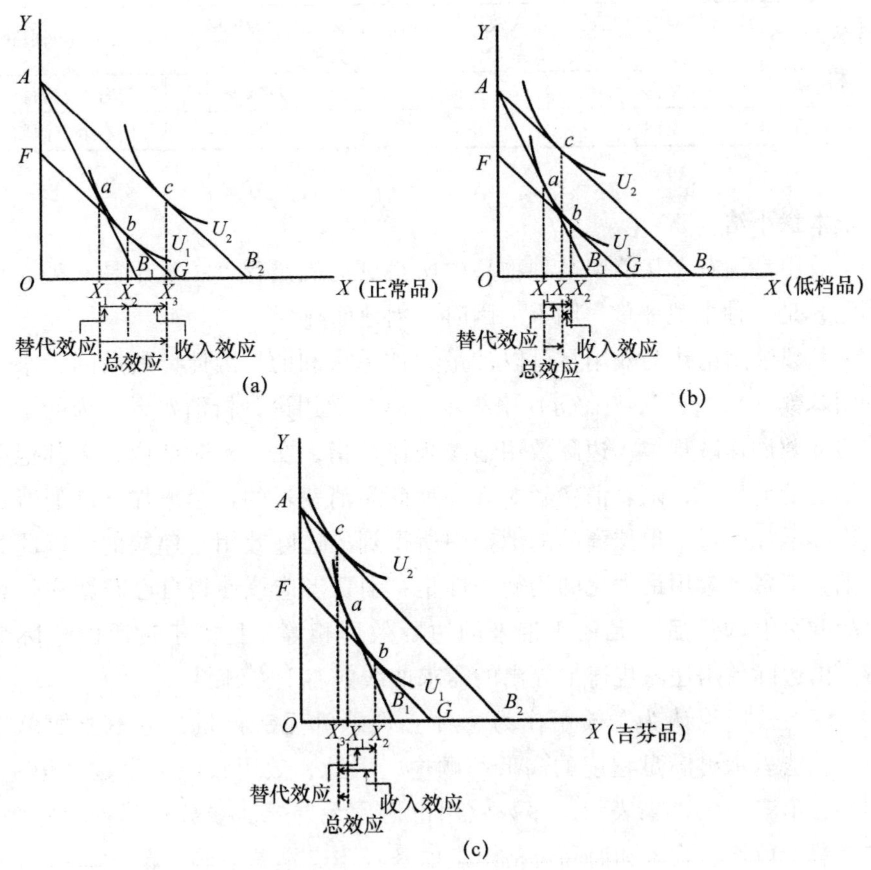

图 3－14　替代效应与收入效应

格的上升导致贫困家庭的实际收入水平大幅度下降。变得更穷的人们不得不大量地增加对低档品土豆的购买，这样形成的收入效应是很大的，它超过了替代效应，造成了土豆的需求量随着土豆价格的上升而增加的特殊现象。

正常品、低档品和吉芬品的替代效应与收入效应总结如表 3－4 所示。

表 3－4　　各种商品价格变化所引起的替代效应和收入效应

商品类别	替代效应与价格的关系	收入效应与价格的关系	总效应与价格的关系	需求曲线的形状
正常品	反向	反向	反向	向右下方倾斜

续表

商品类别	替代效应与价格的关系	收入效应与价格的关系	总效应与价格的关系	需求曲线的形状
低档品	反向	正向	反向	向右下方倾斜
吉芬品	反向	正向	正向	向右上方倾斜

本章小结

效用是消费者从消费某种物品中所得到的满足程度。效用是一种心理感觉，是一种主观评价，因人、因时、因地而异。

基数效用论认为效用是可以计量并加总求和的，因此，效用的大小可以用基数（1，2，3，…，n）来表示。基数效用论分析消费者行为的工具是边际效用递减规律。边际效用递减规律是指，在一定时期内，在其他条件不变的前提下，随着消费者对某一种商品消费量的连续增加，该消费者从连续增加的每一单位商品的消费中所得到的边际效用是递减的。以此为基础，消费者效用最大化的均衡条件是：消费者应该使得自己花费在每种商品购买上的最后一元钱所带来的边际效用相等，且等于货币的边际效用。由边际效用递减规律推导出的需求曲线向右下方倾斜。

序数效用论认为，效用作为一种心理感觉无法计量，也不能加总求和，只能表示出满足程度的高低与顺序，因此，效用只能用序数（第一、第二、第三……）来表示。序数效用论运用无差异曲线分析消费者行为。在消费者偏好、收入和商品价格给定的条件下，消费者唯一的预算线与无差异曲线簇中的一条无差异曲线的切点表示消费者均衡。此时两种商品的边际替代率（两种商品的边际效用之比）等于两种商品的价格之比。

由消费者效用最大化的均衡点出发，当消费者收入发生变化时，消费者均衡点变化的轨迹称为收入—消费曲线。由收入—消费曲线可以进一步推导恩格尔曲线。正常品的恩格尔曲线斜率为正，低档品的恩格尔曲线斜率为负。

由消费者效用最大化的均衡点出发，当一种商品价格发生变化时，消费者均衡点变化的轨迹称为价格—消费曲线。由价格—消费曲线可以进一步推导消费者的需求曲线。消费者的需求曲线一般是向右下方倾斜的。需求曲线上与每一个价格水平相对应的需求量都是可以给消费者带来最大效用的最优消费量。

消费者剩余是消费者在购买一定数量的某种商品时愿意支付的最高货币额与实际支付的货币额之间的差额。消费者剩余是主观的心理感受，是消费者的社会福利。商品价格变化会导致消费者剩余的变化。

序数效用论进一步用替代效应和收入效应解释需求曲线的形状。商品价格变化引起需求量的变化称为价格总效应。总效应可以分解为替代效应和收入效应。任何商品的替代效应都与价格呈反方向变动。正常品的收入效应与价格呈反方向，而低档品的收入效应与价格呈同方向变动。于是，对于正常品来说，总效应与价格反方向变动，即正常品的需求曲线向右下方倾斜。对于低档品来说，大多数低档品的替代效应大于收入效应的作用，故大多数低档品的需求曲线也向右下方倾斜。对于低档品中的特例吉芬品来说，其替代效应小于收入效应的作用，从而总效应与价格同方向变动，导致需求曲线向右上方倾斜。

理论自测

1. 请解释亚当·斯密提出的“价值之谜”——水的使用价值很大价格很低，而钻石的使用价值很小价格却很高。

2. 基数效用论和序数效用论分别是如何解释需求曲线的？

3. 何谓边际替代率？解释边际替代率递减的原因。

4. 用替代效应和收入效应解释低档商品与吉芬商品之间的区别。

应用自测

1. 假定某人消费两种商品 X 和 Y 的效用函数为 $U = X^{\frac{1}{3}}Y^{\frac{2}{3}}$，商品价格分别为 P_X 和 P_Y，收入为 M。求此人对 X 和 Y 的需求函数。

2. 假定某人的效用函数为 $U = \sqrt{XY}$。

（1）若 $X = 5$，则在总效用为 10 单位的无差异曲线上，对应的 Y 为多少？

（2）计算该点的边际替代率。

3. 某君消费两种商品 X 与 Y，其消费形式已满足下述条件：$\frac{MU_X}{P_X} = \frac{MU_Y}{P_Y}$。现在假设 P_X 下降而 P_Y 保持不变，请证明：

（1）若该消费者对 X 的需求缺乏（富有）价格弹性，则他对 Y 的需求量会增加（减少）。

（2）若他对 X 的需求为单位价格弹性，则他对 Y 的需求量将不变。

4. 设某市场的供给函数和需求函数分别为：$P=30+2Q$，$P=120-Q$。求此市场的消费者剩余。

5. 已知某消费者每年用于购买商品 X 和 Y 的收入为 540 元，两种商品的价格分别为 $P_X=20$，$P_Y=30$，该消费者的效用函数为 $U=XY^2$。该消费者每年购买这两种商品的数量分别为多少？从中获得的总效用是多少？消费者用于购买两种商品的花费占收入的份额分别为多少？

6. 上题中，假如两种商品的价格未知，求该消费者关于两种商品的需求函数。

7. 假定某消费者关于某种商品和货币的效用函数为 $U=Q^{0.5}+3M$。求：

（1）该消费者的需求函数。

（2）当 $P=\frac{1}{12}$，$Q=4$ 时的消费者剩余。

8. 假定某消费者关于某种商品的效用函数为 $U=20Q-Q^2+2M$。求：

（1）该消费者的需求函数。

（2）反需求函数。

（3）当 $P=2$ 时的消费者剩余。

案例分析

案例 3－1　最好吃的东西

兔子和猫争论，世界上什么东西最好吃。兔子说：“世界上萝卜最好吃。”猫不同意，说：“世界上最好吃的东西是老鼠。”兔子和猫争论不休，跑去请猴子评理。猴子大笑起来：“瞧你们这两个傻瓜蛋，连这点常识都不懂！世界上最好吃的东西是什么？是桃子！”

案例 3－2　春晚的怪圈

大约从 20 世纪 80 年代初期开始，中国老百姓在过春节的年夜饭中增添了一套诱人的内容，那就是春节联欢晚会。记得1982年第一届春晚的出台，在当时娱乐事业尚不发达的中国引起了极大的轰动。晚会的节目成为全国老百姓在街头巷尾和茶余饭后津津乐道的题材。晚会年复一年地办下来了，投入的人力和物力越来越多，技术效果越来越先进，场面设计越来越宏达，节目种类也越来越丰富。但不知从哪一年开始，人们对春晚的评价却越来越差了。原来街头巷尾和茶余饭后的赞美之词变成了一片骂声，春晚成了一道众口难调的大菜，晚会陷入了“年年办，年年骂；年年骂，年年办”的怪圈。

案例3-3　受欢迎的自助餐

自助餐是受消费者欢迎的一种餐馆就餐方式。说到自助餐的特点或好处，人们通常总会摆出这么两点：第一，品种丰富，消费者可以随意搭配。在自助餐台上，通常会摆放着各式的冷菜、热菜、主食、饮料、甜品及水果等，每个消费者可以根据自己的口味偏好，在丰富的品种中选取所喜好的食品，放入自己的盘中享用。第二，自助餐一般是按人计费，而且，每个消费者只要交了一人的就餐费，就可以不受限量地享用自助餐所提供的各种食品。当然，自助餐除了这两个主要的好处之外，它的优点还包括就餐比较随意轻松，就餐通常不用排队或等候时间较短，等等。

有意思的是，自助餐好处有时也会被简要表述为：消费者只要交了钱，爱吃多少就吃多少。言下之意就是两个字：赚了！于是，另一个问题产生了：难道自助餐馆的老板亏了吗？那当然不会！那么，如何看待这一有趣的现象呢？

首先看一下自助餐给消费者带来的好处。我们知道，消费者总是在既定的收入和价格水平下，通过选择最优商品组合来实现最大的效用水平。自助餐恰恰很好地满足了消费者的这种选择行为的要求。因为，一份自助餐的价格即一个消费者的用餐总支出是给定的；消费者可以在丰富的食物中进行选择。不仅如此，消费者通常每次对各种食物的选择量都比较小，从而使得自己享用的食物品种更丰富、搭配更合理，更好地满足了自己的就餐偏好。此外，随着生活水平的提高，人们也越来越注重饮食健康和营养多样化的平衡。所以，相对于非自助餐只能享用有限的就餐品种而言，自助餐以其丰富性和灵活性更有利于消费者实现最优的商品组合，从中获得更大的消费效用。

此外，自助餐的价格相对是比较低的。由于自助餐的制作食料通常能较大批量地采购，从而降低了成本。还由于自助餐的烹调制作过程和服务程序相对简单明了，也在一定程度上降低了人工等成本。这些低成本的因素使得自助餐能以相对较低的价格吸引消费者，这也自然受到消费者的欢迎。

那么，自助餐馆的老板又是如何考虑并设计价格，从而使得自己能够盈利的呢？在此要提及的就是那个重要的消费规律：边际效用递减规律。消费者在吃自助餐时确实面对丰富的食物，且享用不限量，其中有的食物可能还比较贵，譬如牛排。但设想这样一个场景：一个人很喜欢吃牛排，他往自己的盘里放一两块牛排然后吃掉，这当然正常；如果他继续吃第四、第五块牛排还可以勉强理解的话，那么，他再继续吃第十块甚至更多的牛时将会如何，那简直是无法想象的。其实，在一般的情况下，随着牛排消费数量的增加，其边际效用是递减的。所以，即便是极偏好牛排的消费者，也不可能吃过多的牛排。在牛排边际效用递减的过程中，消费者一定会选择边际效用更高的其他食物来替代牛排，以获得更大的消费满足。更何况，过多数量的消费还会带来负效用，这种伤害是每个消费者都不情愿领受的。

正因为如此，自助餐馆的老板不必担心以上假设的情况会发生。而且，即便真有某个消费者享用很多牛排，那餐馆里一定还有其他消费者享用很少甚至根本不吃牛排。这样一补偿，自助餐馆老板在总体上也就不会亏损了。另外，自助餐馆老板更清楚，尽管自助餐的消费不限量，但每个消费者的胃口大小是有限的。其实，自助餐的消费不限量只是一种说法，从根本上说，每个消费者的消费都受到自身生理和心理的限制。所以，自助餐馆的老板总能设定一个适当的价格，既能吸引消费者，又能使自己获得尽可能大的利润。

参考文献

高鸿业：《西方经济学 · 微观部分》（第七版），中国人民大学出版社 2018 年版。

李明志、黎诣远：《微观经济学》（第四版），高等教育出版社 2014 年版。

刘冰、王立成:《经济学基础》，高等教育出版社 2011 年版。

梁小民:《微观经济学纵横谈》，生活 · 读书 · 新知三联书店 2000 年版。

曼昆:《经济学原理 · 微观经济学分册》（第七版），梁小民译，北京大学出版社 2015 年版。

第四章　生产者理论

在前面各章内容中，我们讨论了消费者如何在资金有限的前提下如何对多种商品进行选择。在推导消费者需求的过程中我们引入了消费者的偏好和有关消费者偏好的无差异曲线。结合无差异曲线和预算约束，我们推出了需求曲线。本章将进而分析构成一般均衡的另一部分：生产者供给。本章将从等产量曲线出发，找出生产者（厂商）对各种生产要素的需求，从而构建供给函数。根据时间的长短，本章将分别讨论企业的短期供给和长期供给。

第一节　生产函数与边际收益递减规律

跟消费者理论类似的是，产品在生产过程中也需要各种生产要素（生产资料）。古人形容一样东西成本很高，往往用劳民伤财来形容。假设一样产品的生产既需要人力，也需要物力。人力正好对应了民，而物力也就正好对应着财。经济学理论往往把人力抽象成劳动（L），把物力抽象成资本（K）。在现实中，劳动和资本对应着下面这些事物：

劳动：工人、职员、业务员和经理等劳动投入。

资本：土地、厂房、机床、机器、仪器和电子计算机等。

可能有很多人会认为原料也是生产要素的一种。但经过我们细想，原料的收集其实也可以分解劳动和资本。于是我们这儿可以将原料省去。生产要素市场和消费品市场是紧密结合在一起的，厂商是生产要素市场的需求方，却是消费品市场的供给方。工人是生产要素市场的供给方，却是消费品市场的需求方。

生产函数（Production Function）：在一家餐馆里，每生产出一道菜，需要服务员获得顾客的订单，需要采购员从批发市场购得原料，需要厨师将原料加工成可口的饭菜，还需要清洁工人洗干净用过的碟子。这仅仅是需要的劳动。一家好餐馆需要合适的装修，需要整齐的桌椅。不仅如此，餐馆还需要人员配合。任何一道程序出了毛病，都会影响餐馆的运作。其他工厂生产也是类似的，各种生产要素的结合使得产品能保质保量地生产出来。生产函数总结了将投入转化为产出的方式。我们用 q 代表产出数量，用 $F(K, L)$ 代表生产函数。则一般情况下有如下方程：

$$q = F(K, L) \tag{4.1}$$

一些参考文献中将 F 视为科技或者生产工艺，其道理也相同。为了简化今后的分析，通常做如下假设：

假设：F 函数具有连续性、严格递增性、严格拟凹性且满足 $F(0, 0)=0$。

连续性意味着 F 函数是连续函数；严格递增性意味着 K 或 L 增加都将增加产量。这两点都比较容易理解。从定义上来说，严格拟凹性则意味着：对 $t \in (0, 1)$，都有：

$$F[tK_1 + (1-t)K_2, L] > \min[F(K_1, L), F(K_2, L)] \tag{4.2}$$

从函数的形态来看，拟凹性保证了成本最小化有唯一解。最后，当所有的生产资料数量都为零时，生产函数的值为零。

显然，不同的 K、L 组合可能会使产量发生变化。如果 K 代表机器的数量，而 L 代表工人的数量，机器和工人可以在一定程度上互相替代，这时某些不同 K、L 组合也许会得到相同的产量。在坐标轴上将所有产生相同产量的点用线条连接起来时，可以得到下面的图形：

当单独 K 或 L 改变时，根据生产函数的单调性，生产函数的数值必然发生变化。经济学中的理性人往往考虑的是边际值。假设农场的经理考虑是否雇佣一名新的工人。根据边际分析法，他需要计算出工人的边际产量。已知生产函数，如果劳动的数目必须是整数，边际工人的产量如下所示：

$$F(K, L+1) - F(K, L) \tag{4.3}$$

如果劳动是完美可分的，则边际劳动带来的产量为：

$$MP_L = \frac{\partial F(K, L)}{\partial L} \tag{4.4}$$

如果外生的工人工资为 w，产品的外生市场价格为 p，经理比较的是

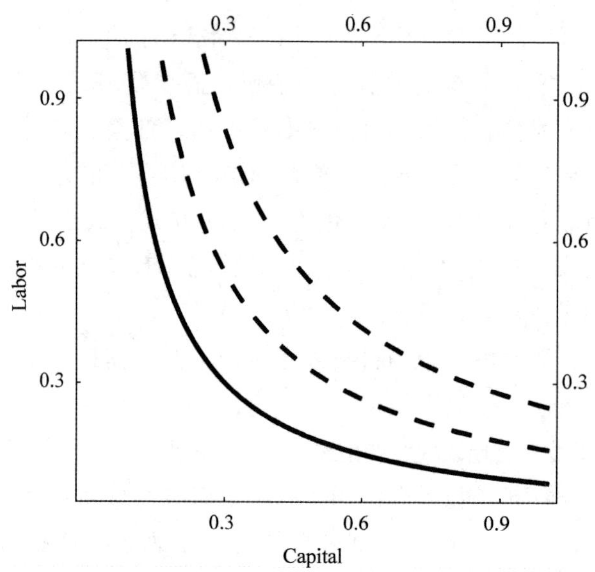

图 4-1 等产量曲线（Isoquant Curve）

工资 w 和额外的收入 $p\,[F\ (K,\ L+1)\ -F\ (K,\ L)]$。如果前者比较大，经理会放弃雇佣这名工人。如果后者比较大，经理会雇佣这名工人。MP_L 也叫劳动的边际产量，而 $p\times MP_L$ 成为劳动的边际产值。类似的结论可以应用于经理对是否购入一台新机器的决定中。这时我们需要定义的是边际资本赋予的产量：当资本的边际产值大于租金（r）时，经理选择添加资本，否则不添加资本。

$$MP_K=\frac{\partial F\ (K,\ L)}{\partial K} \tag{4.5}$$

无论是资本还是劳动，都存在着边际产量递减的性质。想象在工厂中有 20 台机器，却只有 20 名工人。这时平均每名工人操作一台机器。工人的边际产出比较高，而机器的边际产出比较低。当工人的数量增加时，每名工人操作的机器数量减少，甚至出现多名工人操作同一台机器的情况，工人的边际产出随之降低，而机器的边际产出却在增加。同理，当增加机器的数量时，机器的边际产出降低，而工人的边际产出增加。注意分清楚（劳动）的边际产量和平均产出的区别。前者代表边际劳动带来新增的产量，而后者代表总产量除以总劳动。两者相似的地方是，当（劳动的）边际产出减少的时候，它的平均产出也会减少。

等产量曲线的斜率为边际技术替代率 MRTS（Marginal Rate of Technical Substitution），经济上的含义为在保持产量不变的前提下，一种生产要素替换另一种生产要素的比例。举一个例子，产量为 $\bar{q}$，这时所有符合该产量的 K、L 组合可以用 $F(K, L) = \bar{q}$ 表示出来。使用隐函数定理可以得到等产量曲线的斜率。由于斜率为负，通常可以前置负号进行修正。

$$MRTS = -\frac{\partial K}{\partial L} = \frac{\partial F(K, L)/\partial L}{\partial F(K, L)/\partial K} \tag{4.6}$$

从等产量曲线上可以看出 $MRTS$ 随着 K 和 L 的变化而改变。当 K 比较小，而 L 比较大时，需要用大量的 L 来置换一单位的 K。当 L 比较小，而 K 比较大时，需要用大量的 K 来置换一单位的 L。一个明显的例子是 CES 生产函数。

$$q = (X_1^{\sigma} + X_2^{\sigma})^{1/\sigma} \tag{4.7}$$

计算出来的边际技术替代率为：

$$MRTS_{12}(X_1, X_2) = \left(\frac{X_2}{X_1}\right)^{1-\sigma} \tag{4.8}$$

用 r 替换掉 X_2/X_1，$MRTS$ 对 r 的弹性是常数，即：

$$\frac{d\ln MRTS_{12}}{d\ln r} = \frac{d\ln r^{1-\sigma}}{d\ln r} = (1-\sigma)\frac{d\ln r}{d\ln r} = (1-\sigma) \tag{4.9}$$

规模收益：当生产要素发生规模上的变化时，产量也会随之发生变化。如果一亩稻田，一个农民能生产 500 斤粮食，很自然的我们会觉得 10 亩稻田，10 个农民就能生产出 5000 斤粮食。类似的，如果一家晶圆厂每年能生产 1000 万片中央处理器，那么 10 家同样的晶圆厂每年就能生产出 1 亿片中央处理器。在更复杂的生产领域，这种简单的克隆显然不切合实际。更大的规模往往带来组织、协调和管理上的负担。而且上游市场的原料并非取之不尽。反映到生产函数上，假设存在某个 $t>0$，使得有：

$$F(tK, tL) = tF(K, L) \tag{4.10}$$

则生产函数具有规模收益不变的性质。假设对于某个 $t>1$，我们都有：

$$F(tK, tL) > tF(K, L) \tag{4.11}$$

则生产函数具有规模收益递增的性质。同样对于 $t>1$，假设有：

$$F(tK, tL) < tF(K, L) \tag{4.12}$$

则生产函数具有规模收益递减的性质。

第二节 生产要素的最适组合

假设王强是木材加工厂的老板，该厂的木材加工主要需要机器和工人。K 代表机器的数量，L 代表工人的数量。假设市场中存在无数的供给者和需求者，以至于工厂和工人都是价格接受者（Price Taker），那么工厂的利润如下：

$$\prod(K,L) = pF(K,L) - wL - rK \tag{4.13}$$

其中 p 为产品的价格，w 为工资，r 为租金。$pF(K, L)$ 也称作工厂的收入（Revenue），$wL + rK$ 称作成本（Cost）。工厂需要最大化利润。假设内点解（Inner Solution）的存在。简单的一阶条件可以写成：

$$p\frac{\partial F(K, L)}{\partial L} = w,\ p\frac{\partial F(K, L)}{\partial K} = r \tag{4.14}$$

已知资本和劳动的边际产出都递减，那么 $F(K, L)$ 的二阶导数都小于零，保证了一阶条件为零的点，其利润是最大值。将两个一阶条件相除，可以获得：

$$\frac{MPL}{MPK} = MRTS = \frac{w}{r} \tag{4.15}$$

消费者理论中的一阶条件可以归结为商品的边际替换率正好等于商品的价格比。如果厂商没有资金约束，那么可以从一阶条件直接解出 K、L 的值。具有资金约束的时候，厂商的问题变为：

$$\begin{aligned} &\max_{K,L} \quad pF(K, L) \\ &s.t. \quad wL + rK \leqslant M \end{aligned} \tag{4.16}$$

上述目标函数只是将消费者的效用函数换成了生产函数。求解过程和消费者效用最大化几乎一样，使用相切和切点在预算约束上两个条件。只是这样无助于进一步讨论厂商的成本函数。可以先写出它的对偶问题（Dual Problem），即在保证产量固定的前提下，厂商如何最小化生产成本。假设产量为 q，厂商面对的问题为：

$$\begin{aligned} &\min_{K,L} \quad wL + rK \\ &s.t. \quad F(K, L) \geqslant q \end{aligned} \tag{4.17}$$

一方面，当处于最优解时，约束一定是紧的，即 $F(K, L) = q$。否则，厂商可以在满足产量要求的前提下，减少一部分生产资料的使用。紧的约束说明是在最优值只可能出现在等产量曲线上。另一方面，等产量曲线和等支出曲线（$wL + rK = \bar{c}$）在最优值处必定相切。首先，两条线相离说明产量不等于 q，因此是不可能的。其次，若两条线相交，则必然产生两个交点和交点之间的一段区域。在这个区域内的点（假设为 A），在满足 $F(K, L) \geqslant q$ 的同时，成本也更低。于是我们可以经过 A 点画出一条平行的成本线，与等产量曲线相交出新的两点和一段区域。我们可以继续找到 A' 点。这个过程进行到找不到这样的 A 点和区域为止。这时，等产量曲线和等支出曲线相切。

用（K_1，L_1）分别表示切点的横纵坐标。K_1 和 L_1 是 q 的函数。于是可以得到成本函数的表达式：

$$TC(q) = wL(q) + rK(q) \tag{4.18}$$

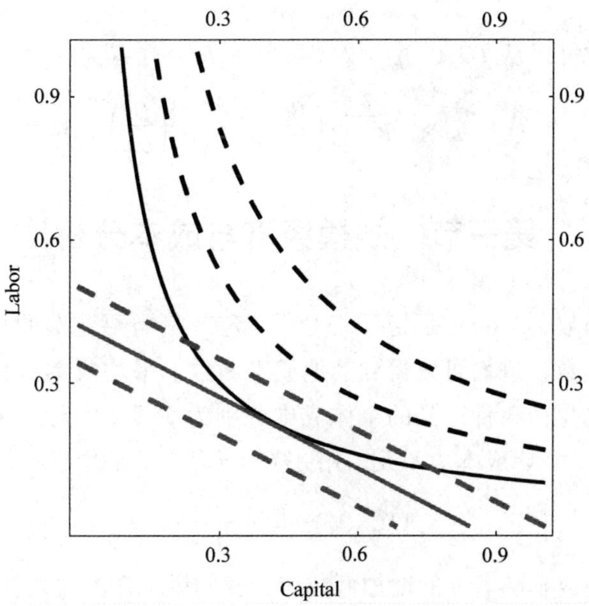

图 4－2　生产要素的选择

随着 q 的增加，$K(q)$ 和 $L(q)$ 也需要增加。于是总的成本函数 TC

（q）也会增加。以下以柯布—道格拉斯生产函数（Cobb-Douglas Product Function）为例，重演一遍成本函数的推导过程。令生产函数等于 $F(K, L) = K^{\alpha}L^{\beta}$，$\alpha+\beta$ 不一定等于 1。等产量曲线和等支出曲线的相切条件可以写为：

$$\frac{F'_L(K, L)}{F'_K(K, L)} = \frac{r}{w} \Rightarrow L = \frac{\beta r}{\alpha w}K \tag{4.19}$$

代入生产函数中，可以得到：

$$q = F(K, L) = K^{\alpha+\beta}\left(\frac{\beta r}{\alpha w}\right)^{\beta} \tag{4.20}$$

重新整理式子可以得到 K 的表达式：

$$K = q^{\frac{1}{\alpha+\beta}} \cdot \left(\frac{\beta r}{\alpha w}\right)^{-\frac{\beta}{\alpha+\beta}} \tag{4.21}$$

由切点条件可以重新得到 L 的表达式：

$$L = q^{\frac{1}{\alpha+\beta}}\left(\frac{\beta r}{\alpha w}\right)^{\frac{\alpha}{\alpha+\beta}} \tag{4.22}$$

成本函数可以从 $TC(q) = wL(q) + rK(q)$ 获得：

$$TC(q) = q^{\frac{1}{\alpha+\beta}}\left(r\left(\frac{\beta r}{\alpha w}\right)^{-\frac{\beta}{\alpha+\beta}} + w\left(\frac{\beta r}{\alpha w}\right)^{\frac{\alpha}{\alpha+\beta}}\right) \tag{4.23}$$

第三节　规模经济与成本分析

总成本函数 $TC(q)$ 是指厂商生产一定产量需要花费的总成本。通过得到总成本函数，进而可以得到其他成本函数。平均成本函数是总成本除以产量。假如生产 3 件产品的个体成本分别为 5 元、8 元、11 元。那么总成本为 24 元，平均成本为 8 元。用 $ATC(q)$ 表示平均成本，那么：

$$ATC(q) = \frac{TC(q)}{q} \tag{4.24}$$

如果平均成本随着 q 的增加而减少，我们说生产处于规模经济（Economy of Scale）。规模经济通常出现于需要生产资料集中度的一些产业。各生产单位具有一定的互补性，相互的沟通可以提高生产率。如果平均成本随着 q 的增加而增加，我们则说生产处于规模不经济（Diseconomy of Scale）。规模不经济通常出现于拥挤效应比较明显的产业。规模变大导致沟通和管理成本增加。边际成本 MC 指的是生产下一个产品带来的额外成本，一般由总成本函数的导数决定：

$$MC = \frac{\partial TC(q)}{\partial q} \tag{4.25}$$

记住此处边际成本指的并非确切的“下一个”，而是它的极限值。边际成本会随着 q 的增加而增加、减少或者不变。这里提供了它们之间一些联系和证明。假设生产某种商品只需要一种生产要素，劳动 L。那么生产 $F(L)$ 的成本为：

$$TC[F(L)] = wL \tag{4.26}$$

由于左右两边都只是 L 的函数，我们可以对两边同时求导：

$$TC'[F(L)]F'(L) = w \tag{4.27}$$

根据生产函数的严格递增性，劳动的边际产量 $F'(L)$ 一般为正，可以得到边际成本 $TC'[F(L)]$ 为正。继续给等式两边对 L 求导：

$$\frac{\partial^2 TC[F(L)]}{\partial L^2}F'(L) + TC'[F(L)]F''(L) = 0 \tag{4.28}$$

已知 $TC'[F(L)]$ 和 $F'(L)$ 为正，且 $F''(L)$ 一般为负，可以得知$\frac{\partial^2 TC[F(L)]}{\partial L^2}$为正，即边际成本随着产量 q 的增加而增加。可以发现，这一性质与生产要素的边际产出递减有密切的关系。

根据可流动性，通常将成本分为固定成本（Fixed Cost）和可变成本（Variable Cost）。固定成本一般短期内指难以流动的，例如，土地和厂房的使用权短期内无法更改，机器短期内无法变卖，它们都属于固定成本。而有些生产要素的数目在短期内是可以改变的，例如劳动。变卖一处厂房比解雇一个工人往往容易得多。而且工人可以加班，厂房却不能。一般认为资本造成的成本为固定成本，而劳动造成的成本为可变成本。

$$TC(q) = FC + VC(q) \tag{4.29}$$

其中，$FC = rK$，$VC = wL$。由于固定成本短期内不随着 q 而变化，因此也不是 q 的函数。将可变成本 $VC(q)$ 除以 q，可以获得平均可变成本。

$$AVC = \frac{VC(q)}{q} \tag{4.30}$$

可以将 ATC、AVC 和 MC 画到同一张图中。图 4－3 中，假设成本函数具有如下的形式：$TC(q) = 3 + 2\sqrt{q} + 3q + \frac{3}{2}q^2$。

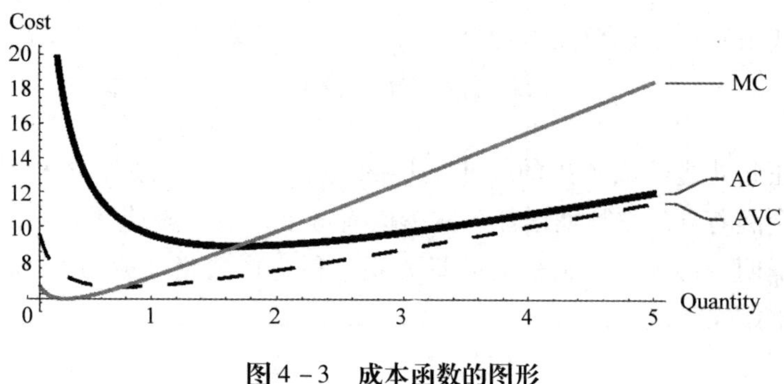

图 4－3 成本函数的图形

观察成本曲线的形状可以发现，边际成本曲线与平均成本的曲线正好是平均成本曲线的最低点。这一点并不难解释。当边际成本低于平均成本的时候，每新增一单位的产量都会降低平均成本。而当边际成本高于平均成本的时候，每新增一单位的产量都会提高平均成本。通过简单的微积分可以证明上述过程。将平均成本函数 $ATC(q)=\frac{TC(q)}{q}$ 对 q 求导，可以获得：

$$\frac{dATC(q)}{dq}=\frac{TC'(q)q-TC(q)}{q^2} \tag{4.31}$$

ATC 的最低点一般具有上述一阶条件的值为零。也即 q 满足，$TC'(q)q-TC(q)=0$。将条件稍作整理可以获得：

$$TC'(q)=\frac{TC(q)}{q}=ATC(q) \tag{4.32}$$

条件 $TC'(q)=ATC(q)$ 对应着边际成本曲线与平均成本曲线的交点。感兴趣的读者可以尝试证明 AVC 曲线与 MC 曲线的交点正好是 AVC 的最低点。边际成本曲线与平均成本曲线的交点对应的 q 也称为最小有效规模（Minimum Efficient Scale）。当厂商的产量达到最小有效规模时，它的平均成本是最低的。

第四节 短期成本与长期成本

厂商在短期内无法改变固定成本。简单地，可以理解为厂商无法改变厂房和机器的数目。我们可以将资本定为 $\overline{K}$。那生产函数可以认为是：

$$F(\overline{K}, L) = q \tag{4.33}$$

这时厂商的短期成本函数（Short-run Total Cost）可以认为是：

$$STC(q) = \overline{rK} + wL(q) \tag{4.34}$$

其中，$L(q)$ 可以由 $F(\overline{K}, L) = q$ 解出。令 $F_1(L) = F(\overline{K}, L) = q$，则式（4.34）可以写成：

$$STC(q) = \overline{rK} + wF_1^{-1}(q) \tag{4.35}$$

通过 $STC(q)$ 我们可以计算出短期的平均成本 $SATC(q)$，短期的平均可变成本 $SAVC(q)$，短期的边际成本 $SMC(q)$。类似地，$SMC(q)$ 和 $SATC(q)$ 的交点正好是 $SATC(q)$ 的最低点。

在长期中，厂商可以通过调整资本的数量更“全局”地调整成本。在长期中，资本不再定为 $\overline{K}$。可以想象如下的例子。假设 1 台机器和 2 名工人是每月生产 100 件产品的最佳搭配方案，那么如果厂商预计每月生产 500 件产品，应该购置 5 台机器，雇佣 10 名工人。如果预计每月生产 1000 件产品，应该购置 10 台机器，雇佣 20 名工人。购置的机器与预计的产量

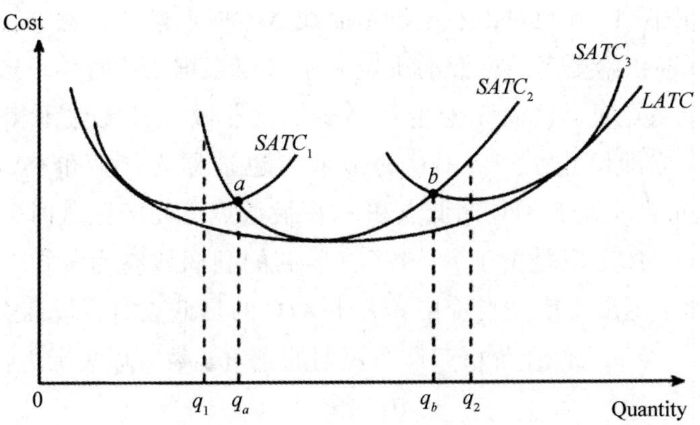

图 4－5　短期平均总成本与长期平均总成本的关系

有关。如果市场的需求突然变大了，短期内厂商只能通过工人加班加点来迎合的市场的需求，时间长了，厂商可以购买新机器以进一步降低成本。由于短期只有劳动可以改变，厂商长期平均成本 $LATC(q)$ 一定低于短期平均成本 $SATC(q)$。

可以看出，长期平均成本曲线一直在短期平均成本的下放，符合“全局最优化”优于“局部”最优化的预期。

第五节 供给曲线

供给曲线反映了供给量和价格之间的关系。在研究它之前，我们通常都假设厂商是价格接受者（Price Taker）。如果厂商本身是价格制定者，供给缩小为一个点，曲线则无从谈起。假设市场外生的价格为 p，那么厂商的利润函数可以写为：

$$\prod(K,L) = pq - C(q) \tag{4.36}$$

其中，$q=F(K, L)$，$C(q)$ 是 $TC(q)$ 的简写。由于成本函数已经包含了厂商对生产要素 K、L 的选择，利润函数里并不包含 K、L。对利润函数的一阶条件为：

$$p = MC \tag{4.37}$$

如果将图 4－6 中的纵坐标重命名为 p，则厂商短期的供给曲线就是 MC 曲线。由图 4－6 也可以看出供给曲线基本向上倾斜，意味着越高的价格会激励厂商供给更多。厂商的决定并不仅仅根据 MC 曲线。当价格 p 低于 AVC 的最低点时，厂商无论生产多少，营业收入都无法平衡可变成本 VC。厂商会立即停止生产。AVC 的最低点也被称为停业价格（Shutdown Price）。当价格 p 处于 AVC 最低点和 ATC 最低点之间的区域时，厂商的供给取决于 $p=MC$。但是由于 $p<ATC$，厂商的利润始终为负数。因此长期来看，厂商会退出市场。当价格 p 大于 ATC 的最低点时，厂商会根据 $p=MC$ 来生产。令 $\underline{p}$ 为停业价格。厂商短期的供给函数可以表示为：

$$S(p) = \begin{cases} 0, & p<\underline{p} \\ SMC^{-1}(p), & p \geqslant \underline{p} \end{cases} \tag{4.38}$$

厂商长期的供给曲线比较复杂，需要考虑新厂商的进入和老厂商的退出。市场中存在着消费者和多个厂商，每个厂商面对的需求曲线如图 4－6 所示。

图 4－6 供给曲线与需求曲线的交点位于平均总成本曲线的上方。意味着厂商的利润为正。于是长期来看，更多的厂商会进入这个市场。于是

厂商分配到需求减少，需求曲线下移。这个过程直到需求曲线与短期的供给曲线相交于平均成本曲线的最低点为止。至此，产品价格同时满足两个条件：厂商利润最大化（$p=MC$）；厂商的利润是零。读者可能会觉得奇怪，既然厂商的利润为零，那么最大化利润还有什么意义呢？答案在于，如果厂商不采取利润最大化的策略（$p \neq MC$），则厂商的利润就是负数。

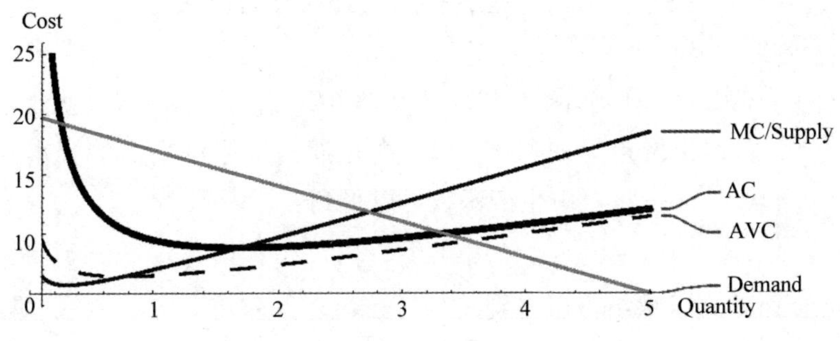

图 4－6 供给曲线和需求曲线的结合

当需求曲线与供给曲线（边际成本曲线）的交点位于平均总成本曲线的下方的时候，情况与上述相反。此时厂商的利润为负。从长期来看，会有厂商逐渐退出市场。市场中的厂商数量减少的时候，每个厂商面临的需求增加，反映为需求曲线上移。上移的过程直到移动到需求曲线与短期的供给曲线相交于平均成本曲线的最低点为止。可以推出如下结论：在完全竞争下，每个相同的厂商生产数量最好等于最小有效规模（Minimum Efficient Scale），市场价格正好等于平均成本的最低值。短期内市场的价格也许会偏离这一水平，不过长期来看一定会回到这一水平，如图 4－7 所示。

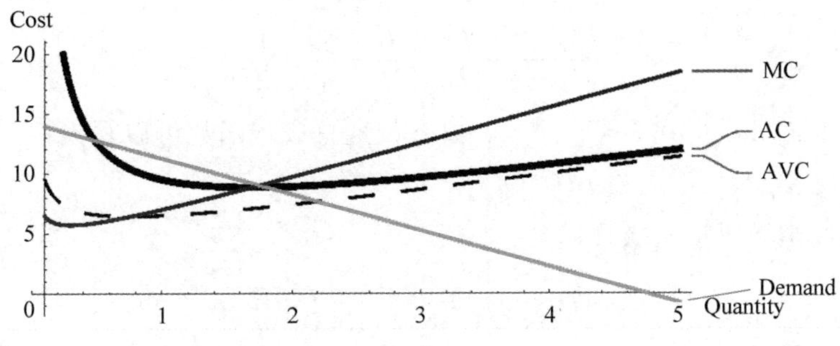

图 4－7 供给曲线和需求曲线的结合（均衡）

因此市场的长期的供给曲线是一条直线。当价格低于平均总成本的最低点时，长期的供给为零。当价格高于平均总成本的最低点时，长期的供给为正无穷（当然这是不可能实现的）。可以看出长期中市场的价格就等于平均总成本的最低点。

第六节　短期与长期供给曲线

例一：假设某一厂商的生产函数为 $F(K, L)=\sqrt{L}+K$。就业市场的工资为1，资本租赁市场的租金为2。在短期内，假设厂商的资本固定在 $\overline{K}$。已知 $q=F(K, L)$。由生产函数可以得到：

$$q=\sqrt{L}+\overline{K}$$

将上面的式子重组可以得到：

$$L=(q-\overline{K})^2$$

短期总成本函数可以写为：

$$STC(q \mid \overline{K})=(q-\overline{K})^2+2\overline{K}$$

对总成本函数求导可以得到短期边际成本函数：

$$SMC(q \mid \overline{K})=2(q-\overline{K})$$

而短期的平均可变成本函数为：

$$SAVC(q \mid \overline{K})=(q-\overline{K})^2/q$$

厂商的短期供给曲线 $p=MC$ 可以写为：

$$p=SMC(q \mid \overline{K})=2(q-\overline{K})$$

长期的供给曲线需要考虑生产要素的最优组合。由成本最小化条件可以获得：

$$\frac{F'_L(K, L)}{F'_K(K, L)}=\frac{\sqrt{L}}{2}=\frac{r}{w}=\frac{1}{2}$$

由上式可以得到 $L=1$，$K=q-1$。长期总成本函数可以写为：

$$LTC(q)=1+2(q-1)$$

因此平均成本曲线为：

$$ATC(q)=\frac{2q-1}{q}=2-\frac{1}{q}$$

当 q 增加时，平均总成本增加，因此该经济具有规模经济。

例二：假设已经从选择生产要素最小化成本的问题中脱离出来，获得了成本函数。假设穿梭于中东和全世界的超级油轮的一次性租赁费用为125万美元。运送 q 吨货物的总可变成本为 $20q+\frac{1}{20}q^2$。简单起见，假设每家企业只拥有一艘油轮。长期总成本函数为：

$$LTC(q)=125+20q+\frac{q^2}{20}$$

长期平均总成本函数为：

$$LAC(q)=\frac{125}{q}+20+\frac{q}{20}$$

长期边际成本曲线为：

$$LMC(q)=20+\frac{q}{10}$$

最小有效规模（Minimum Efficient Scale）可以通过 $LAC(MES)=LMC(MES)$ 获得：

$$\frac{125}{q}=\frac{q}{20}\Leftrightarrow MES=q=50$$

将 $q=50$ 代入长期平均总成本函数和长期边际成本函数中，可以获得均衡价格为25。假设 $D(p)=3000-100p$，将均衡价格带入需求函数，得到 $D(25)=3000-2500=500$。由 $q=50$ 可知，市场均衡厂商数量为10。读者可能好奇，如果市场中的厂商数量不等于均衡数量时，会发生什么。当厂商数量大于均衡数量时，短期内厂商会遵循 $p=MC$ 设定产量，即：

$$p=LMC(q)=20+\frac{q}{10}$$

这时每个厂商的生产数量少于50，而总产量超过500。长期来看，一些厂商会退出市场，直至每个厂商的数量重新达到50为止。假设短期内需求提高了（如新移民的到达），假设这时新的需求曲线为 $D(p)=3200-100p$。这时短期内，市场的均衡价格由供给曲线 $p=20+\frac{q}{10}$ 和需求曲线共同决定。注意这时需要考虑10家厂商的联合需求：

$$p=20+\frac{q}{10}=\frac{3200-10\times q}{100}$$

由上式得出均衡产量 $q=60$，由 $p=20+\frac{60}{10}=26$ 可以得到市场的短期均衡价格。长期来看，更多的厂商会进入这个市场，将需求曲线压低至与短期供给曲线的交点正好为 $q=50$ 为止。

附录　物物交换下，生产者和消费者的一般均衡模型

这里我们展示给读者一个一般均衡模型。假设经济里有两个消费者（A 和 B）、一个厂商和两种商品（假设为原木和木材）。假设消费者 A 和消费者 B 的禀赋（Endowments）分别为 $\omega^A=\omega^B=\left(\frac{1}{2},\ \frac{1}{2}\right)$。消费者 A 和消费者 B 的效用函数分别为：

$$u^A\ (x_1^A,\ x_2^A)\ =\ln\ (x_1^A)\ +\ln\ (x_2^A)$$

$$u^B\ (x_1^B,\ x_2^B)\ =\ (x_1^A)^{\frac{1}{4}}(x_2^A)^{\frac{3}{4}}$$

厂商将商品 1 加工为商品 2。假设生产函数为 $y_2=\sqrt{y_1}$。再假设消费者 B 拥有该厂商。

为了解出经济的均衡状态，我们需要假设 p_1，p_2 的存在。假设厂商的利润为 π。消费者 A 和消费者 B 均最大化各自的效用。消费者 A 的问题为：

$$\max\ u^A\ (x_1^A,\ x_2^A)$$

$$st.\ p_1x_1^A+p_2x_2^A\leqslant p_1\omega_1^A+p_2\omega_2^A$$

消费者 B 的问题为：

$$\max\ u^B\ (x_1^B,\ x_2^B)$$

$$st.\ p_1x_1^B+p_2x_2^B\leqslant p_1\omega_1^B+p_2\omega_2^B+\pi$$

此处不再赘述效用最大化的求解过程。使用柯布道格拉斯效用函数下，消费者 A 和消费者 B 对各商品的支付比例是固定不变的，他们的需求为：

$$x_A=\left(\frac{p\cdot\omega_A}{2p_1},\ \frac{p\cdot\omega_A}{2p_2}\right),\ x_B=\left(\frac{p\cdot\omega_B+\pi}{4p_1},\ \frac{3\ (p\cdot\omega_B+\pi)}{4p_2}\right)$$

厂商最大化利润。这里同样假设 p_1，p_2 的存在。厂商的利润为收入和成本之差：

$$\pi=\max_{y_2}=\sqrt{y_1}p_2y_2-p_1y_1$$

厂商选择 y_1 来最大化它的利润。对 y_1 的一阶条件可以得到下解（这

里为了简便忽略了二阶条件）：

$$y_1 = \left(\frac{p_2}{2p_1}\right)^2,\ y_2 = \left(\frac{p_2}{2p_1}\right) \quad \text{and} \quad \pi = \frac{(p_2)^2}{4p_1}$$

产品 1 的市场出清条件（Market clearing）即对商品 1 的总需求等于商品 1 的总供给，对商品 2 的总需求等于商品 2 的总供给：

$$x_{1A} + x_{1B} + y_1 = 1$$

将 x_{1A}、x_{1B}和 y_1 的表达式分别代入市场出清条件，我们可以算出市场出清条件下的价格比。显然只有一个解满足我们的要求。同理，我们可以写出商品 2 的市场出清条件，应该能得到相同的解：

$$5\left(\frac{p_2}{p_1}\right)^2 + 6\frac{p_2}{p_1} - 10 = 0 \text{ 和} \frac{p_2}{p_1} = \frac{\sqrt{59} - 3}{5}$$

此简单经济系统没有货币，只有价格比。即商品 1 的价格体现在多少单位商品 2 能够交换 1 单位的商品 1，反之亦然。将均衡 p_2/p_1 代入上述条件中可以获得产量。在计算利润时，我们需要假设 $p_2 = 1$。

本章小结

本章从“技术”出发得出产品的生产函数。由生产函数出发，定义了边际产出，边际产出递减，规模收益递增、不变和递减等性质。本章紧接着分析了厂商的利润最大化和成本最小化问题。从成本最小化问题出发，计算出厂商的成本函数。从成本函数出发，计算了固定成本、可变成本、平均总成本、平均可变成本和边际成本等概念。

一般地说，平均总成本曲线先降后升。边际成本曲线与平均总成本曲线的交点位于平均总成本曲线的最低点。该最低点对应的产量成为最小有效规模。边际成本曲线与平均可变成本曲线的交点位于平均可变成本的最低点。在长期均衡中，市场中每个厂商的产量正好等于最小有效规模，市场价格正好等于平均总成本曲线的最低点。在短期均衡中，厂商最大化的动机决定了供给曲线正好为 $p = MC$。

在一般均衡中，厂商的利润最大化动机结合消费者效用最大化的动机内生出了价格和产量。简单说，供给曲线和需求曲线的交点共同决定了市场中产品的价格和产量。

理论自测与应用自测

1. 证明边际成本与平均可变成本的交点正好位于平均可变成本的最低点。

2. 在完全竞争市场中，每个厂商的利润为零。解释为何在零利润条件下，厂商继续保持生产状态的原因。

3. 高科技领域生产经常涉及授权费用。厂商在生产时，需要向授权方支付一定的费用。授权费有多种形式：独立于产量的一般称作定额授权费，与产量呈正比的一般称作从量授权费。假设有多家厂商需要某个授权方的授权才能生产。假设边际成本随着产量增加而增加。画出平均总成本曲线、平均可变成本曲线和边际成本曲线、供给曲线，并标出市场的长期均衡。

假设有一天固定授权费提高到原来的两倍，此提高在短期和长期中分别对商家的行为造成怎样的影响。画出新的供给曲线、需求曲线并标出市场的均衡。如果将授权费视为准入成本，有人认为准入成本太低是造成厂商利润低的原因，您认为呢?

假设授权费符合从量形式并提高到原来的两倍，画出新的供给曲线、需求曲线并标出市场的均衡。

4. 有人质疑长期的供给曲线并非一条水平线，而是向上倾斜，并拿出了现实中的数据作为佐证。一种能得到向上倾斜曲线的方法是假设厂商具有不同的固定成本。

（1）假设厂商的固定成本并非相同，而是从低向高排列。证明此时市场的长期供给曲线向上倾斜。

（2）请问此时低固定成本的厂商的利润还为零吗?

5. 过去济南花园路夜市上有不少烧烤鱿鱼档口，吸引过路的行人。为了在能在夜市上经营，商家需要支付定额的管理费。假设每天的行人数量都相同，每一份烧烤鱿鱼都相同。解释每一家档口烤鱿鱼的价格都相同的可能原因。

与一般的商品不同，烧烤鱿鱼的边际成本是固定的。画出商家的总成本曲线，平均总成本曲线和边际成本曲线。确定烤鱿鱼的供给曲线。此时的供给曲线与边际成本曲线呈递增形式时有什么不同。

在学期中夜市的行人比较多，而假期中夜市的行人比较少，分析两时间段的市场运营情况。在供需图中标出市场的均衡。

6. 已知某完全竞争行业中单个厂商的短期成本函数为：

$$STC(q) = 0.1q^3 - 2q^2 + 15q + 10$$

（1）求当市场上产品的价格为 $p = 55$ 时，厂商短期均衡产量和利润。

（2）当市场价格下降为多少时，厂商必须停产？

参考文献

高鸿业主编：《西方经济学·微观部分》（第七版），中国人民大学出版社 2018 年版。

［美］哈尔·R. 范里安：《微观经济学：现代观点》（第九版），费方域、朱保华等译，格致出版社 2015 年版。

第五章　市场理论

本章是对市场结构的分析，包括市场概念、完全竞争市场和非完全竞争市场三个部分，其中非完全竞争市场又分为三种。本章的重点是解释不同市场结构中，厂商面对不同条件时的均衡状况，理解厂商的最优决策，并推导短期和长期内厂商及行业的供给曲线。本章最后分析、比较不同市场结构中厂商的资源配置效率。

第一节　竞争与垄断的概念

一　市场的概念

市场是指从事物品交易的具体场所或地点，广义市场还包括对物品交易的组织形式或制度的安排。交易双方在市场中相互作用，并就交易的价格和数量达成协议。为市场提供物品的有单个厂商，也有厂商的集合即行业。厂商是指根据一定目标（利润最大化）为市场提供商品和劳务的独立经营单位，行业则是指为同一商品市场生产和提供商品的所有厂商的总体。

二　市场结构

经济学对于市场结构的划分主要基于市场的竞争或垄断程度，通常认为：厂商数量越少，其规模越大，这个行业的垄断力量就越强。此外，还应考虑市场上产品的差别化程度、单个厂商对于价格的控制和影响力、厂商进入或退出一个行业的难易程度。这几个因素是互相影响的，例如：产品越是难以替代，则单个厂商对于价格的控制程度越高；该行业越是难以自由进出，则厂商的数量越少。

表 5－1　市场类型的划分

市场类型	厂商数量	产品性质	厂商控制价格的程度	进入行业的难易程度	典型行业
完全竞争	众多	产品无差别	厂商无法控制价格	自由进出	农产品行业
垄断竞争	较多	产品有差别	厂商能影响价格	比较容易	轻工业品
寡头垄断	几个	有差别或无差别	很大程度	比较困难	钢铁、石油
完全垄断	一个	产品无可替代	厂商是价格制定者	几乎不可能	公用事业

三　垄断界定中的问题

如何确定某行业是垄断还是竞争的，或某企业是否有垄断行为？首先需要对垄断进行界定。虽然经济学对于竞争与垄断有着明确的定义，但是将定义运用于现实社会，还是有若干细节需要落实。

其一，如何定义市场。如果以商标定义市场，则每个企业都可能是垄断的，因为商标本身就意味着产品差异，足以制造垄断；如果以产品的功能定义，则只要市场上存在超过一家以上的厂商，就不存在垄断。1956年，美国杜邦公司（Dupont Company）被指控垄断了玻璃纸的生产。杜邦公司认为，定义市场的正确方式要看所有的“弹性包装材料”，里面包含了其他各种产品。所以，杜邦公司虽然生产了70%左右的玻璃纸，但只占到弹性包装材料市场的20%，并没有形成垄断。最后，美国最高法院同意了杜邦公司的观点。

其二，垄断程度的衡量方式。最简单的方式是四大企业集中度，即将该产业前四大企业的市场占有率加总起来，但这种指标不够精细。而且，对于市场集中到什么程度会被称为垄断企业，目前并没有决定性的依据。

四　市场中的厂商决策

厂商的市场决策均应基于利润最大化原则。根据经济学的定义，最大化的利润指的是销售收益减去经济成本之后的经济利润。经济利润等于零，称为正常利润，即厂商已就所投入的全部要素取得了补偿；经济利润大于零，则称为超额利润，是一种对厂商的额外回报。

（一）厂商收益

厂商的利润函数中，成本函数表达的是随着产量增加而持续增加的要素耗费，收益函数是价格乘以销量（产量）所得到的总收益 TR（Total Revenue）。随着产量变化，厂商每销售一单位产品而平均得到的收入称为平均收益 AR（Average Revenue），每增加销售一单位产品所增加的收入称为边际收益 MR（Marginal Revenue）。

销售收益的公式表达为：$TR=P\cdot Q$；$AR=TR/Q=P$；$MR=\Delta TR/\Delta Q$。

由于市场结构不同，产品单价的变化分为两种情况：价格为固定值，以及价格与需求量反向变化。厂商的平均收益 AR 任何时候都等于产品单价 P，边际收益 MR 则因价格变化而出现两种可能。其一，产品价格为常数，不随着需求量的变化而变化。此时 $AR=MR=P$，三者均为常量。其二，价格随着需求量的增加而下降。此时总收益公式为：$TR=P(Q)\times Q$，MR 必须同时对 P 和 Q 取导。

（二）利润最大化原则（Profit Maximization）

以产量 Q 为自变量，厂商的利润函数表达为：$\pi(Q)=TR(Q)-TC(Q)$。则利润达到最大的必要条件是利润对产量的一阶导数等于零，形成：$MR(Q)=MC(Q)$。而要保证利润是极大值，还必须进行二阶约束，即利润对产量的二阶导数必须小于零（出现在边际成本 MC 递增阶段）。这一原理，在任何类型的市场中都是适用的。在 $MR=MC$ 时，厂商既不扩大，也不缩小产量，而是维持产量，表明生产者已实现利润最大化。

第二节　完全竞争市场的均衡

一　完全竞争市场（Perfect Competitive Market）的含义

完全竞争（Perfect Competitive）是一种理想模型，又称纯粹竞争，是一种不受任何阻碍和干扰的市场结构。完全竞争的市场必须满足以下条件：第一，市场上有众多的小型厂商和消费者。单个的厂商和消费者都只是价格的接受者，竞争地位平等；所有的厂商都按相同的价格出售产品；第二，产品同质，不存在产品差别。所有的厂商都生产一样的标准化产品，质量和性能没有任何差别，完全可以互相替代；第三，行业没有明显的进入壁垒和退出壁垒，资源自由流动，厂商可以自由进出市场；第四，存在着完全的信息（包括技术关系、价格等）。

在满足上述条件的市场中，物品的价格完全由供求决定，任何个人或组织都无法控制市场价格。而且厂商进出行业不受限制，市场供求可以轻松地随着价格进行调整。完全竞争的市场没有垄断、没有不完全性、没有动态的技术革新，也没有管制造成的变形等，是最有效率的市场结构。虽然在现实中，完全竞争的几个前提条件不可能得到充分满足，但完全竞争模型建立了资源配置效率的标准，有助于理解和说明复杂的现实。

二　完全竞争市场的需求曲线与收益分析

完全竞争市场的均衡价格由行业的供给和市场需求共同决定，个别厂商只是价格的接受者。在既定的均衡价格下，厂商可以出售意愿的任何数量的产品，但无法通过改变产量来影响价格。如果市场供求发生变化，均衡价格随之变动，则单个厂商面对的价格也必然作同样的变化。如图 5－1（a）所示，市场的需求曲线通常向右下方倾斜，市场供求决定均衡价格 P_1。如图 5－1（b）所示，P_1 就是单个厂商接受的价格水平，厂商的需求曲线则是一条由 P_1 出发的水平线。

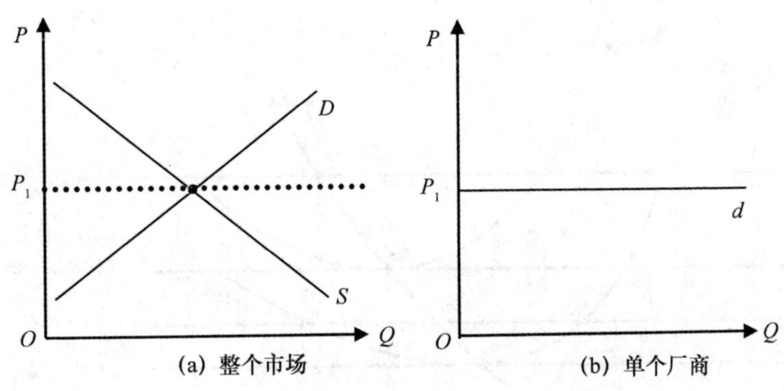

图 5－1　完全竞争市场的需求曲线

完全竞争市场中，厂商的需求曲线为水平线，即无论厂商如何改变产量，都不影响它面对的市场价格。这是因为完全竞争的厂商规模很小，数量众多，无法对价格施加影响。

厂商面临的价格为固定不变的常数值，则厂商在任何销量上都有 $AR = MR = P$，总收益 TR 随着销量 Q 的增加而稳定增加。据此可以得到完全竞争厂商的收益曲线：*AR* 曲线、*MR* 曲线和需求曲线 d 三条线重叠，都是同一条由既定价格水平出发的水平线。*TR* 曲线是一条由原点出发的斜率不变的上升的直线。

三　完全竞争市场的短期均衡

（一）完全竞争厂商的短期均衡条件

在完全竞争厂商的短期生产中，市场的价格给定，生产中不变要素的投入量无法变动。厂商是在给定的生产规模下，通过对产量的调整来实现利润最大化条件。当厂商实现 $MR = SMC$ 时，有可能获得利润，也可能亏损，所以还需要对比 *AR* 与 *SAC*、*AVC* 的大小。

完全竞争厂商短期均衡的首要条件是 $P = MR = SMC$。图 5－2 中，设定初始价格为 P_1，从 P_1 延伸出水平的需求曲线 d_1，同时也是厂商的边际收益和平均收益曲线。需求曲线 d_1 与短期成本曲线 *SMC* 的交点 E_1 就是厂商利润最大化的均衡点，此时厂商选择的产量为 Q_1。同理，当价格顺次变为 P_2、P_3、P_4 和 P_5，相应的利润最大化的均衡点为 E_2、E_3、E_4 和 E_5，厂商分别选择了最优产量 Q_2、Q_3、Q_4 和 Q_5。

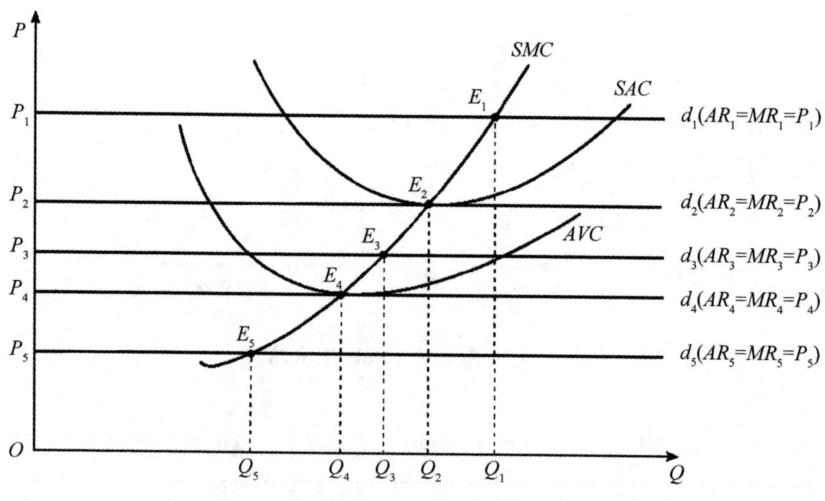

图 5－2　完全竞争市场的厂商短期均衡

其次是关于厂商能否盈利的分析。$MR = SMC$ 只是利润最大化的条件，但厂商能否获得利润取决于 AR 和 SAC 的比较。图 5－2 中，价格为 P_1 时，在 Q_1 的产量水平上有 $AR>SAC$，此时 $\pi>0$，厂商获得超额利润。当价格下降到 P_2，在 Q_2 的产量水平上，有 $AR=SAC$，即 $\pi=0$。此时 $P=SAC=SMC$，价格等于短期平均成本最低值。E_2 点可称收支相抵点，或停止亏损点。此时厂商利润为零，称之为正常利润。对于所有低于 P_2 的价格，均有 $AR<SAC$，即 $\pi<0$，厂商处于亏损状态。

厂商亏损时，是否一定会停止经营？这取决于平均收益 AR 和平均可变成本 AVC 的比较。图 5－2 中，P_2 代表 SAC 的最低值，当价格低于 P_2，厂商在短期必定亏损。但因为短期生产存在不变要素的投入，无论生产与否，不变要素的损耗都无法改变。所以完全竞争厂商是否会在短期继续生产，主要考虑的是 AR 与 AVC 的大小。价格为 P_3 时，均衡产量为 Q_3，厂商有 $AR>AVC$。厂商继续生产，因为此时生产虽然会亏损，但亏损小于停产状态。当价格为 P_4、产量为 Q_4 时，厂商有 $AR=AVC$，厂商生产与不生产的结果是一样的。此时 $P=AVC=SMC$，厂商在平均可变成本的最低点处生产，称为停止营业点。当价格低于 P_4，如图 5－2 中产量为 Q_5时，厂商有 $AR<AVC$，必须停产。因为此时厂商的亏损会随着产量增加而扩大，不生产要比生产强。

综合以上分析，可得完全竞争厂商短期均衡的条件：$P=MR=SMC$，同时 $P\geqslant AVC$。短期均衡时，厂商的利润可以大于零，等于零，或者小于零。

（二）完全竞争厂商的短期供给曲线

在完全竞争市场上，厂商的短期供给曲线可以用短期边际成本 SMC 曲线上等于和高于 AVC 曲线最低点的部分来表示。

厂商的供给函数为 $Q^S=f(P)$，表示在每一个价格水平上厂商愿意而且能够提供的产量。在完全竞争市场，该产量水平应该是每一个价格水平上可以给该厂商带来最大利润或最小亏损的最优产量。根据完全竞争厂商的短期均衡条件，可以看到，SMC 曲线上的各个均衡点都表示了在每一个相应的价格水平上厂商所提供的产量。图 5－2 中，当价格分别为 P_1、P_2、P_3 等，厂商的最优产量分别是 Q_1、Q_2、Q_3 等。将每一对均衡的价格和产量记录下来，就得到了厂商的供给曲线。因此，完全可以说 SMC 曲线就是完全竞争厂商的短期供给曲线。考虑到在 AVC 曲线最低点以下的 SMC 曲线的部分，由于 $P < AVC$，厂商是不生产的。所以，准确的表述是：完全竞争厂商的短期供给曲线是 SMC 曲线上等于和大于 AVC 曲线最低点的那一部分，具体如图 5－3 所示。

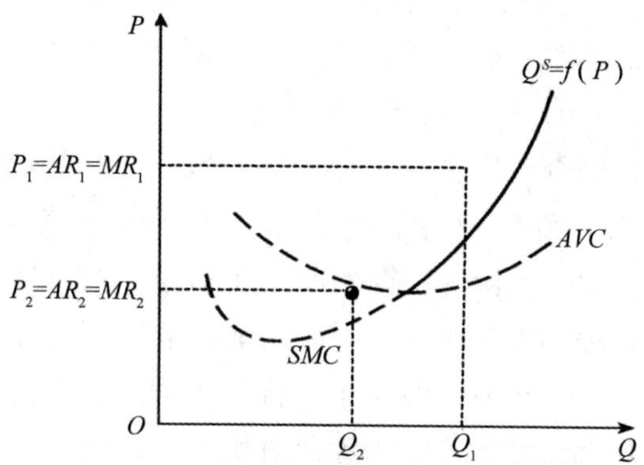

图 5－3　完全竞争厂商的短期供给曲线

由于 SMC 自下而上穿过 AVC 的最低点，完全竞争厂商的短期供给曲线的斜率必然为正，取的是 SMC 的上升阶段，表示厂商短期生产的供给量与价格成同向变化。

（三）生产者剩余

生产者剩余（Producer Surplus）指的是厂商在提供一定数量的某种产品时实际接受的总支付和愿意接受的最小总支付之间的差额（见图 5－4）。

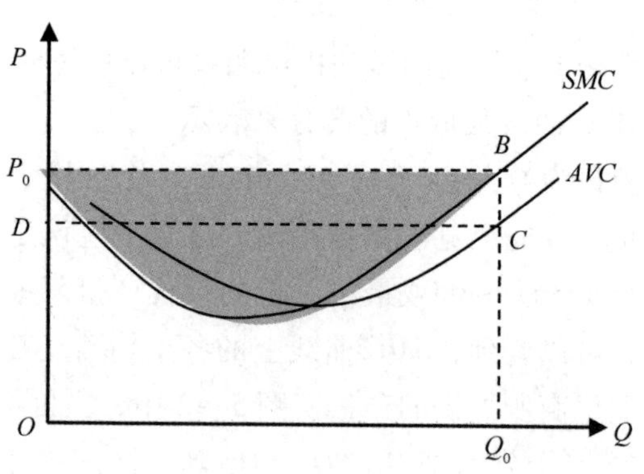

图 5－4　生产者剩余

厂商实际接受的总支付为：$TR = P_0 \cdot Q_0$ = 面积 OP_0BQ_0

厂商愿意接受的最小总支付为：$\int_0^{Q_0} SMC(Q)dQ$

在短期，由于固定成本不变，因而所有产量的边际成本之和必然等于总可变成本，即厂商愿意接受的最小总支付 = TVC = 面积 $ODCQ_0$。则生产者剩余为阴影部分面积，等于厂商的收益与总可变成本的差额，即 $PS = TR - TVC$ = 面积 DP_0BC。

生产者剩余的意义在于：只要总收益大于总可变成本，厂商进行生产就是有利的，就可以获得生产者剩余。所以，短期内厂商即使面临亏损也会继续生产。

（四）完全竞争的行业短期均衡

由于短期内厂商不能改变生产规模，这就意味着如果某行业内的厂商即使亏损，也只能停产，但无法退出该行业；如果厂商获得超额利润，新厂商也无法加入该行业。行业的总体规模和现有厂商的数量在短期都是固定不变的，厂商实现短期均衡就等于行业实现了短期均衡。

短期内完全竞争的行业供给曲线可以由行业内所有厂商的短期供给曲线水平加总而得到，行业的短期供给曲线也向右上方倾斜，但是比厂商的短期供给曲线更为平缓。厂商的短期供给函数和行业的短期供给函数的关系的公式表达为：

$$S(P) = \sum_{i=1}^{n} S_i(P):(1);S(P) = n \cdot S_i(P):(2) \qquad (5.1)$$

短期如果单个厂商有生产者剩余，行业的生产者剩余可以通过将行业内所有厂商的生产者剩余加总而得到。

四　完全竞争市场的长期均衡

（一）完全竞争厂商的长期均衡

在完全竞争市场，长期意味着追求利润最大化的厂商既可以选择最优生产规模，也可以自由进出某个行业。因此，完全竞争厂商在长期生产中对全部生产要素的调整可以表现为两个方面：对最优的生产规模的选择；进入或退出一个行业的决策。同时，伴随着行业内厂商生产规模的调整，整个行业的供给也会发生改变，体现在曲线上就是市场供给曲线的移动，以及新的市场均衡出现。

根据利润最大化原则，厂商的长期均衡条件首先必须满足 $P=AR=MR=LMC$，其次需要比较 P 与 LAC 的大小。如果 P 大于 LAC，该行业的典型厂商有超额利润；如果 P 小于 LAC，厂商亏损，会退出市场。

图 5－5 中，如果市场初始价格为 P_1，由 P_1 延伸出去的水平需求曲线 d_1 与长期边际成本曲线 LMC 相交于 E_1 点，此时有均衡产量 Q_1。在该产量处，SAC_1 与 LAC 相切，SMC_1 与 LMC 相交，即厂商选择以规模 1 生产 Q_1。此时价格 $P>AC$，厂商获得超额利润，其利润等于图中深色阴影部分的面积。

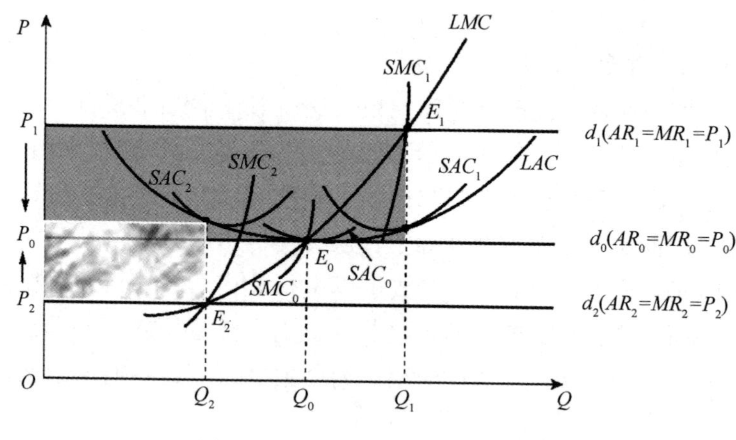

图 5－5 完全竞争厂商的长期均衡

随后，超额利润的存在吸引了新厂商加入，行业规模扩大，供给增加，导致市场均衡价格下降至 P_2。从 P_2 延伸出去的厂商需求曲线 d_2 与 LMC 相交于 E_2 点，此时有均衡产量 Q_2，即厂商选择以较小的规模 2 生产 Q_2。但此时 $P<AC$，厂商出现亏损，其大小等于图 5－5 中较浅、面积较小的阴影部分面积。长期当中，规模 2 已经是厂商能够选择的最优规模，厂商无法通过改变规模或产量来扭转亏损局面，只能退出该市场。

最后，随着部分厂商退出市场，该行业的供给逐渐减少，市场均衡价格有所回升，到达 P_0 处。此时厂商的需求曲线 d_0 与 LMC 相交于均衡点 E_0，厂商选择提供产量 Q_0。该产量水平上，d_0 与 LAC 相切，出现了 $P=LMC=LAC$。该行业的典型厂商获得正常利润，没有新厂商会进入该行业，现有厂商也不会退出该行业，这就是完全竞争的厂商的长期均衡。

在长期，厂商通过对最优生产规模的选择，使自己的状况得到改善，从而获得了比在短期内所能获得的更大的利润。完全竞争厂商的长期均衡发生在 LAC 曲线的最低点。完全竞争厂商长期均衡的条件 $MR = LMC = SMC = LAC = SAC$，$MR = AR = P$。

（二）完全竞争的行业长期均衡

当完全竞争厂商实现长期均衡时，市场均衡价格等于典型厂商最低的长期平均成本，厂商的利润为零。此时，行业中的厂商数量稳定，所有的厂商都按照所选定的规模和产量进行生产，既不扩大也不缩小。行业的供给曲线保持不变，市场价格也维持在厂商 *LAC* 曲线最低点的水平。所以，完全竞争厂商的长期均衡条件与完全竞争行业的长期均衡条件是一致的。

（三）完全竞争市场的长期供给曲线

根据完全竞争厂商的长期均衡条件：$P = LMC = LAC$，厂商始终在长期平均成本最低点处进行生产，对于厂商而言，长期中只有唯一的均衡的价格和与之相对应的唯一均衡产量。完全竞争厂商只会在长期均衡点处生产，没有长期供给曲线。

长期范围内，单个厂商通过选择生产规模而形成了一条“U”形的长期平均成本（LAC）曲线。厂商调整生产规模和产量时，会沿着“U”形的 *LAC* 曲线移动，但厂商自身无法改变既定的 *LAC*。只有当整个行业进行规模扩张，增加产量，对生产要素价格以及行业的生产效率形成影响，才会导致单个厂商的产量与收益变化。

行业的产量变化一方面会引起对生产要素需求的变化，进而影响到生产要素的价格；另一方面会带来生产效率的变化，这两者都会导致单个厂商的生产成本变化，引起厂商的 *LAC* 曲线移动。根据行业产量变化可能产生的影响，完全竞争行业区分为成本不变行业、成本递增行业和成本递减行业。不同行业的长期供给曲线形状也会不同。

1. 成本不变行业的长期供给曲线

成本不变行业指的是该行业产量变化不对单个厂商的成本发生影响。不管行业的规模扩大还是缩小，单个厂商的平均成本曲线都不受影响，*LAC* 曲线及其最低值保持不变。即单个厂商始终按照既定的 *LAC* 曲线最低点进行生产。随着行业不断扩张，市场的供给量也不断增加，但均衡价格一直不变。所以，成本不变行业的长期供给曲线是一条水平线。

2. 成本递增行业的长期供给曲线

成本递增行业指该行业产量增加会导致生产要素价格的上升或者厂商的生产效率下降。如果行业生产规模扩大，则生产要素价格上涨，单个厂商的平均成本增加，*LAC* 曲线及其最低点会向上移动；反之，如果行业规模缩小，单个厂商的 *LAC* 曲线会向下移动。所以，如果市场需求扩大，带来价格上升，就会不断吸引新厂商加入该行业，导致行业规模扩张和供给增加。生产要素价格提高，厂商和行业就会在更高的 *LAC* 曲线最低点达成均衡，整个行业的供给增加与价格上升达成一致。所以，成本递增行业的长期供给曲线向右上方倾斜。

水平的长期市场供给曲线有两大前提：该行业存在大量潜在进入者；每一个市场进入者都面临同样的成本。现实中，由于资源稀缺，以及新进入者往往有着更高的成本，行业供给曲线通常是正斜率的。

3. 成本递减行业的长期供给曲线

成本递减行业是指该行业产量增加使得生产要素的价格下降或者厂商的生产效率提高。例如，市场需求扩张吸引新厂商不断加入行业，行业供给增加，厂商的平均成本反而因此下降。行业的供给量增加与更低的价格水平达到一致。所以，成本递减行业的长期供给曲线向右下方倾斜。

（四）长期的生产者剩余

生产者剩余是厂商实际接受的总支付与愿意接受的总支付之间的差额，也可以说是每单位产量的价格与边际成本之间的差额。就整个行业而言，将行业中所有厂商的剩余加总起，就可以得到行业的生产者剩余。长期当中，完全竞争厂商没有任何剩余，因为长期均衡价格必然等于平均成本的最低值，即 $P = LMC = LAC$。行业的生产者剩余在不同行业中则有所不同。成本不变的行业，厂商的生产者剩余为零，行业的生产者剩余也为零。在成本递增的行业中，市场的均衡价格取决于最后的进入者的平均成本。由于供给曲线向上倾斜，后进入者没有生产者剩余，但之前进入市场的厂商则可能留存生产者剩余。整个行业的生产者剩余可能为正。

五 完全竞争市场的效率分析

完全竞争市场的有效性主要体现在能够同时实现生产者剩余和消费者剩余最大化。市场均衡时，厂商在平均成本的最低点生产，这一般被认为是资源配置的最优状态。充分的竞争也能够保证厂商会努力提高效率。此时，消费者支付的市场价格也是最低的。此外，由于在理论上所有厂商生产的产品是无差异的，厂商的广告是无意义的，可以节约资源在广告上的投入。

图 5－6 中，消费者剩余由需求曲线下和价格线上围成的三角形来表示，生产者剩余由价格线下和短期供给曲线上围成的三角形来表示，社会福利是消费者剩余和生产者剩余的加总。完全竞争的市场均衡时，能保证社会福利最大。

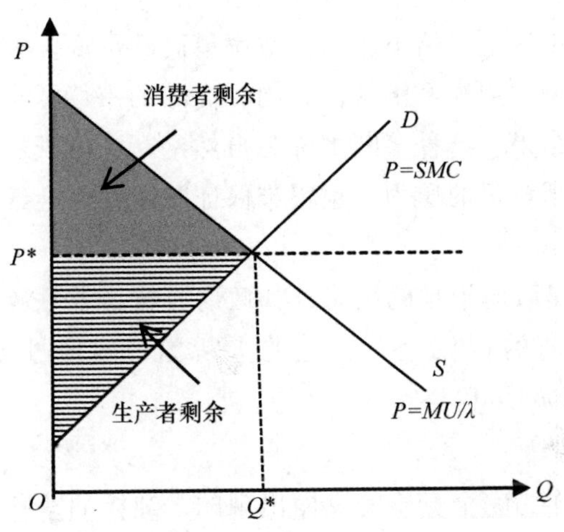

图 5－6　完全竞争市场的社会福利

对完全竞争市场也有若干批评：第一，完全竞争市场中都是小型厂商，而小规模的企业未必会使用大规模的先进技术，即使厂商为了获得暂时的超额利润愿意发展新技术，它们也可能负担不起必要的研究和开发；第二，无差别的产品不能满足消费者多样化的需求；第三，由于信息是完全和对称的，所以不存在对技术创新的保护。

第三节　完全垄断市场的均衡

一　（完全）垄断市场（Pure Monopoly Market）的含义

（一）垄断的定义

垄断（Monopoly）一般是指完全垄断，即一家厂商完全控制整个市场的商品供给。垄断市场具有三个特点：第一，一家厂商就是整个行业，控制了某种产品的全部供给；第二，产品不存在任何相近的替代品；第三，其他任何厂商进入该行业都极为困难或不可能，要素资源难以流动。

（二）垄断的原因

如前所述，垄断主要是因为厂商的产品不可替代，所以单个厂商可以独占市场；垄断有可能是因为该行业阻止了其他厂商进入，如厂商垄断了自然资源和矿产，或厂商控制了核心技术的控制。

垄断也可能是竞争的结果。即在竞争过程中，按照优胜劣汰，淘汰了其他厂商之后，市场上只留下了一家效率最高的厂商。如果某行业是成本递减的，有着典型的规模经济特征，同时商品的市场需求相对有限，完全可能会造成这种结果。这种垄断被称为自然垄断。但既然市场上只有一家厂商独大，没有了竞争的压力，也很难保证垄断厂商会继续按照最优效率生产。

垄断也可能是政府干预的结果，如政府直接经营铁路、邮电等公用事业，或政府对厂商的授权经营。这类垄断称为政府性或者行政性垄断（Administrative Monopoly）。

（三）定义总结

完全垄断是作为完全竞争的反面出现的，纯粹的垄断同样只是理论模型。现实中对垄断的界定主要使用市场集中度标准来定义垄断。

自然垄断（Natural Monopoly）和行政性垄断（Administrative Monopoly）通常被归为“规制经济学”（Regulation Economy）范畴，经济学所讨论的主要是市场原因导致的垄断，以及垄断对资源配置效率的影响。

二 垄断市场的收益分析

（一）垄断市场的需求曲线

完全垄断市场中，厂商就是行业，垄断厂商的需求曲线也就是整个市场的需求曲线。为了分析的简化，这里将需求曲线设定为一条向右下方倾斜的直线。它代表着垄断厂商作为价格制定者（Price Maker）的影响力：需求曲线越是陡峭，则厂商通过改变产量来决定市场价格的力量越强。垄断厂商得以按照利润最大化原则制定价格并非意味着厂商可以随意定价，斜率为负的需求曲线要求垄断厂商必须遵循需求规律，所以垄断厂商通常要在“减少销量而提高价格”或“降低价格而增加销量”之间进行选择。

1. 垄断厂商的平均收益曲线与需求曲线

在任何市场上，都有 $D=P=AR$，即：沿着需求曲线，每单位产品对应的市场价格同时也是厂商的每单位产品收益。由于市场是垄断的，需求曲线向右下方倾斜，代表随着销量增加，市场价格下降，平均收益也减少。

2. 垄断厂商的边际收益曲线。

由于垄断厂商的平均收益随着销量的增加而递减，从而边际收益也递减，而且边际收益递减的速度快于价格下降的速度。所以厂商的边际收益曲线 MR 不与需求曲线重合，而是位于需求曲线下方。

当垄断厂商的需求曲线为线性，设定反需求函数为：$P=a-b\cdot Q$（a、b 为常数），则可以推导 $TR=P\cdot Q=aQ-b\cdot Q^2$。由此得到 $MR=a-2b\cdot Q$。图 5－7 中，MR 曲线比需求曲线和 AR 曲线陡两倍，MR 与横轴的交点处于需求曲线与横轴交点的中点位置，此时意味着 $MR=0$，对应 TR 的极大值点。

3. 垄断厂商的总收益曲线

由于 MR 随着销量的增加而递减，总收益曲线 TR 呈现为倒“U”形：MR 递减但大于零时，TR 以递减的速度增加；MR 小于零时，TR 递减。图 5－7 中，销量为 Q^* 时，$MR=0$，对应的是 TR 曲线斜率等于零，总收益此时极大。

MR 的函数表现为：由于 $TR=P(Q)\cdot Q$，对 TR 求导得到 MR 时，需要同时对 $P(Q)$ 和 Q 求导，即：$MR=\frac{dP^*}{dQ}Q+P=P\left(1-\frac{1}{|E_d|}\right)$。

根据上述公式，当 $MR=0$，即 TR 极大时，对应的是需求曲线上价格弹性为 1 的点，即图 5－7 中，需求曲线上价格为 P^*、销量为 Q^* 的点。该点左侧，对应销量小于 Q^*、价格高于 P^* 的部分，产品对价格富于弹性；该点右侧，则是需求缺乏弹性的部分。

三　垄断市场的短期均衡

短期垄断厂商仍基于 $MR=SMC$ 的利润最大化原则进行决策。与完全竞争市场不同的是，此时价格线 P 与边际收益曲线 MR 不重合，因此垄断

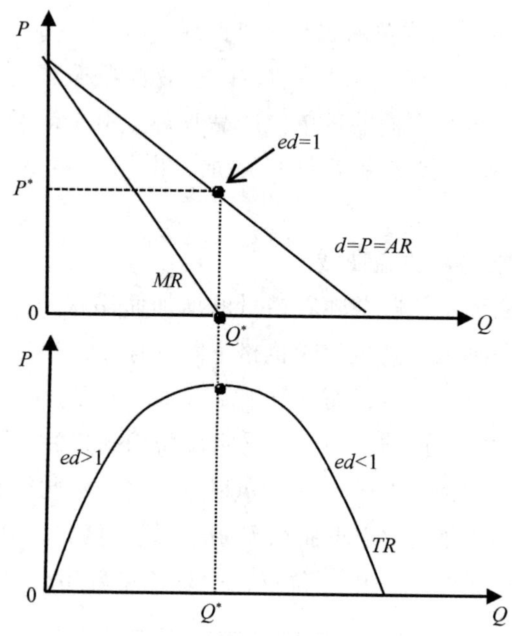

图 5－7 垄断市场的收益曲线

厂商的均衡产量 Q 与市场价格 P 是分别决定的。

如图 5－8 所示，厂商的 MR 曲线与 SMC 曲线交于均衡点 E，此时厂商的最优产量是由 E 点所决定的 Q_0，但均衡价格并非是 E 点在价格轴所对应的 P'，而是需求曲线上的 K 点所反映的价格 P_0。表示为：当市场销量为 Q_0，市场愿意接受的价格为 P_0。

短期由于垄断厂商的生产规模既定，按照 $MR=SMC$ 条件不一定能获得垄断利润，还需要进一步比较价格 P 与厂商平均成本 SAC 大小。垄断厂商的短期均衡有以下几种情况：获得超额利润（$P>SAC$）、获得正常利润（$P=SAC$）或蒙受损失（$P<SAC$）。其中蒙受损失又分为蒙受损失但继续生产（$P>AVC$）、蒙受损失并停产（$P<AVC$）、生产或停产无差别（$P=AVC$）这三种情况。

图 5－8 中，厂商提供了产量 Q_0，市场愿意支付价格 P_0，此时厂商的短期平均成本在 G 点，$P<SAC$，厂商出现亏损，亏损面积相当于阴影部分的面积；同时 $P>AVC$，虽然亏损，但继续生产比停产有利。

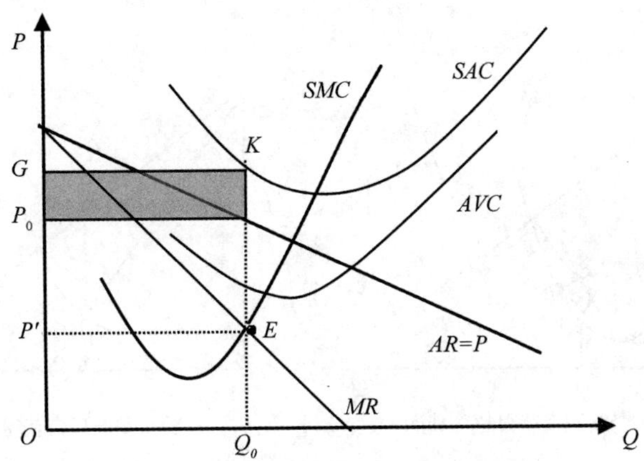

图 5－8　垄断市场的短期均衡（亏损但继续生产）

四　垄断市场的长期均衡

长期状态下，厂商可以通过规模调整来实现利润最大化。因为市场是完全垄断的，无论短期还是长期，该行业都只有一家厂商。如果利润为正，由于没有新厂商加入，这部分超额利润不会消失；如果利润为负，垄断厂商会采取规模调整之外的其他策略进行改善，或者直接退出市场。

垄断厂商的长期均衡条件为：$MR = LMC = SMC$，根据 P 与 SAC 的关系，厂商的利润有大于零和等于零两种可能。图 5－9（a）显示的是垄断厂商获得超额利润：当 $MR = LMC$ 时，厂商生产 Q_0，此时市场价格 $P_0 > LAC$，厂商获得大小等于阴影部分面积的超额利润。利用垄断地位，厂商可以长期保持该超额利润。图 5－9（b）中，$MR = LMC$ 时，$P = LAC$，厂商利润为零。该产量上，需求曲线与“U”形 LAC 曲线的下降阶段相切，意即需求曲线与 LAC 曲线斜率相等。函数表达为：当 $MR = LMC$、$P = LAC$ 同时成立，可得 $P'(Q) = LAC'(Q)$，这一点可通过数学方法来证明。

五　关于供给曲线的讨论

完全垄断条件下的均衡产量和均衡价格是分别对应于 MR 曲线和需求曲线，两者之间没有一一对应的关系，所以市场价格与垄断厂商的利润最大化产量之间无法形成确定的函数关系。例如，当需求曲线向右上方移动，边际收益曲线也相应移动，对应的均衡点发生变动之后，有可能出现

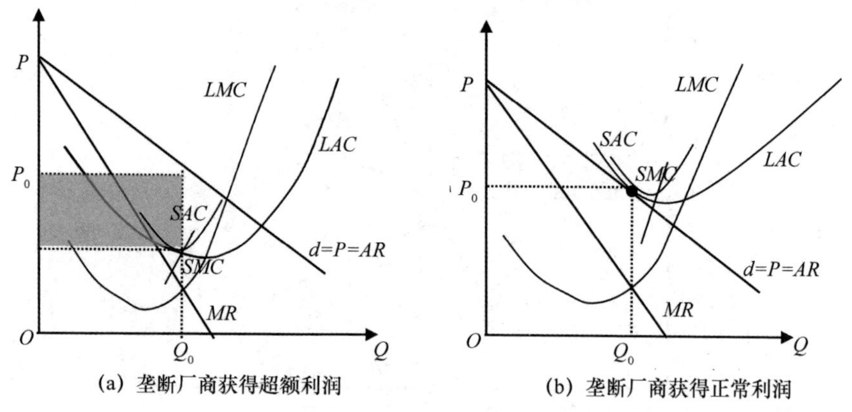

(a) 垄断厂商获得超额利润

(b) 垄断厂商获得正常利润

图5-9 垄断厂商的长期均衡

同一均衡价格对应不同的均衡产量，或者同一均衡产量对应不同的均衡价格的现象。当市场价格上升，供给量可能出现不变、甚至反而下降的现象。垄断条件下不存在确定的供给曲线，该结论可推广到带有不同程度垄断的不完全竞争市场中。

六 垄断厂商的定价策略

完全垄断厂商作为市场价格的制定者，可以根据市场情况选取不同策略确定市场价格，即差别定价策略。如果同一厂商，在同一时期（长期、短期）对同一产品，索取不同的价格，则称价格歧视（Price Discrimination）。有时候差别定价和价格歧视是通用的，使用“价格歧视”主要是强调厂商没有正当理由而对交易条件相同的若干买主实行不同的价格。统一定价的情况下，厂商只能在“量少高价”和“量多低价”之间选择，差别定价则让厂商在维持产品价格的同时又不失去市场销量。

价格歧视有两个基本条件：一是厂商能够依据一定条件判断消费者的出价意愿而分别定价，一般是基于消费者的需求弹性定价；二是不同市场之间可以有效分隔，若市场不能分隔，则市场之间的价格差会导致资源流动，价格歧视带来的好处要么消失，要么会转移到中间市场。

价格歧视分为三类。

一级价格歧视（First-degree Price Discrimination），又称完全价格歧视，

即厂商为每单位产品制定不同的销售价格。如果厂商已知消费者的需求曲线，即已知消费者对每一单位产品的意愿支付价格，厂商就可以按此价格逐个制定商品价格。一级价格歧视使得厂商得以完全榨取消费者剩余，导致消费者比在完全竞争状态下支付更高的代价。但一级价格歧视的定价方式也使得市场的最低价格可以与完全竞争相当，即按照 $P = MC$ 定价，此时的产量也等于完全竞争市场的均衡产量，生产效率高于垄断的统一定价状态。

二级价格歧视（Second-degree Price Discrimination），指垄断厂商根据消费者的不同的购买量分段确定价格，购买量越大，则分段计价越优惠。这种方式适用于那些容易度量和记录的劳务，如煤气、电力、水、电话通信等的出售。在二级价格歧视下，厂商将部分消费者剩余转化成了垄断利润。

三级价格歧视（Third-degree Price Discrimination），即垄断厂商对同一种产品，在不同市场或对不同消费者群体收取不同价格，也称市场分割策略。其判断标准是不同群体或者市场的需求状况，需求弹性小的市场索取较高价格，需求弹性大的市场制定较低价格。

除价格歧视之外，垄断厂商还可以通过两部收费、捆绑销售等定价方式来增加利润。

七 垄断市场的效率评价

对垄断市场的批评主要有：垄断厂商追求利润的结果使得市场价格更高而产量更低；生产者对资源利用效率较低，没有在长期平均成本的最低点生产；存在对消费者福利的剥夺。

图 5－10 说明了完全垄断造成的社会福利损失。假设 MC 是一条水平线，根据完全竞争的均衡条件，厂商在 $P = MC$ 处提供产量 Q_c。消费者剩余为 MC 曲线以上和需求曲线以下围成的三角形面积，生产者没有剩余，所以社会福利仅仅取决于消费者剩余的大小。完全垄断条件下，厂商按照 $MR = MC$ 原则生产了 Q_m，市场愿意支付的价格为 P_m。此时消费者剩余缩小为 P_m 线与需求曲线围成的三角形部分。垄断造成的消费者损失为梯形 P_cP_mMC 部分，其中，矩形 P_cP_mME 是厂商凭借垄断地位提高价格而得到的垄断利润，是消费者剩余向垄断厂商的转移；三角形 EMC 则是厂商减

少产量带来的效率损失，也称无谓损失。

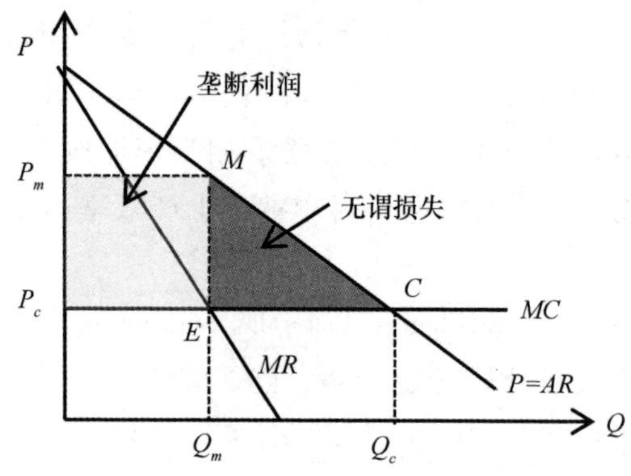

图 5－10 完全垄断的福利损失

但垄断也有一些优点：垄断利润的积累和专利保护在一定意义上有利于技术进步；规模经济十分显著的产品，如果由一个或少数垄断厂商进行大规模生产，单位平均成本会较低，从而能以较低的价格提供给消费者；差别定价情况下，垄断市场有可能实现完全竞争条件下的生产效率。

第四节 垄断竞争市场的厂商均衡

一 垄断竞争市场（Monopolistic Competition Market）的定义

垄断竞争市场是既垄断又竞争，既不完全垄断、又不完全竞争的市场。垄断竞争市场要满足的条件包括：差别化的产品；数量较多的厂商；进出行业比较容易。其中，差别化的产品是垄断竞争与完全竞争之间最主要的区别。由于产品存在差别，生产同类产品的厂商集合被称为生产集团。

所谓产品差别，体现在以下方面：物理性能差别；消费者主观偏好差异；销售服务差异；地理位置差异以及特殊需要差异。产品差别造成同类但不同质的市场，所以既会产生垄断也会引起竞争。一方面，同类产品在质量、外观以及销售服务等细节上存在差别，使得厂商具有一定的独特性，稳定地占据一部分顾客的偏好。在这一意义上，垄断竞争厂商可以是自己产品的垄断者。另一方面，同类产品的功能或者对消费者效用的满足可以互相替代，这种替代性就会引起产品之间的竞争。

产品差异是客观的，但也可能是消费者主观感受的差异，主观差异可以由厂商引导形成。即使客观差异，也需要厂商进行宣传和广告来扩大影响。频繁的广告宣传是垄断竞争市场的一大特点。

二　垄断竞争市场的需求和收益分析

（一）垄断竞争厂商的需求曲线和收益曲线

由于存在垄断，厂商面临的需求曲线向右下方倾斜。又因为市场上有较多的同类产品竞争，垄断竞争厂商在变动价格时，需求量的变动很大。总的来说，垄断竞争厂商的需求曲线相对于完全竞争状态要更陡一些，相对于垄断厂商的需求曲线则更平缓，更富有弹性一些。

由于需求曲线向右下方倾斜，需求曲线与平均收益曲线 AR 重合，边际收益曲线 MR 位于需求曲线下方，以快于价格 P 下降的速度递减。

（三）主观需求曲线与客观需求曲线

垄断竞争市场的特点是产品存在差别：因为产品有差别，在这种差异性方面，厂商是垄断的；但同类的产品很多，在一个生产集团当中又有激烈竞争。这样就导致垄断竞争市场上存在两种需求曲线：厂商的垄断需求曲线和市场范围的竞争需求曲线。对产品的需求不仅取决于厂商自身的价格，还取决于其他厂商的反应。

1. 垄断竞争厂商的主观需求曲线：d 曲线

垄断竞争厂商的产品在差异性上是完全垄断的，所以厂商会自行按照完全垄断厂商的方式定价。假设同业厂商对该厂商的行为不作反应，即厂商调整价格不会导致竞争性产品的替代，此时出现主观需求曲线 d。

2. 垄断竞争厂商的客观需求曲线：D 曲线

当单个厂商改变价格，生产同类产品的其他厂商也会随之调价，由此形成了客观需求曲线。图 5－11 中，厂商的主观需求曲线为曲线 d，初始定价在 A 点，厂商试图通过降价至 P_1 以使得销量增加为 Q_1。但由于同业厂商也跟着降价，厂商的需求曲线左移至 d_1 线，出现了均衡点 B；反之，当厂商试图通过减少产量至 Q_2 以提高价格至 P_2，其他厂商也一致涨价，使得厂商的需求曲线右移至 d_2，出现了均衡点 C。将 A、B、C 连接起来，得到了一条更为陡峭的客观需求曲线。

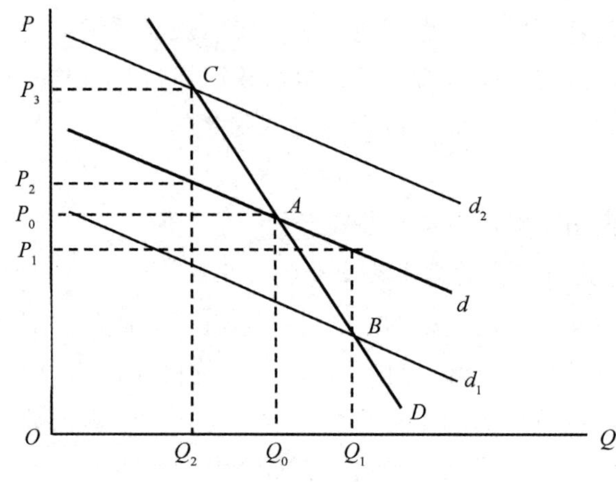

图5－11 垄断竞争市场的需求曲线

厂商的主观需求曲线 d 与客观需求曲线 D 交于 A 点，此时厂商的定价符合整个生产集团的预期，垄断竞争市场达到供求平衡状态。

三 垄断竞争厂商的短期均衡

垄断竞争厂商的短期均衡条件与完全垄断厂商类似。首先是满足利润最大化原则，按照 $MR=MC$ 条件决定均衡产量，再根据需求曲线确定该产量下市场愿意接受的价格；接着是比较价格与 AVC，只要此时 $P>AVC$，不管是盈利还是亏损，厂商都会继续生产。其次是主观、客观的一致性，均衡时的产量和价格应当对应于主观与客观需求曲线的交点，即厂商自行作出的决策和其他同业厂商也作出同样调整的决策相一致。

四 垄断竞争市场的长期均衡

长期意味着厂商能够通过调整生产规模而获得更高的利润，但同时由于垄断竞争行业进出较为自由，该行业如果有超额利润，则新厂商会加入，导致价格下降；如果亏损，则会有厂商退出。所以该市场的长期均衡条件是所有厂商均获得正常利润（normal profit），即：$MR=LMC$，且 $P=AR=LAC$。

图5－12中，厂商按照 MR 与 LMC 相等时的产量 Q^* 进行生产，市场

愿意接受的价格为 P^*，均衡点即 d 曲线上的 E 点。同时满足 $MR=LMC$ 和 $AR=LAC$ 条件意味着需求曲线 d 与 LAC 曲线在 E 点处相切，同时，E 点也是主观、客观需求曲线的交点。

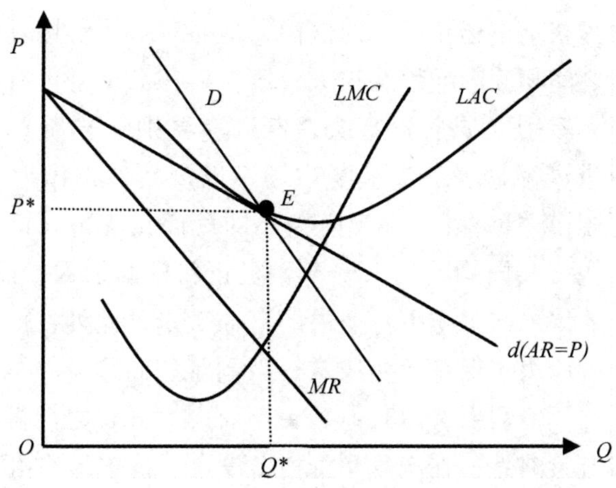

图 5－12　垄断竞争厂商的长期均衡

五　垄断竞争市场的效率评价

垄断竞争的效率高于完全垄断市场，但与完全竞争市场相比又有一定的效率损失。从图 5－12 来看，长期均衡时 LAC 与需求曲线相切，厂商没有超额利润，其效率高于完全垄断市场，说明了竞争有利于效率提高。但该切点位于 LAC 最低点的左侧，厂商的产量低于完全竞争状态，价格则高于完全竞争市场。垄断竞争厂商为了制造产品差异，需要耗费大量资源进行差异化竞争和营销竞争，导致无法实现最优生产效率。

垄断竞争的优点在于：品质竞争和差异化竞争有利于推动企业创新；垄断竞争的市场能够为消费者提供多样化的产品和服务，比完全竞争市场更为接近现实社会。

第五节　寡头垄断市场的厂商均衡

一　寡头（垄断）市场（Oligopoly Market）的定义

寡头市场是少数几家厂商控制整个市场产品生产和销售的市场组织，

垄断性介于垄断竞争与垄断之间。由于厂商数量较少，寡头厂商之间存在紧密联系，厂商之间既互相竞争又存在互相合作的基础。这种利益紧密相连、互相影响而又始终处在不确定中的关系是寡头市场的最大特点。

寡头市场特点有：第一，厂商数目很少，市场上存在少数厂商，单个厂商的产销量占整个市场相当大的份额，从而对市场价格具有明显的影响力，因此厂商之间相互影响程度很大；第二，产品差别可有可无，按照产品的性质可以无差别（同质）寡头垄断和有差别（异质）寡头垄断；第三，存在行业进入障碍。寡头垄断市场不以产品差别作为行业进入的障碍，常见的是规模“壁垒”，令规模较小的厂商无法进入市场。寡头厂商也可能结成同盟，共同构筑进入壁垒，阻止新厂商加入；或者采用收购、兼并一些小企业等形式来减少行业内的厂商数量。此外，也存在政府产业政策的原因，政府为了保持行业稳定，限制了厂商数量；第四，寡头之间利害关系密切，厂商需要考虑其他寡头厂商应对方式之后再进行决策，因而决策过程具有策略性，在产量和价格上没有“确定的均衡”。

二 寡头市场的产量与价格决定

与市场结构特点联系，寡头厂商之间的关系兼有竞争性和串谋性。为共同利益勾结在一起的称为“串谋寡头”，各自行动的则称为“独立寡头”。市场结构不同，则价格和产量决定的方式也不同

（一）产量决定

产量决定模型中，默认整个市场适用统一价格，厂商之间不进行价格竞争，而是在维持价格稳定的前提下进行产量分配。串谋寡头以集体形式展开行动，统一确定集体的总产量，寡头之间的产量分配则经协商而成，主要取决于各寡头实力的大小。独立寡头彼此之间是竞争关系，各厂商以利润最大化为目的，根据其他寡头的产量来调整自己的产量。

（二）价格决定

与垄断竞争市场不同，寡头厂商有实力进行“价格战”，为避免出现竞争过度、两败俱伤的结局，寡头之间需要就价格达成一致。串谋的寡头厂商通过签订协议来控制产量，分享市场和维持价格。其决策方式类似完全垄断厂商。统一生产，统一定价。独立寡头的价格决定由两种主要方式：一是价格领先制，由大企业作出价格决定，其他厂商跟随。决定价格

的大企业通常被称为价格领袖者，小企业则如同完全竞争企业一样，是价格接受者；二是成本加成制，按一定的百分比在平均成本上加利润以构成价格。

三　经典模型

寡头垄断厂商之间的关系较为复杂多变，所以寡头市场没有统一的均衡条件，只能根据不同的模式，寻求该模式下的均衡结果。

（一）古诺模型（Cournot Model）

古诺模型是独立寡头的产量竞争模型，由法国经济学家奥古斯丁·古诺（Augustin Cournot）于1838年最早提出，研究对象是生产同质产品的双寡头市场。模型假定该市场有两个厂商，生产同样产品并都知道市场需求。各厂商决定产量时，必须考虑它的竞争者。因为双方是在同一市场上分割产量，对手的产量会影响它的市场占有量以及市场价格。

决策中双寡头以对方产量维持前一期水平为前提，来决定自己每一期的利润最大化的产量，并依次行动（即分先后手，依次循环）。各厂商的产量决策函数中均以此前已知的对方的产量为自变量，以得出最优反应下的产量，称为反应函数。联立双寡头的反应函数，可求出古诺均衡解。

在经典古诺模型的均衡解中，双寡头的产量总和超过完全垄断商的产量，但小于完全竞争市场的产量。

古诺模型的局限在于：假设双寡头势均力敌，这一点不一定符合现实状况；反应函数假设对手在自己选择产量的过程中保持之前的产量不变，即双方的决策有先后顺序，但其实厂商完全有可能同时做出决策。

（二）斯塔克尔伯格模型（Stackelberg Leadership Model）

斯塔克尔伯格模型是对古诺模型的修正，将双寡头设定为实力强大的“领导者”和实力较弱的“跟随者”。追随型厂商以领导型厂商的决策为反应函数，领导型厂商没有反应函数，而是直接将追随型厂商的反应函数代入它的利润函数，按照利润最大化条件求出均衡产量。与古诺模型不同，斯塔克尔伯格模型中，强大的先发者会生产数倍于跟随者的产量，这被称为先发优势。

（三）伯特兰德模型（Bertrand Model）

伯特兰德模型是一个价格竞争的双寡头模型，该模型认为寡头厂商之间的竞争主要体现在价格上，其决策函数以价格为自变量，以产量为因变量。伯特兰德模型的研究分为同质产品市场和异质产品市场，同质产品市场的均衡解是：双寡头厂商都会将价格定在等于边际成本的水平上。

（四）斯威齐模型（Sweezy Model）

斯威齐模型是由美国经济学家保罗·斯威齐（Paul Sweezy）建立的价格竞争模型，其特征是弯折的需求曲线。该模型假设寡头之间价格竞争的逻辑是“跟跌不跟涨”，即：寡头厂商降价时，其他厂商会跟着降价，否则其市场份额就会减少；寡头厂商提价时，其他厂商会保持价格不变，提价厂商的市场份额自动被其他厂商瓜分。因此，寡头厂商面临的需求曲线会分为涨价阶段的较为平缓部分和降价阶段的较为陡峭的部分。曲线在某个特殊的价位出现弯折。

斯威齐模型解释了寡头市场上价格刚性的原理，但该模型的中心是需求曲线弯折处价位的特殊性，为什么会在该价位出现弯折？该模型自身并没有给出解释。

（五）串谋的寡头——卡特尔（Cartel）

寡头厂商存在竞争关系，也可能相互勾结（串谋），以期获得更大的利润。卡特尔是厂商之间就有关价格、产量和瓜分市场销售区域等达到明确协议而建立的垄断组织。卡特尔是统一定价、统一市场，制定统一价格的原则是整个卡特尔的利润最大化。可以把卡特尔看作一个完全垄断厂商，其决策方式与完全垄断市场一致。卡特尔的问题在于成员始终都有单独违背合同，私自增产的动机，容易导致卡特尔的不稳定。

四　对寡头垄断市场的评价

寡头市场本质上仍然是垄断市场，如果寡头是串谋的，往往会联合起来抬高价格，损害消费者的利益和社会经济福利；即使是独立寡头，各厂商的产量加总往往也低于完全竞争市场状态。但寡头市场具有典型的规模经济，限制厂商数量有利于单个厂商扩大生产规模，降低成本、提高经济效益。垄断厂商为了在竞争中获得更多的超额利润，会有创新的动力，有利于科学技术进步。

本章小结

本章介绍了四种市场结构，各有特点，其均衡条件和市场的结果有所不同，具体如表 5 - 2 所示。

表 5 - 2　　　　市场结构比较

市场类型	新厂商加入	超额利润		均衡条件	
		短期	长期	短期	长期
完全竞争	容易	有	无	$P = SMC$；$P \geqslant AVC$	$P = LMC = LAC$
垄断竞争	比较容易	有	无	$MR = SMC$；$P \geqslant AVC$	$MR = LMC$；$P = LAC$
寡头垄断	比较困难	有	有	无统一均衡条件	无统一均衡条件
完全垄断	不可能	有	有	$MR = SMC$；$P \geqslant AVC$	$MR = LMC$

四种市场制度的资源配置效率也各有不同，总结其要点如下：第一，完全竞争模型的均衡结果表明，如果市场是自由竞争的，在“看不见的手”的指引下，厂商能够按照长期平均成本的最低点进行生产，实现了最佳效率。均衡时，通过竞价，最需要产品的消费者实现了效用最大。这些意味着资源流动到了效率最高的使用者手上，这就是社会经济资源配置和利用的理想状态。第二，除了政府政策原因导致的垄断，垄断通常是市场制度自身发展的结果。市场竞争是优胜劣汰的机制，竞争的优胜者会凭借自身优势而巩固自己在市场的地位，渐渐走向垄断。但垄断的市场要自行发展起竞争的力量则比较困难。第三，垄断竞争市场由于行业进出较为自由，厂商普遍规模偏小，竞争较为充分，其效率接近完全竞争市场。独立寡头厂商由于彼此之间的竞争，效率也高于垄断市场。第四，完全垄断和串谋的寡头厂商为追求自身利润最大，往往限产以维持产品高价。这样一方面导致消费者不得不支付更高的代价；另一方面厂商未能按照最优规模进行生产，导致了社会经济资源的浪费。经济学家萨缪尔森认为，垄断是对整个社会的剥削。

理论自测

1. 为什么厂商的短期供给曲线应该用 SMC 曲线上大于和等于 AVC 曲线的最低点的部分表示？

2. 为什么完全竞争厂商的短期供给曲线是向右上方倾斜的？

3. “长期均衡时，完全竞争市场中每个厂商的利润都为零。因而，当价格下降时，所有这些厂商就无法继续经营。”试评论这一说法。

4. 完全竞争市场条件下的厂商需要做广告吗？

5. 讨论：“人们对不同地方出产的苹果有不同的偏好，因此，严格说来，苹果市场属于垄断竞争市场。”

应用自测

1. 现实分析：下列哪一判断是不准确的？

（1）目前中国各大城市的出租车运营市场既可归于垄断竞争市场也似乎可归于寡头垄断市场；

（2）目前中国的石油及成品油市场既可归于寡头垄断市场也似乎可归于垄断竞争市场；

（3）目前中国各城市的地铁运营市场属于完全垄断市场；

（4）目前中国的电视市场属于垄断竞争市场。

2. 已知某厂商总成本函数为：$TC=0.2Q^2-12Q+200$；总收益函数为：$TR=20Q-Q^2$。求利润最大化时的均衡产量。

3. 某市场有厂商 A 和 B，同时生产同质产品。市场需求曲线为 $P=90-Q$；假设厂商的成本为零，求古诺均衡解。

4. 某垄断企业的成本函数为 $TC=Q^2+10Q$，面对两个分隔的市场，其需求曲线分别为 $Q^1=32-0.4P$，$Q^2=18-0.1P$。

（1）求不分割状态下垄断企业的均衡产量和利润。

（2）求分割状态下，每个市场的均衡价格以及与不分割时的利润比较。

5. 黄石工厂是一家汽车零配件的老厂，此厂生产的某种零件的销售价格完全由市场供求关系决定，零件与其他厂商的同种产品也没有任何差别。在长期生产中，黄石工厂经过调查计算发现这种零件的需求函数为 $D=20000-1000P$，当产量达到1000单位时，零件的长期平均成本达到最低点，数值为2元。

（1）这种零件的长期均衡价格和均衡产量是多少？

（2）若零件市场的需求函数因为某种原因变为 $D=30000-2000P$，而该厂又无法在短期内调整产量，此时的市场价格及该厂的利润水平是多少？

（3）由于上述变化，促使更多厂商进入该市场，请问长期中此产品的均衡价格、均衡产量是多少？

参考文献

薛治龙：《微观经济学》，经济管理出版社 2009 年版。

高鸿业：《西方经济学 · 微观部分》（第七版），中国人民大学出版社 2018 年版。

第六章　生产要素收入分配理论

之前我们探讨了经济体的每个个体作为消费者如何选择产品，经济体的每个企业如何提供产品的供给。本章开始探讨经济体的每个个体作为生产要素的供给者如何作出选择，从而解释生产要素的供给曲线。经济体的每个企业如何对生产要素的需求作出选择，从而解释生产要素的需求曲线。生产要素的需求和生产要素的供给共同决定了生产要素的价格，从而也就解释了生产要素的收入分配理论。

第一节　生产要素的需求和供给

一　生产要素及其他的需求和供给原则

（一）什么是生产要素（Production Factor）

生产要素分为劳动、资本、土地和企业家才能（Entrepreneurship），生产要素的价格分别为工资、利息、地租和利润。

（二）生产要素的需求原则

由于生产要素的需求来源于企业，所以生产要素的需求原则一定是追求利润最大化的。

（三）生产要素的供给原则

生产要素分为两大类：中间生产要素和原始生产要素。生产要素的所有者可以是消费者也可以是生产者。原始生产要素的所有者是消费者，包括劳动、资本、土地和企业家才能。中间生产要素的所有者是厂商。当要素所有者是消费者时，它提供要素的原则一定是追求效用最大化的；当要素所有者是厂商时，它提供要素的原则一定是追求利润最大化的。中间要素的提供跟一般产品的供给是相同的，所以可以参考一般产品的供给内容，本章主要关注原始要素的提供问题。

要素市场的价格决定跟产品市场价格的决定是相通的。产品市场的价格取决于产品的需求和供给，同理，要素市场的价格同样取决于要素市场的需求和供给。

二　生产要素的需求

（一）生产要素的需求特征

生产要素最重要的特征就是派生需求（Derivative Demand）。产品市场的需求是取决于消费者的直接需求，生产要素的需求是派生需求，也就是说，生产者之所以购买该生产要素，是因为该生产要素生产的产品是被消费者接受的。所以生产要素的需求派生于消费者对产品的需求。

一个企业对于员工（劳动力）办公面积（土地）银行借款（资本）的需求，这些要素的需求多少，都取决于该企业所生产的产品被消费者的接受程度。如果消费者对该企业的产品非常喜欢，总是供不应求，这时企业会考虑雇佣更多的员工，租用更大的办公面积，向银行借贷更多的资本来扩大自己的生产。

于是，经济学家将生产要素需求称为派生需求。这意味着当企业需要一种投入时，是因为那种投入使他们能生产一种消费者现在或者将来想要得到的商品。

（二）要素的边际收益产品和要素的边际产品价值

因为企业在做生产要素需求决策时，必然要对一单位生产要素带给企业的收益和一单位生产要素增加的成本之间进行比较。所以要想研究要素的需求，一定首先了解增加一单位生产要素带给企业的收益是多少。根据前面学习我们知道，生产技术给定条件下，增加一单位生产要素带给企业的产量增加量即 MP 是已知的，那么增加一单位生产要素带给企业的收益就取决于该生产要素生产的产品增加量所获得的收益。如果产品市场是完全竞争的，多生产一件产品的收益永远是常数 P，所以此时增加一单位生产要素带给企业的收益就是 $MP \times P$，又称之为边际产品价值（Value of Marginal Product，VMP）；由于 MP 在生产的合理区间都是向右下方的，P 又是常数，所以 VMP 也是向右下方的，如图 6－1 所示。如果产品市场是不完全竞争的，多生产一件产品的收益为 MR，此时增加一单位生产要素带给企业的收益就是 $MP \times MR$，又称之为边际收益产品（Marginal Revenue of Product，MRP）。根据产品市场理论可知，已知企业的需求曲线，企业的边际收益曲线就是数量轴取中点连接需求曲线与纵轴交点，MR 也是向右下方的，所以 MRP 也是向右下方倾斜的。由于在不完全竞争市场下，价格永远高于边际收益，所以 VMP 高于 MRP，如图 6－2 所示。

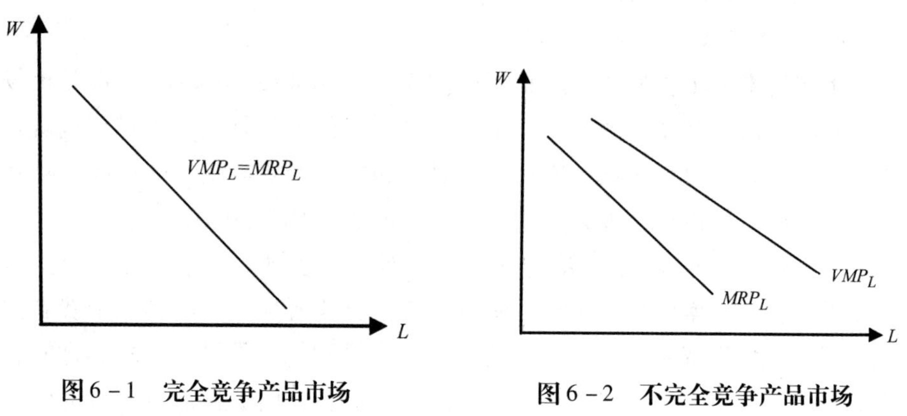

图 6－1　完全竞争产品市场　　图 6－2　不完全竞争产品市场

三　生产要素供给

单个厂商所面临的生产要素供给曲线的特征与该厂商所处的生产要素的市场类型二者之间有密切联系。下面将分别考察在生产要素完全竞争市场和生产要素完全垄断市场这两种条件下厂商所面临的要素供给曲线和要素市场的供给问题。

（一）生产要素完全竞争市场条件下的要素供给曲线（Factor Supply Curve）

在生产要素完全竞争市场上，有无数的生产要素的购买者和供给者。对于单个购买厂商来说，他所面临的生产要素的供给曲线是一条水平线。这是因为，一方面，就单个厂商来说，他的购买量仅为整个要素市场购买总量中的极小一部分，他的购买量的变化不会影响要素的市场价格，所以每一个厂商只能被动地接受要素市场的既定价格；另一方面，面对大量的要素供给者，单个厂商可以认为他所面临的要素供给量是无穷大的。正因为如此，单个厂商所面临的要素供给曲线是一条水平线。它表示在既定的价格水平，厂商可以购买到所需要的任何数量的要素，如图 6－3 所示。

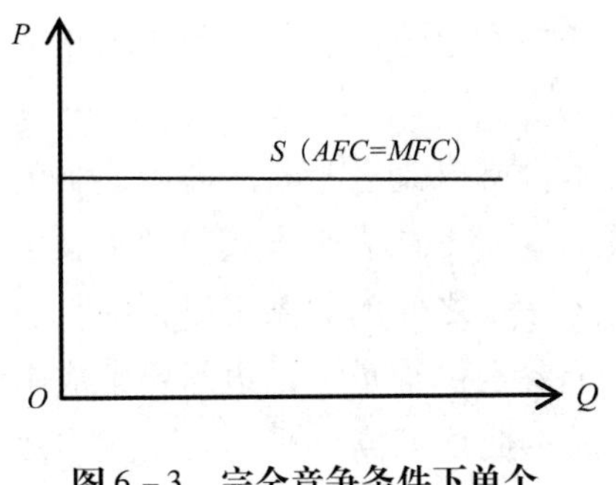

图6－3　完全竞争条件下单个厂商面临的要素供给

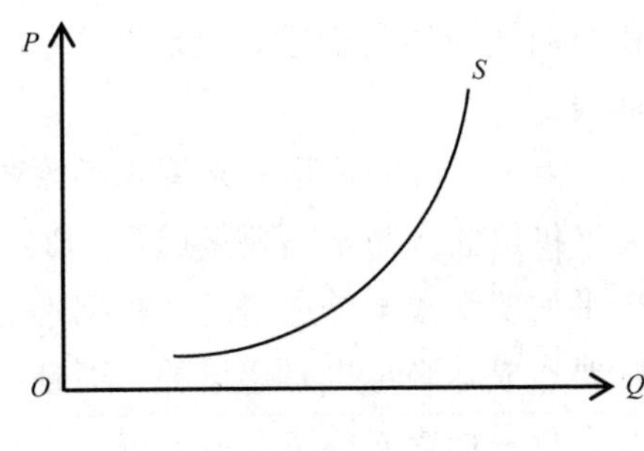

图6－4　完全竞争条件下要素的市场供给曲线

图6－3中的横轴为要素数量，纵轴为要素价格，水平的曲线为单个厂商所面临的要素供给曲线。

厂商所面临的要素供给曲线是表示在每个要素价格水平上单个厂商所面临的要素供给数量。在生产要素完全竞争市场上，由于要素的价格是一个既定的常数，所以，在单个厂商眼里，每一个供给数量上的要素价格（Factor Price）、平均要素成本（Average Factor Cost，AFC）和边际要素成本（Marginal Factor Cost，MFC）这三个量是相等的。换而言之，对于单个厂商来说，他所面临的要素的供给曲线平均要素成本 *AFC* 曲线、边际要素成本 *MFC* 曲线这三条线是重叠的。

尽管在生产要素完全竞争市场上，单个厂商所面临的要素供给曲线是一条水平线，但要素的市场供给曲线在大多数情况下是一条向右上方倾斜的、斜率为正的曲线，如图6－4所示。因为，单个要素提供者所愿意提供的要素数量与要素价格呈同方向变动，而要素的市场供给曲线是由单个要素提供者的供给曲线的水平加总而形成的。

需要指出的是，某些生产要素的市场供给曲线是一条垂直线。也就是说，这些生产要素的供给量是一个固定的数量，它们不随要素价格的变化而变化。例如，在一个经济社会中，土地的供给量就是不变的，土地的供给曲线就是一条垂直线。此外，劳动市场的供给曲线也往往呈现为一条向右弯曲的曲线。

（二）生产要素完全垄断市场条件下的要素供给

在生产要素完全垄断条件下，由于独家垄断厂商是市场上全部生产要素的唯一购买者，所以，独家厂商所面临的要素供给曲线就是要素市场的供给曲线。如前所述，这条供给曲线是一条向右上方倾斜的、斜率为正的曲线。

由于要素的价格总是等于平均要素成本，所以完全垄断厂商所面临的要素供给曲线与平均要素成本 *AFC* 曲线重叠，都是向右上方倾斜的。又由于平均要素成本是递增的，根据平均量与边际量之间的关系可以推断，边际要素成本必定也是递增的，而且在每一个要素供给量上，边际要素成本都大于平均要素成本，或者说，边际要素成本曲线都高于平均要素成本曲线。完全垄断条件下单个厂商所面临的要素供给曲线 *S*、平均要素成本曲线 *AFC* 和边际要素成本曲线 *MFC* 三条曲线之间的关系如图 6－5 所示。

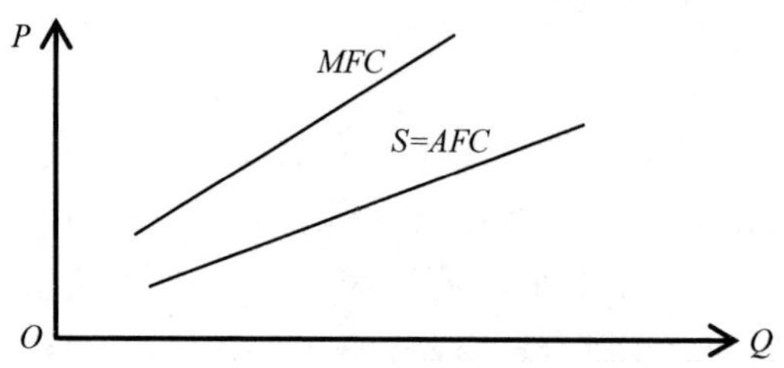

图 6－5　要素市场完全垄断条件下的要素供给曲线

要素价格决定理论是分配理论的重要组成部分，但不构成全部内容。边际生产力理论是要素价格决定的主要理论基础，即在其他条件不变和边际生产力递减的前提下，一种生产要素的价格取决于其边际生产力。要素市场价格由供求共同决定。

第二节　工资理论

工资，即劳动力的价格，是由劳动力的需求和劳动力的供给同时决定的。由于劳动力需求是派生需求，劳动力的需求不仅跟劳动力本身的市场结构有关，还跟该劳动力生产的产品所获得的收益有关。而产品的收益又跟其所在的市场结构有关，所以工资决定的市场划分跟要素和产品两个市场的市场结构有关。我们把产品市场和要素市场皆为完全竞争市场的称之为完全竞争市场；产品市场为不完全竞争市场，而要素市场为完全竞争的市场称为卖方垄断市场；产品市场为完全竞争市场，而要素市场为不完全竞争的市场称为买方垄断市场；产品市场和要素市场皆为不完全竞争市场的称为双边垄断市场。

在任何市场下，企业追求利润最大化目标不变，其遵循的原则依然是边际收益等于边际成本。此时的边际收益是指每增加一个单位的劳动力所带给企业的收益增加量。边际成本是指每增加一个单位的劳动力所带给企业的成本增加量。

一　完全竞争市场要素价格的决定

（一）单个厂商面临的需求曲线

根据前面的企业理论我们知道，厂商增加一个单位的劳动力带给企业的产量增加量是 MP_L，又产品市场是完全竞争的，每个产品的价格就是 P，所以，每增加一个劳动力带给企业的收益的增加量就是 $MP_L \times P$。我们称之为劳动的边际产品价值 VMP_L，如图 6－6 所示。由于要素市场是完全竞争的，每个劳动力只能接受由市场总需求和总供给所决定的均衡工资水平，所以，厂商雇佣一个劳动力的边际成本就是均衡工资 W。所以在完全竞争市场下，厂商所面临的需求曲线就是 VMP_L 曲线。

（二）单个劳动者的供给曲线

单个劳动者的供给曲线取决于劳动者如何选择，这个跟消费者选择理论是完全相通的。首先看这个问题转化为一个怎样的选择行为。消费者行为理论中，已知两种商品的价格、消费者收入水平及消费者对两种商品的偏好，消费者一定能在两种商品之间做出自己的最优选择。劳动供给的选择行为是当劳动者知道工资的价格，他一定能在有限时间内选择一个最优的劳动时间。这个选择行为实际上是在收入和闲暇之间的一个最优选择。

消费者行为理论中，预算约束线和无差异曲线来解决消费者均衡问题。此时，预算约束线横轴代表闲暇时间 H，纵轴代表劳动所获得的收入水平 I。假设一个人总的时间是 365 天，每天的工资水平是 W，那么预算约束线就是 $I = 365 \times W - H \times W$，预算约束线两个极端值就是当劳动者选择闲暇为 0 时，收入水平就是 $365 \times W$，所以纵截距就是 $365 \times W$；当劳动者闲暇选择为 365 时，收入就是 0，所以横截距就是 365，而且此时预算约束线斜率的绝对值就是工资水平，如图 6－7 所示。

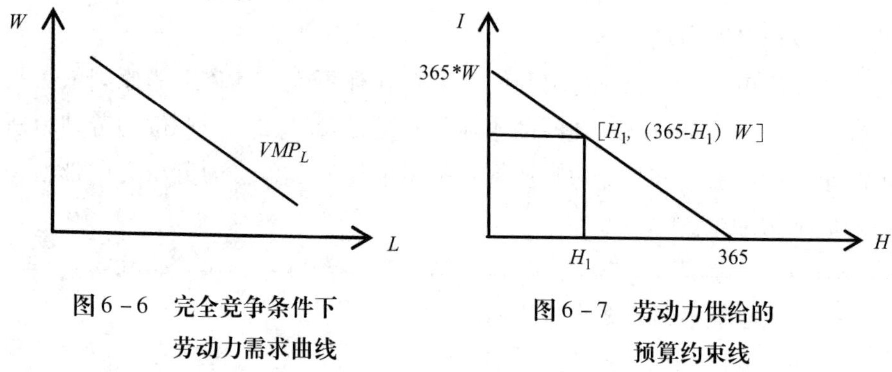

图 6－6　完全竞争条件下劳动力需求曲线

图 6－7　劳动力供给的预算约束线

每个劳动者对闲暇和收入的偏好不相同，那么不同劳动者关于闲暇和收入的无差异曲线就不同。每个劳动者选择的均衡点一定是无差异曲线和预算约束线的相切的点。所以两个人面对同样的工资水平，他们的选择可能不同。如果一个人 B 比另外一个人 A 更看重闲暇，他的无差异曲线就会更陡峭，此时他选择的工作时间会更少，闲暇更多一些，如图 6－8 所示。如果有的人非常看重闲暇，即为了获得闲暇，愿意放弃更多的收入，此时无差异曲线就会非常陡峭。此时无差异曲线和预算约束线的切点就会在横轴，即这个人会选择工作时间为零。这也给出了有些大学毕业生会选择不就业的经济学解释，如图 6－9 所示。

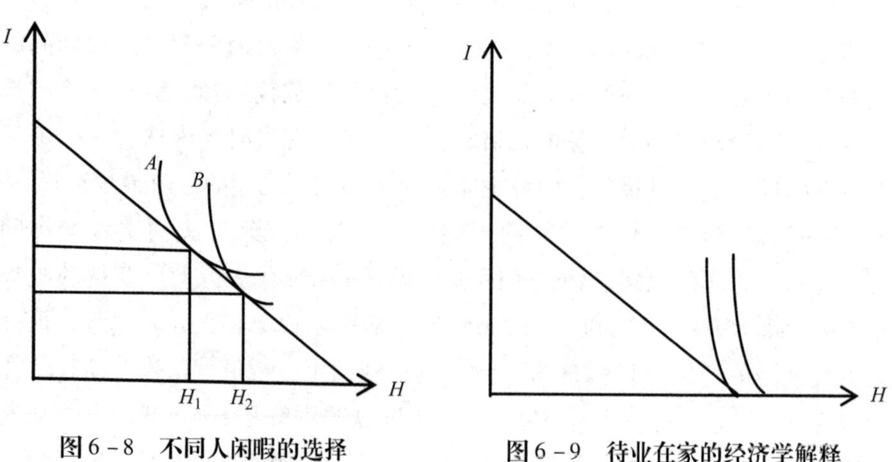

图 6－8　不同人闲暇的选择

图 6－9　待业在家的经济学解释

接下来看一下劳动的供给曲线（Supply Curve of Labor）的推导，这个问题类似产品市场中单个消费者需求曲线的推导。只要我们改变劳动者的工资水平，劳动者的均衡就会发生变化，一开始，当劳动者工资增加时，劳动者必然会选择更多的劳动时间和更少的闲暇以获得更大的效用水平。这也就解释了劳动的供给曲线是向右上方倾斜的。但当劳动者工资水平达到某一临界值时，劳动者可能更看重闲暇了，此时随着工资水平的提高，劳动者会选择更少的劳动时间和更多的闲暇，这也就解释了劳动的供给曲线会向后弯曲，如图 6 - 10 所示。

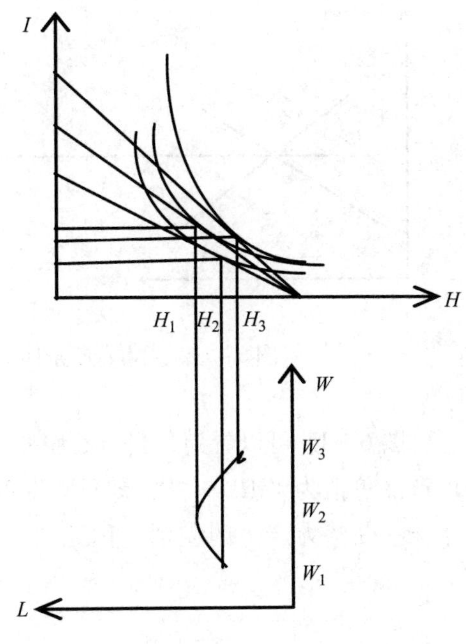

图 6 - 10　向后弯曲的劳动力供给曲线推导

（三）劳动市场均衡

前面我们讨论了厂商对劳动的需求曲线，那么行业对劳动的需求就是各厂商需求曲线的加总。我们也已经讨论了基于消费者效用最大化的劳动的供给曲线，那么基于劳动力市场均衡的条件就可以获得工资水平 W，从而获得厂商应该雇佣的劳动力数量。

二　卖方垄断市场（Seller Monopoly Market）下要素价格的决定

假如厂商在产品市场是不完全竞争的，则所面临的需求曲线为一条向右下方倾斜的直线；而且市场有大量此劳动力供给，那么该劳动力形成的要素市场就是完全竞争市场。我们把处于上述情况的厂商称为卖方垄断厂商。

作为卖方垄断厂商，增加一个要素带给企业的成本就是由该要素市场的需求和供给同时决定的均衡要素价格 W_1，增加一个要素带给企业的收益就是 $MRP = MP_L \times MR$，如图 6 - 11 所示，W_1 与 MRP 的交点就是企业雇佣

劳动力的数量 L_1。

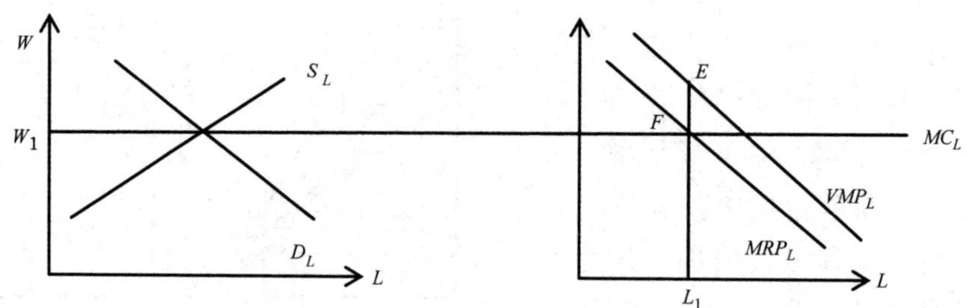

图 6－11 卖方垄断条件下厂商“专卖性剥削”

由图 6－11 可以看到，当厂商雇佣第 L_1 单位劳动力时，劳动所生产出来的产品价值为 $VMP=L_1E$，却只获得 L_1F 的报酬，其差额 EF 是厂商因产品市场垄断势力产生的剥削，称为“专卖性剥削”（Monopolistic Exploitation）。

三 买方垄断市场下要素价格的决定

假设厂商所面临的产品市场是完全竞争的，并且该厂商所需要的劳动力是独一无二的，即别的厂商没有该劳动力的需求，而此劳动力有许多供给者，这就是产品市场是完全竞争而要素市场是不完全竞争市场的情况。我们把这种厂商称为买方垄断厂商。

产品市场是完全竞争时，增加一单位劳动力带给企业的成本增加量就是 $MP_L \times P$，即 VMP_L，也等于 MRP_L，那么此时，增加一单位劳动力带给企业的成本增加量是多少呢？由于要素市场是不完全竞争的，企业所面临的平均成本曲线 AC_L 就是劳动者的供给曲线，是一条向右上方倾斜额，根据我们在产品市场学习过的平均值与边际值之间的关系，当平均值增加时，边际值一定高于平均值。所以根据厂商所面临的平均成本曲线，我们必然能够得到厂商的边际成本曲线 MC_L，如图 6－12 所示，根据 $MRP_L=MC_L$，我们可以确定出买方垄断厂商的劳动力价格水平为 W_1，雇佣劳动力数量为 L_1。

由图 6－12 可以看到，厂商雇佣第 L_1 单位劳动带给厂商的边际收益是 EL_1，但却只获得 $L_1F=W_1$ 的工资，其差额 EF 就是厂商剥削的结果，称为

“专买性剥削”（Monopolistic Exploitation）。

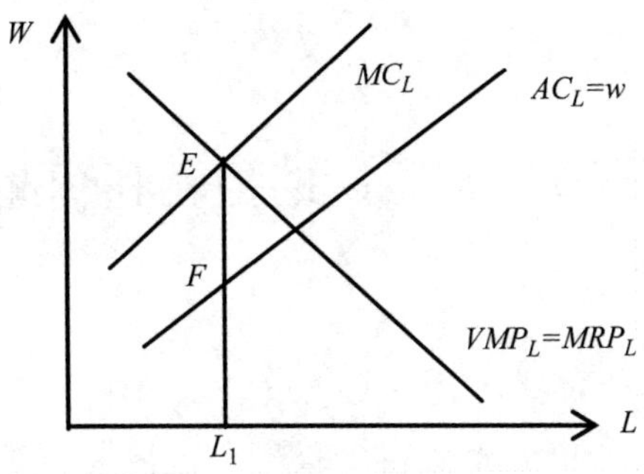

图 6-12　买方垄断市场下“专买性剥削”

四　完全垄断条件下的要素价格决定

假设厂商面临的产品市场是不完全竞争的，并且该厂商所需要的劳动力是独一无二的，即别的厂商没有该劳动力的需求，而此劳动力有许多供给者，这就是产品市场和要素市场都是不完全竞争的情况。我们把这种厂商称为完全垄断厂商。

产品市场是不完全竞争时，增加一单位劳动力带给企业的成本增加量就是 $MP_L \times MR$，即 MRP_L，高于 VMP_L。由上面可知，当要素市场是不完全竞争时，我们可以根据企业所面临的平均成本线 AC_L 推导出企业所面临的边际成本曲线 MC_L，如图 6-13 所示，根据 $MRP_L = MC_L$，我们可以确定出完全垄断厂商的劳动力价格水平为 W_1，雇佣劳动力数量为 L_1。

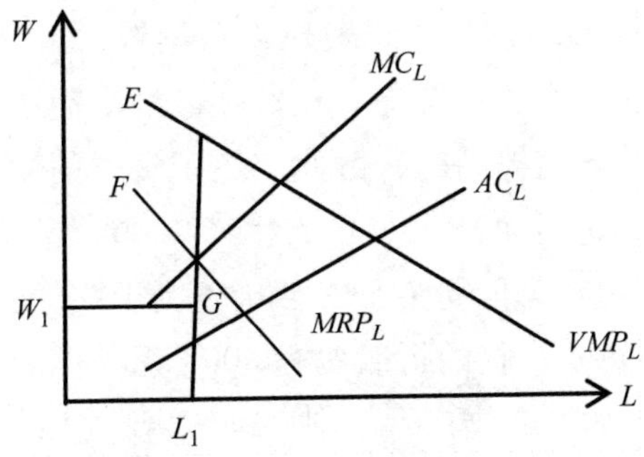

图 6-13　完全垄断市场下的“专卖性剥削”及“专买性剥削”

图 6 - 13 可以看到，厂商雇佣第 L_1 单位劳动带给厂商的边际收益是 EL_1，但却只获得 L_1G 的工资，其差额 EG 为厂商所剥削，其中 EF 是专卖性剥削，FG 属于专买性剥削。

第三节 利息、地租和利润理论

一 利息

（一）利息存在的合理性

资本所有者提供了资本就要得到报酬，这种报酬就是利息（Interest）。西方经济学家认为，对资本提供者支付利息是合理的，这种合理性可以从以下两个角度来解释。

一是从资本所有者放弃现期消费的节欲行为的角度来解释的。西方经济学家指出，如果一个人有一笔钱，在用法上他可以有两种选择。一种选择是把货币用于现期消费，以满足自己的现期消费需求。另一种选择是把货币借贷出去，这一般是以储蓄的形式向资本市场提供资本，这样，他就放弃了现期消费。尽管后一种做法并不意味着他失去这笔钱，因为这笔钱可以在未来的某个时候收回，但他仍可以在未来用这笔钱进行消费。但是，一般说来，就相同的货币带来的消费效用而言，人们对现期消费效用的评价总是大于对未来消费效用的评价，或者说，人们总是偏好现期消费的。由此推论，资本提供者的这种放弃现期消费的节欲行为是应该得到补偿的，这种补偿就是作为资本提供者报酬的利息收入。

二是从资本具有生产力的角度来解释利息的合理性的。西方经济学家指出，资本可以是货币形态的，即表现为一笔钱，也可以是实物形态的，即表现为机器设备、厂房、存货等。在实际经济生活中，随着实物资本量的增加，生产效率一般是提高的，由此产生了资本的生产力。譬如，一个厂商原来用手工方式进行生产，每年为生产 10 单产品所需支付的全部生产成本为 1000 元。现在，他购买了一台价值为 1000 元的机器，这台机器可以使用 20 年，他每年支付的折旧费为 5000 元，再加上其他生产性开支 1000 元，同样生产 100 单位产品，他每年只要支付的全部生产成本为 6000 元。与原来的手工方法相比，厂商每年节省 4000 元。由此可以得到，这台机器每年的资本生产率为 4%（4000/100000）。正因为资本具有生产力，所以资本提供者应该得到报酬，这就是利息收入。

（二）资本的供给：跨时期选择模型（Cross Period Selection Model）

消费者即资本所有者如何向市场提供资本要素？消费者的决策依然遵循消费者行为分析的效用最大化。消费者之所以愿意储蓄，即提供资本的供给，其目的是增加未来的效用，从而增加消费者当前和未来两个时期的总的效用。假设资本的自用价值为零，则消费者增加未来的效用是通过将储蓄起来的资本提供出去，获得未来收入从而增加未来的消费来达到的。因此，最佳资本拥有量的问题就转化为收入如何在消费和储蓄之间进行分配的问题，即消费者的跨时期消费选择问题。

假设消费者的一生分为两个时期，分别是第一年和第二年，在这两个时期消费者的收入分别是 X_A、Y_A，市场利率是 r。如图 6 - 14 所示，横轴代表第 1 年的消费 C_1，纵轴代表第 2 年的消费 C_2，U_0、U_1、U_2 是消费者的三条无差异曲线，预算约束线的斜率绝对值为 $1+r$，点 A（X_A，Y_A）肯定在预算约束线上。消费者均衡的点一定是预算约束线与无差异曲线的切点。消费者的均衡点在 A 点左侧，代表消费者有储蓄，如果消费者均衡点在 A 点右侧，说明消费者第 1 年有借贷。很显然，如果利率越低，均衡点越靠预算约束线右侧，也就是消费者储蓄会越少，如图 6 - 14 所示。第二年消费越多，意味着消费者可以在第一年提供更多的资本。图 6 - 14 可以看出，利息率比较高时，消费者均衡点会选择 B 点，利息率低时，消费者会选择 A 点均衡点。很显然，B 点消费者提供的资本供给更多些。由此我

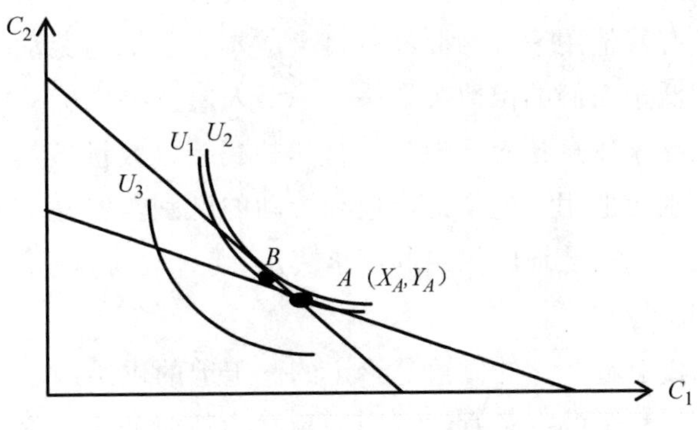

图 6 - 14　跨期资本选择

们可以获得资本的供给曲线，利息率越高，资本供给越多，利息率越低，资本供给越少。

（三）资本的需求

资本的需求来自两个方面：一是进行信贷消费的消费者的资本需求；另一个是厂商的生产性资本需求。信贷消费的资本需求曲线肯定是向右下方倾斜的，也就是说，利息越低，消费者对资本需求就越多一些，这个很好理解。利息是消费者借贷资本的成本，利息越低，借贷资本的成本越低，借贷资本的数量就越多。接下来我们考察由厂商所引起的资本货物需求。厂商为什么需要资本呢？因为资本要素投入生产能为他带来收益。在完全竞争市场条件下，资本的需求曲线将向右下方倾斜，随着资本价格利息的下降，需求量将上升。这个可以由企业的边际生产力递减规律得到解释。综上所述，资本需求曲线如图 6 – 15 所示向右下方的曲线。

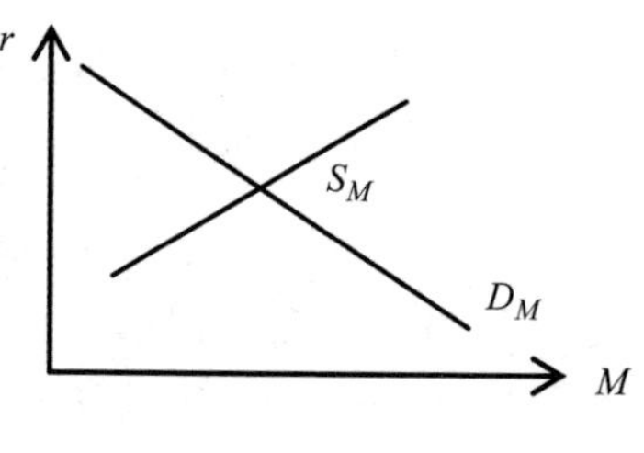

图 6 – 15　利息的决定

依据经济学经典理论，资本的需求和供给决定其价格，即利息，如图 6 – 15 所示。

二　地租

地租（Land Rent）是为使用土地而支付的价格，它是由土地的供给和需求决定的。经济学上的土地泛指一切自然资源。就一个国家的全部土地来说，土地没有其他用途，因此没有机会成本。土地与劳动不同，如果工资率过低，即低于人们的保留工资——一个人愿意提供劳动的最低工资水平，人们可以在家休息；而土地是大自然的赐予，数量虽然有限，但它除了供人使用外别无他用。这个是土地和劳动的区别。但是土地的价格一样遵循经济学规律，由土地的供给和需求决定。

（一）土地的供给

土地从总量上看，它的供给是给定的。土地的供给跟土地的价格高低无关，是独立于租金的一条垂线。一般称之为瞬时的供给量。然而，考虑土地结构和调整时间时，情况会有所不同。按照用途分类，总量不变的土地可细分为农业用地、工业用地、商业用地、居住用地、城市绿化用地以

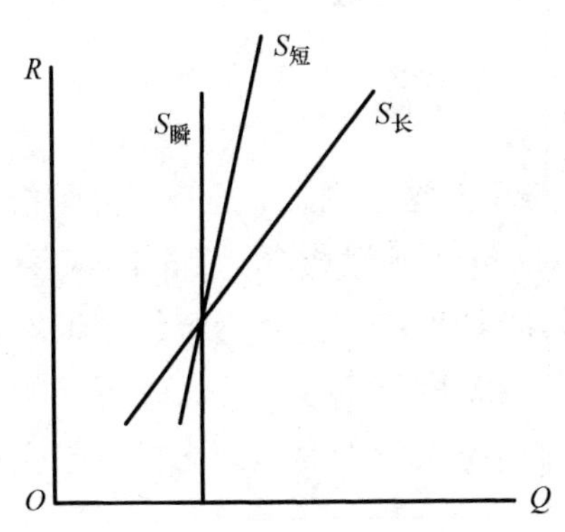

图 6-16 土地的瞬期、短期及长期供给曲线

及闲置土地等。每一类型的土地在某一时间点上的供给量是给定的，它们都是一条垂线。如果土地调整用途的时间足够长，人们就有可能将部分农业用地转化为城市用地等。因此，从短长期看，某一类型的土地价格高就会诱导其他类型的用地转为该类型的用地。例如，这些年随着中国城镇化进程加快以及人们对改善居住条件的渴望，使得不少农村用地改为了城市用地和居住用地。这样，从短期看，城市居住用地的供给数量是与其价格呈正相关的，即居住用地价格越高，土地供给量越大，符合供给法则。如果允许调整的时间更长一些，土地供给的价格弹性会更大一些，它比短期供给曲线更为平坦一些。如图 6-16 所示，横轴土地数量 Q，纵轴是土地价格 R。

（二）土地的需求及土地市场的均衡

人们对土地的需求也是一种对最终产品和劳务的需求的派生需求。我们要吃粮食，所以有农田；我们要穿衣，所以有厂房；我们要居住，所以有住宅。这一切都离不开土地。土地必须在各种不同的用途中进行有效配置。

人们对土地的需求符合需求法则。某类土地价格（租金）越高，该类土地需求量越小；土地价格越低，需求量越大。

土地的需求取决于它的边际产量价值。边际产量价值越高，它的需求量就越大，反之，他的需求量就越小。在边际生产力递减规律的作用下，土地的边际产量价值是递减的，因此，土地的需求曲线是向右下方倾斜的，如图 6-17 中 D_1、D_2 及 D_3 所示。

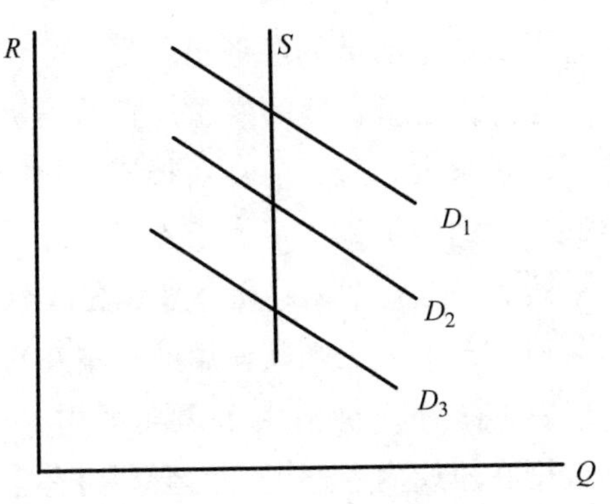

图 6-17 土地的均衡价格

土地供给量固定意味着地租主要取决于土地的需求。土地的

供给曲线和需求曲线的交点决定了均衡地租。很显然，地租随着土地需求的不断增加而不断上升。如图6－17所示，需求越大，租金越高。

（三）经济租（Economic Rent）

首先回顾一下经济利润（Economic Profit）这个概念。经济利润是指厂商的总收益减去经济成本，经济成本不仅包括显性成本（Explicit Cost），还包括隐性成本（Implicit Cost）。经济利润是决定厂商是否继续停留在该产业的准则。因为如果经济利润小于零，说明厂商还有其他的更好的选择。如果经济利润大于零，说明该厂商目前所经营的是最适合的，不会退出该行业。

那为什么有的厂商可以拥有正的经济利润呢？究其原因，我们可以发现，此种优势厂商往往拥有一种特殊要素，而这些特殊要素具有成本比较优势。也就是说，厂商会有正的经济利润，是拥有特殊要素所累积的成本优势形成的。那么，这些要素是否仍会保留于该厂商还是被其他厂商所吸引呢？这要看该要素停留在该厂商所能赚取与支出的多少来决定。当此要素停留在该厂商所能获得的利益超出其转移至其他厂商的利益时，我们把该差值定义为经济租。同样，如果经济租是正的，它会停留在该厂商，若为负的，则会转移到其他厂商或产业。

以上分析可知，经济租跟经济利润有点类似，只是考虑的出发点不同，经济利润是从厂家角度出发的，经济租是从要素所有者角度出发的。简单点来说，一些生产要素的供给者所取得的收入超过他在另一个最佳用途中所得到的收入，这个超额部分即称为经济租。例如，一个演员的年薪是100万元，他若不做演员，在其他行业所能赚取的最高年薪就是30万元，那么这位演员的经济租就是70万元。

经济租是指长期的概念，它的正负决定着某要素是否会停留在该行业中，反过来说，若某要素在长期内仍会停留在该产业或厂商中，我们可断定此要素的经济租一定大于零。

然而，在短期内，资本要素是无法转移至其他厂商或产业的，只要厂商可以经营下去，则其使用的资本在短期内必会待在该厂商中，而厂商继续经营的条件为价格大于短期平均可变成本或者总收益大于总的可变成本，则在短期内，资本必然会停留在该厂商中。因此，我们把资本在短期内会停留在该厂商的条件称为准租金，等于 $TR-TVC$。所以准租金是指短期内供给固定不变的生产要素的报酬。比如短期内某一工厂和设备的供给量是无法改变的，如果在此期间需求增加了，生产要素所得的报酬就会提高，增加的报酬就是我们所说的准租金。但是，长期内，这些要素的供给不是固定不变的，随着需求增加，它的供给也会增加。因此，在长期中，准租金将消失。

三　利润（Profit）

利润可以分为正常利润（Normal Profit）和超额利润（Excess Profit）。

（一）正常利润

在西方经济学中正常利润包括企业家才能的报酬、自有资本的使用费和承担风险的报酬。其中，企业家才能的报酬的决定方法与劳动报酬工资的决定方法是很相似的，它取决于对企业家的需求与供给。厂商所得到的自有资本的使用费实质上是对厂商放弃存款利息的报酬，所以，它的决定可以归入利息的决定。厂商办企业是要承担风险的，厂商所得到的承担风险的报酬取决于他所承担的风险程度大小。正常利润是厂商办企业所要得到的起码报酬。如果正常利润无法实现的话，厂商就会退出生产。为了使厂商能继续生产，必须支付给厂商正常利润。正常利润是厂商生产成本的一个组成部分。比如企业家才能的报酬及自有资本的使用费等都是厂商生产成本的组成部分。

（二）超额利润

超额利润是超过正常利润的那部分利润，或者说，是超过总成本的那部分收益。或者说，承担风险的报酬是正的。超额利润主要来源于创新与垄断。

创新是指企业家对生产要素进行重新组合。创新主要包括以下 5 个方面的内容：第一，引进一种新产品；第二，引进一种新技术；第三，开辟一个新市场；第四，获得一种新材料的供给；第五，生产组织方法上的一种新发明及其应用。一般说来，创新可以使企业家在一段时期内获得超额利润。但从长远的观点看，当其他厂商开始模仿以后，这种超额利润就会消失。但由于创新总是不断出现的，所以新的超额利润会不断地出现。

垄断可以分为买方垄断和卖方垄断，它们都可以带来超额利润。在买方垄断的情况下，卖方只是价格的被动接受者，买方可以通过低价收购而获得超额利润在卖方垄断的情况下，买方只是价格的被动接受者，卖方可以通过高价出售而获得超额利润。这种由垄断因素所带来的超额利润是以牺牲要素提供者或消费者的一部分利益为代价的。

第四节　社会收入分配与分配政策

约翰·贝茨·克拉克（John Bates Clark）于1900年左右首次提出了要素收入分配理论；在生产要素论、边际效用论的基础上，又结合运用生产率递减律，提出所谓边际生产率论来说明分配问题。他认为，在其他生产要素数量不变的情况下，任一要素每增加一单位所带来的产品增量将是递减的，最后增加的一单位生产要素的生产率最低，被称之为边际生产率，由它来决定各种生产要素所获得的报酬。该理论可以应用于最终产品和要素投入的竞争市场中。

人们通常会问，市场中，劳动者得到的报酬是否公平？从某种意义上讲，这等同于问丛林中的动物们所获得的食物是否公平。正如丛林中食物分配法则无所谓对错一样，完全竞争市场也是根据劳动者的生产率来分配工资和利润的，而不是根据某个道德标准。

市场中是否有一只“看不见的手”，使得最有价值的人得到其应得的报酬？或者那些长时间工作的人、在夜里或者周末加班的人，以及从事沉闷的或危险的工作的人能够体面的生活？不，事实上竞争的市场并不能保证收入和报酬必然会分配到那些最需要或最应得的人的手中。在市场经济下，收入和消费的分配不仅反映了劳动者的工作努力、聪明智慧和技术娴熟等因素，同时也反映其初始继承的财富和其他各种因素，如种族、性别、地点、努力、健康和运气等问题。市场经济必然带来不平等。那么不平等的测度如何计量呢？收入分配不平等的原因有哪些？政府为此制定了哪些收入分配政策？

一　收入分配平等性度量指标：洛伦兹曲线和基尼系数

（一）洛伦兹曲线（Lorenz Curve）

为了考察收入分配的平等程度，美国统计学家M. 洛伦兹（M. Lorenz）

提出了著名的洛伦兹曲线。是分析全部收入在获得这些收入的全部人员之间分配均等状况的曲线。他首先将人口按照收入由高到低排序，然后计算收入最低的任意百分比人口所得到的收入百分比。如图 6－17 所示，横轴 *OH* 表示人口的累计百分比，纵轴 *OM* 表示收入的累计百分比，假设收入最低的 20% 人口、40% 人口，所得到的收入百分比分别为 5%、15%，将这样得到的人口累计百分比和收入累计百分比的对应关系描绘在图形上，得到的弯曲的曲线就是洛伦兹曲线。

洛伦兹的弯曲程度具有重大意义。一般来说，它反映了收入分配的不平等程度。弯曲程度越大，收入分配程度越不平等；反之，则越平等。极端的两种情况，如果任一人口百分比等于其收入百分比，则洛伦兹曲线变成一条 45 度线的直线，此时是完全平等的额情况；如果所有收入都集中一个人手中，而其余人口一无所获时，洛伦兹曲线变成一条折线 *OHL*，收入分配达到了完全不平等。

一般来说，一个国家的收入分配都不会出现这两种极端情况，而是介于两者之间的弯曲的曲线。很显然，弯曲程度越大，表明收入分配越不平等。

（二）基尼系数（Gini Coefficient）

基尼系数是由意大利统计学家基尼（Corrado Gini）根据洛伦兹曲线提出的判断收入分配平等程度的指标。由图 6－18 可知，实际弯曲的收入分配曲线与绝对平等线 *OL* 之间的面积为 *A*，实际收入分配曲线与绝对不平等线 *OHL* 之间的面积为 *B*，设 *G* 为基尼系数，则基尼系数的计算公式为：

$$G = A/(A + B)$$

基尼系数可以衡量一个国家的贫富差距。基尼系数越小，表示收入分配越趋向于平均；数值越大，表明收入分配越不平等。基尼系数为 0，表明收入分配绝对平等，基尼系数为 1，表明收入分配处于绝对不平等状态。基尼系数是国际通用的衡量贫富差距的可行办法。国际上一般以 0.4 为贫富差距的警戒线。

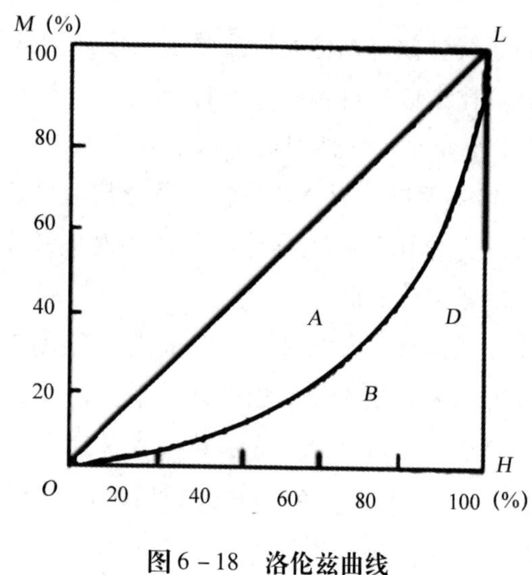

图 6－18 洛伦兹曲线

二 收入分配不平等的原因

在现实经济生活中，收入不平等是客观事实。引起收入不平等的原因主要有几个方面。

第一，由历史原因所决定的初始财产分配状态的不平等。财产的集中，一般是通过以往的高收入的积蓄、持有普通股票或不动产取得的投资性收入等来实现的。例如，家庭越富裕，越倾向于多储蓄和多留遗产，这就使得财产的拥有量成为决定收入不平等的重要因素。

第二，来自于劳动力的差异，即能力的不同，由此决定了具有不同能力的劳动者的收入的差距。一个人赚钱的能力跟体力因素有关，如身高、体重、力量等；也跟智力因素有关。如记忆力、数学和逻辑思维能力、语言能力等。

第三，要素报酬率的不平等造成了分配的不平等。比如，特殊行业往往具有较高的报酬率，这也是造成收入不平等的重要因素。

三 政府决策：收入分配政策（Income Distribution Policy）

税收政策（Tax Policy）和社会福利政策（Social Welfare Policy）可以适当缓解收入分配的不平等。

税收政策可以直接调节收入水平，降低高收入者收入，帮助低收入者提高收入，以缩小收入差距。例如，通过个人所得税，高收入人群实施高税率，低收入人群则实施低税率或者免征。除了个人所得税还可以制定更合理的遗产税、赠与税、财产税即消费税等。这些政策必然有利于收入分配的均等化。

社会福利政策主要通过给穷人补贴，并且要解决机会不均等带来的收入不平等，来实现收入分配的均等化。福利政策包括：各种形式的社会保障与社会保险；各种福利设施和公共工程的建设等；均等的教育普及、就业培训等。

本章小结

生产要素的微观问题依然离不开它的需求和供给。本章首先介绍了生产要素需求和供给的一般理论。接着重点分析了核心生产要素劳动力的价格决定，即工资理论。同时也对利息、地租、利润理论和收入分配的公平性理论也进行了一般分析。

理论自测

1. 生产要素的需求及供给原则是什么？
2. 边际产品价值和边际产品收益的不同？
3. 解释买方垄断市场下的“专买性剥削”。
4. 解释卖方垄断市场下的“专卖性剥削”。
5. 解释完全垄断下“专卖性剥削”和“专买性剥削”。
6. 阐述资本的跨期消费选择模型。
7. 何为经济租，举例说明。
8. 解释社会分配不平等程度的重要指标是什么？
9. 收入不平等原因有哪些？

应用自测

一、选择题

1. 生产要素的需求曲线所以向右下方倾斜，是因为（　）。

A. 要素的边际收益产量递减

B. 要素生产的产品的边际效用递减

C. 要素参加生产的规模报酬递减

D. 以上均非

2. 准租金与厂商的总利润相比（　）。

A. 相等　　B. 前者大

C. 后者大　　D. 均有可能

3. 正常利润是（　）。

A. 经济利润的一部分　　B. 经济成本的一部分

C. 隐含成本的一部分　　D. B 和 C 都对

4. 假设某歌唱家的年薪为 10 万元，但若她从事其他职业，最多只能得到 3 万元，那么她所获的经济租金为（　）万元。

A. 10　　B. 7

C. 3　　D. 不可确知

5. MRP 曲线向右下方倾斜是因为（　）。

A. MR 是随产量增加而递减的　　B. MP 是随要素增加而递减的

C. MR 和 MP 都是递减的　　D. 以上都不是

6. 全体厂商对某种要素的需求曲线，与单个厂商对这种要素的需求曲线相比（　）。

A. 前者与后者重合　　B. 前者比后者陡峭

C. 前者比后者平坦　　D. 无法确定

7. 如果劳动的边际产值大于工资率，下列那一种情况最有可能？（　）

A. 产品市场的垄断　　B. 产品市场的竞争

C. 要素市场的垄断　　D. A 和 C

8. 如果生产要素供给是完全缺乏弹性的，那么（　）。

A. 该要素的供给量是固定的且与该要素的价格无关

B. 该要素的需求曲线单独决定均衡价格

C. 要素 A 的全部收入都是经济租金

D. 以上全对

二、名词解释

1. 派生需求

2. 边际收益产品

3. 边际产品价值

4. 经济租

5. 基尼系数

三、简答题

1. 试述厂商的要素使用原则。

2. 简述完全竞争行业对一种要素的需求曲线的推导过程。

3. 试述消费者的要素供给原则。

四、分析讨论题

1. 劳动供给曲线为什么向后弯曲?

2. 为什么有些大学生选择不就业，待业在家，试用经济学理论和图形来分析。

参考文献

王柏玲主编:《微观经济学》，清华大学出版社、北京交通大学出版社 2007 年版。

张卫东编著:《微观经济学》，首都经济贸易大学出版社 2003 年版。

周惠中:《微观经济学》，上海人民出版社 1997 年版。

第七章　市场失灵和微观经济政策

前面各章内容讨论了市场机制如何调节产品的生产、分配、交换和消费，以实现稀缺资源的有效配置。这些论证表明，市场机制可以调节产品的供求数量，可以调节生产要素的供求数量并决定收入分配，可以调节资金的供求并指导人们在现在与未来之间进行选择。正是市场这种无可替代的作用使得重视资源有效配置和经济发展的国家不断建立和扩大市场，以充分发挥市场经济的功能。然而，放眼全球，世界上没有哪个国家是完全依赖自由市场经济的，政府或多或少地会介入经济活动，并经常在经济运行中扮演重要的角色。政府之所以要参与经济活动，是由于市场机制并不是在任何情况下都能充分地起到作用的，现实的市场机制运行经常会背离帕累托最优，出现市场失灵。市场失灵需要政府进行调节和干预，发挥“看得见的手”的功能。政府的职能主要是弥补市场的不足，促进效率、公平和稳定。

第一节　市场失灵和微观经济政策的必要性

市场失灵（Market Failure）指由于完全竞争市场以及一系列理想化假定条件并不现实，市场机制在很多场合不能正常发挥作用，导致资源配置缺乏效率，不能达到帕累托最优状态（Pareto Optimality）的情形。帕累托最优是指任何改变都不可能使至少一个人的状况变好而又不使任何人的状况变坏的资源配置状态，又称为帕累托最优效率。帕累托改进（Pareto Improvement）是指一种变化，在没有使任何人境况变坏的前提下，使得至少一个人的境况变得更好。市场存在以下现象时，资源配置存在低效率情况，存在帕累托改进的机会：①市场存在着垄断或不完全竞争，使其并不总是产生最有效的结果；②市场行为的外部性可能产生负面的外溢效果；③市场机制不能保证公共物品的供给；④市场信息的不完全性或不对称性所导致的经济中的不确定性。既然市场机制本身不能保证能在一切场合下导致资源有效配置的结果，那么，政府在这些场合进行某种干预就成为必要。

20 世纪初的一天，列车在绿草如茵的英格兰大地上飞驰。车上坐着英国经济学家庇古。他边欣赏风光，边对同伴说：列车在田间经过，机车喷出的火花（当时是蒸汽机车）飞到麦穗上，给农民造成了损失，但铁路公司并不用向农民赔偿。这正是市场经济的无能为力之处，称为“市场失灵”。

将近 70 年后，1971 年，美国经济学家乔治·斯蒂格勒（George Joseph Stigler）和阿曼·阿尔钦（Armen Albert Alchian）同游日本。在高速列车（这时已是电气机车）上他们想起了庇古当年的感慨，就问列车员，铁路附近的农田是否受到列车的损害而减产。列车员说，恰恰相反，飞速驶过的列车把吃稻谷的飞鸟吓走了，农民反而受益。当然铁路公司也不能向农民收“赶鸟费”。这同样是市场经济无能为力的，也称为“市场失灵”。

同样一件事情在不同的时代与地点结果不同。两代经济学家的感慨也不同。但从经济学的角度看，火车通过农田无论结果如何，其实说明了同一件事：不管外部经济或不经济，从社会的角度看都会导致资源配置的错误，即造成市场失灵。

一　市场失灵的表现

市场失灵说明市场机制在某些领域不能起作用或不能起有效作用。导致市场失灵的原因是多方面的，主要有垄断、外部性、公共物品以及信息不完全和不对称等。

（一）垄断

由于一些现实因素使某些行业无法达到完全竞争的市场结构，会导致不同程度的垄断，从而出现市场失灵。在垄断的情况下，卖主可以通过提高产品价格和限制产量来选择最有利的价格。垄断的结果是导致较高的价格、较低的产量和垄断者的额外利润。虽然垄断在经济上有一定的必然性，但就其抑制竞争与降低社会福利而言，它同时又具有经济上的不合理性。因此，许多国家都通过相关法律对可能出现的垄断进行限制，并对已经存在的垄断采取相应的管制和干预政策。

（二）外部性

外部性（Externality）又称溢出效应（Spillover Effect），是指私人的经济活动对他人造成了影响而未将这些影响计入市场交易的价格和成本之中。之所以称其为“外部”是因为经济活动之外的人也受到了影响。这种影响可能是正面的，也可能是负面的。因此，外部性可以分为正的外部性和负的外部性。正的外部性又称外部收益，是指某个经济行为主体的活动使他人或社会受益，而受益者无须花费代价。负的外部性又称外部成本，是指某个经济行为主体的活动使他人或社会受损，而造成这种损失的人却没有为此承担相应的成本。

当外部性存在时，消费者和生产者在进行经济活动决策时所依据的市场价格，既不能反映其全部的边际社会收益，也不能反映其全部的边际社会成本，而只能反映经济活动内部的成本和收益。这样，市场价格所传递的信息是不真实的。其原因在于，某种经济活动的外部性的存在，使得除交易双方之外的第三方受到了影响，而该第三方因此而获得的收益或因此而付出的成本在交易双方的决策中未予考虑。其后果在于，依据失真的价格信号进行决策，消费者个人的完全竞争均衡会导致社会的消费过多或过少，生产者个人的完全竞争均衡会造成社会的生产过多或过少，市场经济的资源配置功能就会出现失灵，经济运行的结果将不可能达到帕累托最优状态，从而导致市场失灵。

（三）公共物品

20 世纪 60 年代起，越来越多的经济学家发现，市场之所以会失灵，还在于它不能有效地提供社会正常活动所必不可少的公共物品。公共物品由于具有非竞争性和非排他性这两个基本特征，在自由市场中无法提供，或产量不足。但是，公共产品过于缺乏会损害经济运行的效率，甚至使整个社会经济无法正常运行。向社会提供公共产品的任务只能由政府来承担，这已成为第二次世界大战后政府干预经济活动的极为重要的理由。以詹姆斯·布坎南（James M. Buchanan）为代表的新制度经济学家甚至认为那些能够保证社会经济正常而又有效运行的法律、公共安全及自然秩序都是公共物品。这些公共产品能够使市场有效运作，但却不能由市场提供，导致了市场的失灵。

（四）信息不完全（Incomplete Information）和不对称（Asymmetric Information）

市场机制是否能实现资源配置的效率，取决于各市场主体能否按照利益最大化的要求作出正确而理智的决策，从而取决于他们能否掌握全面、正确和充分的信息。完全信息只是一种理想化的假设，实际上，信息和其他资源一样，也是稀缺的、有价值的，要想获得足够的信息就必须支付足够的费用。搜寻信息的成本有时候会十分昂贵，使得消费者、生产者在信息不充分的情况下作出决策，导致决策失误以及市场配置资源效率的下降。信息在很多方面具有公共产品的特征，因而在自由市场经济中总是供给不足的，因此政府要经常承担起向消费者免费提供信息的职能，并代替消费者作出某些决策。如政府免费提供气象预报，负责对食品、化妆品、药品进行抽查和检验等。

信息不完全的问题还有一个方面就是信息不对称。信息不对称是指市场上买方与卖方所掌握的信息是不对称的，一方掌握的信息多一些，另一方所掌握的信息少一些。当市场的一方无法观察到另一方的行为，或者无法获知另一方行动的信息时，就产生了信息不对称的情况。例如，投保人肯定比保险公司更了解自己的身体状况和发病的可能性；产品的生产者对自己生产的产品的质量和性能也比消费者知道得多，等等。一旦供求双方多掌握的信息不对称，市场将出现逆向选择、道德风险和委托—代理等问题，产生市场失灵。

二　政府干预的必要性

既然市场机制本身不能保证能在一切场合下导致资源有效配置的结果，那么，政府在这些场合进行某种干预就成为必要。政府干预经济的主要理由是存在着市场失灵，即政府的作用就在于解决市场自身所不能解决的问题。当市场存在垄断现象，对市场效率产生影响时，政府可以通过相关法律法规来抑制垄断行为，促进市场竞争行为；当存在外部不经济现象，特别是对社会公共利益有损害时，政府可以通过税收或者其他管制措施来限制外部不经济行为，提高整个社会福利；公共物品有时候无法通过市场机制来提供，政府在很多时候要通过合理机制来提供公共物品，包括国防、教育、公共交通等。总之，当市场机制出现问题时，政府可以采取适当的政策措施予以纠正，提高市场效率，增进整个社会福利。

第二节 垄断

一 垄断与低效率

垄断与低效率的情况可以从图 7－1 中看出。为简单起见，假定平均成本和边际成本相等，且固定不变，由水平直线 $MC = AC$ 表示，垄断厂商利润最大化原则是 $MC = MR$。所以，其利润最大化的产量为 q_m，垄断价格为 P_m。显然，$P_m > P^*$，由此得出结论：垄断厂商的利润最大化状况没有达到帕累托最优状态。（因为在 q_m 产量位置上，$p_m > p^*$ 的；完全竞争厂商，其价格等于边际成本 $p = MC$）。这表明，消费者愿意为增加额外一单位产量所支付的数量超过了生产该单位产量所引起的成本。因此，存在有帕累托改进的余地。

那么，帕累托最优状态在什么地方达到呢？在 q^* 的产量水平上。在 q^* 的产出水平上，$D = MC$，即消费者为额外一单位产量的愿意支付价格等于生产该额外产量的成本。此时，不再存在任何帕累托改进的余地。所以，q^* 是帕累托意义上的最优产出，如果能够设法使产量从 q_m 增加到 q^*，则就实现了帕累托最优，这样收益 abc 的面积可以在垄断厂商和消费者之间进行适当的分配，从而使双方都得到好处。从社会福利角度来看，在 q^* 产量时，整个社会福利，即消费者剩余和生产者剩余之和为三角形 PP^*a；在垄断情况下，消费者剩余和生产者剩余为四边形 PP^*bc，垄断造成的社会福利净损失为三角形 abc。因此，产量从 q_m 增加到 q^*，能够提高社会福利水平。

但是，在实际中，由于垄断厂商和消费者之间以及消费者本身之间难以达到相互满意的一致意见，如“搭便车（free rider）”等，以至于通常情况下便是无效率的垄断情况。

上述的分析其实也符合其他非完全竞争的情况，只要 D 线是向右下方倾斜的曲线。则厂商利润最大化原则就是 $MR = MC$ 而不是 $P = MC$，当 $P >$

MC 就出现了低效率的资源配置状态。而由于协议的各种困难，潜在的帕累托改进难以得到实现，于是经济偏离了帕累托最优状态，均衡于低效率之中。

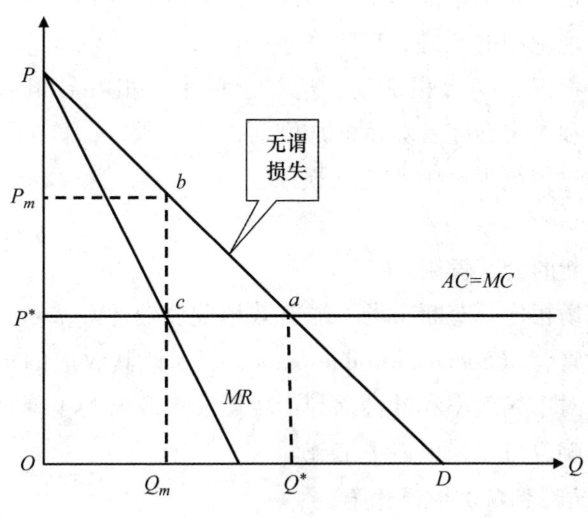

图 7－1　垄断和低效率

二　寻租理论

企业为了维持长期的垄断地位，会向有关政府部门进行游说或行贿，这个过程成为寻租——为获得和维持垄断地位从而得到垄断利润（即垄断租金）的活动。

传统的经济理论认为：垄断尽管会造成低效率，但这种低效率的经济损失从数量上来说却相对很小。仅仅等于图中的小三角形 abc（仍以图 7－1 所示为例）。

但是，20 世纪 60 年代后期，西方学者开始认识到：垄断的经济损失不再仅仅为 abc 面积那块“无谓损失”（deadweight loss），而是要大得多，它还要包括图中垄断厂商的经济利润 bcp^*p_m 的一部分，或者全部，甚至可能更多一些（若从垄断的结果转移到获得和维持垄断的过程分析）。因为，为了获得和维持垄断地位从而享受垄断的好处，厂商常常需要付出一定的代价（如行贿），这种代价和三角形 abc 一样也是一种纯粹的浪费：它不是用于生产，没有创造出任何有益的产出，完全是一种“非生产的寻利活动”。这种活动被概括为“寻租”活动。

寻租活动的经济损失到底有多大？从理论上说：单个寻租者的寻租代价小于图 7－1 中的垄断利润或垄断租金 $bcp^* p_m$。但实际中，由于竞争激烈，寻租代价常常等于全部的垄断利润，这意味着，其寻租损失往往也要大于传统垄断理论中的“纯损”三角形。

若进一步考虑整个寻租活动，这等于单个寻租者寻租活动代价的总和，且这个总和一定会随着竞争的加剧而加大。所以，整个寻租活动的经济损失远远超过传统理论中的“纯损”三角形。

三 对垄断的公共管制

与竞争市场相比，垄断市场不能有效地配置资源。垄断者生产的产量小于社会合意产量（Social desirable output），因此其收取的价格高于边际成本。垄断会对市场效率和社会福利产生影响。政府为了降低垄断给市场造成的负面影响，可以采取以下措施。

（一）用反托拉斯法增强竞争

大部分市场经济国家几乎都对垄断行为进行立法约束，这种法律赋予政府对企业在并购等行为上进行审查和约束，这些法律也统称为反托拉斯法（Antitrust Law）。美国是世界上较早对垄断进行立法规范的。第一个也是最重要的反托拉斯法是《谢尔曼反托拉斯法》（*Sherman Antitrust Act*），美国国会在 1890 年通过了该法案，以减少当时被认为主宰经济的大而强的“托拉斯”的市场势力。1914 年通过的《克莱顿反托拉斯法》（*Clayton Antitrust Act*）加强了政府的权力，并使私人对此类诉讼合法化。随后又制定了几部相关法律，包括《罗宾逊—帕特曼法》（*Robinson-Patman Act*）（1936）、《惠特—李法》（1938）（*Wheeler-Lea Act of 1938*）和《塞勒—凯弗维尔法》（1950）（*Celler-Kefauver Act*）。这些法律规定：限制贸易的协议或共谋、垄断或企图垄断市场、兼并排他性规定；价格歧视；不正当的竞争或欺诈行为等都是非法的。美国反托拉斯法的执行机构是联邦贸易委员会和司法部反托拉斯局。前者主要是反对不正当贸易行为，后者主要反对垄断活动。对犯法者可以由法院提出警告、罚款、改组公司可直至判刑。

反托拉斯法给予政府促进竞争的各种方法。首先，这些法律允许政府阻止合并。例如，假设的可口可乐公司（The Coca-Cola Company）与百事可乐公司（Pepsi Co Inc.）合并。其次，这些法律还允许政府分拆公司。例如，美国政府在1984年把大型通信公司——美国电话电报公司（American Telephone & Telegraph，AT & T）分拆为8个较小的公司。最后，反托拉斯法禁止公司以使市场竞争性减弱的方法协调它们的活动。

反托拉斯法有成本也有利益。有时公司合并并不是为了减弱竞争，而是为了通过更有效率的联合生产来降低成本。这些合并的利益有时称为“协同效应”（Synergy Effects）。例如，近年来许多美国银行进行了合并，通过联合经营可以减少行政管理人员。如果反托拉斯法是为了增进社会福利，政府必须能确定哪些合并是合意的，哪些不是。这就是说，它必须要衡量并比较协同效应的利益与减少竞争的社会成本。批评反托拉斯法的人对于政府能否很准确地进行必要的成本—收益分析持怀疑态度。

（二）管制

政府解决垄断问题的另一种方法是管制垄断者的行为。垄断企业为了追求利润最大化，将制定高于边际成本的价格，获得超额利润。根据第五章的分析，垄断是一种低效率的市场形式，政府通过一定管制能够提升市场效率和社会福利。政府对于垄断企业的管制主要是价格方面。下面将区分成本递增和递减两种情况，分析政府对垄断企业的价格管制行为。

1. 成本曲线递增情况

图7-2中，在没有管制的条件下，垄断厂商利润最大化产量q_m，垄断价格p_m。

现在考虑政府的价格管制，政府应当制定什么样的价格好呢？如果政府目标面临的需求曲线为P_CAD，其MR线为P_CA和$A'MR$两部分。于是最大产量为q_c。在该产量水平上价格恰好等于边际成本，于是实现了帕累托最优。但此时，企业仍然能够获得正的经济利润。

如果政府试图定一个更低的“公平价格”以消除经济利润，则该价格为P_Z，产量为q_Z，此时$AR = AC$，经济利润$=0$。但是又出现一个新问题：在P_Z这个价格水平上，帕累托最优条件被违反了：此时$MC > P_Z$，存在帕累托改进的可能。因此，按帕累托最优效率而言，在垄断情况下，产量太低，价格太高；在经济利润为零情况下，产量太高，价格太低。

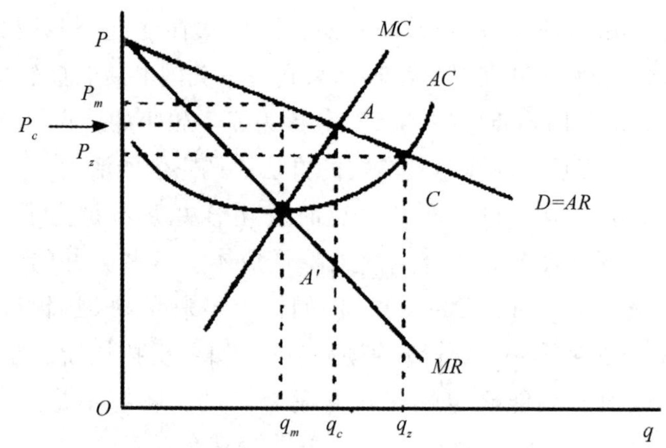

图 7－2　对垄断的管制：递增成本

2. 成本曲线递减情况（自然垄断情况）

在自然垄断（Natural Monopoly）的情况下，例如在自来水和电力公司中，政府机构不允许这些公司收取它们想收取的任何价格，而是对它们的价格进行管制。政府应该为自然垄断者确定多高的价格呢？从帕累托最优角度来看，价格应该等于垄断者的边际成本。如果价格等于边际成本，消费者就将购买使总剩余最大化的垄断者产量，而且资源配置将是有效率的。

但是，将边际成本定价作为一种管制制度有两个现实问题。第一个问题产生于成本曲线的逻辑。根据定义，自然垄断下的平均总成本递减。当平均总成本递减时，边际成本小于平均总成本。它表明企业有大量固定成本，而且以后边际成本不变。图 7－3 中，如果管制者将价格设定为等于边际成本，价格就将低于企业的平均总成本，从而企业将亏损。长期来看，与其收取如此之低的价格，垄断企业还不如离开该行业。

解决这个亏损问题有两种方法：一是补贴垄断者。实际上，政府此时承担了边际成本定价固有的亏损。为了支付补贴，政府需要通过税收筹集资金，这又会引起税收本身的无谓损失。二是管制者可以允许垄断者收取高于边际成本的价格。如果受管制的价格等于平均总成本，垄断者正好赚到零经济利润。但平均成本定价引起了无谓损失，因为垄断者的价格不再

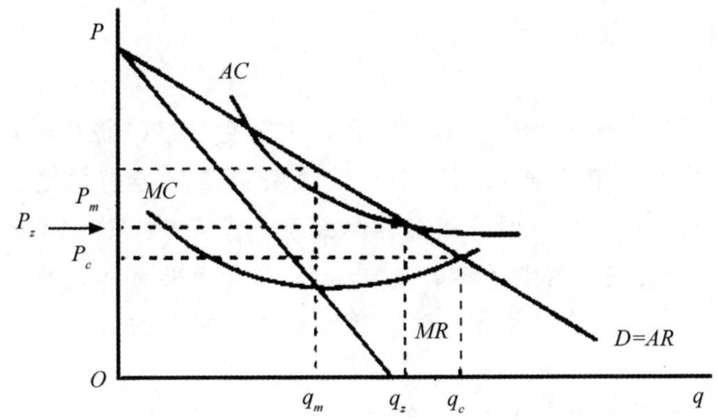

图 7-3　对垄断的管制：递减成本

反映生产该物品的边际成本。实际上，平均成本定价相当于对垄断者出售的商品征税。

将边际成本定价（平均成本定价也一样）作为一种管制制度的第二个问题是，它不能激励垄断者降低成本。由于低成本意味着高利润，竞争市场上的每一个企业都努力降低其成本。但如果一个受管制的垄断者知道，只要成本降低，管制者就将降低价格，垄断者不会从降低成本中受益。

3. 公有制

政府用来解决垄断问题的第三种政策是公有制（Public Ownership）。这就是说，政府不是管制由私人企业经营的自然垄断，而是自己经营自然垄断。这种解决方法在欧洲国家是常见的，在这些国家，政府拥有并经营公共事业，如电话、供水和电力公司。在美国，政府经营邮政服务。由政府来经营这种公共服务企业也饱受经济学家的诟病，主要原因在于：产权不明晰，对管理人员缺乏必要的约束激励机制。在私营企业中，管理人员的失误有可能被所有者解雇；而在政府经营企业中，能力平庸的管理者不一定会被解雇，这也会导致企业成本上升，效率低下。对全社会福利造成影响。

4. 不作为

以上每一项旨在减少垄断问题的政策都有其缺点。因此，一些经济学家以为，政府通常最好不要设法去纠正垄断定价的无效率。经济学家乔治·斯蒂格勒（George Stigler）曾因对产业组织的研究而获得诺贝尔奖，下面是他的一段论述：

> 经济学中的一个著名定理认为，完全竞争经济将从既定资源存量中产生最大可能的收入。没有一个现实经济完全满足这个定理的条件。而且，所有现实经济都与理想经济有差距——这种差距称为“市场失灵”。但是，在我看来，美国经济“市场失灵”的程度远远小于根植于现实政治制度中的经济政策不完善所引起的“政治失灵”。

第三节　公共物品

一　公共物品（公共资源）的概念

私人物品（Private Goods）是指只能由一个人消费的物品或劳务。具有竞争性（Rivalry）和排他性（Excludability）。公共物品（Public Goods）是指由每一个人消费并不能排除其他任何一个人消费的物品或劳务，具有非竞争性（Nonrivalry）和非排他性（No Excludability）。准公共物品，拥挤性或竞争性的准公共物品（公共资源），随着消费者人数的增加而产生拥挤，从而减少每个消费者可以从中获得的效益的公共物品或服务。

表 7－1　　公共物品和私人物品的区分

	排他	非排他
竞争	纯私人物品： 排他成本较低；由私人公司生产；通过市场竞争分配；通过销售收入融资；如食品药品，衣物鞋子，竞争拍卖房产等物品	混合产品： 产品收益由集体消费但受拥挤约束；由私人公司或直接由公共预算分配提供；通过销售收入融资，如对该服务的使用权的收费或通过税收筹资；如公共公园、公有财产资源、公共游泳池，公共健身器材
非竞争	混合产品（俱乐部产品）： 含外在性的私人产品；私人企业生产；通过含补贴或矫正税收的市场分配；通过销售收入筹资；如学校、交通系统、保健服务、接种、有线电视等	纯公共产品： 很高的排他成本；直接由政府生产或与政府签约的私人企业生产；通过公共预算分配；通过强制性税收收入筹资；如国防，制度政策，治安等

（一）一些重要的公共物品

公共物品的例子有很多，这里介绍两种重要的公共物品。

一是国防。保卫祖国免受外国入侵是公共物品的典型例子。一旦国家有了国防，要阻止任何一个人享受这种国防的利益都是不可能的。而且，当一个人享受国防的利益时，他并没有减少其他任何一个人的利益。因此，国防既无排他性、也无竞争性。国防也是最贵的公共物品之一。2018年，美国联邦政府用于国防的支出总计为6620亿美元，人均支出约为1989美元。人们对于这种支出量是太少还是太多的看法并不一致，但几乎没有人怀疑政府用于国防的某些支出是必要的。甚至那些主张小政府的经济学家也同意，国防是政府应该提供的一种公共物品。

二是基础研究。可以通过研究创造出知识。在评价有关知识创造的适当政策时，区分一般性知识与特定的技术知识是很重要的。特定的技术知识，例如一种高效电池、一种更小的芯片或者一种更好的数码音乐播放器的发明，是可以申请专利的。专利赋予发明者在一定时期内对自己创造的知识的排他性权利。其他任何一个想使用这种专利知识的人都必须为这种权利向发明者支付报酬。换言之，专利使发明者创造的知识具有排他性。

与此相反，一般性知识是公共物品。例如，一个数学家不能为一项定理申请专利。一旦某个定理得到证明，该知识就没有排他性了；这个定理进入了任何人都可以免费使用的社会一般性知识库。这种定理在消费中也没有竞争性；一个人使用这个定理不妨碍其他任何一个人使用这个定理。

追求利润的企业将大量支出用于开发新产品的研究，以便获得专利并出售，但它们用于基础研究的支出并不多；它们的激励是搭其他人创造的一般性知识的便车。结果，在没有任何公共政策的情况下，社会在创造新知识（一般性知识）上投入的资源就会太少。

（二）一些重要的公共资源

在几乎所有有关公共资源的例子中，都产生了与公地悲剧一样的问题：私人决策者过分使用公共资源。政府通过对私人行为实行管制或者收费，以减轻过度使用的问题。

一是清洁的空气和水。市场并没有充分地保护环境。污染是可以用管制或对污染性活动征收矫正税来解决的负外部性。可以把这种市场失灵看作公共资源问题的一个例子。清新的空气和洁净的水与开放的草地一样是公共资源，而且，过度污染也与过度放牧一样，环境恶化是现代的“公地悲剧”。

二是拥挤的道路。道路既可以是公共物品，也可以是公共资源。如果道路不拥挤。那么，一个人使用道路就不影响其他任何一个人使用。在这种情况下，道路的使用没有竞争性，道路是公共物品。但如果道路是拥挤的，那么道路的使用就会引起负外部性。当一个人在路上开车时，道路就变得更为拥挤。其他人必然开得更慢。在这种情况下，道路是公共资源。政府解决道路拥挤问题的一个方法是对司机收取通行费。本质上，道路通行费就是拥挤外部性的矫正税。有时拥挤只是在一天中某些时段存在的问题。例如，如果一座桥只是在上下班高峰期过往车辆多。那么，这些时段的拥挤外部性是最大的。解决这些外部性的有效方法是，在上下班高峰时收费更高。这种收费就会激励驾车人改变时间表，从而会减少拥堵最严重时的交通量。

对道路拥挤问题做出反应的另一种政策是汽油税。汽油是开车的互补品：汽油价格上升往往会降低开车的需求量。因此，汽油税减少了道路拥挤。但是，汽油税也是一个不完美的解决方法，因为汽油税还影响除了在拥挤的道路上开车量之外的其他决策。例如，汽油税也使人们不愿在不拥挤的道路上开车，即使这些道路上不存在拥挤所产生的外部性。

三是鱼、鲸和其他野生动物。许多动物物种都是公共资源。例如，鱼和鲸都有商业价值，而且，任何人都可以到海里捕捉所能捕捉到的任何数量。人们很少有为下一年保留物种的激励。正如过分放牧可以毁坏小镇公地一样，过分捕鱼和捕鲸也会摧毁有商业价值的海洋生物。

海洋仍然是受管制最少的公共资源之一。有两个问题使之不易解决。第一，许多国家濒临海洋，因此，任何一种解决方法都要求在拥有不同价值观的各国之间进行国际合作。第二，由于海洋如此浩瀚，实施任何协议都是很困难的。因此，捕鱼权经常成为引起友好国家之间的国际紧张局势的缘由。

二　公共物品的供给基本原理

（一）公共物品只能由政府提供

纯公共物品具有两个特性：非竞争性和非排他性。因此，在公共物品消费过程中，存在搭便车（Free Rider）问题，即某人不进行购买而消费某种物品。对公共物品的使用进行收费是不可能的，或是耗费极大的。所以，市场机制不可能自发产生公共物品的供给；公共物品只能由政府供给。政府通过征税的办法解决对公共物品只消费不购买的搭便车问题。但是，征税是可以精确计量的，如按率征收或定额征收，而公共物品的享用一般是不可以分割的，无法量化。纯公共产品有效配置的条件为每个社会成员从公共产品中获得的边际收益的总和（社会边际效益）等于社会边际成本。

（二）政府提供公共物品的基本原则

首先，政府提供公共物品的可能性。政府具有强制力，它可以诉诸税收等手段为公共物品的提供动员资源，有力量通过惩罚拒不合作者阻止搭便车行为，使得公共物品由政府提供成为可能。其次，政府提供公共物品的必要性。一些公共物品非常重要，但市场和非政府组织的无力提供，这就要求政府承担起提供公共物品的责任。从另一角度来看，由于公共物品不同于私人物品，政府提供公共物品比市场提供更有效率。

政府提供公共物品的方式可以分为直接提供和间接提供两种。政府直接提供公共物品是指公共物品由政府通过安排预算支出进行垄断性生产或建立营利性的机构进行生产，并提供给消费者使用。政府间接提供公共物品是指政府利用预算安排和政策安排形成经济刺激，引导私人企业参与公共物品的提供。其实质是在公共物品的生产和供给过程中，引进市场和私人的力量

三　私人物品和公共物品的最优数量

（一）私人物品的最优数量

为简单起见，假定社会上只有消费者 A 和 B，他们对商品的需求曲线为 DA、DB，商品的市场供给曲线为 S。由于所讨论的是私人物品，故要将 A 和 B 的需求曲线 DA、DB 水平相加即得到某市场需求曲线 D，D 与 S 的交点决定了该私人物品的均衡数量 Q_0 和均衡价格 P_0，Q_0 就是私人物品的最优数量（见图 7-4）。因为在这个产量水平上每个消费者的边际利益恰好等于商品的边际成本。

我们知道，S 代表了每个产量水平上的 MC，DA，DB 代表了每个产量

水平上的 MR。当供给量为 Q_0 时，$MC = Q_0H$；而在价格为 P_0 时，A 的需求量为 OC 和 OF，再根据 DA 和 DB，相应的 MR 为 CE 和 FG。由图 7 - 4 可知，$CE = FG = Q_0H$，即每个消费者的边际利益均等于边际成本。

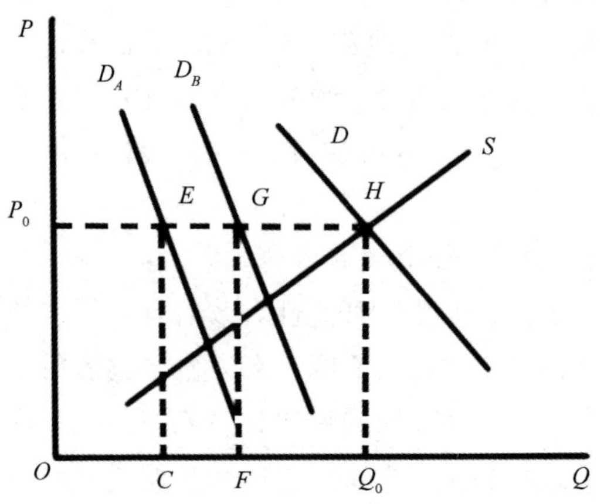

图 7 - 4　私人物品的最优数量

（二）公共物品的最优产量

假定每个消费者对公共物品的需求曲线是已知的，为 D_A 和 D_B。公共物品市场的供给曲线为 S。如何从个人的需求曲线形成市场的需求曲线？关键之处在于它们的垂直相加，原因在于公共物品消费上的非竞争特点。由于这个特点，使得每个消费者的消费都是同一个商品总量，因而每一消费的消费量都与总消费量相等；另外，对这个总消费所支付的全部价格，都是所有消费支付的价格的总和（见图 7 - 5）。

图 7 - 5 中，公共物品数量为 R，则 A 和 B 的消费量都是 R。当他们消费量都为 R 时，则各自愿意支付的价格是 N 和 L，则他们愿意支付的价格之和就是 $L + N = T$。R 这个均衡量也代表着公共物品的最优数量。因为当公共物品数量为 R 时，则公共物品的 $MC = T$。

而根据消费者的需求曲线 D_A 和 D_B 知，A 和 B 的 $MR_A = L$，$MR_B = N$，社会的总 $MR = L + N = T$，于是 $MR = MC$。从而公共物品达到最优。

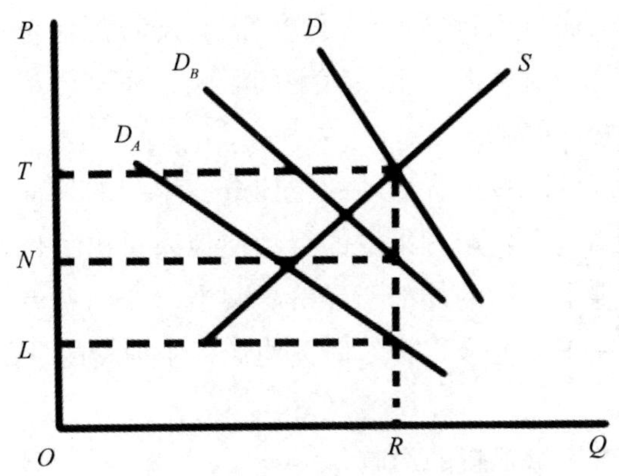

图 7-5　公共物品的最优数量

第四节　外部性

一　外部性的基本概念

到目前为止，我们讨论的微观经济理论，特别是其中“看不见的手”的定理，都是以一个假定条件为先；即：不存在所谓的外部影响，换言之，单个经济单位从其经济行为中产生的私人成本和私人收益被看成就等于该行为所造成的社会成本和社会利益，但现实中，并非如此，更多时候存在“外部经济”和“外部不经济”。

外部性（Externalities）是指对他人产生有利的或不利的影响，但不需要他人对此支付报酬或进行补偿的活动。当私人成本或收益不等于社会成本或收益时，就会产生外部性。外部性的两种主要的类型是外部经济和外部不经济。外部经济（External Economies），当社会收益高于私人收益时；或者私人成本高于社会成本时，存在外部经济。以下行为通常认为具有外部经济性：植树、种花、遵守交通规则、从事基础研究。外部不经济（External Diseconomies），当社会收益低于私人收益时；或者私人成本低于社会成本时，存在外部不经济。以下行为通常认为具有外部不经济：吸烟、半夜放摇滚、污水—渔场、排放废气。

外部经济可以根据经济活动的主体是生产者和消费者分：生产的外部经济和消费的外部经济。①当一个生产者采取的经济行动对他人产生了有利的影响，而自己却不能从中得到报酬，便产生了生产的外部经济。例如，一个企业对其雇员进行培训，而这些雇员却转到他企业工作。②当一个消费者采取的行动对他人产生了有利的影响，而自己却不能从中得到补偿，便产生了消费的外部经济。

外部不经济也可以视经济活动的主体分：生产的外部不经济和消费的外部不经济。①当一个生产者采取的行动使他人付出了代价而又未给他人以补偿时，便产生了生产的外部不经济。②当一个消费者采取的行动使他人付出了代价而又未给他人以补偿时，便产生了消费的外部不经济。

二　外部性对资源配置的影响

各种形式的外部影响的存在造成一个严重后果：完全竞争条件下的资源配置将偏离帕累托最优状态。“看不见的手”在外部影响面前失去了作用。一般而言，外部经济时，私人活动的水平常常要低于社会所要求的最优水平；外部不经济时，私人活动的水平常常要高于社会所要求的最优水平。当存在外部性时，完全竞争的市场不能保证个人追求自身利益最大化的行为，同时能够使社会福利趋于最大化。

（一）外部不经济

图7－6中，MC_s 表示社会成本，MC_p 表示私人成本，当社会成本高于私人成本时，考虑社会成本情况下的最优产量 Q_1 低于仅考虑私人成本情况下的最优产量 Q_2，可能存在资源过度开发问题，资源配置效率降低。

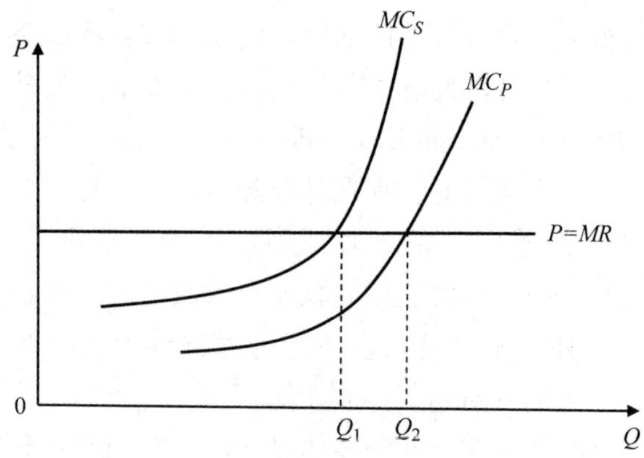

图7－6　外部不经济对资源配置的不利影响

（二）外部经济

假设私人利益为 V_p，社会利益为 V_s，由于存在外部经济，故 $V_p < V_s$，如果这个人采取的行动所遭受的私人成本 V_p 大于私人利益而小于社会利益，即有 $V_p < C_p < V_s$。这样，在这种情况下，帕累托最优状况没有实现，存在还有帕累托改进的余地。如果这个人采取这项行动，则他所受损失部分为（$C_p - V_p$），社会上其他人由此得到的好处中拿出一部分来补偿行动者的损失。结果是使社会上的某些人的情况变好，而没有任何人的状况变坏。一般而言，在存在外部经济的情况下，私人活动的水平常常要低于社会上所要求的最优水平。

三　外部性的补救措施：政府视角

实际上，无论公共部门还是私人部门都可以对外部性做出反应。所有这些方法的目的都是为了使资源配置更接近于社会最优状态。通常情况下，政府可以通过两种方式做出反应：命令与控制政策直接对行为进行管制；以市场为基础的政策提供激励，以促使私人决策者自己来解决问题。

（一）政府管制（Government Regulations）

政府可以通过规定或禁止某些行为来解决外部性。例如，把有毒的化学物质倒入供水系统是一种犯罪行为。在这种情况下，社会的外部成本远远大于排污者的利益。因此，政府制定了完全禁止这种行为的命令与控制政策。在美国，环境保护署（U. S. Environmental Protection Agency，EPA）就是一个提出并实施旨在保护环境的管制的政府机构。环境管制可以采取多种形式。有时候 EPA 规定工厂可以排放的最高污染水平，有时 EPA 要求企业采用某项减少排污量的技术。在所有情况下，为了制定出良好的规则，政府管制者需要了解有关某些特定行业以及这些行业可以采用的各种技术的详细信息，但政府管制者要得到这些信息往往是困难的。

（二）以市场为基础的政策：矫正性税收与补贴

对于外部性，政府也可以不采取管制行为，而通过以市场为基础的政策向私人提供符合社会效率的激励。政府可以通过对有负外部性的活动征税以及对有正外部性的活动提供补贴来使外部性内在化。用于纠正负外部性影响的税收被称为矫正税（Corrective Taxes），也被称为庇古税（Pigovian Taxes）。矫正税，旨在引导私人决策者考虑负外部性引起的社会成本的税收。一种理想的矫正税应该等于有负外部性的活动引起的外部成本，而理想的矫正补贴等于有正外部性的活动引起的外部利益。

作为解决污染的方法，经济学家对矫正税的偏爱通常大于管制，因为税收可以以较低的社会成本减少污染。为了说明其原因，让我们考虑一个例子。

假设有造纸厂和钢铁厂这两家工厂，每年各自向河中倾倒500吨黏稠状的废物。EPA 决定减少污染量，它考虑了两种解决方法：①管制：EPA 可以让每个工厂把年排污量减少为300吨；②矫正税：EPA 可以对每个工厂排出的每吨废物征收5万美元的税收。管制规定了污染水平，税收则给工厂所有者一种减少污染的经济激励。你认为哪一种解决方法更好呢?

大多数经济学家倾向于税收。为了解释这种偏好，他们首先会提出，在减少污染总水平上，税收和管制同样有效。EPA 可以通过把税收确定在适当的水平上，来达到它想达到的任何污染水平。税收越高，减少的污染也越多。如果税收足够高，工厂将全部关门，污染减少为零。

虽然管制和矫正税都可以减少污染，但税收在实现这个目标上更有效率。管制要求每个工厂都等量减少污染。但是，等量减少并不一定是净化河水的成本最低的方法。可能的情况是，造纸厂减少污染的成本比钢铁厂低。如果是这样的话，造纸厂对税收的反应将是大幅度减少污染，以便少交税，而钢铁厂的反应则是小幅减少污染，多交税。

实际上，矫正税规定了污染权的价格。正如市场把物品分配给那些对物品评价最高的买者一样，矫正税把污染权分配给那些减少污染成本最高的工厂。无论 EPA 选择的污染水平是多少，它都可以通过税收以最低的总成本达到这个目标。

经济学家还认为，矫正税对环境更有利。在命令与控制的管制政策下，一旦工厂的排污量减少到300吨，就没有理由再减少排污。与此相反，税收激励工厂开发更环保的技术，因为更环保的技术可以减少工厂不得不支付的税收量。

矫正税与大多数其他税不同。大多数税扭曲了激励，并使资源配置背离社会最优水平。经济福利的减少（即消费者剩余和生产者剩余的减少）大于政府收入的增加，引起了无谓损失。与此相反，当存在外部性问题时，社会也关注那些受到影响的旁观者的福利。矫正税改变了激励，使其考虑外部性的存在，从而使资源配置向社会最优水平移动。因此，矫正税既增加了政府的收入，又提高了经济效率。

（三）以市场为基础的政策：可交易的污染许可证

回到造纸厂和钢铁厂的例子。我们假设，尽管经济学家提出了建议，EPA 仍决定实行管制，并要求每个工厂把排污量减少到每年 300 吨。在管制实施而且两个工厂都予以遵守之后的某一天，两个企业来到 EPA 提出一个建议：钢铁厂想增加 100 吨排污量；而如果钢铁厂付给造纸厂 500 万美元，造纸厂就同意减少等量的排污量。EPA 应该允许两个工厂进行这一交易吗?

从经济效率的观点来看，允许这一交易是一种好政策。这一交易必然会使两个工厂所有者的状况都变好，因为他们是自愿达成交易的。而且，这种交易没有任何外部影响，因为污染总量仍然是相同的。因此，通过允许造纸厂把自己的排污权出售给钢铁厂可以提高社会福利。

同样的逻辑也适用于任何一种排污权从一个企业到另外一个企业的自愿转移。如果 EPA 允许进行这些交易，实际上它就能创造了一种新的稀缺资源——污染许可证（pollution permit）。交易这种许可证的市场将最终形成，而且，这种市场将为供求力量所支配。看不见的手将保证这种新市场有效地配置排污权。许可证最终会在那些根据其支付意愿判断对它评价最高的企业手中。反过来，企业的支付意愿又取决于它减少污染的成本：一个企业减少污染的成本越高，对许可证的支付意愿就越高。

允许污染许可证市场的一个优点是，从经济效率的角度看，污染许可证在企业之间的初始配性是无关紧要的。那些能以低成本减少污染的企业将出售它们得到的所有许可证，而那些只能以高成本减少污染的企业将购买它们需要的所有许可证。只要存在一个污染权的自由市场，无论最初的配置如何，最后的配置都将是有效率的。

虽然用污染许可证减少污染看起来可能与用矫正税十分不同，但这两种政策有许多共同之处。在这两种情况下，企业都要为污染付费。在使用矫正税时，排污企业必须向政府交税；在使用污染许可证时，排污企业必须为购买许可证进行支付。（即使自己拥有许可证的企业也必须为排污进行支付：排污的机会成本是它们在公开市场上出卖其许可证所能得到的收入。）矫正税和污染许可证都是通过使企业产生排污成本而把污染的外部性内在化。

可以通过考虑污染市场的情形来说明这两种政策的相似性。图 7 - 7 表示污染权的需求曲线。其表明，污染的价格越低，企业将选择排污越多。图 7 - 7（a）中，EPA 通过矫正税确定污染的价格。在这种情况下，污染权的供给曲线完全有弹性（因为企业纳税后想污染多少就污染多少），而需求曲线的位置决定了污染量。图 7 - 7（b）中，EPA 通过发放污染许可证确定排污量。在这种情况下，污染权的供给曲线是完全无弹性的（因为排污量是由许可证数量固定的），而需求曲线的位置决定了污染的价格。因此，EPA 既可以通过用矫正税确定价格来达到既定需求曲线上的任意一点，也可以通过用污染许可证确定数量来达到既定需求曲线上的任意一点。

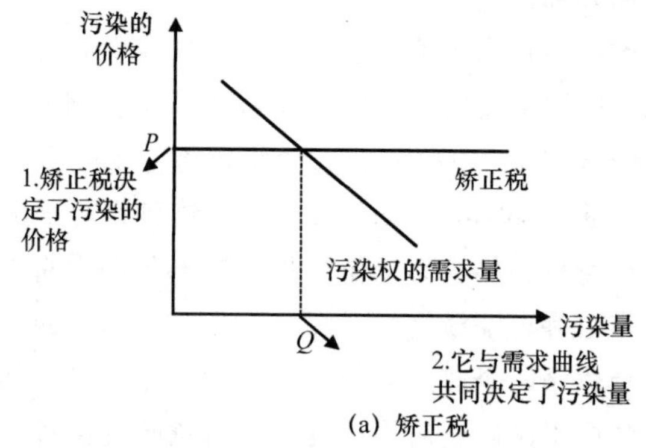

（a）矫正税

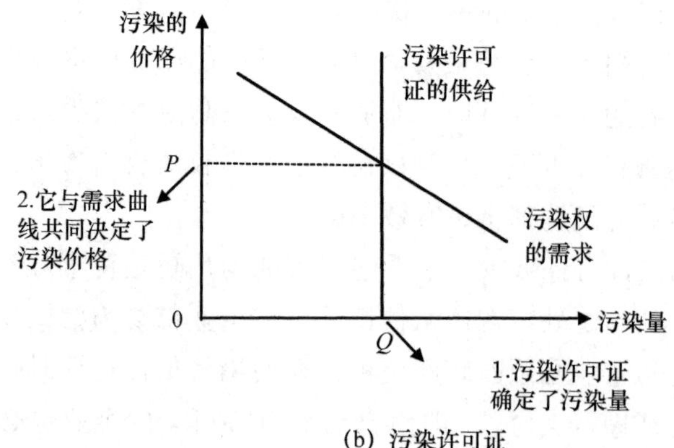

（b）污染许可证

图 7 - 7　矫正税和污染许可证的相等性

图7－7（a）中，EPA通过征收矫正税确定了污染的价格，而需求曲线决定了污染量。图7－7（b）中，EPA通过限制污染许可证的数量限制了排污量，而需求曲线决定了污染的价格。在这两种情况下，污染的价格和数量都是相同的。

但是在某些情况下，出售污染许可证可能比实行矫正税更好。假设EPA想使倒入河流的废物不超过600吨。但由于EPA并不知道污染的需求曲线，它无法确定征收多少税才能达到这个目标。在这种情况下，它只需拍卖排放600吨废物的污染许可证。根据拍卖价格就可以得出矫正税的适当规模。污染许可证和矫正税一样，现在被普遍认为是一种低成本高效率的保护环境的方法。

四　外部性的补救措施：市场视角

（一）科斯定理

私人市场在解决这些外部性方面的有效性如何？一个著名的结论提出，在某些情况下，这种方法是极为有效的，这一个结论被称为科斯定理（Coase Theorem）。科斯定理认为如果私人各方可以无成本地就资源配置进行协商，那么他们就可以自己解决外部性问题的一个命题。在给定条件下，只要市场力量足够强大，总能够使外部影响“内部化”，从而实现帕累托最优状态。罗伯特·库特（Robert D. Cooter）认为：只要法定权利可以自由交换；只要交易成本等于零；只要法律权利的交换是在完全竞争市场中进行的，法律权利的初始配置并不影响效率。

（二）科斯定理是如何发挥作用的？

假定张三养了一条狗。狗的狂叫影响了邻居李四。张三从养狗中得到了收益，但这条狗给李四带来了负外部性。私人解决这一问题有两种方案：第一，若张三从养狗中得到收益500元，而李四由于狗的狂叫承担了800元的成本，李四可支付给张三600元使张三放弃养狗。这一结果使双方的状况都比以前好，是有效率的。其交易成本为零或者很小，则无论在开始时将财产权赋予谁，市场均衡的最终结果都是有效率的。第二，若张三从养狗中得到收益1000元，李四承担成本800元，张三不会接受任何低于1000元的价格，而李四也不会支付任何高于800元的价格，所以，张三继续养狗，李四继续承受负外部性。就社会来说，这种结果也是有效的。当然，李四在法律上有权要求和平与安宁，张三可以向李四付钱，让李四同意他养狗。不管最初的权利如何，张三和李四都可以达到有效率的结果。

科斯定理说明，私人经济主体可以解决他们之间的外部性问题。无论最初的权利如何分配，有关各方总可以达成一种协议，在这种协议中，每个人的状况都可以变好，而且，结果是有效率的。

（三）为什么私人解决方法并不总是有效？

尽管科斯定理的逻辑很吸引人，但私人主体往往不能自己解决外部性所引起的问题。只有当利益各方可以顺利达成和实施协议时，科斯定理才适用。但是，在现实世界中，即使在有可能达成互利协议的情况下，协商的方式也并不总是奏效。

有时利益各方不能解决外部性问题是因为交易成本（Transaction Cost）的存在，交易成本是各方在达成协议及遵守协议过程中所发生的成本。在我们的例子中，假设张三和李四讲不同的语言，以至于为了达成协议，他们需要请一个翻译。如果解决狗狂吠问题的利益小于翻译的成本，张三和李四就会选择不解决这个问题。在较为现实的例子中，交易成本不是翻译的支出，而是起草和执行合约所需要的律师的费用。

还有的时候，谈判很容易破裂。战争和罢工的经常出现表明达成协议可能是困难的，而达不成协议又可能是代价高昂的，问题通常在于各方都竭力要达成对自己更好的交易。例如，假设张三从养狗中得到500元的利益，而李四由于狗吠要承受800元的成本。虽然张三和李四放弃狗而进行支付是有效率的。但是存在多种可以带来这种结果的价格。张三想要750元，而李四只愿意支付550元。他们就价格争执时，张三养狗这个无效率的结果仍然存在。

如果利益各方人数众多时，达成有效率的协议就尤其困难，因为协调每个人的代价过于高昂。例如，考虑一个污染了附近湖水的工厂，污染给当地渔民带来了负外部性。根据科斯定理，如果污染是无效率的，那么工厂和渔民可以达成一个协议。根据协议，渔民要为工厂不排污而对其进行支付。但是如果有许多渔民，要协调所有的人来与工厂协商就几乎是不可能的。当私人协商无效时，政府有时可以发挥作用。政府是为集体行为而设立的一种机构。在这个例子中，即使在渔民代表自己的利益行事不现实时，政府也可以代表渔民的利益行事。

第五节　不完全信息

一　信息的不完全性

完全竞争模型有一个重要的假定条件：信息是完全的。但是，这个条件现实中往往是不成立的。现实中，信息常常是不完全的。这里不仅指绝对意义上的不完全，而且指“相对”意义上的不完全。在这里，信息不完全不仅是指那种绝对意义上的不完全，即由于认知能力的限制，人们不可能知道在任何时候、任何地方发生的或将要发生的任何情况，而且是指“相对”意义上的不完全，即市场经济本身不能够产生足够的信息并有效地配置它们。

当然，有时候不同的经济主体缺乏信息的程度往往是不一样的。市场经济的一个重要特点是，产品的卖方一般要比产品的买方对产品的质量有更多的了解。例如，出售二手车的卖主要比买主更加了解自己汽车的缺陷；出售“风险”的投保人要比保险公司更加了解自己所面临风险的大小；出售劳动的工人要比雇主更加了解自己劳动技能的高低。这些情况都是“信息不对称”的具体表现，即有些人比其他人拥有更多对的相关信息。

信息不完全带来许多问题，市场机制本身可以解决其中的一部分。但在很多情况下，市场机制并不能够解决或者至少是不能够有效地解决不完全信息的问题。美国经济学家阿克洛夫（George A. Akerlof）1970 年在《柠檬市场：市场机制与商品质量的不确定性》的著名论文中提出了柠檬问题。柠檬市场描述了在二手车市场上，所有的旧车质量具有很大的不确定性，外表相似的汽车可能在性能上存在巨大的差距。买方花了大笔钱可能买了一辆“次品”车，而拥有“正品”车的车主在低价位上又不肯出手，因而正常的市场交易便难以进行，甚至在极端情况下会导致二手车市场消失。这就是市场信息不对称造成的逆向选择难题。

二　信息不完全与商品市场

在市场中存在信息不完全的情况下，有可能导致逆向选择和道德风险。

通常情况下，需求曲线向右下方倾斜。但是，当消费者掌握的市场信息不完全时，他们对商品的需求量就可能不随价格的下降而增加。反而恰恰相反。这就出现了“逆向选择”问题。逆向选择（Adverse Selection）是指信息不对称情况下，拥有信息少的一方作出不利用另一方的选择。逆向选择的存在是一个麻烦，它意味着市场的低效率和市场的失灵。

来看一个二手车市场的模型。假设存在这样一个二手车市场，有 100 人希望出售他们的旧汽车，同时又有 100 人想买旧汽车，买主和卖主都知道这些旧汽车中高质量和低质量的汽车各占 50%。拥有最高质量和最低质量旧汽车的卖主的预期售价分别为 2000 元和 1000 元，而最高质量和最低质量旧汽车的潜在买主的预期支付价格分别为 2400 元和 1200 元。

如果信息不对称且充分，买主不难确定旧汽车的质量，该市场不存在什么问题。低质量旧汽车将按 1000—1200 元的价格出售，高质量旧汽车将按 2000—2400 元的价格交易。

在信息不对称的情况下，买主无法了解每辆汽车的质量，只能进行推测。因此，买主将以预期值购买旧汽车，即愿意支付：$0.5\times1200+0.5\times2400=1800$ 元。

这样，拥有高质量汽车的卖主将不愿意出售汽车，会退出市场。假定最高质量的旧车退出市场后，旧汽车市场上高质量与低质量旧汽车的比例变为 2∶3，买主也会感觉到旧汽车市场质量分布的变化，他们将不会再以 1800 元作为预期价格，而是以：$0.6\times1200+0.4\times2400=1680$ 元，作为预期价格，结果，又会有部分次高质量的旧汽车退出市场。这一过程不断发生，最后，市场上将只剩下最低质量的汽车，高质量汽车将被排挤出市场。

逆向选择是在签订委托—代理合同前常见的隐蔽信息行为，它大量出现在商品销售市场、保险市场、劳动力市场、借贷市场、旅游等服务市场，以及古董字画等文化市场上。

与“逆向选择”概念相对应的还有另一个概念——道德风险（Moral Hazard），是指拥有信息多的一方以自己的信息优势来侵犯拥有信息少的一方利益，实现自己利益的可能性。道德风险一词源于研究保险合同时提出的一个概念。简单地说，由于机会主义行为而带来更大风险的情形称为道德风险：是从事经济活动的人在最大限度地增进自身效用的同时作出不利于他人的行动，或者当签约一方不完全承担风险后果时所采取的使自身效用最大化的自私行为。在保险市场也存在道德风险问题，例如，投保人购买汽车保险后，不注意安全驾驶，采取一些危险驾驶行为，将风险交给保险公司承担。在职业经理人市场，职业经理获得很高的薪水，但是辜负了企业所有者的信任，作出了一些为了自己私利而损害企业利益的行为。道德风险一般是在双方签订相关协议之后发生的，属于事后的信息不对称。

三 信号机制

（一）为传递私人信息发信号

市场以多种方式对不对称信息问题做出反应。发信号就是其中之一。发信号（Signaling）是指有信息的一方仅仅为了获得信任而披露自己私人信息所采取的行动。

企业会花钱做广告，来向潜在客户发出它们有高质量产品的信号；学生通过获得大学学历向潜在雇主发出他们能力强的信号。人力资本理论断言，教育提高人的生产率，而不是仅仅是传递内在能力的信息。有关发信号的这两个例子（广告、教育）看来似乎是极不相同的，但在表面现象之下它们仍有许多相同之处：在这两种情况下，有信息的一方（企业、学生）都用信号让无信息的一方（客户、雇主）相信有信息的一方正在提供高质量的东西。

怎样才能使一项行动成为一种有效信号呢？显然，其成本必然是很高昂的。如果信号是免费的，任何人就都可以使用它，它也就传递不了信息。由于同样的原因。还有另一个要求：对有高质量产品的人来说，信号必须是成本更低或是更有利的。否则，每个人都有使用信号的同样激励，信号也就不能说明什么了。

再来考虑我们的两个例子。在广告的例子中，有好产品的企业从广告中得到更大的利益，因为尝试过一次这种产品的客户更可能成为经常性客户。因此，有好产品的企业为信号（广告）付费是理性的，而且，客户把信号作为一条有关产品质量的信息也是理性的。在教育的例子中，有能力的人会比没有能力的人更容易从学校毕业。因此，有能力的人为信号（教育）付费是理性的，而且，雇主把信号作为一条有关个人能力的信息也是理性的。

世界上充满了发信号的例子。杂志的广告有时包括“正如在电视上看到的”这样的短语。为什么在杂志上出售产品的企业会强调这个事实？一种可能性是，企业力图传递它支付昂贵信号（电视上的广告时间）的意愿，希望你由此推断出它的产品是高质量的。由于同样的原因，精英学校的毕业生总是很有信心地在他们的简历上加入此类事实。

（二）引起信息披露的筛选

当有信息的一方采取披露自己私人信息的行动时，这种现象称为发信号。当无信息的一方采取引起有信息的一方披露私人信息的行动时，这种现象称为筛选（Screening）。一些筛选是常识。一个买二手车的人会要求这辆车在出售之前经过汽车技师的检验。拒绝这个要求的卖者披露了他的车是次品的私人信息。买者会决定出一个低价或去寻找另一辆车。

筛选的另一个例子较为微妙。例如，考虑一个出售汽车保险的企业。这个企业想向安全驾驶的司机收取较低的保险费，而向爱冒险的司机收取较高的保险费，但是，如何才能把这两种司机区分开呢？司机知道他们自己是习惯安全驾驶的还是爱冒险的，但爱冒险的司机不会承认这一点。司机的历史记录是一种（保险公司实际上在使用的）信息，但由于汽车事故固有的随机性，历史记录是预期未来风险的一种不完全的指标。

保险公司通过提供能使他们自行甄别的不同保险单来区分两类司机。一种保单保险费较高但补偿所发生的任何一次事故的全部费用；另一种保单保险费较低，但要扣除1000元（就是说，司机要对事故的第一个1000元负责，而保险公司只补偿剩余的风险）。要注意的是，对于爱冒险的司机，有免赔条款的保险会带来更大的负担，因为他们更可能发生事故。因此，在免赔额足够大时，含有免赔条款的低保险费保单将吸引安全驾驶的司机，而没有免赔条款的高保险费保单将吸引爱冒险的司机。面对这两种保单，两类司机就会通过选择不同的保险单而披露自己的私人信息。

本章小结

本章介绍了市场失灵的四种情况，分别是垄断、外部性、公共物品和不完全信息，还介绍了这四种情况对经济效率的影响以及可以采取的改进措施。第一节说明了四种市场失灵的情况以及政府干预的必要性；第二节介绍了垄断对于经济效率的影响，以及相应的措施，主要包括：反垄断法和政府定价等；第三节主要介绍了公共物品的概念以及公共物品提供的原则和方式；第四节介绍了外部性的概念，对于经济效率的影响，以及可以采取的措施，主要包括征收庇古税、明晰产权等；第五节介绍了不完全信息的概念，对市场机制的影响，以及信号机制的基本原理。

理论自测

1. 什么是市场失灵？造成市场失灵的原因是什么？

2. 请解释公共物品与公共资源的区别并举例说明。

3. 什么是柠檬市场？

4. 政府应该对外部不经济的现象进行干预，而对外部经济现象不予干涉吗？

5. 简述科斯定理的内容。

应用自测

1. 市场失灵是指（　）。

A. 市场在私人部门和公共部门之间配置资源的不均；

B. 市场不能产生任何有用的成果；

C. 市场不能有效的配置稀缺的资源；

D. 收入分配所出现的不平等现象。

2. 在以下哪种情况，“搭便车”问题就会出现？（　）

A. 所有消费公共物品的个人都支付相应的费用；

B. 个人愿意支付他们的消费费用；

C. 所有消费和生产的商品都是个人用物品；

D. 某些人享用了公共物品，并不需要支付其全部费用。

3. 某一经济活动存在外部不经济是指该活动的（　）。

A. 私人成本大于社会成本　　B. 私人成本小于社会成本

C. 私人利益大于社会利益　　D. 私人利益小于社会利益

4. 某一经济活动存在外部经济是指该活动的（　）。

A. 私人利益大于社会利益　　B. 私人成本大于社会成本

C. 私人利益小于社会利益　　D. 私人成本小于社会成本

5. 某人的吸烟行为属于（　）。

A. 生产的外部经济　　B. 消费的外部经济

C. 生产的外部不经济　　D. 消费的外部不经济

6. 如果上游工厂污染了下游居民的饮水，按科斯定理，（　），问题就可得到妥善解决。

A. 不管产权是否明确，只要交易成本为零

B. 只要产权明确，且交易成本为零

C. 只要产权明确，不管交易成本为多大

D. 不论产权是否明确，交易成本是否为零

7. 某项生产活动存在外部不经济时，其产量（　）帕累托最优产量。

A. 大于　　B. 小于

C. 等于　　D. 以上三种情况都有可能

8. 市场不提供纯粹公共物品，是因为（　）。

A. 公共物品不具有排他性　　B. 公共物品不具有竞争性

C. 消费者都想“免费乘车”　　D. 以上三种情况都是

9. 公共物品的市场需求曲线是消费者个人需求曲线的（　）。

A. 水平相加　　B. 垂直相加

C. 算术平均数　　D. 加权平均数

10. 一项公共物品是否值得生产，主要看（　）。

A. 效益　　B. 政府的意志

C. 公众的意志　　D. 成本和效益的对比

案例分析

案例7-1　美国小镇烟花表演

企业家Ellen决定举行一场烟火表演。Ellen肯定会在卖这场表演的门票时遇到麻烦，因为她的潜在顾客很快就会想到，他们即使不买票也能看见烟火。由于烟火没有排他性，因此，人们有成为搭便车者的激励。搭便车者（Free Rider）是得到一种物品的利益但避开为此付费的人。由于人们有成为搭便车者而不是成为买票者的激励，市场就

不能提供有效率的结果。

说明这种市场失灵的一种方法是，它的产生是由于外部性的存在。如果 Ellen 举行烟火表演。她就给那些不交钱看表演的人提供了一种外部利益。然而，当 Ellen 决定是否举行烟火表演时，她并不会将这种外部利益考虑在内心。尽管从社会来看举行烟火表演是合意的。但这却是无利可图的，结果 Ellen 作出了不举行烟火表演这种从私人来看理性，但从社会来看无效率的决策。

尽管私人市场不能提供小镇居民需要的烟火表演，但解决这个问题的方法是显而易见的：当地政府可以赞助 7 月 4 日的庆祝活动。镇委员会可以向每个人征收 2 美元的税收，并用这些收入雇佣 Ellen 提供烟火表演。小镇上每个人的福利都增加了 8 美元——对烟火的评价 10 美元减去税收 2 美元。尽管 Ellen 作为一个私人企业家不能做这件事，但作为政府雇员，她可以帮助小镇达到有效率的结果。

小镇的这个故事是简化的，但却是现实的。实际上，美国许多地方政府都在 7 月 4 日放烟火。而且，这个故事说明了公共物品的一个一般性结论：由于公共物品没有排他性，搭便车者问题的存在就使私人市场无法提供公共物品。但是，政府可以潜在地解决这个问题。如果政府确信一种公共物品的总利益大于成本，它就可以提供该公共物品，并用税收收入对其进行支付，从而可以使每个人的状况变好。

案例 7－2　产权的重要性

在本节，我们说明了存在一些市场不能充分提供的“物品”。市场不能确保我们呼吸的空气是清洁的。也不能确保我们的国家不受外国侵略。相反，社会依靠政府来保护环境并提供国防。

虽然我们在这两节考虑的问题产生于许多不同的市场上，但它们有一个共同的主题。在所有的情况下，市场没有有效地配置资源，是因为没有很好地建立产权。这就是说，某些有价值的东西并没有在法律上有权控制它的所有者。例如，虽然没有人怀疑清洁的空气或国防等“物品”是有价值的，但没有一个人有权给它定一个价格，并从它的使用中得到利润。工厂污染太严重，是因为没有一个人能因为工厂排出污染而向它们收费，市场没有提供国防，是因为没有一个人能因为受到保卫的人获益而向他们收费。

当产权缺失引起市场失灵时，政府可以潜在地解决这个问题。有些时候，例如，在出售污染许可证的情况下，解决方法是政府帮助界定产权，从而释放市场的力量。另一些时候，例如在限制捕猎季节的情况下，解决方法是政府对私人行为进行管制。还有一些时候，例如在提供国防的情况下，解决方法是由政府提供市场不能提供的物品。在所有的情况下，如果能很好地计划并实施政策，就可以使资源配置更有效率，从而增进经济福利。

参考文献

高志文、朱晓东主编:《微观经济学》，东南大学出版社 2014 年版。

曼昆:《经济学原理——微观经济学分册》（第五版），梁小民、梁砾译，北京大学出版社 2009 年版。

第八章　国民经济核算

从本章起开始为宏观经济学部分。与微观经济学相比较，前面微观经济学的各章节是从经济个体决策者的动机、行为及其后果的角度出发，对经济决策和运行进行讨论，而宏观经济学则是从经济体（国家或地区）的角度出发，对经济体整体运行和相关决策进行讨论。具体而言，宏观经济学研究：经济体总体收入水平为什么时而繁荣，时而萧条，并随之发生的失业情况和总体价格水平的变动；缘何一些经济体的总体收入水平增长迅速，而一些经济体的总体收入水平则增长缓慢、停滞甚至倒退；是什么影响了经济体中的一系列资产价格水平（如利率、汇率等）的变动；政策制定者如何通过宏观经济政策（如财政政策、货币政策和汇率政策等）来调控经济体的运行。上述这些问题都是经济体整体收入水平和整体价格水平变动所伴随的问题，这些问题的起因、后果以及对策是宏观经济学的研究内容。

政策制定者需要保持经济体宏观经济的良好运行，宏观经济政策有三个主要政策目标：第一，保持可持续的经济增长；第二，保持总体价格稳定；第三，保持较低的失业率水平。为了实现经济体的良好宏观环境和准确平稳的执行宏观经济政策，我们需要通过一些统计数据指标测度经济体的整体运行情况，与宏观经济政策的三个政策目标相对应，测度宏观经济运行情况的三类重要指标是：经济整体收入水平的衡量指标、整体价格水平的衡量指标和失业情况的衡量指标，这三类重要指标包括了最重要和最常用的宏观经济数据。经济体整体收入水平衡量经济体中所有经济活动在一段时期内的总和。它可以使用以下几个总量衡量：国内生产总值（Gross Domestic Product，GDP）、国民生产总值（Gross National Product，GNP）、国民收入（National Income，NI）和个人可支配收入（Disposable Income，

DI）等。我们平时常在报纸杂志上看到的经济增长率就指的是经济体整体收入水平的增长率，特别是国内生产总值的增长率。经济体整体价格水平的衡量所有商品和服务的加权平均价格水平，一般使用价格指数来表示，常用的价格指数包括消费者价格指数（Consumer Price Index，CPI）、生产者价格指数（Producer Price Index，PPI）、GDP 平减指数（GDP Deflator）等。就业情况使用两个指标共同衡量：劳动参与率（Labor Force Participation Rate）与失业率（Unemployment Rate）。本章对这些经济数据的具体核算方法和国民收入的基本公式进行介绍。

第一节　国内生产总值的衡量

宏观经济数据由各国统计部门根据不同产业部门的特点和资料来源情况并采用不同的方法进行加总计算（Aggregation）而得到。各国统计部门对国家整体收入水平的各项测度数据通常每三个月计算一次，因此它们的频度通常为季度与年度数据。对经济体整体收入水平进行计算的科学方法叫作国民经济核算（National Income Accounting）。国内生产总值是最常用的对国家总体收入水平和经济整体运行状况的衡量指标。

一　国内生产总值的概念

国内生产总值指经济体（一国或者一个地区）在一定时期内所生产的所有最终产品（商品与服务）的市场价值。这一定义含有以下几个方面的意义。

第一，GDP 是一个市场价值。所有商品和服务的价值都是以货币来衡量的。产品的市场价值等于产品数量乘以单位价格。例如，某国一年生产 100 万斤苹果，每斤苹果售价 2 元，那么，该国一年生产的苹果的市场价值为 200 万元。

第二，GDP 测度的是最终产品的市场价值。最终产品是相对中间产品而言的，许多产品是分阶段生产的，最终产品指由最后使用者所购买的商品与服务。中间产品指用于生产供再出售的别种产品的产品。例如，假定从面包的生产到消费者最终消费需要经过小麦种植、面粉生产、面包制作与销售等多个阶段。这里在生产面包的最初与中间环节的小麦与面粉属于中间产品，而由消费者购买的面包属于最终产品。需要指出的是，如果面粉由消费者直接购买，则这一部分的面粉亦属于最终产品。因此，即使是同样一种产品，如上例中的面粉，既可能归属于中间产品亦可能归属于最终产品，在国民经济核算的实际操作中，通过投入产出表界定和计算产品中分别属于中间产品和最终产品的部分。

此外，需要着重强调区分的是机器设备这一类资本品的属性，在微观经济学中，我们把机器设备看作生产中的资本投入，属于原材料，但在宏观经济学中，我们认为企业是机器设备的最后使用者，因此，资本品属于最终产品，而不是中间产品。

GDP 中为什么只计算最终产品而不计算中间产品？仍然以面包生产为例，面粉生产商将面粉以 1 元的价格将 0.5 公斤面粉卖给面包厂，面包厂以 0.5 公斤面粉生产 1 盒面包，售价 10 元。当 1 盒面包以 10 元销售其最终使用者时，其对 GDP 的贡献总计 10 元。因为当面包厂对 1 盒面包进行定价时，原材料 0.5 公斤面粉的市场价值已经包含在面包的售价中。如果以 11 元（10 + 1）计入 GDP，面粉的市场机制就被计算了两次。因此，GDP 只包括最终产品的市场价值。

企业产出的市场价值减去该企业购买用于生产的中间产品的市场价值叫作这家企业的增加值（Value Added）。一种计算所有最终产品的市场价值的方法就是把每个生产阶段的增加值加总。在上述例子中，简单假设面粉生产商没有购买中间产品，面粉生产商的增加值是 1 元（1 - 0），面粉厂的增加值是 9 元（10 - 1），生产最终产品面包的所有增加值之和是 10 元（1 + 9），等于最终产品面包的市场价值。对于整个经济体来说，所有增加值的总和必定等于所有最终产品的市场价值。

第三，GDP 测度是属于最终产品的所有商品和服务的市场价值。我们所计算的最终产品包括由最终使用者购买的有形的商品和无形的服务。

第四，GDP 测度的是计算期内（一定时期内）生产的最终产品价值。GDP 是一个流量而不是存量的概念。流量是指一个单位时间内的数量，而存量是指一个给定时点的数量。例如，当你听到说中国上年 GDP 是 15 万亿人民币时，这意味着上年新生产了市场价值为 15 万亿人民币的最终产品。而当你听说中国的资本存量是 150 万亿人民币时，这意味着我们的经济体中曾经生产并且仍然存在的资本品的市场价值相当于 150 万亿人民币的最终产品。GDP 的计算期一般为季度和年度，即一个季度或一年所新生产的最终产品的市场价值总和。

第五，GDP 测度的是一个经济体（一国或一个地区）范围内生产的最终产品的市场价值，它是一个地域性的概念，即计算的是领土范围内在一段时间生产的最终产品的市场价值。与之相联系的国民生产总值（GNP）则是一个国民的概念。例如，一个美国的公司在中国生产的最终产品，按该产品的生产地域划分，其生产地在中国，因此，计入中国的 GDP 而不计入美国的 GDP；若按该产品生产者的国民属性划分，它是美国公司所生产的产品，不计入中国的 GNP 而计入美国的 GNP。

第六，GDP 测度的是所生产的而不是售卖掉的最终产品的价值。例如，一件产品在去年生产，而在今年销售，那么该产品的市场价值计入去年的 GDP 而不是今年的 GDP，即只要一件产品的生产完成，不论该产品在何时售卖掉，甚至无法售卖掉，它的市场价值在其生产所处的一定时期内就计入该时期的 GDP。又例如，一个工艺品生产商生产了一件珍贵工艺品，并以 50 万元售卖给一个收藏者，5 年后，这个收藏者又将此工艺品以 80 万元售卖给另一个收藏者，这件工艺品在生产当年以 50 万元的市场价值计入 GDP，而此后的交易 80 万元，并不计入 GDP，它是反映了资产的转移和资产价格的变动，并不是经济体中实际资产的增加，任何二手商品的交易并不作为 GDP 的一部分计算。

第七，GDP 仅能够测度合法市场活动产生的市场价值。家务劳动、自给自足的生产等非市场活动，以及黑市交易等非法市场活动不计入 GDP。

二　国内生产总值的核算方法

根据产品市场均衡，经济体中所有人的总收入等于他们在商品和服务上的总支出。简而言之，每一次交易都有它的买者和卖者，买者为了购买商品或服务所支付的价格等于卖者的收入。例如，张三从李四那里购买一斤苹果，支付了 5 元，这 5 元是李四的收入，是张三的支出，不论我们是按照全部支出还是按照全部收入来计算 GDP，这一笔交易对 GDP 的贡献都是 5 元。

我们再以一个假设的面包厂的产出和收入报表阐述这一关系。面包厂使用面粉生产面包，同时需要投入企业家、工人、机器设备、土地等生产要素。最终的出厂成品面包的市场价值中需要包括所有要素报酬（Factor Return）。表 8－1 的左边从面包生产的要素收入的角度衡量了面包厂对 GDP 的贡献，其中，工资是劳动力（工人）的要素报酬，利息和地租是资本（机器设备和土地）的要素报酬，根据微观经济学理论，利息是持有资本的机会成本，地租是使用资本的机会成本，利润是企业家的要素报酬。要素报酬总计 15000 元。表 8－1 的右边从面包生产的产出角度衡量面包厂对 GDP 的贡献，如前文所述，每个生产阶段对 GDP 的贡献等于它的增加值，即产出的市场价值减去原料中间产品的市场价值。面包厂的增加值是 15000 元，等于面包生产使用的所有要素的要素报酬。

表 8－1　**一个假设的面包厂年产出和收入报表**　单位：元

收入（支）		产出（收）	
工资	2000	生产面包	20000
利息	1000	减：购买原料面粉	5000
地租	2000		
利润	10000		
总计收入	15000	产出（增加值）	15000

从以上分析可见，我们既可以从总收入的角度亦可以从总支出的角度对经济体整体收入水平进行加总计算。因此，GDP 可以通过核算整个经济体在一定时期内的要素收入总和得到，这种方法叫作收入法（Income Approach）；GDP 可以通过核算经济体在一定时期内各行各业的各个生产阶段的增加值总和，这种方法叫作生产法（Production Approach）；GDP 亦可以通过核算经济体在一定时期内各部门购买的最终产品的支出总和，这种方法叫作支出法（Expenditure Approach）。其中，收入法和支出法是最常用的两类 GDP 核算方法，以下我们对收入法和支出法进行详细阐述。

（一）收入法

收入法核算的国内生产总值包含以下一些项目：工资、利息和租金等生产要素报酬；非公司企业主收入；公司税前利润；企业转移支付及企业间接税；资本折旧。其中一部分虽然并不是生产要素创造的收入，但是要通过产品价格转嫁给购买者，故也计算在内。收入法核算公式表示为：国内生产总值＝工资＋利息＋利润＋租金＋间接税和企业转移支出＋折旧。

（二）支出法

支出法按照一定时期内生产的最终产品的最终去向分类计算。我们将经济体分为4个部门：消费者（住户部门）、企业、政府和国外部门，与之相对应，支出法核算的国内生产总值包含以下4个项目：私人消费、投资、政府购买和净出口。支出法核算公式表示为：国内生产总值＝私人消费＋投资＋政府购买＋净出口。

第一，私人消费（C）指家庭部门的购买最终产品的支出，包括耐用品消费、非耐用品消费和服务三个部分。耐用品消费包括小汽车、家用电器等使用年限较长的消费品。家庭部门建造住宅的支出不包括在内。非耐用品消费包括衣服、食品等使用时间较短的消费品。服务包括医疗、交通、理发等。

第二，投资（I）指增加或更换资本品。资本品包括厂房、住宅、机器设备以及存货。由于资本品在生产过程中仅是部分的被消耗掉，需要较长的时间（一般远超出GDP的核算期）被全部消耗掉，不同于中间产品在一次生产中被全部消耗掉，因此，资本品属于最终产品。资本品由于损耗而造成价值的减少叫作折旧。折旧包括有形磨损和无形磨损，例如，一台机器虽然未到其使用年限，但是过时了，需要进行更换。投资是经济体在一定时期内增加的资本，属于流量，资本存量则是经济体在某一时点上的资本总量。例如，如果某国在2017年初资本存量是5000亿元，投资500亿元，折旧10亿元，该国2017年底资本存量是5490亿元。

投资分为商业固定资产投资、住宅固定资产投资和存货投资三类。商业固定资产投资包括新厂房、新设备、新商业用房等。住宅固定资产投资包括新建住宅。新建住宅虽然通常由家庭部门购买，它相对于耐用品更加类似商业固定资产投资，它具有较长的使用年限，且住宅的资本价格可能上涨，可以出售盈利，具有投资属性。

存货投资指企业存货的市场价值的变化量。例如，某企业在2017年生产了100万元的产品，只卖掉80万元，剩下的20万元的产品看作企业自己买下来的存货投资，该企业对2017年的GDP的贡献为100万元，其中消费增加80万元，存货投资增加20万元。假设2018年，该企业仍然生产了100万元的产品，卖出了120万元的产品，该企业对2018年的GDP

贡献为 100 万元，其中消费增加 120 万元，存货投资减少 20 万元。

第三，政府购买（G）指各级政府购买最终产品的支出，包括提供国防、道路建设、提供教育等。政府购买仅是政府财政支出的一部分，政府财政支出中的转移支付、公债利息等都不计入 GDP。因为转移支付等将收入从一部分人转移到另一部分人所有，没有对最终产品的交易发生。

第四，净出口（NX）指出口（X）与进口（M）的差额。出口指的是在本国境内生产的，由国外购买的最终产品，根据 GDP 概念的生产地原则，本国境内生产的商品计入本国的 GDP。进口指的是在外国生产，由本国购买的最终产品，应该计入外国 GDP，但由于本国消费的最终产品计入了私人消费或政府购买，所以应当扣除进口。净出口代表了对国外部门的最终产品的净流出。例如，本国消费者购买了一件外国生产的衣服，市场价值为 100 元，按支出法核算，私人消费增加 100 元，进口增加 100 元，净出口减少 100 元，总计本国 GDP 不发生变化。

理论上，收入法与支出法得到的国内生产总值应该一致，但是由于资料来源和计算方法不同，实际结果并不完全相同，两者的差额称为统计误差。为了避免在应用时产生混乱，中国国家统计局国民经济核算司对生产法、收入法和支出法国内生产总值及增长指数的名称作了如下规定：按生产法和按收入法计算的国内生产总值简称为国内生产总值；按支出法计算的国内生产总值称为支出法国内生产总值。

三　国内生产总值的计算规则

我们以一个简单的数值例子来阐述名义 GDP 和实际 GDP 的计算规则。名义 GDP 是用当年价格计算的全部最终产品的市场价值。实际 GDP 是用某一年的固定价格计算最终产品的市场价值。选取的年份称为基年。假设一个简单的经济体，只生产苹果和梨子两种最终产品，表 8 - 2 显示了苹果和梨子在 2016 年、2017 年和 2018 年的假设价格和产量。

表 8 - 2　**一个简单的经济体**

年份	苹果价格（元）	苹果产量（千克）	梨子价格（元）	梨子产量（千克）
2016	1	100	2	50
2017	2	150	3	100
2018	3	200	4	150

基于表 8 - 2 的数据，表 8 - 3 计算了 2016—2018 年的名义 GDP、实际 GDP 和 GDP 平减指数。名义 GDP 采用了 2016—2018 年苹果和梨子的货币价格和产量进行计算，而计算实际 GDP 时，选取 2016 年为基年，则使用 2016 年的价格和 2016—2018 年的产量进行计算。实际 GDP 排除了单纯由于货币价格变动所引起的所有最终产品市场价值的变动。基期 2016 年的实际 GDP 与名义 GDP 数值相同。2017 年的名义 GDP 为 600 元，而实际 GDP 为 350 元，2016—2017 年的名义 GDP 变化为 400 元，其中包含由于产品货币价格变动和产品产出数量变动的因素，而 2016—2017 年的实际 GDP 变化为 150 元，实际 GDP 的变化反映了以产品的实际产出衡量的收入变动。2017—2018 年的名义 GDP 变化为 600 元，而实际 GDP 变化仍为 150 元。

同一时期的名义 GDP 与实际 GDP 之间的差异，可以反映出这一时期和基期相比整体价格水平的变动，因此，将名义 GDP 与实际 GDP 的比率称为 GDP 平减指数。GDP 平减指数的计算可以看作以每一年的实际产出作为权数所进行的各产品价格的加权平均计算。根据表 8 - 3 的计算，基期的 GDP 平减指数为 100，不论取哪一年为基年，由于基年的名义 GDP 和实际 GDP 均使用基年的价格进行计算，基年的 GDP 平减指数值一定等于 100。2017 年的 GDP 平减指数为 171；2018 年的 GDP 平减指数为 240；反映了 2016—2018 年的整体价格水平变化趋势。

表 8 - 3　**名义 GDP、实际 GDP 与 GDP 平减指数的计算**

年份	名义 GDP（元）	实际 GDP（2016 年为基年/元）	GDP 平减指数（2016 年为基年）
2016	1 × 100 + 2 × 50 = 200	1 × 100 + 2 × 50 = 200	（200/200） × 100 = 100
2017	2 × 150 + 3 × 100 = 600	1 × 100 + 2 × 50 = 350	（600/350） × 100 = 171
2018	3 × 200 + 4 × 150 = 1200	1 × 100 + 2 × 50 = 500	（1200/500） × 100 = 240

四　经济体整体收入水平的其他核算指标

国民收入核算包括与 GDP 的定义略有不同的其他衡量指标，我们需要了解一些其他具有国际可比性和通用性的衡量指标。

首先，前文提到过的国民生产总值 GNP，GNP = GDP + 来自国外的要

素报酬 - 支付给国外的要素报酬。通常，一国（地区）的 GDP 与 GNP 非常接近。

其次，国民净产值（Net National Product，NNP）等于从 GNP 中扣除经济体总资产的磨损数额，即 NNP = GNP - 折旧。国民净产值近似等于国民收入（National Income，NI），两者的差别为类似于支出法和收入法统计的国内生产总值，数值上的差异称为统计误差。国民收入包括雇员报酬、非公司企业收入、租金收入、公司利润、净利息和间接企业税六个部分。

最后，个人收入（Personal Income，PI）是家庭和非公司企业的收入额。我们可以从国民收入调整得到个人收入。个人收入 = 国民收入 - 间接企业税收 - 公司利润 - 社会保险费 - 净利息 + 股息 + 政府对个人的转移支付 + 个人利息收入。个人可支配收入（Disposable Personal Income，DPI）等于个人收入减去个人税收和非税收支付。

第二节　物价与失业水平的衡量

一　物价水平的衡量

本章引言已经提到，经济体整体价格水平是衡量宏观经济运行状况的一个重要指标。整体价格水平关系到居民的生活成本，整体价格水平的变动与居民福利水平与社会稳定息息相关。我们使用各类价格指数反映经济体整体价格水平。价格指数是所有最终产品价格的加权平均数。衡量经济体整体价格水平最常用的两种价格指数是消费者价格指数 CPI 和 GDP 平减指数。

上节我们已经阐述了 GDP 平减指数的计算方法，由于各国（地区）的统计部门对 GDP 的统计频度为季度和年度，因此，GDP 平减指数的统计频度也为季度和年度。以下我们主要阐释 CPI 的计算方法。CPI 指数的统计频度通常为月度、季度和年度。消费者价格指数的计算方法分为以下几个步骤：（1）选取某一年为基年，通过统计调查确定在基年一个典型消费者通常购买的一篮子最终产品的种类和数量；（2）使用固定的基年一篮子最终产品的各类产品的数量乘以其在每一年的价格，求得每一年的典型消费者购买一篮子最终产品的成本；（3）使用每一年的一篮子最终产品的成本除以基年的一篮子最终产品的成本，从而消费者每年生活成本指数化，即得到消费者价格指数。

由于中国地大物博，城乡消费具有显著不同的特点，因此，中国 CPI 指数是对城市居民消费者价格指数和农村居民消费者价格指数进行综合汇总计算的结果。CPI 篮子涵盖城乡居民生活消费的食品烟酒、衣着、居住、生活用品及服务、交通和通信、教育文化和娱乐、医疗保健、其他用品和服务 8 大类、262 个基本分类的商品与服务。国家统计部门采用抽样调查方法抽选确定调查网点，按照“定人、定点、定时”的原则，直接派人到调查网点采集原始价格。数据来源包括商场（店）、超市、农贸市场、服务网点与互联网电商等。

我们使用表 8－4 中的数值例子具体阐述 CPI 的计算，假设选取 2016 年为基年，统计部门通过调查研究得到一个典型消费者在 2016 年普遍消费的最终产品为 100 个苹果和 50 个梨子，当计算 2017 年和 2018 年的 CPI 指数时，我们使用 100 个苹果和 50 个梨子的固定产品篮子进行计算。表 8－4 显示了使用表 8－2 的价格数据所计算出的 CPI 指数，2017 年的一篮子商品成本为 350 元，2018 年的一篮子商品的成本为 500 元，将一篮子商品的成本指数化，基年为 100，2017 年的 CPI 指数为 175，2018 年的 CPI 指数为 250。

表 8－4 **CPI 的计算**

年份	一篮子商品的成本（元）	CPI（2016 年为基年）
2016	1×100＋2×50＝200	（200/200）×100＝100
2017	2×100＋3×50＝350	（350/200）×100＝175
2018	3×100＋4×50＝500	（500/200）×100＝250

我们可使用各类经济体整体价格水平的衡量指数来计算整体价格水平的增长率，称为通货膨胀率（Inflation Rate）。若通货膨胀率为正值，说明整体价格水平上涨，称为通货膨胀（Inflation）。若通货膨胀率为负值，说明整体价格水平下降，称为通货紧缩（Deflation）。表 8－5 使用前述例子中的求得的 CPI 和 GDP 平减指数计算通货膨胀率。2017 年，GDP 平减指数通货膨胀率为 71%，CPI 通货膨胀率为 75%。2018 年 GDP 平减指数通货膨胀率为 40%，CPI 通货膨胀率为 43%。两类整体价格水平的衡量指数

测度的通货膨胀率十分相近。CPI 通货膨胀率略大于 GDP 平减指数通货膨胀率。

表 8-5　　通货膨胀率的计算　　单位:%

年份	GDP 平减指数通货膨胀率	CPI 通货膨胀率
2017	(171-100)/100×100=71	(175-100)/100×100=75
2018	(240-171)/171×100=40	(250-175)/175×100=43

CPI 通货膨胀率和 GDP 平减指数通货膨胀率的不同之处在于：(1)CPI 衡量的是消费者通常消费的一篮子商品的价格，而 GDP 平价指数衡量的是一国一定时期内生产的全部商品的价格。因此，政府和企业购买的最终产品的价格反映在 GDP 平减指数中，而不反映在 CPI 中，GDP 平减指数只包括国内生产的产品。而 CPI 包括进口消费品。(2)CPI 的计算采用固定的商品篮子，即固定权重，GDP 平减指数的计算允许商品篮子随 GDP 的组成成分变动，即可变权重。经济学家把固定权重指数称为拉式指数（Laspeyres Index)，把可变权重指数称为帕氏指数（Paasche Index)。CPI 为拉式指数，它一般高估生活成本的上升，因为它不考虑消费者有机会使用不太昂贵的商品替代较为昂贵的商品。相反，GDP 平减指数为帕氏指数，它一般低估生活成本的上升，因为它不能反映消费者的这种替代引起消费者福利的下降。

例如，假设一场天灾摧毁了今年即将收成的苹果，苹果的产量下降为零，市场上苹果的价格上升至天价。由于没有产出苹果，不计入 GDP，苹果价格的上升不会反映在 GDP 平减指数上，CPI 是使用包括苹果在内的固定篮子计算的，苹果价格的上升会引起 CPI 的大幅度上升。显然，消费者会消费其他水果替代苹果，CPI 高估了苹果价格上升对消费者生活成本的影响，但是，毫无疑问苹果价格的飙升恶化了消费者的境况，但这亦未能由 GDP 平减指数反映出来。CPI 和 GDP 平减指数并不是居民生活成本的完美衡量，但在现实生活中，CPI 和 GDP 平减指数的差别并不大，都能良好地反映出居民生活成本的变动趋势，为宏观经济调控提供依据。

二 失业水平的衡量

失业水平是衡量宏观经济运行状况的又一个指标。工人是一个经济体的主要要素资源，就业水平反映了经济体利用资源的效率，是宏观经济运行表现的一个重要方面。各国统计部门对居民家庭进行抽样，统计这些家庭中的人口和就业情况。将全部人口分为两类，一类包括未满 16 岁的未成年人、现役军人、精神病患者和劳教人员等，另一类分为三个部分：就业者、失业者和非劳动力者。

就业者指在调查时作为有报酬的雇员在工作、在自有企业工作或在家庭成员的企业中从事没有报酬工作的人，还包括实际上有工作但处于病事假等临时缺勤的人。失业者指那些有工作意愿但是没有工作，并在最近的一段时间内正在寻找工作的人。就业者和失业者的总和成为劳动力者（Labor Force）。非劳动力者指全日制学生、操持家务者、退休者和长期病残者。

成年人口中属于劳动力者人数的百分比称为劳动力参与率（Labor Force Participation Rate），即：

$$劳动力者 = 就业者 + 失业者$$

$$劳动力参与 = （劳动力者/成年总人口数）\times 100\%$$

需要注意的是，失业率（Unemployment Rate）并不是失业者与总人口的比例，而失业者在劳动力者中的比率，即：

$$失业率 = （失业者/劳动力者）\times 100\%$$

失业率在反映劳动力资源的利用效率上仍具有一定的局限性。凡是有劳动报酬的人口都被统计在内，但不能明确区分是全日工作还是打短工，例如，一个每周工作 40 小时的工人和每周工作 16 小时的工人在计算失业率时是没有区别的。因此忽略了实际工作时间少于劳动者工作意愿时间的情况。因此，部分国家（地区）的统计部门会额外统计周工作时间（Hour Worked Per Week）数据供经济研究之用，但由于这样的统计工作太过复杂，通常数据频度较低和样本长度较短。失业率仍然最具统计工作可行性并且国际通用的衡量指标。在中国，失业率的统计频度是年度。

第三节 国民收入的基本公式

从本章第一节的分析，我们已经知道经济体总收入等于总支出，它代表了经济体产品（商品和服务）市场的均衡，国民收入恒等式（National Income Identity）表示为 $Y = C + I + G + NX$。然而，什么因素决定了经济体产品市场的供给和需求，什么因素确保消费、投资和政府购买的支出与生产水平相等，为了回答以上问题，本节我们先考察一个古典主义的短期模型。

一 国民收入恒等式

一个经济体的产出取决于它的投入数量和把投入转换为产出的能力，我们可以用生产函数来代表，令 Y 为总产出，K 为总资本，L 为总劳动力，假设在短期总资本和总产出都固定不变，我们写为 $K = \overline{K}$、$L = \overline{L}$，国民收入 $\overline{Y} = F$（$\overline{K}$，$\overline{L}$）。我们把经济体看作一个代表性的产商，令名义价格为 P，名义工资率为 W，名义租金率为 R，根据产商利润最大化，可以求出 $MPK = W/P$，$MPL = R/P$。假设经济体存在三种类型的行为主体：工人、资本所有者和企业所有者。国民收入的分配可以划分为工资、资本收益和经济利润，可以表示为 $Y = MPL \times L + MPK \times K +$ 经济利润。如果假设生产规模报酬不变和完全竞争性市场，那么，$Y = MPL \times L + MPK \times K$，即总产出划分为资本报酬和劳动报酬，每一种生产要素根据其边际生产率获得要素报酬。

本章假设封闭经济，即不考虑国外部门。封闭经济中的总产出用于消费、投资和政府购买三个部分，即产品市场的三大需求。三部门的国民收入恒等式表示为 $Y = C + I + G$。我们将讨论总产出是如何在这三类用途上进行配置的。

首先，家庭部门从劳动和资本所有权获得要素收入，向政府纳税，将税后收入用于消费和储蓄，税后收入亦称为可支配收入，令总税额为 T，可支配收入为 $Y - T$。消费取决于可支配收入水平，可支配收入越高，消费越多。以消费函数表示消费与可支配收入之间的关系 $C = C$（$Y - T$）。消费随着可支配收入变化的比率称为边际消费倾向（marginal propensity of consumption, MPC), $MPC = \Delta C/\Delta Y$, MPC 介于 0—1 之间。例如, $MPC = 0.7$, 当可支配收入增加 1 元, 消费增加 0.7 元。可支配收入除去消费的部分用于储蓄, 令 S^P 为私人储蓄 (Private Saving), $S^P = Y - C$, 那么, $1 - MPC = \Delta S^P/\Delta Y$ 为家庭部门储蓄率。

其次, 企业、家庭和政府部门购买资本品称为投资。企业和政府部门购买资本品用于增加他们的资本存量和替代损耗的资本。家庭购买新住房也是投资的一部分。投资的需求量取决于利率 (Interest Rate), 利率衡量了为了进行投资而进行融资的成本, 亦是持有和使用资本的机会成本。投资行为的动机是通过投资项目获得利润, 即投资的收益要大于融资的成本, 投资的收益指使用资本品进行生产或者持有资本品所获得收益。如果利率上升, 融资成本提高, 投资获利减少, 降低投资行为动机, 即投资需求量下降。投资是利率的减函数。

例如, 企业需要购买一个 100 万元的新型设备, 投入后将会在未来 15 年带来每年 20 万元的生产收益。企业需要比较投入这个设备的年化收益率, 并与借这 100 万元资金的利率进行比较, 如果年化收益率为 20%, 年化利率为 15%, 企业将会在金融市场上借款, 并进行这项投资。即使企业不必借入资金, 而使用自有资金进行投资, 企业也要考虑使用自有资金的机会成本, 即如果将 100 万的自有资金进行金融投资 (如存入银行或购买基金) 所能获得的年化收益率, 只有购买设备进行生产的年化收益率高于金融投资的年化收益率时, 企业才会进行生产项目投资。

我们需要区分名义利率与实际利率, 实际利率是去除通货膨胀影响后的利率, 它等于名义利率减去通货膨胀率。实际利率衡量了借款的真实成本, 因此, 我们把投资需求看作实际利率的函数, 投资函数表示为 $I = I(r)$, 投资需求随实际利率的上升而下降。

最后, 政府购买指政府部门对最终产品的消费需求。需要注意的是政府部门既购买消费品也购买资本品, 政府部门购买的资本品叫作公共投资, 属于投资的一部分, 而政府部门购买的消费品计入政府购买。政府部门的收入来自于税收 T, 如果 G 等于 T, 称为政府财政预算平衡 (Balanced Budget), 如果 G 大于 T, 称为政府财政预算赤字 (Budget Deficit), 如果 G 小于 T, 称为政府财政预算盈余 (Budget Surplus)。

二　储蓄—投资恒等式

我们考察了产品市场的供给和需求，然而，是什么确保了产品市场处于均衡？我们将会讨论在这个古典模型中，利率在实现产品市场供给和需求均衡中所起到的至关重要的作用。根据前文关于商品和服务的供给和需求的分析，得到如下方程：

$$\overline{Y} = C + I + G$$

$$C = C\ (Y - T)$$

$$I = I\ (r)$$

$$G = \overline{G}$$

$$T = \overline{T}$$

把消费函数、投资函数和政府购买代入国民收入恒等式，可以得到：

$$\overline{Y} = C\ (\overline{Y} - \overline{T})\ + I\ (r)\ + \overline{G}$$

其中，总产出 Y、财政政策变量 T 和 G 均为固定值，为模型系统中的外生变量（Exogenous Variable）。r 是唯一的尚未决定的变量，为模型系统中的内生变量（Endogenous Variable）。投资水平随利率水平发生变动，当利率调整至合意的水平时，使得产品市场达到均衡，该利率水平为均衡利率水平。

为了理解利率在产品市场均衡中的作用机制，我们把金融市场结合进来。我们对国民收入恒等式进行改写：$I = Y - C - G$。这是满足了家庭部门和政府部门对消费品的购买需求后的剩余收入，称为国民储蓄（National Saving，S）。我们可以把国民储蓄进一步分为两个部分：私人储蓄（Private Saving，S^P）和政府储蓄（Public Saving，S^G），上述方程进一步改写为：

$$I\ (r)\ =\ (Y - T - C)\ +\ (T - G)\ = S^P + S^G = S$$

这个方程称为储蓄—投资恒等式。在金融市场中，“产品”是可贷资金（Loanable Funds），金融市场也称为可贷资金市场。国民储蓄为可贷资金的供给量，投资为可贷资金的需求量，利率为可贷资金的价格，利率调节达到可贷资金供需平衡，产品市场同时达到均衡。根据储蓄—投资恒等式，图 8－1 表示了可贷资金市场的供给和需求曲线，分别对应储蓄函数和投资函数，r^* 为均衡利率水平。

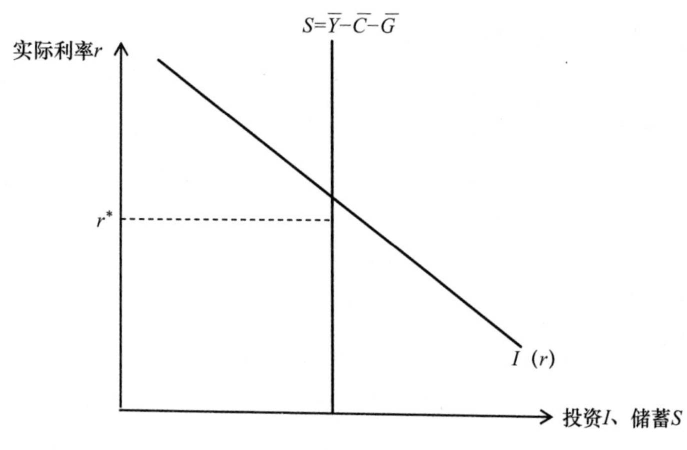

图 8－1　储蓄、投资和利率

在这个简单模型中，储蓄并不决定于利率，但在实际生活中，储蓄也是利率的函数。例如，对于家庭部门，利率是储蓄的收益率，消费者可以通过储蓄来平衡当期与未来的消费量。利率水平越高，消费者通过储蓄所获得的未来收益越高，消费者储蓄的动机越强，因此，储蓄是利率的增函数。当金融市场上，可贷资金的供给大于可贷资金的需求时，说明利率水平高于均衡利率，利率的下降能够减少储蓄、增加投资，从而使得资金供给与需求之间的差异减小，利率下降至均衡利率时，储蓄等于投资。反之亦然，当资金的供给小于资金的需求时，说明利率水平低于均衡利率，利率的上升能够提高储蓄、减少投资，当利率上升至均衡利率时，可贷资金供给等于可贷资金需求，储蓄—投资恒等式成立。

本章小结

介绍宏观经济学研究经济体整体经济运行情况及其后果。

介绍国民经济活动的主要核算指标，包括经济体整体收入水平、整体价格水平和就业水平。

国内生产总值核算可用生产法、收入法和支出法三种方法。最常用的后面两种。支出法国内生产总值＝消费（C）＋投资（I）＋政府购买（G）＋净出口（NX）。收入法国内生产总值＝工资＋利息＋利润＋租金＋间接税＋折旧。

国内生产总值有名义和实际之分。实际 GDP 剔除了名义价格波动的影响，反映了总产出的实际变动。

经济体整体价格水平的两种衡量指标是消费者价格指数和 GDP 平减指数。CPI 衡量一段时间按内固定一篮子商品的加权价格。GDP 平减指数衡量一段时间内经济体内新生产的产品的加权价格。通货膨胀率是经济体整体价格水平的增长率。

经济体的失业水平由失业率衡量，失业率是失业者人数与劳动力者人数的比率，劳动力者在成年人口中的比率称为劳动力参与率。

根据产品市场均衡，国民收入恒等式表示为总产出 = 消费 + 投资 + 政府购买 + 净出口。

在金融（可贷资金）市场上，投资是可贷资金的需求方，是利率的减函数，储蓄是可贷资金的供给方，是利率的增函数。国民储蓄是经济体的总储蓄水平，可分为两个部分：私人储蓄和公共储蓄，私人储蓄是个人可支配收入去除消费后的部分，公共储蓄是政府税收收入减去政府购买后的部分。当利率位于均衡水平时，储蓄—投资恒等式成立：储蓄 = 投资，金融市场供需平衡，产品市场供需亦同时达到平衡。

理论自测

1. 微观经济学与宏观经济学有什么区别与联系？

2. 最终产品与中间产品有什么区别？资本品是最终产品还是中间产品？

3. 说明经济中流量和存量的区别。企业存货量和存货投资是流量还是存量？

4. 居民在 2017 年从房地产商购买了一个在 2016 年新建的住房单位，建成时市场价值 500 万元，2017 年销售价格 700 万元，按支出法如何计入 GDP？

5. 企业在 2017 年生产产品市场价值 100 万元，年初库存产品 30 万元，卖出产品 120 万元，该企业对 2017 年 GDP 的贡献是多少？按支出法如何计算？

6. 政府给公务员发工资和给贫困居民的转移支出是否计入政府购买支出？

7. 2017 年某政府部门购买了一批外国生产的文具产品，价值 10 万元，按支出法如何计入 GDP?

8. GDP 和 GNP 有何区别?

9. CPI 和 GDP 平减指数为何存在差异?

10. 居民自住房产的生活成本如何计入 CPI?

应用自测

1. 假设：(1) 一个汽车零部件生产商支出 75 万元工资生产了一批零部件卖给汽车生产商，售价 300 万元；(2) 汽车生产商支付 100 万元工资给工人生产了一批汽车卖给消费者，售价 1000 万元。请回答以下问题：

(1) 用生产法计算 GDP；

(2) 用收入法计算 GDP。

2. 假设某经济体生产牛奶和面包两种产品，它们在 2016—2018 年的产量和价格如表 8 -6 所示，请回答以下问题：

表 8 -6 一个简单的经济体

年份	牛奶价格（元）	牛奶产量（升）	面包价格（元）	面包产量（千克）
2016	1	100	2	100
2017	2	300	4	200
2018	4	200	3	150

(1) 求 2016—2018 年的名义 GDP；

(2) 以 2016 年为基年，求 2016—2018 年的实际 GDP；

(3) 以 2017 年为基年，求 2016—2018 年的实际 GDP；

(4) 根据 (2) 和 (3) 的答案，求 GDP 的年增长率；GDP 的增长率是否取决于哪一年的价格作为基期?

(5) 以 2016 年为基年，求 2016—2018 年的 GDP 平减指数；

(6) 根据 (5) 的答案，求年通货膨胀率。

3. 假设某经济体 CPI 篮子包括 100 单位的牛奶和 100 单位的面包。两种产品它们在 2016—2018 年的价格如表 8 -6 所示，请回答以下问题：

(1) 求 2016—2018 年的 CPI 篮子生活成本；

（2）以 2016 年为基年，求 2016—2018 年的 CPI；

（3）根据（2）的答案，求年通货膨胀率。

4. 假设一个封闭经济体 2018 年的国内生产总值是 5000，税收是 500，政府预算赤字是 500（单位：10 亿元）；边际消费倾向是 0.7，求：（1）私人储蓄；（2）公共储蓄；（3）国民储蓄；（4）投资；（5）政府购买。

5. 假设一个封闭经济体 2018 年国内生产总值是 2000，税收是 200，政府预算平衡（单位：10 亿元），消费函数为 $C=200+0.6\times(Y-T)$，投资函数为 $I=600-10r$，求：（1）私人储蓄；（2）公共储蓄；（3）国民储蓄；（4）投资；（5）政府购买；（6）利率。

6. 请从中国国家统计局网站查找近五年的收入法名义 GDP、支出法名义 GDP 及其分量、实际 GDP、CPI 通货膨胀率和城镇居民失业率。

案例分析

案例 8－1　中国的国民经济核算体系①

中国现阶段所实施的国民经济核算标准是从 2016 年起颁布实施的新标准，新标准根据 2009 年联合国等五大国际组织颁布的新国民经济核算国际标准《国民账户体系 2008》（以下简称 2008 年 SNA）进行修订形成。目前，绝大部分发达国家和部分发展中国家已经开始执行 2008 年 SNA，中国的核算标准与新的国际标准相衔接，具有国际可比性。

中国年度国内生产总值核算按初步核算、初步核实和最终核实三个步骤进行。之所以如此，是国内生产总值核算所需基础资料的可获得性、时效性和全面性的要求。初步核算数是在 12 个月份进度统计资料的基础上计算，在次年 1 月 20 日左右发布，并在次年 2 月和 5 月出版的《中华人民共和国统计公报》和《中国统计摘要》上使用；初步核实数在专业统计年报资料的基础上计算，于次年 9 月在《中国统计年鉴》上发布；最终核实数在专业统计年报、部门会计、财政决算资料的基础上计算，于隔年 5 月和 9 月在《中国统计摘要》和《中国

① 中国国家统计局网站，http：//www. stats. gov. cn/。

统计年鉴》上发布。

此外，根据国际惯例，如掌握对GDP数据有较大影响的新的基础资料，将对GDP历史数据进行相应的修订和发布。中国从2003年起建立了周期性经济普查制度，每五年开展一次全国经济普查，在逢3、逢8的年度实施，现阶段根据2004年和2008年两次全国经济普查结果对GDP历史数据作出过修订。

案例8－2　GDP与经济福利

宏观经济学家和政策制定者普遍关注GDP增长，但GDP并不等于经济福利。从物质意义上说，幸福来自我们经济活动中所创造的一切产品与劳务，然而GDP中有许多遗漏。

第一，GDP衡量的是通过市场交易并有市场价值（价格）的东西，但经济中许多活动属于非市场活动，不统计在GDP之内。例如，自料理家务也是一种能给家庭带来幸福的经济活动，但它不通过市场交易，不计算在GDP之内。

第二，GDP按市场价格计算，但市场价格与产品质量和数量并没有直接关系。人们的幸福程度与产品的质量和数量相关，而与价格关系不大。例如，电脑质量在提高，数量在增加，但价格急剧下降。按价格计算也许电脑的产值没有增加多少，但质量与数量的提高给人们带来的幸福是巨大的。现代社会中，许多产品的趋势是质量提高的同时价格下降，仅仅按价格计算的GDP无法反映这种趋势。

第三，环境和闲暇是影响人们经济福利和幸福程度的两大因素，但GDP统计中无法正确反映这些因素。例如，经济活动会带来环境污染，如果以环境污染为代价发展生产，GDP无疑增加了，但人们呼吸污浊的空气，喝受污染的水，生活在嘈杂的环境中；又如，我们在闲暇时从事各种没有产值的活动，如听音乐、运动、与朋友聊天，都不会引起GDP增加，却是人们幸福的来源，反之，减少闲暇会增加劳动力供给，会增加GDP。

很多经济学家詹姆斯·托宾（James Tobin）、威廉·诺德豪斯（William Nordhaus）和保罗·萨缪尔森（Paul Samuelson）都曾讨论过经济福利的衡量指标，他们的基本观点是，经济福利更多地取决于消费而不是生产，要在 GDP 之上减去某些不能对福利做出贡献的项目，加上某些对福利作出了贡献而没有计入 GDP 的项目。例如，减去 GDP 中超过国防需要的军备生产，减去对福利有副作用的项目（如污染的影响），加上不通过市场的经济活动的价值（如家务劳动、自给性产品），加上闲暇的价值（用所放弃的生产活动的价值作为机会成本来计算）。这种思路无疑是正确的，但如何进行计算并没有完全解决。

当然，GDP 并不是幸福的完美衡量，但它是幸福与经济福利的基础。这里又用上了一句俗话：GDP 增长不是万能的，但没有 GDP 增长是万万不能的。

案例 8－3　中国的价格指数①

各国国家统计部门所发布的价格指数中最常见的两种为消费者价格指数（CPI）和生产者价格指数（PPI）。CPI 和 PPI 在各国的计算方法大致相同，具有较强的国际可比性。此外，各国统计部门为了满足本国宏观经济调控的数据需求，亦会发表其他类型的价格指数。

中国国家统计局发布的常见价格指数有：居民消费价格指数（CPI）、商品零售价格指数、农业生产资料价格指数、农产品生产价格指数、工业生产者出厂价格指数（PPI）、工业生产者购进价格指数和固定资产投资价格指数等。

位于生产链最终端的商品价格的相关指数有居民消费价格指数和商品零售价格指数。居民消费价格指数最直接反映居民生活成本。商品零售价格指数的变动与国家的财政收入、市场供需的平衡、消费与积累的比例关系有关。因此，该指数可以从一个侧面对上述经济活动进行观察和分析。

中国统计部门区分了农业生产与工业生产相关的价格统计。在农业生产方面，农业生产资料价格指数反映了农业生产投入品价格的变动，而农产品生产价格指数则反映了农业产品价格的变动。1994 年以前，农业生产资料价格指数仅仅是商品零售价格指数的一个类别，1994 年后，它从商品零售价格指数中分离出来，单独编制。农产品生

① 中国国家统计局网站，http：//www. stats. gov. cn/。

产价格指数中，该类别的代表品生产价格是通过对全部有出售该产品行为的调查单位的个体指数进行几何平均求得，类别价格指数是通过对代表品所属的类的价格指数进行加权平均求得。

在工业生产方面，工业生产者购进价格指数反映了工业生产投入品价格的变动，而工业生产者出厂价格指数反映了工业产品价格的变动。工业生产者购进价格指数调查从物资交易市场和能源、原材料生产企业购买原材料、燃料和动力产品时所支付的价格水平变动。目前，中国编制的工业生产者购进价格指数所调查的产品包括燃料动力、黑色金属、有色金属、化工、建材等九大类。工业生产者出厂价格指数包括工业企业售给本企业以外所有单位的各种产品和直接售给居民用于生活消费的产品。两类指数可用于观察工业企业物质消耗成本中的价格变动影响以及出厂价格变动对工业总产值及增加值的影响。

最后，固定资产投资价格指数反映固定资产投资品及取费项目的价格变动。固定资产投资额是由建筑安装工程投资完成额、设备工器具购置投资完成额和其他费用投资完成额三部分组成的。编制固定资产投资价格指数应首先分别编制上述三部分投资的价格指数，然后采用加权算术平均法求出总指数。该指数可以消除按现价计算的固定资产投资指标中的价格变动因素，真实地反映固定资产投资的规模、速度、结构和效益，为国家科学地制定、检查固定资产投资计划并提高宏观调控水平，为完善国民经济核算体系提供科学的、可靠的依据。

参考文献

吴周恒：《中国经济周期波动特征理论模型与政策研究（1978—2014）》，经济科学出版社2016年版。

第九章 国民收入决定理论

经济体的整体收入水平呈现出一种围绕着长期趋势反复波动的特征。宏观经济学中，总收入的长期趋势称为经济增长，而围绕着长期趋势的反复波动称为经济周期波动，与之相对应的相关理论分为经济增长理论与经济周期理论。短期经济周期波动类似正弦曲线的形态，一个经济周期指从一个波峰到达下一个波峰的过程，其中可以分为两个阶段，总收入从一个波峰下降到一个波谷的阶段称为经济衰退期（Economic Recession），这段时期会伴随着其他经济变量的变动，如失业率的上升；总收入从一个波谷上升到一个波峰的阶段称为繁荣期（Economic Boom）。从定义来看，经济周期似乎是定期的和可预测的，但是在实际数据中，经济周期的周期长度、波动幅度以及在周期中除了总产出以外的各经济变量的波动特征都不是固定不变的，不同的周期特征可能相去甚远。此外，在实际数据中要清晰划分出各个完整的周期也是不易的，需要根据总产出的波动特征以及其他宏观经济总量与总产出之间的协动特征进行分析划分。

解释经济周期波动的主流理论分为两类：一是凯恩斯主义（Keynesian）经济周期理论；二是新古典主义（New Classical）经济周期理论。二者的最主要区别在于对于短期价格变动的主要假设，前者认为经济周期波动的主要根源在于短期价格黏性（Sticky Price），由于短期价格不能灵活调整，使得短期的宏观经济运行偏离长期均衡，而在长期随着价格重新调整，经济体回到长期均衡路径，因此，各宏观经济变量表现出围绕长期均衡趋势的短期波动；而后者则认为经济周期波动的主要根源并非来自于价格黏性，而是由于经济体内的生产或交易存在使得市场失灵的因素，例如，信息不对称、外部性、制度性市场扭曲等，因此，经济变量在短期表现出较大的波动。由于凯恩斯主义经济周期理论中的假设的短期摩擦来自于价格因素，因此，称为名义刚性（Nominal Rigidity），而实际经济周期理论中的假设的短期摩擦来自于实体市场中的因素，因此，称为实际刚性（Real Rigidity）。两类理论对于总产出波动都表现出合理有效的拟合，但是由于凯恩斯主义经济周期理论在价格、利率、汇率等货币市场相关变量上表现出更佳的拟合和长期预测效果，凯恩斯主义经济周期模型更为广泛的为各国政策制定者所应用，因此，本章主要介绍凯恩斯主义经济周期理论的相关模型及其应用，假设封闭经济，即不考虑经济体外部影响的情况，把经济体划分为家庭、企业和政府三大部门，总收入等于消费、投资与政府购买之总和。本章第一节介绍关于中国经济周期波动的一些经济事实；第二节将基于凯恩斯交叉和流动性偏好理论构建关于产品市场和货币市场短期均衡的 IS-LM 模型；第三节将基于 IS-LM 模型推导总需求曲线，构建总需求—总供给模型，从而解释短期经济波动。

第一节　关于经济周期的经验事实

在思考经济周期理论之前，我们观察一下真实数据中经济活动短期波动的一些经验事实。使用中国从 1978—2013 年的宏观经济数据，1978 年之前，中国的经济运行更接近计划经济，宏观经济波动幅度巨大，远大于 1978 年后的数据特征，因此，我们不使用 1978 年之前的数据。2014 年起中国经济增长率开始逐渐放缓，长期经济增长趋势可能存在结构性变化，因此，我们取宏观经济结构处于相对稳定的阶段的经济数据进行考察。

使用从 1978—2013 年的人均实际数据，用名义变量除以中国总人口数得到人均名义变量，再除以 GDP 平减指数（2000 年为基期）得到人均实际变量，我们计算人均实际变量的年增长率。图 9 - 1 到图 9 - 8 分别展示了 1978—2013 年的总产出（GDP）增长率与其他宏观经济变量的增长率，来直观的展示总量波动与各分量波动之间的关系。

图 9 - 1 显示了 1978—2013 年总产出增长和消费增长的变化特征。1978—2013 年中国实际 GDP 的年均增长率约为 8.5%。经济增长率远不是稳定的，增长率围绕其长期均值上下波动。真实数据的波动特征并不像正弦曲线一样的规则，我们并不能明显地判断出衰退何时开始和何时结束。不同的宏观经济学研究者基于不同的规则和方法进行周期划分，可能得到

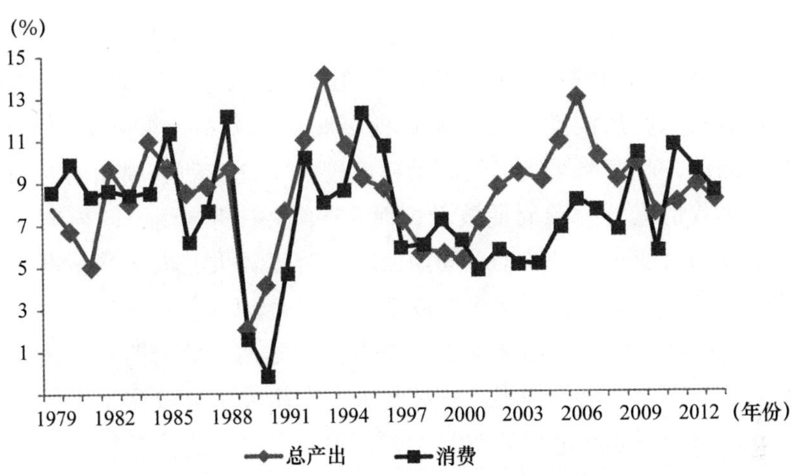

图 9－1　1978—2013 年总产出增长和消费增长

不同的周期阶段的划分结果，因此，我们不对中国经济周期的衰退期和繁荣期进行绝对的界定，但可以观察在一些明显的周期波峰和波谷的经济变量运行特征，以及各变量在波动特征上的一些联系。

首先观察总产出（实际人均 GDP）波动特征：第一，20 世纪 90 年代中期之前，总产出波动的幅度较大，而 90 年代中期之后相对平稳；第二，从 20 世纪 90 年代中期之后，总产出波动周期的持续时间变长。其次观察总产出波动和消费波动的关系：第一，消费存在顺周期波动的特征，即当总收入上升时，消费一般随之上升，当总收入下降时，消费一般随之下降；第二，消费的波动通常小于总收入的波动，由于消费者通常喜欢较为平滑的消费，而不喜欢在每一年的消费水平随总收入的变动而大起大落，消费者能通过金融市场来实现消费的平滑，即在收入上升时，储蓄额外的收入，而在收入下降时，可以提取储蓄的资金，或者甚至可以进行借贷消费。因此，消费的波动越小，与 GDP 之间的协动关系越不明显，该国（或地区）的金融市场通常越发达。从图 9－1 可以观察到，中国在 2000 年之前消费的波动较大，接近 GDP 的波动程度，且与 GDP 的协动程度较高，而在 2000 年之后，消费波动的幅度变小，且均小于总产出波动的幅度。消费和总产出波动之间的协动关系在 2000—2006 年也有所降低。但这一情况在 2006 年中期在美国爆发的全球金融危机后又有所恶化，在全球金融危机影响下，金融机构规避风险，减少借贷，降低了家庭部门平滑消费的能力。

图 9 - 2 显示了 1978—2013 年的总产出增长和政府支出增长的变化特征。我们观察总产出波动和政府购买支出波动的关系：第一，20 世纪 90 年代中期之前，政府购买支出的波动幅度较大，且波动单周期的时间跨度较小，大多数情况下为顺周期波动，而 90 年代中期之后，政府购买支出波动的幅度相对变小，且波动单周期的时间跨度较大，大多数情况下为逆周期波动；第二，政府购买支出的波动幅度较大，90 年代之间，政府购买支出的波动幅度大于总产出波动幅度，90 年代之后，政府购买支出的波动幅度也与总产出波动幅度相当。政府购买支出体现了财政支出中的消费部分，财政政策若要起到平稳周期波动的作用，则需要逆周期操作，即在经济周期的繁荣期采用紧缩性财政操作，而在经济周期的衰退期采用宽松性财政操作。20 世纪 90 年代中期之后的逆周期的财政政策可能是总量波动变小的可能原因之一。

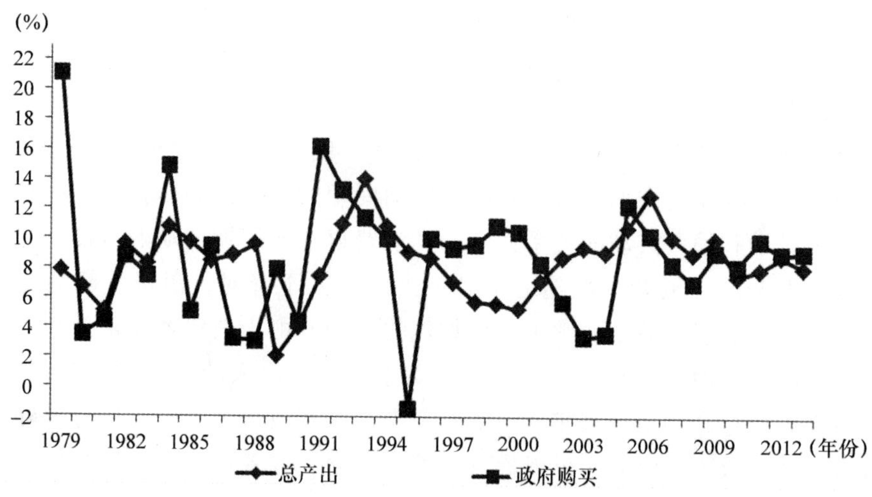

图 9 - 2　1978—2013 年总产出增长和政府购买支出增长

图 9 - 3 显示了 1978—2013 年总产出增长和投资增长的变化特征。第一，投资存在顺周期波动的特征，即当总收入上升时，投资随之上升，当总收入下降时，投资随之下降。其原因在于：当总收入上升时，家庭部门

不但增加消费，也处于消费平滑的动机增加了储蓄，私人储蓄是金融市场资金供给的一部分，因此，金融市场上的资金供给增加。在经济周期的上升阶段，企业部门增加生产也产生更多的在设备、厂房和存货的需求，即投资需求，因此，金融市场上的资金需求亦增加。第二，投资的波动幅度远大于总产出的波动幅度，投资的波动幅度亦远大于消费的波动幅度。20世纪90年代中期之后，投资的波动幅度较之前有所减小。第三，投资波动单周期的时间跨度在1978—2013年并没有发生明显的变化。

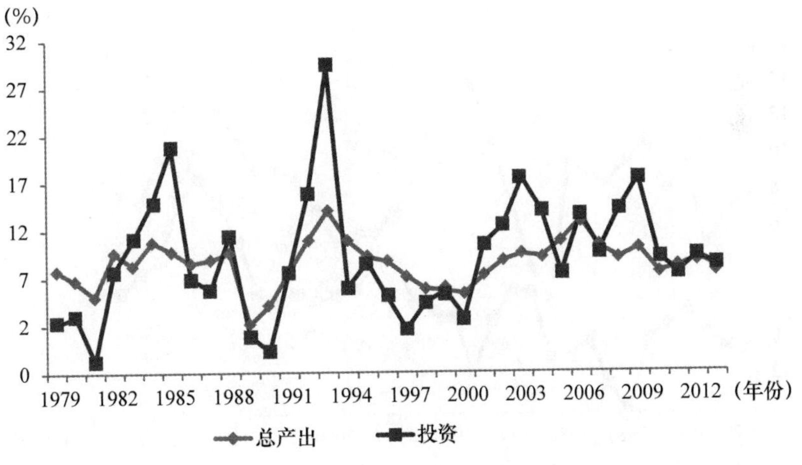

图9－3　1978—2013年总产出增长和投资增长

图9－4显示了1978—2013年总产出增长和贸易平衡产出比的变化。净出口也称为贸易平衡，贸易平衡产出比即净出口与GDP的比率。第一，1978—1993年，中国的贸易平衡处于小幅顺差、逆差交替的状态，而自1994年汇率并轨以来，中国开始出现持续的贸易顺差，并在2001年中国加入世界贸易组织之后呈现贸易顺差不断扩大的趋势。2007年之后，随着国际金融危机的爆发，在世界贸易需求持续低迷的国际环境下，中国的贸易顺差也大幅回落。2011年之后，中国贸易平衡占当年GDP的比例保持在2%左右，接近贸易顺差快速增长前的水平。第二，贸易平衡产出比的波动特征的变化可分为1996年之前和1996年之后这两个阶段，1996年之前，贸易平衡产出比呈现出逆周期波动，说明在经济周期的上升时期，出口的增长小于进口的增长，因此，净出口的增长率下降；而1996年之后，

贸易平衡产出比呈现出顺周期波动，即在经济周期的上升时期，出口的增长大于进口的增长，因此，净出口的增长率上升。中国的经常账户在1996年全面开放，与1996年前后贸易平衡产出比波动变化的时间点相吻合，经常账户开放促进出口增长，出口增长率上升，净出口增长率转而呈现出顺周期特征。根据经济学家对于世界各国经济周期波动特征的研究，发达经济体的净出口普遍为顺周期变动，而新兴市场经济体与发展中经济体的净出口普遍为逆周期变动。贸易平衡的逆周期变动可能给经济体在经济周期下行阶段带来债务违约风险。

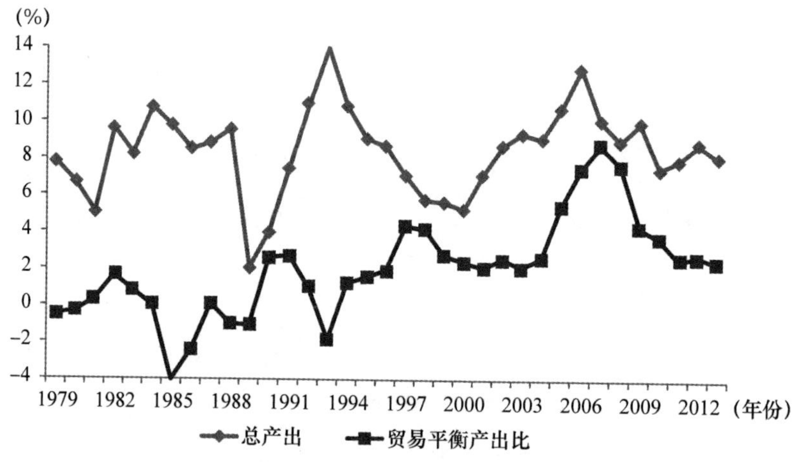

图9-4　1978—2013年总产出增长和贸易平衡产出比

图9-5显示了1978—2013年贸易平衡产出比、出口产出比和进口产出比的变化。出口产出比、进口产出比与贸易平衡产出比的波动趋势基本一致，即出口、进口和贸易平衡与总产出的协动性的方向是一致的，贸易平衡的波动是由出口和进口的波动幅度之间的差额形成的。

图9-6显示了1978—2013年总产出增长与CPI通货膨胀率的变化。CPI通货膨胀率呈现顺周期变动的特征，即经济周期上行时，价格水平随之上升，经济周期下行时，价格水平随之下降。总产出增长率的变动在时间上先于通货膨胀率的变动，说明实体经济情况的变化需要经过一定的时间滞后再反映在整体价格水平的调整。

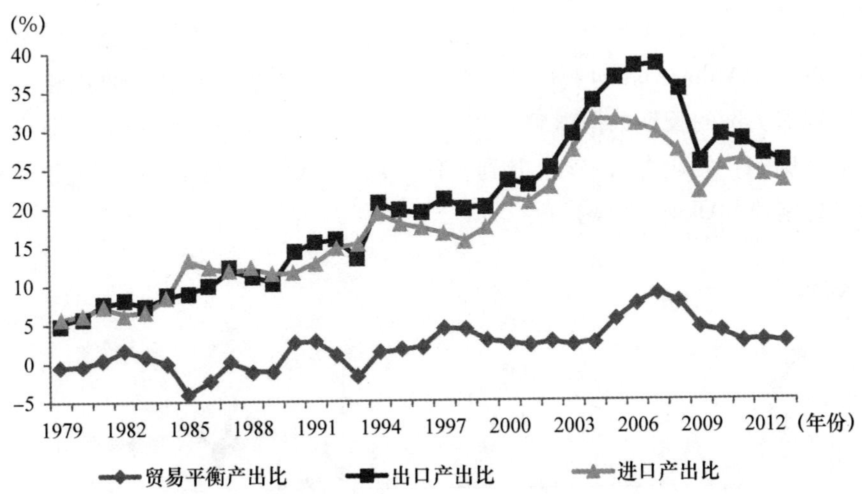

图 9－5　1978—2013 年贸易平衡产出比、出口产出比和进口产出比

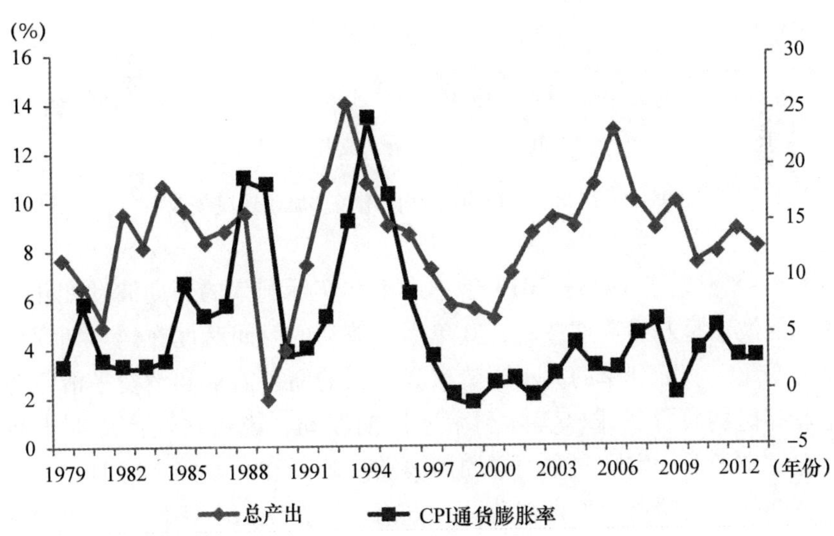

图 9－6　1978—2013 年总产出增长与 CPI 通货膨胀率

图 9－7 显示了 1978—2013 年总产出增长与城镇居民失业率的变动。失业率呈现逆周期变动的特征，即经济周期上行时，消费需求上升，企业

增加生产，雇佣更多的劳动力，失业率水平下降，而经济周期下行，消费需求下降，企业减少生产，企业减少雇员，失业率水平上升。经济学家阿瑟·奥肯（Arthur Okun）首先发现失业率与GDP增长率之间的负相关关系，根据美国的长期数据得到：实际GDP增长率变动 =3% -2 ×失业率的变动，例如，失业率从3%上升到5%，实际GDP将下降1%，该关系被称为奥肯定律（Okun's Law）。

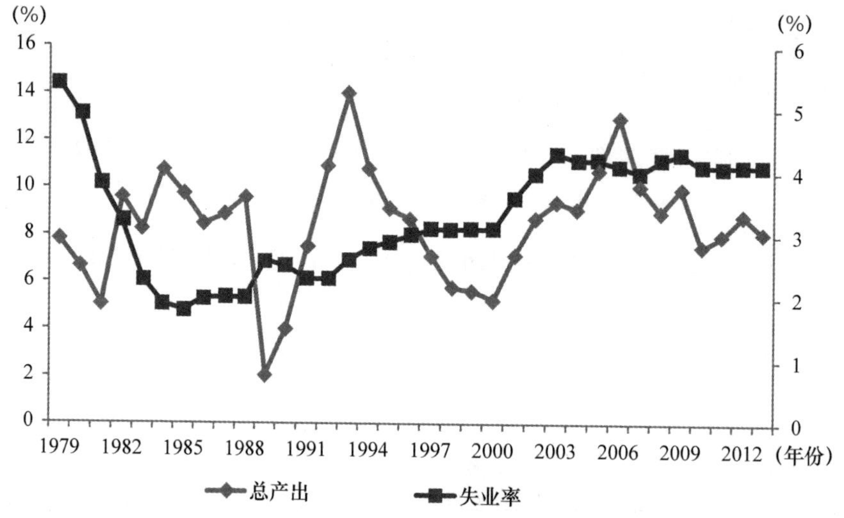

图9－7　1978—2013年总产出增长和城镇居民失业率

图9－8显示了1978—2013年总产出和实际利率的周期波动变化，实际利率的波动呈现逆周期波动，其单周期波动的时间跨度在样本期间没有明显的变化。实际利率的大小影响家庭部门的储蓄需求和消费平滑行为以及企业部门的投资需求。实际利率逆周期波动，说明在经济周期上行期间，金融市场上，实际利率的逆周期波动反映了在总收入上升时，额外的收入更多的转入储蓄而不是消费，一方面，消费动力不足使得企业增加生产和进行投资的激励不足，另一方面，金融市场开放度较低，额外的储蓄资金的配置途径较少，主要在国内金融市场配置，因此，国内金融市场中储蓄资金供给量的增长大于投资资金需求的增长，实际利率作为资金的价格，需要降低以保持可贷资金供需平衡。实际利率的逆周期波动不利于经济周期的平稳。根据宏观经济学家近期的研究结果显示：发达经济体的实

际利率一般为顺周期波动，而新兴市场和发展中经济体的实际利率一般呈现出逆周期波动。

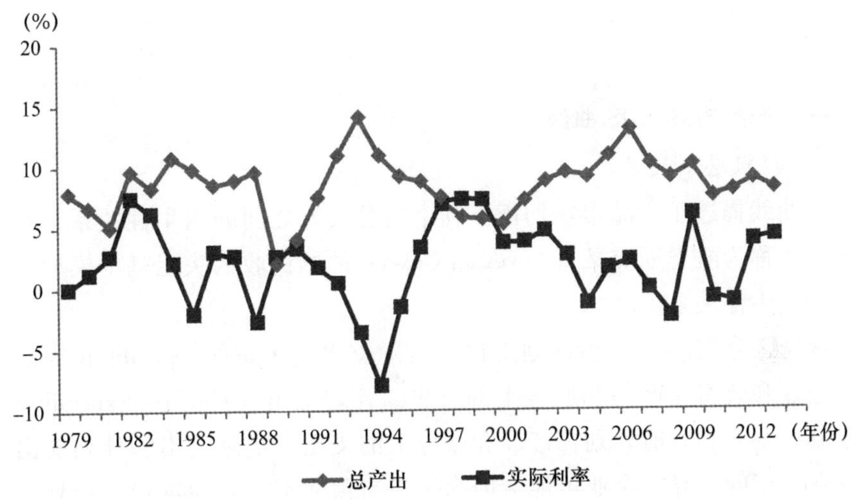

图 9－8　1978—2013 年总产出和实际利率的周期波动

第二节　IS-LM 模型

1936 年，英国经济学家约翰·梅纳德·凯恩斯（John Maynard Keynesian）发表了著作《就业、利息和货币通论》。不同于古典理论中假设国民收入只有总供给（资本、劳动和技术）来决定，凯恩斯提出总需求低迷是产生经济衰退时的低收入和高失业的主要原因。在本节中，我们通过 IS-LM 模型深入考察总需求的影响因素。

首先阐述凯恩斯主义经济周期模型对于名义价格刚性的基本假设，凯恩斯主义理论根据价格行为区分长期和短期。在长期，许多价格是灵活可变的，在短期，许多价格固定在某个前定水平上。由于价格在长期和短期有不同的行为，各种经济事件和政策在不同时间范畴中有不同的经济效应，即价格不能迅速和完全的对经济事件和政策作出调整时，产出和就业等实际变量就必须作出某种调整，经济运行就会背离古典模型所预测的均衡。

IS-LM 模型的两部分是 IS 曲线和 LM 曲线。IS 代表投资（Investment）

和储蓄（Saving），IS 曲线描述了产品市场均衡。LM 代表流动性（Liquidity）和货币（Money），LM 曲线描述了货币市场均衡。因此，IS-LM 模型描述在产品市场和货币市场同时均衡时利率与总收入水平之间的内生性关系。

一 产品市场与 IS 曲线

（一）凯恩斯交叉

IS 曲线描述了产品市场均衡下利率与总收入之间的内生性关系，我们通过一个称为凯恩斯交叉（Keyesian Cross）的国民收入决定基本模型来解释这一内生性关系。

首先区分实际支出和计划支出。实际支出（Actual Expenditure）是家庭、企业和政府在产品和服务上的支出。计划支出（Planned Expenditure）是家庭、企业和政府计划在产品和服务上的支出。实际支出和计划支出可能存在一定的差异，企业可能会因为销售与预期不一致而进行非计划的存货投资。当企业销售的比计划少时，它们的存货存量会上升，实际投资大于计划投资；反之，当企业销售的产品比计划多时，它们的存货存量会下降，实际投资小于计划投资。由于这些非计划的存货变化使得实际投资支出异于计划投资支出。

将计划投资支出 PE 写为消费 C、计划投资 I 和政府购买 G 之和：代入消费方程 $C=C(Y-T)$，简单起见，先假设计划投资为外生固定的：$I=\bar{I}$。与第八章一样，假设财政政策变量 G 和 T 是固定的，得出：

$$PE=C(Y-\bar{T})+\bar{I}+\bar{G} \tag{9.1}$$

计划支出方程的斜率是边际消费倾向。当经济体处于均衡时，实际支出等于计划支出 $Y=PE$。产品市场均衡如图 9－9 所示，45°线表示了满足产品市场均衡条件的点，加上计划支出函数，它们的交点表示这个经济体的均衡 A 点，这个图形称为凯恩斯交叉。模型中，存货调整在往均衡的移动中起到至关重要的作用。当企业出现非计划存货时，企业会改变生产水平，生产的变动又影响总收入和总支出，使得经济将均衡移动。例如，如果企业位于 A 点的左侧，计划支出大于实际生产，企业存货减少，企业会增加生产，经济向均衡点移动；如果企业位于 A 点右侧，计划支出小于实际生产，企业存货增加，企业会减少生产，经济向均衡点移动；因此，在两种情况下，企业在自主激励下的决策都使得经济向 A 点移动，A 点为稳定的均衡点。凯恩斯交叉说明了当投资、政府购买和税收为既定值时，总收入是如何决定的。当这些外生变量发生改变时，均衡收入会随之发生变化。

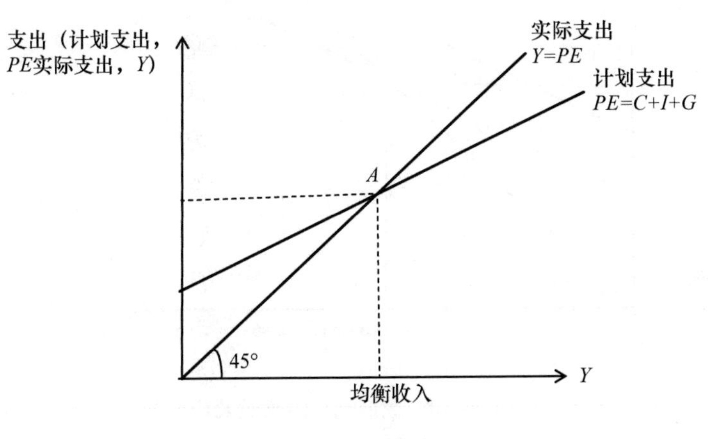

图 9-9　凯恩斯交叉

（二）乘数效应

基于凯恩斯交叉，我们将讨论计划支出中的几个分量变化如何均衡收入。首先，政府购买的变动如何影响均衡收入？如图 9-10 所示，如果政府购买上升 ΔG，计划支出曲线向上移动 ΔG，产品市场均衡点从点 A 移动到点 B。总收入上升，且总收入的变动量 ΔY 大于政府购买的变动量 ΔG，$\Delta Y/\Delta G$ 这一比率称为政府购买乘数（Government Purchase Multiplier），它代表当政府购买增加 1 元能够带来的总收入的增加量，根据图 9-10，该乘数是大于 1 的。因此，称之为政府购买的乘数效应。

乘数效应是如何产生的呢？其原因在于，经济体向均衡点的移动是一个动态的过程，当总收入上升的时候，消费是个人可支配收入的函数，消费会由于收入的上升而增加，当消费增加时，计划支出再次增加，总产出随之向上调整，这样的动态过程不断持续。

乘数到底有多大呢？我们需要累积这个动态过程产生的总效应：

政府购买最初增加 $= \Delta G$

消费的第一轮变动 $= MPC \times \Delta G$

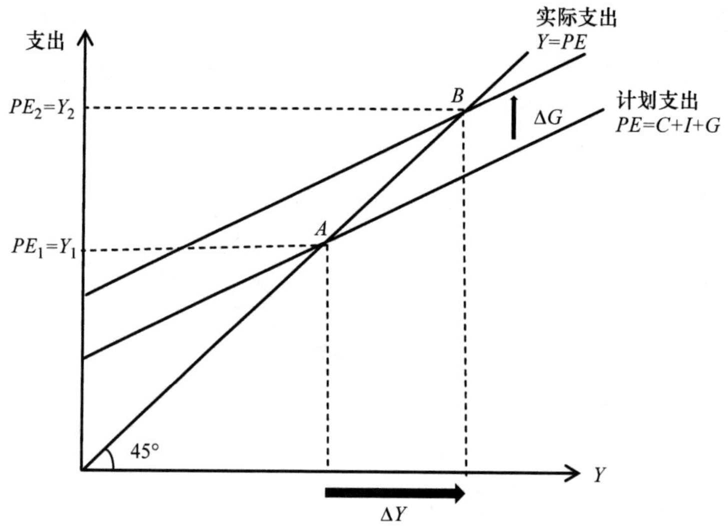

图 9－10　政府购买的乘数效应

消费的第二轮变动 $= MPC^2 \times \Delta G$

消费的第三轮变动 $= MPC^3 \times \Delta G$

$$\vdots$$

$\Delta Y = (1 + MPC + MPC^2 + MPC^3 + \cdots) \times \Delta G$

政府购买乘数：

$$\Delta Y / \Delta G = 1 + MPC + MPC^2 + MPC^3 + \cdots = 1 / (1 - MPC) \qquad (9.2)$$

例如，如果边际消费倾向为 0.75，政府购买乘数等于 4，即政府购买增加 1 元，均衡收入增加 4 元。

其次，税收的变动如何影响均衡收入？如图 9－11 所示，如果税收上升 ΔT，消费减少 $MPC \times \Delta T$，计划支出曲线向下移动 $MPC \times \Delta T$，产品市场均衡点从点 A 移动到点 B。总收入减少，且总收入的变动量 ΔY 大于税收的变动量 ΔT，$\Delta Y/\Delta T$ 这一比率称为税收乘数（tax multiplier），它代表当税收增加 1 元能够带来的总收入的减少量，根据图 9－11，该乘数是负数，绝对值大于 1，称之为税收的乘数效应。

税收的乘数效应的产生机制与政府购买的乘数效应相同，其乘数值推导如下：

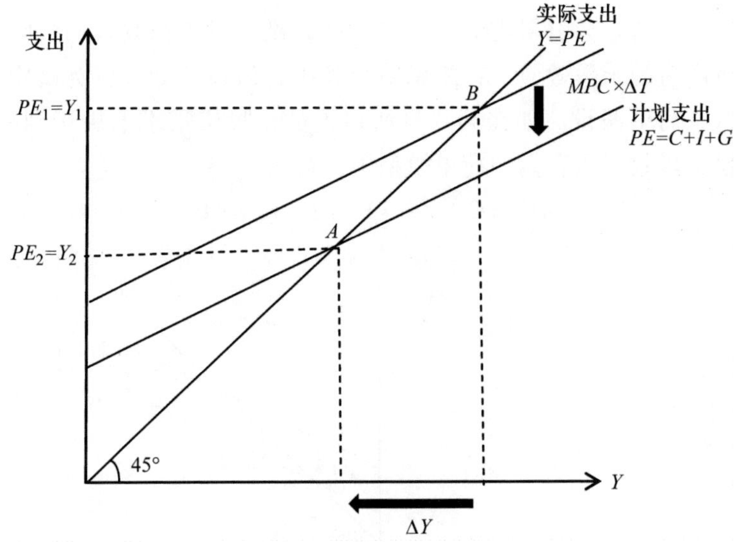

图 9 - 11　税收的乘数效应

消费的第一轮变动 = $-MPC \times \Delta T$

消费的第二轮变动 = $-MPC^2 \times \Delta T$

消费的第三轮变动 = $-MPC^3 \times \Delta T$

⋮

$\Delta Y = -(MPC + MPC^2 + MPC^3 + \cdots) \times \Delta T$

政府购买乘数：

$$\Delta Y/\Delta T = -(MPC + MPC^2 + MPC^3 + \cdots) = -MPC/(1 - MPC) \quad (9.3)$$

例如，如果边际消费倾向为 0.75，税收乘数等于 -3，即税收增加 1 元，均衡收入减少 3 元。

从以上分析可见，政府购买的增加和税收的减少都能引起总收入的增加，其乘数效应的大小取决于边际消费倾向，居民的边际消费倾向越大，乘数效应越大。税收的乘数效应小于政府购买的乘数效应。增加政府购买和减税是扩张性财政政策，反之，减少政府购买和增加税收是紧缩性财政政策。

（三）IS 曲线的推导

投资的变动亦会引起均衡收入的变动，投资对均衡收入的影响类似政府购买所产生的乘数效应，在凯恩斯交叉中，假设计划投资为既定值，现在放松这一简单假设。如在第八章所讨论的，投资需求取决于利率水平，我们把投资函数代入我们的简单模型中，得出：

$$PE = C\ (Y - \overline{T})\ + I\ (r)\ + \overline{G} \tag{9.4}$$

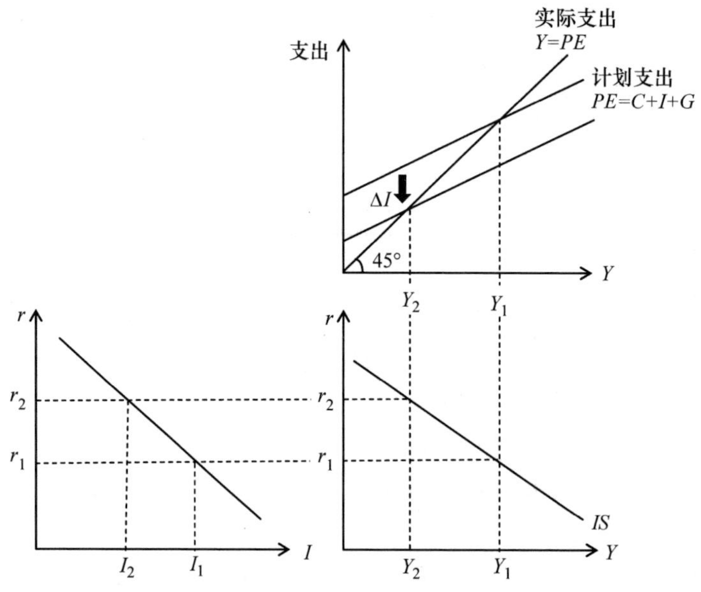

图 9-12　IS 曲线的推导

根据图 9-12，可以推出利率与均衡收入之间的内生性关系，即 IS 曲线。当利率从 r_1 上升至 r_2 时，计划投资需求从 I_1 下降至 I_2，计划支出小于实际生产，企业存货增加，企业会减少生产，均衡产出从 Y_1 下降至 Y_2，因此，利率与产出之间存在负相关的关系，IS 曲线向下倾斜，IS 曲线的斜率为 $\Delta Y/\Delta r$，可进一步写为 $\Delta Y/\Delta r = (\Delta Y/\Delta I) \times (\Delta I/\Delta r) = 1/(1 - MPC) \times (\Delta I/\Delta r)$。一方面，边际消费倾向越大，乘数效应越大，斜率越大；另一方面，投资对利率的弹性越大，斜率越大，产出对利率的内生性反应越大。

除了产出和利率以外的其他变量为模型系统的外生变量，外生变量的变动体现为曲线的移动，即任何系统外因素引起产品市场的计划支出或实

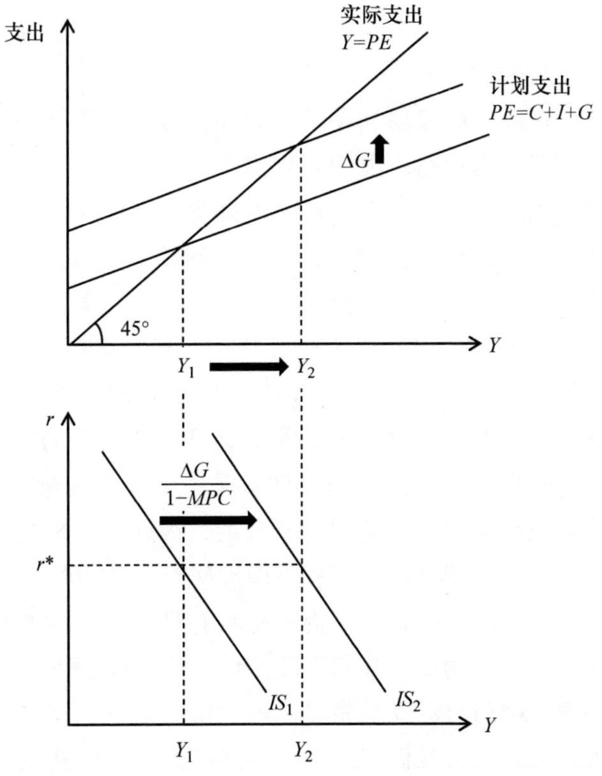

图 9－13　政府购买增加时 IS 曲线的移动

际支出变动，会产生内生变量的调整，使得系统移动到新的均衡。以财政政策为例，图 9－13 显示了政府购买支出增加时产品市场均衡的变化。如果政府购买支出增加 ΔG，凯恩斯交叉中计划支出增加，其曲线向上移动 ΔG，政府购买的乘数效应，总产出上升 $\Delta G/(1-MPC)$。利率水平不变，产出增加表现为 IS 曲线的向右移动，移动的距离等于产出的增加量。同样，如果税收减少，亦会产生在利率水平不变时，产出增加，亦表现为 IS 曲线的向右移动，移动距离等于 $-MPC\times\Delta T/(1-MPC)$。扩张性财政政策使得 IS 曲线向右移动，反之，紧缩性财政政策使得 IS 曲线向左移动。

二　货币市场与 LM 曲线

LM 曲线描绘了货币市场均衡下利率与总收入之间的内生性关系，我们通过流动性偏好理论（Theory of Liquidity Preference）来解释这一内生性关系。

（一）流动性偏好理论

在短期中，货币市场根据利率的调整保持流动性资产——货币的供给和需求平衡。需要指出的是，在中长期（即根据古典理论），价格调整引起实际货币供给量和名义利率的变动，使得货币市场保持供需平衡，但在短期（即根据凯恩斯理论）价格黏性，利率调整，引起实际货币需求量的变动，使得货币市场保持供需平衡。本章主要阐述利率在货币市场中的短期作用。

我们首先讨论货币市场均衡，货币供给量由各国（地区）的中央银行决定，用 M 表示货币的名义供给量，那么，M/P 为货币的实际供给量，我们假设货币的实际供给量为既定值，即它是一个外生变量。由于在 IS-LM 模型中，始终假设在短期中价格固定不变的，因此，在短期，中央银行名义货币供给不变，实际货币供给不变，即 $(M/P)^S = \overline{M}/\overline{P}$。

实际货币需求即流动性偏好，货币是具有最高流动性的资产，人们需要持有货币进行购买，例如，我们需要使用现金或银行卡的活期账户进行消费支付，即家庭部门对流动性资产——货币的需求。流动性需求受到两个因素的影响，一方面，我们需要在短期需要进行的消费量决定了我们需要持有多少的流动性资产进行消费，消费是个人可支配收入的增函数，因此，个人消费与总产出正相关，经济体总收入水平越高，个人消费量越高，需要持有的货币越多，实际货币需求量是总收入的增函数；另一方面，利率是持有货币的机会成本，当我们持有不能生息的货币，而不是定期存款或者其他具有较高利息率的资产时，我们放弃了能够获得利息收入的机会。利率上升时，人们持有货币的机会成本增大。因此，实际货币需求是利率的减函数。将实际货币需求函数写为 $(M/P)^d = L(r, Y)$。

图 9－14 表示了短期货币市场均衡，由于名义货币供给量和价格水平都为既定值，实际货币供给量曲线为一条垂直的直线；实际货币需求曲线是利率的减函数，因此，它向下倾斜。两条曲线的交点表示货币市场短期均衡，决定了利率的短期均衡水平。在流动性偏好模型中，利率是内生变量，利率调整使得实际货币需求量等于实际货币供给量，产出和货币名义供给量为外生变量，产品市场上总收入的变动或是中央银行使用货币政策

调整名义货币供给量都会对货币市场均衡产生影响。

图 19－5 显示了中央银行增加名义货币供给量对货币市场的影响。由于短期价格黏性，实际货币供给量等比例下降，在原利率水平 r_1，实际货币供给大于实际货币需求量，货币市场失衡。利率作为流动性的价格，进行内生性调整，利率下降，持有货币的机会成本下降，居民增加货币需求量，在新均衡水平，利率处于 r_2，实际货币需求等于实际货币供给。

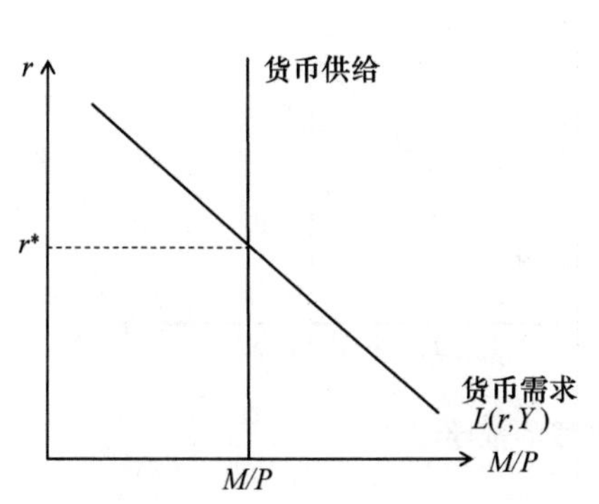

图 9－14　流动性偏好理论

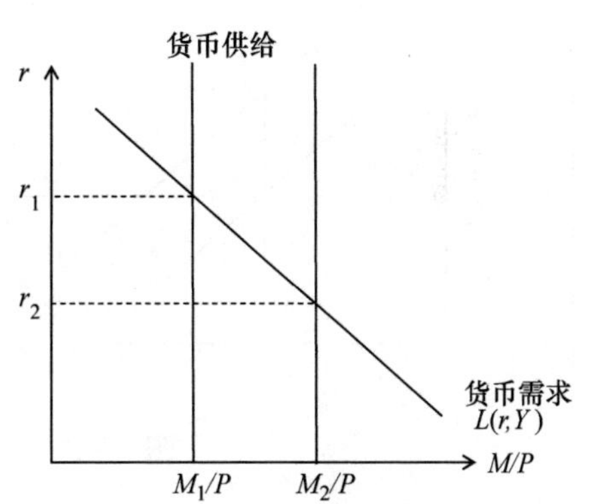

图 9－15　货币供给量的增加

（二）*LM* 曲线的推导

根据流动性偏好理论推导 *LM* 曲线，如图 9－16 所示，当总收入上升时，实际货币需求上升，表现为实际货币需求曲线向右移动，货币市场上，在原利率水平 r_1，实际货币供给小于实际货币需求，因此，作为流动性价格水平的利率进行内生性调整，利率上升，实际货币需求量下降，换言之，利率上升抑制了由于收入上升带来的额外实际货币需求，因此，根据货币市场均衡，得到了利率与总产出之间正相关的关系，表示为 *LM* 曲线，*LM* 曲线向上倾斜。*LM* 曲线的斜率取决于实际货币需求对于利率和总产出变动的弹性。

（三）*LM* 曲线的移动

货币供给量是模型中的外生变量，当中央银行执行货币政策，改变名义货币供给量时，*LM* 曲线移动。图 9－17 显示了名义货币供给量增加的情况。货币供给量增加，实际货币供给曲线向右移动，货币市场上实际货币供给量大于实际货币需求量，使得流动性价格利率水平下降，从而提高实际货币需求量，等于实际货币供给量，货币市场达到新的均衡。总收入固定不变，利率水平下降表现为 *LM* 曲线向右移动。因此，扩张性货币政策使得 *LM* 曲线向下（右）移动，反之，紧缩性货币政策使得 *LM* 曲线向上（左）移动。

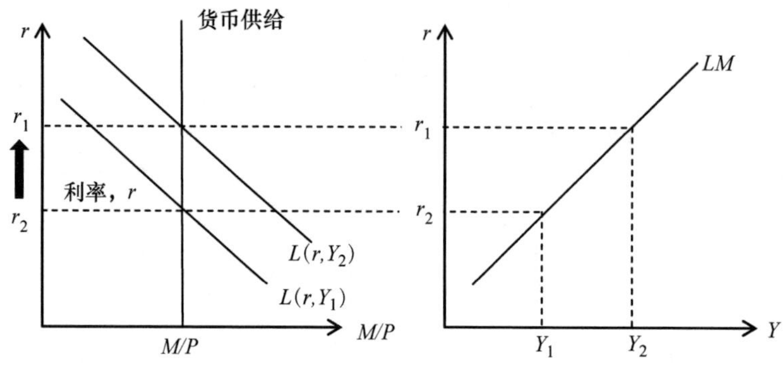

图 9－16 *LM* 曲线的推导

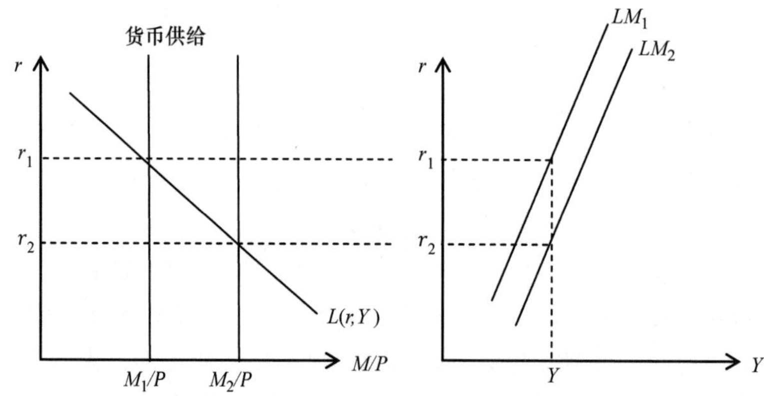

图 9－17 货币供给量上升时 *LM* 曲线的移动

三 IS-LM 模型下的短期波动

（一）IS-LM 模型下的均衡

基于以上分析，IS 曲线代表了产品市场均衡下利率与产出之间负相关的关系，LM 曲线代表了货币市场均衡下利率与产出之间正相关的关系，IS-LM 模型代表了产品市场和货币市场的同时均衡，模型的两个方程表示如下：

$$\text{IS 方程：} Y = C\ (Y - \overline{T})\ + I\ (r)\ + \overline{G} \tag{9.5}$$

$$\text{LM 方程：} \overline{M}/\overline{P} = L\ (\text{r},\ \text{Y}) \tag{9.6}$$

模型中财政政策变量 $\overline{G}$ 和 $\overline{T}$、货币政策变量 $\overline{M}$ 为既定值，是模型中的外生变量。如图 9－18 所示，经济均衡是 IS 曲线和 LM 曲线的交点，在这个交点，实际货币供给量等于实际货币需求量、计划产出等于实际产出，该点的利率和产出为产品市场和货币市场同时均衡时的均衡利率与均衡产出。

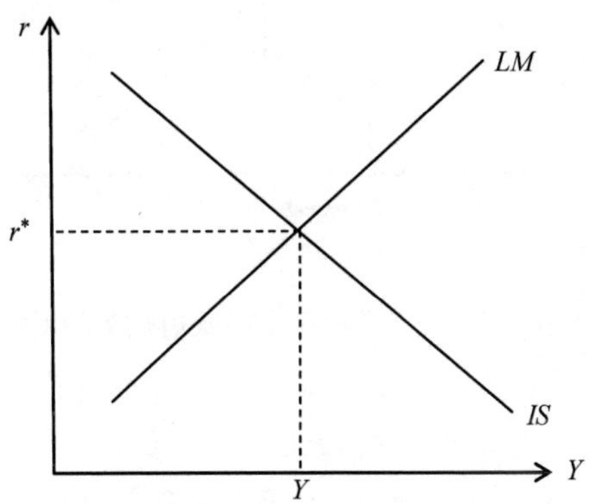

图 9－18　IS-LM 模型中的均衡

（二）财政政策如何改变短期均衡

我们可以基于 IS-LM 模型讨论财政政策如何改变经济的短期均衡。图 9－19 显示了 IS-LM 模型中政府购买增加的影响。在产品市场中，财政政策增加 ΔG，使得计划支出增加非计划存货减少，企业增加生产，IS 曲线向右移动 $\Delta G/$（$1 - MPC$）；在货币市场上，总收入的增加使得实际货币需求增加，实际货币需求小于实际货币供给，实际利率上升，抑制实际货币需求；利率的上升不仅抑制了流动性需求，也抑制了投资需求，投资下降，计划支出下降，均衡利率的变动部分抑制了财政政策的乘数效应，因此，总收入的增加量 ΔY 小于 IS 曲线向右移动的距离。

如果政府采取减税的扩张性财政政策，亦会使得 IS 曲线向右移动，与政府购买的分析类似，均衡利率的上升使得计划投资下降，部分抑制了减税的乘数效应。

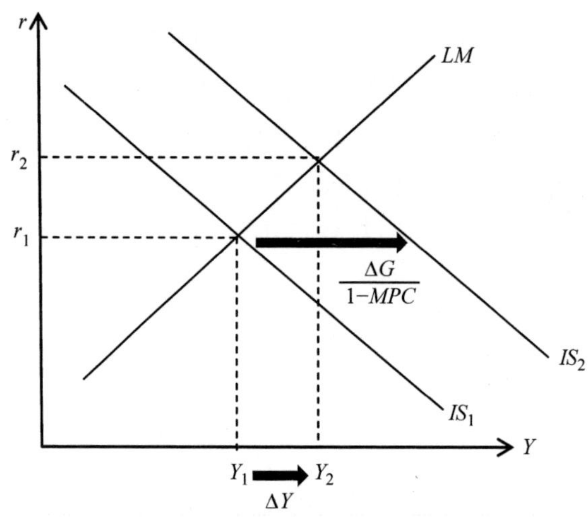

图 9－19　IS-LM 模型中的政府购买的增加

（三）货币政策如何改变短期均衡

我们亦可以基于 IS-LM 模型讨论货币政策如何改变经济的短期均衡。图 9－20 显示了 IS-LM 模型中货币供给量增加的影响。在货币市场中，货币供给量增加使得实际货币供给大于实际货币需求，利率水平降低以增加实际货币需求，LM 曲线向下（右）移动；在产品市场中，利率水平的下降使得计划投资上升，存货减少，企业增加生产，总产出上升，又部分刺激了货币市场上实际货币需求量，因此，均衡利率的下降小于 LM 曲线向下移动的距离。

IS-LM 模型显示在短期价格黏性的条件下，货币供给扩张作用于短期利率，从而影响总收入水平。需要指出的是，在长期（根据古典模型），价格能够灵活调整时，名义货币供给量增加将引起价格水平的上升，对实际利率与实际产出不发生影响，称为长期货币中性。

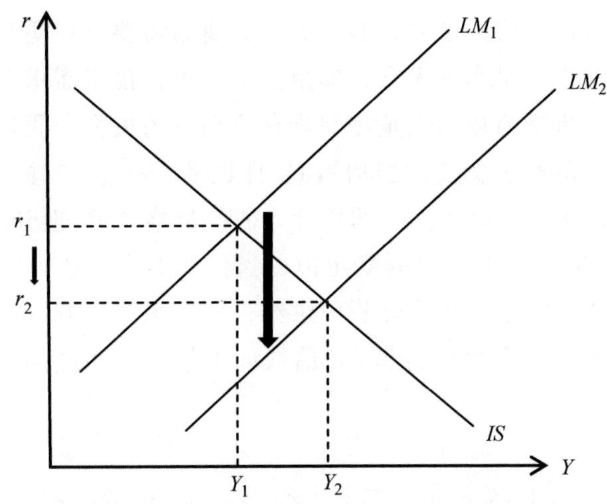

图 9－20 IS-LM 模型中的货币供给的增加

第三节 总需求—总供给模型

微观经济学中，我们通过需求和供给研究单个产品市场的价格与数量之间的关系，在宏观经济学中，我们仍然可以应用需求—供给分析来解释经济如何运行。我们将经济体整体看作一个统一的市场，分析整体价格水平与整体收入水平之间的关系。本节首先构建总需求—总供给模型，再阐述黏性价格在解释短期经济波动中的作用，总需求—总供给模型提供了一种比较经济体在长期和在短期的行为差异的方法。

一 总需求曲线

总需求量是经济体对商品和服务等最终产品的需求总量。这一需求总量以收入水平来表示。在假设封闭经济的情况下，总需求（Aggregate Demand，AD）由消费需求、投资需求、政府购买需求构成。类似于微观经济学中的个体产品需求函数，总需求函数定义为国民收入与整体价格水平之间的关系，换言之，在一个给定的价格水平下，经济体收入和支出多少的最终产品。总需求函数的图形称为总需求曲线。

简单而言，当经济体整体价格水平上升时，一方面，家庭部门感觉实际财富下降，根据财富效应，家庭部门减少消费，消费是经济体总需求的一部分；另一方面，价格上升，购买等量的商品需要支付更多的货币，货币需求上升，使得利率水平上升，抑制投资需求，投资需求亦是总需求的一部分。因此，价格与总需求量之间具有负相关的关系。我们可以从通过IS-LM 模型构建价格与总产出之间的内生性数量关系。

图 9－21 显示了总需求曲线的推导，假设价格从 P_1 上升至 P_2，在 IS-LM 模型中，名义货币供给量为既定值，当价格上升，使得实际货币供给量下降，实际货币需求大于实际货币供给，利率水平上升以抑制实际货币需求，因此，实际货币紧缩引起 *LM* 曲线向上移动。在产品市场上，利率

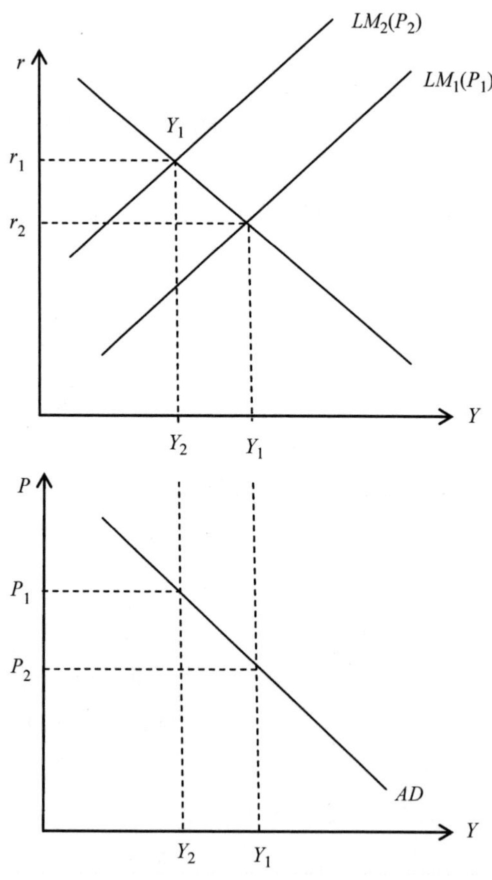

图 9－21　从 IS-LM 模型推导总需求曲线

的上升引起计划投资的减少，存货上升，企业减少生产，产出水平的下降。因此，价格的上升引起总收入的下降，总需求曲线向下倾斜，整体价格水平越高，总需求量越小；整体价格水平越低，总需求量越大。

除了价格以外的其他因素是该模型的外生变量，外生变量的变动会引起曲线的移动。在价格既定时，任何引起计划支出增加的事件会使得总需求曲线向右移动；反之，任何引起计划支出减少的事件会使得总需求曲线向左移动。例如，资产价格上涨引起的财富效应，消费增加引起总支出上升；投资者的乐观情绪增加投资需求，投资增加引起总支出的上升；扩张性财政政策和扩张性货币政策亦会引起总需求的上升。

以政府购买增加为例，图 9 - 22 显示了政府购买增加时总需求曲线的移动。当政府购买增加时，*IS* 曲线向右移动，总产出上升，短期利率下降，在既定价格水平下，产出增加表示为总需求曲线的向右移动。类似的，当减税时，*IS* 曲线向右移动，产出增加，总需求曲线向右移动。因此，扩张性财政政策引起经济体总支出的上升，从而总需求曲线的右移。反之，紧缩性财政政策引起总需求曲线的左移。如果中央银行执行扩张性货币政策，*LM* 曲线向右移动，总产出上升，在既定价格水平下总产出增加表示为总需求曲线的向右移动，因此，扩张性货币政策亦引起总需求曲线的右移，反之，紧缩性货币政策引起总需求曲线的左移。

二 总供给曲线

总供给量是经济体的总产量。总供给曲线表示价格水平与产出总量之间的一种关系。总供给（Aggregate Supply，AS）曲线的斜率取决于研究的时间范畴。在长期，根据第八章简单阐述过的国民收入决定的古典模型，经济体的产出水平取决于经济体拥有的劳动力、资本存量等资源禀赋以及经济体的生产技术水平。当劳动、资本和技术给定时，总供给量不变，因此，长期总供给曲线（Long Run Aggregate Supply，LRAS）是一条垂直的直线。我们将中长期的总供给水平称为自然产出水平，是当经济体中的劳动力资源得到有效使用时的产出水平，因此，自然产出水平也称为充分就业下的产出水平。

在短期，由于价格黏性，短期总供给曲线向上倾斜而不是垂直的。短期总供给曲线（Short Run Aggregate Supply，SRAS）的方程形式表示如下：

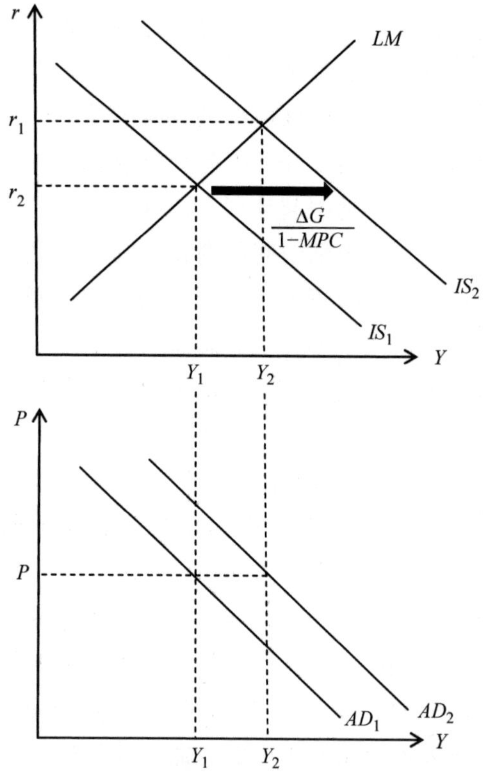

图 9-22 政府购买增加时总需求曲线的移动

$$Y = \overline{Y} + \alpha\ (P - EP) \tag{9.7}$$

其中，$\overline{Y}$ 为自然产出水平；EP 为预期的价格水平。其意义是：当价格水平偏离预期的价格水平时，产出会偏离自然产出水平。参数 α 表明产出对未预期到的价格水平变动的反应程度，$1/\alpha$ 是总供给曲线的斜率。

下面通过黏性价格模型（sticky price model）解释总供给曲线的向上倾斜。模型从价格黏性的角度阐述了未预期到的价格水平变动与总产出波动之间联系。黏性价格模型强调了企业无法针对需求的变动而即刻调整它们的售价。例如，当企业与客户签订了长期合约时，无法调整价格水平，甚至当没有合约限制时，企业可能为了避免频繁的价格调整对客户造成困扰而延迟价格调整。有时黏性价格是黏性工资的反映，企业基于生产成本进行定价，根据劳动合约，工人的工资也并不是随时调整，因此，企业也延迟调整售价。

首先考虑单个企业的定价决策，然而把许多企业进行加总来解释整个经济体的行为。假设一个企业的合意售价为 $p = P + a\ (Y - \overline{Y})$。企业的合意售价取决于两个宏观经济因素，一是经济体整体价格水平 P，整体价格水平越高，企业对自己生产的产品想要收取的价格越高；二是经济体总收入水平，总收入水平越高，总需求越高，同样会提高对企业生产的产品的需求量，当经济体的总收入水平高于自然产出水平时，即在经济周期的繁荣期，企业想要收取的价格越高；参数 a 为正值，衡量了企业在经济繁荣期提高合意售价的反应程度。

假设经济体内有两种企业，一部分企业的价格是有弹性的，它们根据上式来调整合意售价，它们在经济体中的比例为 $1 - s$；另一部分企业的价格是黏性的，它们需要根据自己预期的经济状况事先宣布自己的合意售价，黏性价格企业的定价公式为 $p = EP + a\ (EY - \overline{EY})$。E 代表变量为一个预期值。为了简化起见，假设这些企业预期产出水平位于自然产出水平。因此，最后一项（$EY - \overline{EY}$）等于零，$p = EP$。它们在经济体中的比例是 s。那么，经济体的整体价格水平为：

$$P = s \times EP + (1 - s) \times [P + a\ (Y - \overline{Y})] \tag{9.8}$$

第一项是具有黏性价格企业的比例乘以它们的定价，第二项是具有弹性价格的企业的比例乘以它们的定价。从这个方程的两边同时减去 $(1 - s) \times P$，并且两边同时除以 s，解得整体价格水平为：

$$P = EP + [(1 - s)\ a/s]\ [(Y - \overline{Y})] \tag{9.9}$$

当企业预期经济体整体价格水平升高时，它们亦预期较高的生产成本。黏性价格企业在事先设定价格时，会设定一个较高的售价，引起经济体整体价格水平升高，而整体价格水平的升高又引起弹性价格企业也提高售价。

当产出增加时，对产品的需求也高，弹性价格企业会提高售价，引起经济体整体价格水平升高，产出对整体价格水平的影响取决于弹性价格企业在经济体内所占的比例，其占比（$1 - s$）越大，实际产出对价格水平的影响越大。弹性价格企业在经济周期波动时价格调整的程度（参数 a）也影响了整体价格水平的变动。

可将上述方程进行整理得到总供给方程：

$$Y = \overline{Y} + \alpha\ (P - EP) \tag{9.10}$$

其中，$\alpha = s/(1-s)a$。黏性价格模型说明了产出对自然产出水平的偏离与价格水平与预期价格水平的偏离正相关。长期总供给曲线与短期总供给曲线如9－23 所示。

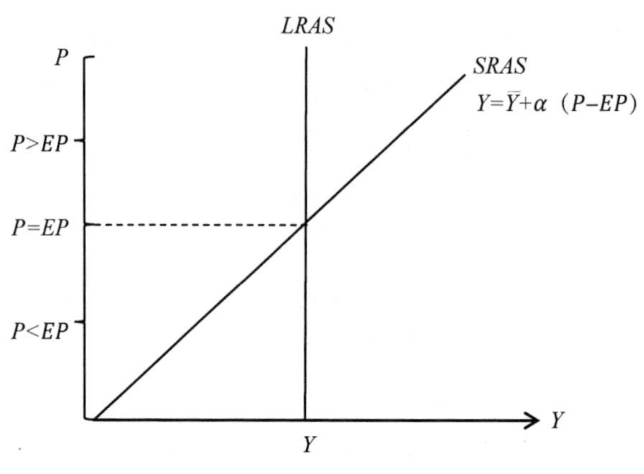

图9－23　总供给曲线

三　总需求—总供给模型下的短期波动

总需求和总供给共同描述了整体价格与总产出之间的关系。总需求—总供给模型有四个方程：

产品市场均衡：$Y = C(Y - \overline{T}) + I(r) + \overline{G}$

货币市场均衡：$\overline{M}/\overline{P} = L(r, Y)$

劳动力市场均衡：$MPL = W/P$

长期生产函数：$Y = f(L, \overline{K})$

经济体中发生的事件会引起总需求或是总供给的变动，经济学家把这些事件称为对经济运行的冲击（Shock）。来自需求方的冲击称为总需求冲击（Demand Shock），它引起总需求曲线的移动；来自供给方的冲击称为总供给冲击（Supply Shock），它引起总供给曲线的移动。这些冲击通过把产出推离自然产出水平，引起经济的短期波动，因此，总需求—总供给模型能够用于解释短期经济周期波动。此外，宏观经济学家和政策制定者能够通过制定宏观经济政策对外生冲击作出反应，从而减少经济周期波动，此类政策称为稳定化政策，相应的政策分析将在第十章中进行阐述。

（一）对总需求的冲击

首先考虑一个总需求冲击的例子，由于电子支付（如微信、支付宝）是一种比现金更方便的支付方式，所以它减少了人们选择持有的货币量。如果货币供给保持不变，货币需求的减少相当于货币供给相对多于货币需求，类似于扩张性货币政策的作用。图 9－24 显示了总需求增加对经济体的长期和短期影响。在短期，货币流通速度提高，对最终产品的需求提高，计划支出大于实际支出，企业增加生产，部分弹性价格企业提高价格。总需求曲线向右移动，经济体的均衡从 A 点移动到 B 点，B 点的产出水平高于自然产出水平，即经济体的产出水平高于长期均值，处于经济周期的繁荣期。B 点的价格水平高于 A 点，在经济周期繁荣期，表现出通货膨胀。

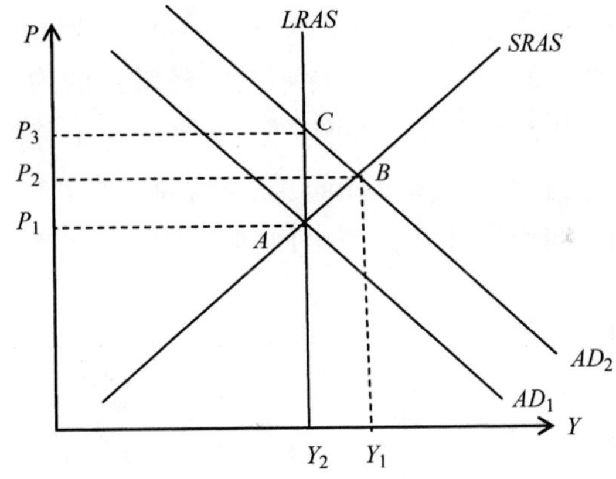

图 9－24　总需求冲击

随着时间的推移，经济体中的其他企业也逐渐提高了工资和价格，随着价格水平的上升，产品的需求量逐渐减少，计划支出减少，存货上升，企业减少生产，经济体逐渐接近自然产出水平，但在向高价格水平过渡的期间，经济体的产出水平仍然高于自然产出水平。经济体的均衡沿着总需求曲线 AD_2 从 B 点移动到 C 点。C 点的产出等于自然产出水平，C 点的价格水平高于 B 点，经济体位于长期均衡。

（二）对总供给的冲击

总供给冲击表现在生产成本的改变，从而影响企业收取的价格。由于供给冲击直接影响价格水平，所以也被称为价格冲击（Price Shock）。例如，自然灾害摧毁农作物，引起农产品工业原料和食物价格的升高；政府实行了更严格的环境保护法，提高关于排放的要求，企业的生产成本和售价都提高；国际原油价格升高，通过进口原材料和进口最终产品的价格影响国内价格。以上这些例子都是推动成本和价格的上升，称为不利的（Adverse）供给冲击；相反的情况则是降低成本和价格，称为有利的（Favorable）供给冲击。

图9-25显示了不利的供给冲击如何影响短期和长期的经济运行。成本和价格上升，短期供给曲线向上移动。（供给冲击也可能降低产出的自然水平，从而使长期总供给曲线向左移动，这里不讨论这种情况。）随着企业提高销售价格，产品的需求量下降，计划支出减少，存货增加，企业减少生产。总需求曲线保持不动，经济体的均衡从 *A* 点移动到 *B* 点，价格水平上升，产出低于自然产出水平。这个情况结合了经济停滞与通货膨胀，称为滞胀（Stagflation）。随着时间的推移，价格水平下降，经济体回到长期均衡 *A* 点，产出回到自然产出水平，经济恢复充分就业。

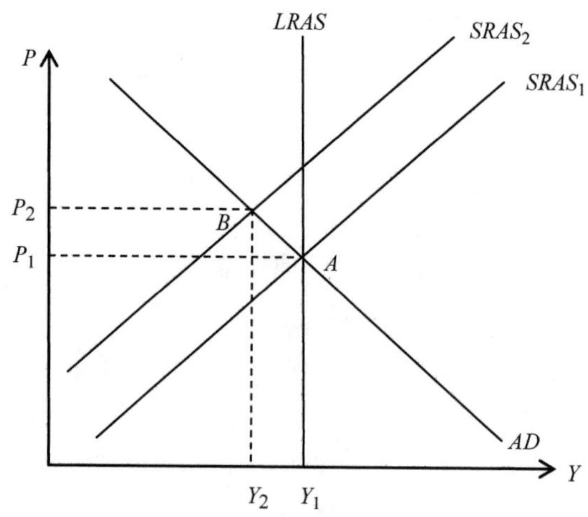

图9-25 总供给冲击

本章小结

经济体的整体收入水平呈现出一种围绕着长期趋势反复波动的特征。宏观经济学中，总收入的长期趋势称为经济增长，而围绕着长期趋势的反复波动称为经济周期波动，与之相对应的相关理论分为经济增长理论与经济周期理论。

凯恩斯主义经济周期理论认为经济周期波动的主要根源在于短期价格黏性，由于短期价格不能灵活调整，使得短期的宏观经济运行偏离长期均衡，而在长期随着价格重新调整，经济体回到长期均衡路径。

各国经济周期波动具有一些普遍特征，例如，消费和投资随着总产出波动，消费的波动性小于总产出，投资的波动性大于总产出，通货膨胀、失业率等变量也随着总产出波动。净出口、利率等变量的周期波动特征在发达经济体和新兴市场、发展中经济体中有所不同。

IS-LM 模型代表了产品市场与货币市场同时均衡下的利率与总收入之间的关系。

IS 代表投资和储蓄，当计划支出等于实际支出时，产品市场处于均衡水平，计划支出等于消费、计划投资和政府购买的总和，计划支出的变动对于产出变动具有乘数效应；IS 曲线描述了产品市场均衡下利率和总产出的负相关关系；当消费、计划投资和政府购买等计划支出发生外生性变化时，IS 曲线移动。

LM 代表流动性和货币，当实际货币供给等于实际货币需求时，货币市场处于均衡水平；实际货币需求与利率水平负相关、与总产出正相关；LM 曲线描述了货币市场均衡下利率和总产出之间的正相关关系；当货币供给量、货币需求量发生外生性变化时，LM 曲线移动。

扩张性财政政策使得 IS 曲线向右移动，利率上升，产出上升；反之，紧缩性财政政策使得 IS 曲线向左移动，利率下降，产出下降。

扩张性货币政策使得 LM 曲线向右移动，利率下降，产出上升；反之，紧缩性货币政策使得 LM 曲线向左移动，利率上升，产出下降。

总需求—总供给模型描述整体价格水平与整体收入水平之间的关系，提供了一种比较经济体在长期和在短期的行为差异的方法。

总需求曲线描述了国民收入与整体价格水平之间的负相关关系。可以通过 IS-LM 模型构建总需求曲线。扩张性财政政策和货币政策使得总需求曲线向右移动；反之，紧缩性财政政策和货币政策使得总需求曲线向左移动。

长期总供给水平取决于经济体拥有的劳动力、资本存量等资源禀赋以及经济体的生产技术水平。当劳动、资本和技术给定时，总供给量不变，长期总供给曲线是一条垂直的直线。

黏性价格模型解释了短期总供给曲线的向上倾斜。当企业预期经济体整体价格水平升高时或当产出增加时，经济体整体价格水平升高。

经济体中发生的事件会引起总需求或总供给的变动，经济学家把这些事件称为对经济运行的冲击。来自需求方的冲击称为总需求冲击；来自供给方的冲击称为总供给冲击。这些冲击通过把产出推离自然产出水平，引起经济的短期波动。有利的冲击使得经济体向上偏离长期均衡，而不利的冲击使得经济体向下偏离长期均衡。

总需求冲击引起总需求曲线的移动，有利的总需求冲击使得总需求曲线向右移动，在短期，价格上升，产出高于自然产出水平，经济向上偏离长期均衡，在长期，价格继续向上调整，产出逐渐回到自然产出水平。

总供给冲击引起总供给曲线的移动，不利的总供给冲击使得总供给曲线向上移动，在短期，价格上升，产出低于自然产出水平，经济向下偏离长期均衡，在长期，价格逐渐向下调整，产出逐渐回到自然产出水平。

理论自测

1. 凯恩斯主义经济周期理论与古典主义经济周期理论的基本假设有何区别？

2. 经济周期波动具有哪些典型特征事实？

3. 什么是奥肯定律？

4. 为什么政府购买乘数的绝对值大于税收乘数的绝对值？乘数效应的机理是什么？

5. 举例说明三个能够使得 IS 曲线移动的因素，且说明如何移动？

6. 举例说明三个能够使得 LM 曲线移动的因素，且说明如何移动？

7. 简述短期和长期的货币市场均衡。

8. 举例说明三个能够使得 AD 曲线移动的因素，且说明如何移动？

9. 根据黏性价格模型简述短期总供给曲线的向上倾斜的原因

10. 举例说明三个能够使得 SRAS 曲线移动的因素，且说明如何移动？

应用自测

1. 如果边际消费倾向为 0.7：

（1）投资增加 50 亿元，均衡总收入如何变化？

（2）政府购买增加 50 亿元，均衡总收入如何变化？

（3）税收增加 50 亿元，均衡总收入如何变化？

2. 假设某经济体的消费函数为 $C=100+0.8(Y-T)$，计划投资等于 100，政府购买等于 200，税收等于 200：

（1）画出凯恩斯交叉；

（2）求均衡收入；

（3）如果政府购买增加至 250，新的均衡收入是多少？

（4）如果税收增加至 250，新的均衡收入是多少？

3. 如果边际消费倾向为 0.6，政府购买增加 50 亿元，税收减少 50 亿元，IS 曲线如何移动？

4. 假设货币需求函数为 $(M/P)=1000-10r$，利率 r 的单位为百分比。货币供给量为 1000，价格水平等于 2：

（1）画出货币市场均衡；

（2）均衡利率是多少？

（3）假设价格水平不变，货币供给量增加 200，均衡利率发生什么变化？

5. 假设消费函数为 $C=200+0.75(Y-T)$，投资函数为 $I=200-50r$，政府购买和税收均等于 200，货币需求函数为 $(M/P)=Y-200r$：

（1）画出 *IS* 曲线；

（2）画出 *LM* 曲线；

（3）使用 *IS-LM* 模型，分析政府购买增加 50 的影响；

（4）使用 *IS-LM* 模型，分析货币供给量增加 200 的影响；

（5）推导总需求方程并画出总需求曲线。

6. 短期总供给函数为 $Y=2000+P$，总需求函数为 $Y=2400-P$，假设经济体最初位于长期均衡：

（1）画出 *AD-AS* 曲线图，求均衡价格水平和自然产出水平；

（2）如果总需求增加 200，画出 *AD-AS* 曲线图，求新的短期均衡点和长期均衡点；

（3）如果总供给增加 200，画出 *AD-AS* 曲线图，求新的短期均衡点和长期均衡点。

参考文献

吴周恒：《中国经济周期波动特征理论模型与政策研究（1978—2014)》，经济科学出版社 2016 年版。

第十章 宏观经济调控

凯恩斯主义认为在面临需求冲击的情况下，政府可以采取积极的财政政策和货币政策来应对短期经济波动。那么本章将介绍政府在宏观经济调控中可能会使用的财政政策工具和货币政策工具，以及这些政策工具在实现宏观经济政策目标所起的作用。

第一节 宏观经济政策目标

宏观经济政策指的是政府有意识有计划地运用一定的政策工具，调节控制宏观经济的运行，以达到一定的政策目标。从西方国家战后实践来看，国家宏观调控的政策目标，一般包括充分就业（Full Employment）、经济增长（Economic Growth）、物价稳定和国际收支平衡（Balance of International Payments）四项。

第二次世界大战结束后，鉴于20世纪30年代世界经济大危机带来严重的失业，英国、美国先后以法律形式规定，谋求充分就业是政府的责任。例如1946年美国国会通过的《就业法案》，责成政府“采用一切符合国家政策要求……的实际手段……能够对一切愿意并且正在寻找工作的人提供有效就业机会（包括自我雇佣），以促进最大限度的就业、生产和购买力”。另一方面，维持预算平衡被认为是政府应有责任。例如就在20世纪30年代初，正当经济危机遍及所有发达国家，物价下跌，生产滑坡、工人大量失业的时候，美英德法等国政府，为了平衡预算，采取紧缩政策。再例如1930年上台的德国总理海因里希·布吕宁（Heinrich Brüning）采取了压低工资、增加税收、裁员减薪，缩减政府开支的紧缩政策，导致失业剧增，以致得到“饥饿总理”的称号。美国经历了1934—1936年短暂的复苏后，1937 年又转入衰退，一部分原因是罗斯福力求压缩财政刺字而紧缩政府开支。1957—1958 年和 1961—1962 年美国两次衰退，主要原因是艾森豪威尔政府时代把预算平衡作为财政政策的指导思想。

20 世纪 50 年代，一方面经济分析出现了把凯恩斯短期静态均衡分析用于长期化动态化的经济增长理论；另一方面，“冷战”期间西方国家对苏联社会主义国家高速增长的挑战，从 60 年代初美国肯尼迪政府开始，经济增长成为国家宏观调控的一项目标。事实上，经济增长理论表明，鉴于人口（劳动力）的自然增长和劳动生产率的提高，一个国家没有必要的增长不可能保持充分就业。就是说，经济增长与充分就业这两项目标是内在一致的。

20 世纪 60 年代末，以及 1973—1975 年出现的“滞胀”，通货膨胀取代失业成为发达国家面临的头号经济问题，如何对付通货膨胀成为宏观调控的最棘手的难题。

第二次世界大战后，随着国际贸易和国际资金流动的发展，一个国家的国际收支对国内经济有着十分重要的影响，因此，维持国际收支平衡，成为宏观调控的第四项目标，例如日本 20 世纪 50—70 年代出现“滞胀”以前的高速增长期间爆发过五次经济危机，其中有四次是由于国际收支出现逆差，日本政府被迫采取紧缩措施造成的。第二次世界大战后英国经济之所以“走走停停”，国际收支不断出现问题是一个重要原因。

以上概述了发达国家宏观调控的政策目标的演变过程，不同国家或一个国家在不同时期显然会有各自的侧重点，尤其是各项目标不可兼得甚至互相矛盾顾此失彼的时候更是这样。通过官方文件正式宣布上述四项目标的是美国 1978 年的《充分就业和平衡增长法》（*Full Employment and Balanced Growth Act*，又称《汉弗莱·霍金斯法》），把充分就业（4% 失业率）、稳定物价（3% 通货膨胀率）、经济增长和国际收支平衡四项并列为宏观调控的政策目标。

第二节　财政政策

财政政策（Fiscal Policy）是指一个国家的政府为达到既定经济目标对财政收入、财政支出和公债做出的决策；政府通过其收入和支出来影响经济的一种宏观调控的手段。扩张（或积极的）财政政策是指政府为刺激总需求而增加支出或减少税收（或两者兼有），用于当经济处于通货紧缩或失业率高涨的经济低迷时期。与此相反，紧缩性的财政政策是指政府减少支出或增加税收（或两者兼有），其目的是为了抑制总需求以期达到控制通货膨胀的目的。

一　财政收入和财政支出

每个国家各有其独特的财政体制和预算制度，但大体上又有一些共同的原则。例如，中央政府和地方政府按照各自的收入和支出体系，编制年度财政预算，向立法机构汇报预算执行情况的决算，各自为弥补财政赤字发行国债和地方政府债券。

就财政收入而论，基本上来自各种税收，大体上可分为三类，即财产税（Property Tax）、所得税（Income Tax）和货物税（Goods Tax）。财产税是对不动产、房地产（土地和土地上的建筑物等）所征收的税。所得税是指对个人和公司的收入征收的税，如个人的工薪收入和股票债券存款等资产的收入、公司的利润。财产税和所得税又称直接税，是由纳税人负担不能转嫁给别人的税。这两种税收一般是累进税，即财产和收入越多，边际税率累进地提高。第三类税收是对生产流通和消费等各个环节的货物征税，如营业税、消费税。货物税又称间接税，因为原来的纳税人生产商和销售商通常采取提高售价的形式，因而至少有一部分租税的负担转嫁给最终消费者。这种税通常是按固定不变的税率征税，故称比例税，与累进税相对而言，比例税具有累退税的性质，因为从纳税的负担来看，富人收入中纳税的份额显然大大低于穷人收入中的份额。

按照国民收入核算体系原则分类，以美国为例，政府财政支出可分为政府购买和政府转移支付两大类。政府购买作为计入 GDP 的四大需求项目（消费、投资、政府购买和净出口）之一，根据政府对商品和劳务的购买，包括购买军需品，警察装备用品，机关办公用品以及支付政府雇员的工资薪金。政府转移支付包括社会保障社会福利支出，政府对农业的补贴以及公债利息。

二　财政收入与国民收入的决定

在宏观经济运行中，假如一定收入水平下人们意愿的储蓄大于厂商意愿的投资，这就出现凯恩斯所谓源于有效需求不足引起的非自愿失业，为此引进政府开支（政府购买）G，并假定税收为零，则国民收入均衡值将按乘数原理多倍扩大。

$$Y = C + S + T = C + I + G \tag{10.1}$$

政府购买乘数为 $K_G = \frac{1}{1-b}$，其中 b 为边际消费倾向。

现在引进政府税收 T，则在国民收入核算体系中，税收一方面减少人们可支配收入，从而减少人们的消费与储蓄，另一方面，假如政府开支还包括转移支付 TR，由此增加人们的消费和投资支出，这时，宏观经济均衡：

$$C + S + T = C + I + G \tag{10.2}$$

或者 $S = I +(G - T)$，该等式是投资—储蓄恒等式的另一种表述，投资等于私人储蓄和政府储蓄之和。

转移支付乘数 $K_{TR} = \frac{\Delta Y}{\Delta TR} = \frac{b}{1-b}$

税收乘数 $K_T = -\frac{b}{1-b}$

设 $G = T$，即预算收支平衡。则平衡预算乘数 $K_G + K_T = \frac{1}{1-b} - \frac{b}{1-b} = 1$。

三 自动稳定器与积极的财政政策

据上论述可知，政府的财政收支及其变动，对宏观经济的运行有着直接的间接的重大作用。第二次世界大战以后，发达国家周期性经济危机仍然存在，但同第二次世界大战前比较，特别是同1929—1933年世界经济危机比较，波动幅度大为减少，衰退或萧条持续时间大为缩短，这主要是两种力量作用的结果，一是财政制度本身有着自动地抵消经济波动，从而缓和经济波动，维持经济稳定发展的作用，就是说，即使在政府支出和税率保持不变的时候，财政制度本身会影响社会经济的活动，因而被称为自动稳定器（automatic stabilizer）；二是政府有意识地实行所谓逆对经济风向调整总支出的相机决策（discretionary）积极的财政政策。

自动稳定器主要有以下三种：一是税收的自动变化。在经济扩张阶段，随着生产扩大，就业增加，收入增加，政府税收相应增加，特别是实行累进税情况下，税收的增长率超过国民收入增长率。税后增加意味着居民可支配收入减少，因而具有遏制总需求扩张和经济过热的作用。当经济处于萧条阶段时，国民生产总值下降，个人收入和公司利润普遍下降，税收相应减少。因此，由于税率给定不变条件下，税收随经济周期自动地同方向变化，因而税收在经济扩张阶段有遏制经济过热的作用，在萧条阶段则发挥缓解经济紧缩的作用。

二是政府的转移支付。同税收的作用一样，政府转移支付有助于稳定可支配收入，从而有助于在总支出中占很大比重的消费需求。在萧条阶段，随着失业增加，社会保障社会福利增加，反之，在经济扩张阶段转移支付减少。

三是维持农产品价格的政策，实际上是以政府财政补贴这一转移支付形式，保证农场主的可支配收入不低于一定水平，故认为是减缓市场经济无可避免地经济波动的稳定器之一。

积极的财政政策是指政府密切注视经济的变动趋势，预测未来的经济发展，在税收和政府开支方面采取有效的政策，以实现一定的宏观调控政策目标。例如，为了阻止可能出现的经济衰退，政府在其年度预算中增加政府开支或（和）减税的措施。反之，为了防止经济过热和通货膨胀采取紧缩政府开支或（和）增税的紧缩性财政政策，例如 1964 年美国通过减税，实现了充分就业，并且物价稳定。1965 年以后由于越南战争、经济过热，为了遏制通货膨胀，美国政府采取增加税收的措施。

四　补偿性财政政策，充分就业预算盈余与财政拖累

第二次世界大战前，西方国家奉行的理财思想，基本上还是亚当·斯密于 1776 年出版的《国富论》中提出的原则：一个谨慎行事的政府应该厉行节约，量出为入，每年预算都要保持平衡。财政赤字引起的债务，既表现了政府的挥霍浪费，耗费了积累资本发展经济所必需的生产资金，也给子孙后代造成负担，因为公债的还本付息，归根到底是由纳税人来负担的。20 世纪 30 年代世界经济危机和“凯恩斯革命”使人们意识到经济衰退期间保持预算平衡既无必要而且会加深衰退。但是，预算平衡的思想根深蒂固，理财思想从每年保持预算平衡发展为每一个经济周期保持平衡，就是说，萧条阶段可以容许赤字，但要求繁荣阶段的预算盈余来弥补此前

的财政赤字，做到每个经济周期的政府收支保持平衡，故称为补偿性财政政策（Compensatory Fiscal Policy）。1962 年美国肯尼迪政府总统经济顾问委员会提出，每年度的预算平衡甚至一个经济周期的预算平衡都是不必要的。财政政策的目标应是提供足够的有效需求在防止出现需求拉动通货膨胀的同时实现和保持充分就业。由此在经济分析和财政政策发展史中，继补偿性财政政策之后，出现了“充分就业预算”和充分就业的财政盈余（Full-employment Surplus）和充分就业的财政赤字（Full-employment Deficit）等概念。

一个国家每个财政年度编制的预算，确定该年度计划的支出和各种税收的税率。但是这个计划不可能事先确定而只能估计财政赤字或盈余的大小。如上指出，因为税收和转移支付是随就业和经济活动水平而变化的，所以，对于任一财政年度政府支出和税率给定财政预算计划来说，不同的经济活动水平，会有不同的财政赤字或盈余。

图 10－1 中横轴表示实际国民收入，$Y_f=1300$，表示充分就业下的国民收入，纵轴表示税收和政府购买。税收 $T=tY=0.2Y$；政府购买 $G=200$；若 $Y=800$，则 $T=160$，故财政赤字 $=G-T=200-160=40$；若 $Y=1000$ 则 $T=200$，则 $T=200$，$G-T=0$，即预算平衡，若 $Y=1300$ 则 $T-G=260-200=60$，即财政盈余 $=60$。这样，假如事实上财政年度的国民收入 $=800$，则该年度的财政赤字为 40；假如事实上该年度的国民收入 $=1000$，则该年度的财政收支平衡，同理，假如国民收入等于 1300，则会有

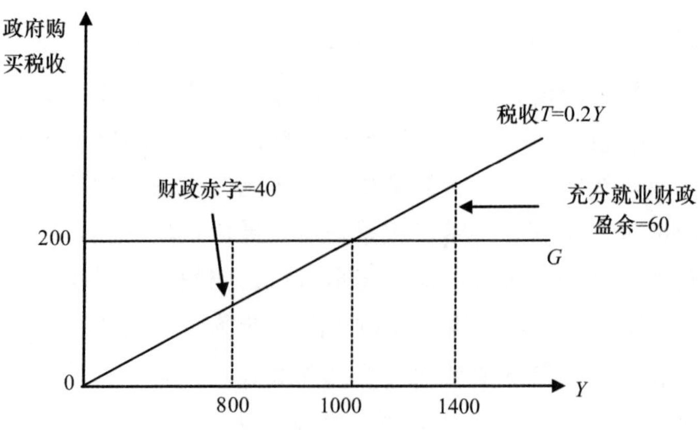

图 10－1 财政赤字与财政盈余

财政盈余60。

“充分就业的财政盈余或赤字”是用来显示财政状况是扩张性的还是紧缩性的指示器。它表示的是在给定的税收和财政开支结构下，假如社会经济达于充分就业时会有的财政盈余或赤字，前者是依据估算出来的三组数据得出来的，而事实上的财政盈余或赤字是根据财政计划执行的结果。为了估算出充分就业财政盈余或赤字，首先需要确定充分就业的水平（例如，确定失业率为4%，制造业固定资本使用率为86%即使充分就业）然后据此估算出在充分就业时会有的GDP。其次是根据给定的税率和税收结构估算出充分就业的GDP会有的税收额，最后是估算出充分就业的GDP的政府开支，其中政府购买是在财政预算计划中给定的，所以一般不会发生变化，但失业救济支出需要调整到充分就业时应有的水平。

那么，是否可以认为，充分就业财政预算的目标，就是借助财政措施在保证实现和维持充分就业，又防止通货膨胀的前提下，既没有财政盈余，也没有财政赤字？就是说，年度预算平衡这一传统目标现在由“充分就业预算平衡”（Full Employment Balanced-budget）所取代。美国在尼克松政府时代，确实认为是这样的。1973年财政年度的美国总统咨文指出：“充分就业预算概念是本届政府财政政策的中心。除了非常情况以外，支出必需不超过使预算在充分就业条件下达到平衡的水平。1973年的预算符合这一方针。这样做，支出就一定会对扩张产生必要的刺激，但不是通货膨胀性的。”

然而，上述财政政策的目标，实际上是一种既非刺激性的又非收缩性的预算。为了使财政收支能够有效地实现和保持充分就业又防止通货膨胀，它要求一种充分就业预算，这种预算有时出现赤字（刺激性的），有时出现盈余（紧缩性的）。为什么是这样？我们知道，包括税收和政府开支的宏观经济均衡：

$$（总供给）C+S+T=C+I+G（总需求） \tag{10.3}$$

$$S-I=G-T 或 S=I+(G-T) \tag{10.4}$$

假设在充分就业产量水平上，私人计划的储蓄S超过了私人计划的投资I，即$S>I$，这要求充分就业预算出现赤字，即$G>T$，以保证$S=I+(G-T)$。这实际上就是凯恩斯提出的用政府投资弥补私人投资不足，以消除源于有效需求不足产生的非自愿失业。相反，假如在充分就业产量水平上，

$S<I$，这要求充分就业预算出现盈余以防止通货膨胀，这实际上是用政府储蓄（$T>G$）连同私人储蓄一起以保证宏观经济在充分就业水平做到计划的储蓄等于计划的投资，即 $S+(T-G)=I$。据此，宏观经济分析推导出一个新的概念，即充分就业预算盈余变成了财政拖累（Fiscal Drag）。

在累进税（Ascending Tax）制度下，财政收入的增长率大于 GDP 的增长率，假如政府支出与 GDP 同比例增加，其结果是预算收入的增加大于支出的增加，由此出现财政盈余。假如经济已处于充分就业，在这场合出现的充分就业预算盈余，如果没有私人计划的投资超过私人计划的储蓄来吸纳政府部门的储蓄，这就表现为有效需求不足导致经济降到充分就业水平以下。充分就业财政盈余（政府储蓄）正如私人储蓄一样，作为“漏出”因素，减缩了有效需求，遏制了就业和产量的扩张，正是在这个意义上，旨在实现和保持充分就业的财政预算中出现的财政盈余变成“拖累”。在这场合，要求政府及时调整预算，降低税率以减少税收或（和）增加政府开支以消除在非此情况下会产生的财政盈余。

五　财政赤字与公债

一个国家年度预算的支出超过了收入出现赤字时，弥补财政赤字的办法有二，一是凭借国家垄断货币发行的权力，通过中央银行增发货币；二是发行公债，即 $G-T=\Delta M+\Delta B$。例如，按照预算计划，$G-T=300$ 亿元，即有 300 亿元赤字。政府可以增加货币发行（ΔM）200 亿元，同时新发行公债（ΔB）100 亿元。当然也可以全部用公债来弥补财政赤字，以避免货币供应量过多引起通货膨胀。

公债包括内债和外债。内债是政府向本国居民、企业和各种金融机构发行的债券。外债是向外国举借的债务，包括向外国借款和发行外币债券。根据各国财政税收体制，除了中央政府发行的债券以外，地方政府通常也发行债券，举办各种公用事业和社会福利事业，来弥补自己的预算赤字。在西方国家，公债现在不仅是政府弥补财政赤字的一个经常性手段，而且是配合货币政策通过影响货币供给以调节宏观经济活动的一个重要工具。

政府在执行其促进经济增长的目标及其他职能时，需要支出，而支出需要弥补。政府支出的弥补一方面来自税收收入，而这将减少本国居民参加经济活动的能力，另一方面，政府支出的弥补还可以来自于借债。当政府的支出大于其税收收入时，就产生了预算赤字，而赤字的不断累积又形成了政府的债务问题。由于财政政策立竿见影的效果，第二次世界大战以后许多 OECD 国家的政府都频繁地发行国债，即使经济还没有处于流动性陷阱。某种程度上，发行债务似乎已超出了凯恩斯需求管理的目标。频繁的债务发行使得 OECD 中的大多数国家的债务不断累积。目前，许多 OECD 国家的债务，如美国、德国和日本等都达到了 GDP 的 100% 以上。

（一）发达国家的债务问题

长期以来，债务与赤字问题一直困扰着发达国家的政府对经济发挥作用。由于财政政策立竿见影的效果，以及政府的财政支出不仅能调节总需求，同时还能推动供给，因此，第二次世界大战以后，许多 OECD 国家的政府都偏向于频繁地发行债务，即使经济还没有处于流动性陷阱。频繁的债务发行使得大多数发达国家的债务不断累积。目前大多数发达国家的债务已达到 60% 以上。

表 10 - 1　　美国政府债务占名义国内生产总值百分比

2007 年	2008 年	2009 年	2010 年	2011 年	2012 年	2013 年	2014 年	2015 年	2016 年	2017 年	2018 年
63.861	77.724	85.206	93.551	97.943	101.455	103.379	103.504	103.827	106.742	104.986	106.773

数据来源：https：//www. ceicdata. com/zh-hans/indicator/united-states/government-debt- - of-nominal-gdp。

如此之高的债务开始困扰着这些发达国家政府对经济的调控作用。例如，在欧盟国家之间所签订的《欧洲联盟条约》（*Treaty of Maastricht*，又称《马斯特里赫特条约》，简称《马约》）中，政府的预算赤字被规定不能超过 3%，而政府的债务上限则定为 60%。

对于债务问题的担心是高债务可能引起的对政府的信任危机并由此而影响政府功能的正常运转。一般情况下，政府是用税收收入来归还利息，而用重新发债来弥补到期的债务本金。过高的债务可能使承销政府债券的金融投资者对政府的信心下降，从而对持有政府债券所要求的利率上升。

显然，这会加重政府利息支出的负担，而过多的利息支出会影响政府正常功能的运转。假如政府现有的债务已为GDP的100%，如此之高的债务率使得债券利率高达5%，从而政府的利息支出占GDP的5%。又假如税收为GDP的20%。于是，我们可以看到，即使债务率继续维持在100%，政府支出（或收入）中的1/4，即GDP的5%将被用于利息支出。如此之高的利息支出有可能会影响政府一般功能的正常运转。

（二）中国的债务问题

从表面上看，中国的债务问题并不严重。截至2018年底，中国地方政府债务余额18.39万亿元，如果以债务率（债务余额/综合财力）衡量地方政府债务水平，2018年，地方政府债务率为76.6%，低于国际通行的100%—120%的警戒标准。加上中央政府债务余额14.96万亿元，按照国家统计局公布的GDP初步核算数计算，政府债务的负债率（债务余额/GDP）为37%，低于欧盟60%的警戒线，也低于主要市场经济国家和新兴市场国家水平。[①]

六 “挤出”效应

“挤出”效应（Crowding Out Effect）是指政府支出挤出了民间投资或消费。[②] 从IS-LM模型和AS-AD模型的分析中，可以看到，这种挤出是通过利率上升，从而减少民间投资而实现的。与货币政策通过刺激民间投资的效果相比，扩张型财政政策的这种挤出效应使得经济学家们更加偏爱货币政策。

从国民收入决定基本模型来看，当政府支出增加ΔG，根据乘数理论，此时$\Delta Y=\frac{\Delta G}{1-b}$，其中$b$为边际消费倾向，从图10-2来看，此时国民收入从$Y_1$增加到$Y_3$；考虑到货币市场，在IS-LM模型中，由于政府支出增加，导致货币需求增加，利率上升，从而导致私人投资减少，导致挤出效应的存在。即此时，均衡国民收入从Y_1增加到Y_2，而不是增加到Y_3；其中$\Delta Y=Y_3-Y_2$为扩张性财政政策的挤出效应。

---

① 财政部，http：//www. sohu. com/a/291478549_ 120034804。

② 如果消费也与利率相关。

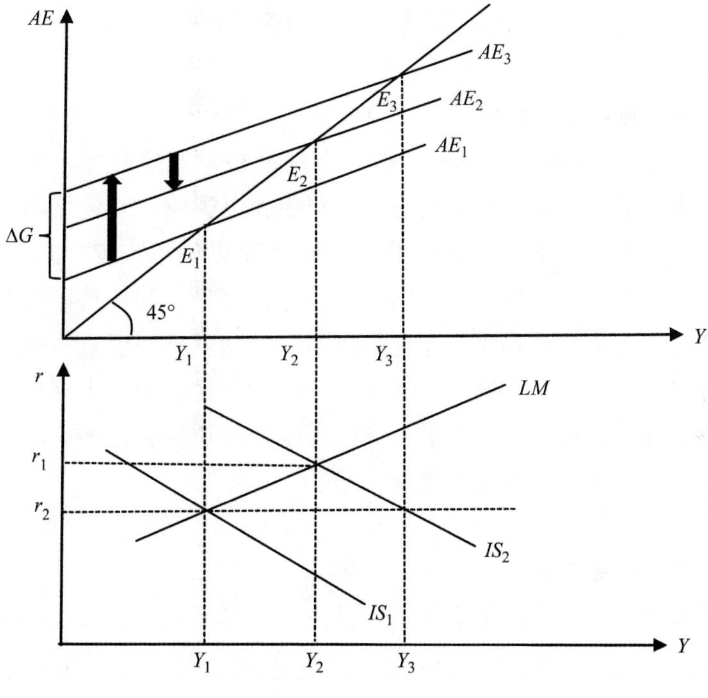

图 10－2　挤出效应

七　自动稳定器

失业保险基金制度（Unemployment Insurance Fund System）是一种重要的自动稳定器。这样一种制度使得经济能按财政政策的机制自动对总需求进行调节。在失业保险基金制度下，当经济不景气，总需求不足，从而导致失业增加时，失业救济的支出就会增加。这就如同政府支出的增加给经济带来刺激效应。相反地当经济高涨，通货膨胀的压力增大时，就业增加，失业救济的支出减少；这就如同紧缩性财政政策的实施。另外，在实施超额累进税率时，同样有这种自动稳定器功能。在经济繁荣时期，个人收入提高，相对应的税率越高，个人所得税增加，导致政府财政收入增加，相当于紧缩性财政政策；反之，在经济衰退的时候，由于个人收入降低，导致个人所得税减少，政府财政收入减少；相当于扩张性财政政策，有助于经济更快走出衰退局面。

第三节　货币政策

一　货币政策及其目标

货币政策（Monetary Policy）是一个国家根据既定目标，通过中央银行运用其政策工具，调节货币供给量和利率，以影响宏观经济活动水平的经济政策。同财政政策一样，货币政策分担着宏观调控涉及的各种目标，包括充分就业、经济增长、价格稳定，以及稳定汇率和保持国际收支平衡等。尽管货币政策与财政政策有着共同的一般的目标，但货币政策还有它自己的一些特殊的目标。例如，维持金融体系稳定，防止大规模的银行倒闭和金融恐慌；稳定利率及汇率；保证适度的货币信贷流通，防止过度投机引起的金融恐慌和经济危机等。

二　货币政策工具

为了实现货币政策旨在达到的目标，货币当局运用的工具一般包括公开市场业务（Open Market Operations）、调整中央银行对商业银行的再贴现率（Rediscount Rate）和改变法定存款准备金率（Deposit Reserve Ratio）等三种。

（一）公开市场业务

公开市场业务是指中央银行在证券市场买进或卖出政府债券，通过扩大或缩减商业银行存款准备金，导致货币供应量的增减和利率的变化，最终决定生产就业和物价水平。例如，为了放松银根，刺激经济，中央银行将在证券市场买进财政部门发行的政府债券，这一行动首先增加银行系统的基础货币（包括银行的存款准备金和公众手持现金），通过银行系统的存款创造，导致货币供应量的多倍扩大；与此同时，债券价格因需求增加而上升，利率下跌，由此促进投资和消费的扩张，带动生产就业和物价的增长。反之，为了遏制经济过热防止通货膨胀而需要采取紧缩性货币政策时，中央银行在公开市场业务中卖出政府债券。由此导致基础货币的减少。引致货币供给量的多倍减少和利率上升。

假如中央银行在公开市场业务中买进100万元的政府债券，由此引致的货币供给量的扩大，可能有如下不同情况。

假设这些债券是从商业银行买进的。中央银行一方面增加 100 万元的政府债券资产，同时因付给商业银行 100 万元的支票，中央银行的资产和存款负债同时增加 100 万元，中央银行的资产和存款负债同时增加 100 万元，商业银行将支票存入中央银行后，该商业银行的资产（政府债券）减少 100 万元，同时在中央银行的准备金增加 100 万元，假定法定存款准备金率为 20%，该商业银行新增的 100 万元存款准备金，经由整个银行系统存款创造过程，最终导致货币供给量增加 500 万元。

假如中央银行在公开市场上购买的政府债券是从某私人手中买进的，情况就要复杂一些。假如某人把中央银行给付的 100 万元支票全数存进商业银行，商业银行上交 20 万元的法定存款准备金给中央银行，剩余的 80 万元则作为超额准备金也转存入中央银行。在这场合，假如商业银行决定持有这笔增加的 80 万元超额准备金，则货币供应量只增加 100 万元（即私人售出债券所得价款存入商业银行的 100 万元活期存款）；假如商业银行利用新增超额准备金扩大贷款，由此引致的派生存款为 400 万元（法定准备金率为 20%，超额准备 80 万元）。当然，从货币供给量来看，与上例完全相同。

如果私人出售政府债券给中央银行取得中央银行支票后，不是存入商业银行，而是领出现款，在这场合，中央银行增加 100 万元的政府债券资产，同时现金发行也增加 100 万元，由于不存在银行存款创造，货币供给量只增加 100 万元。

假设为了弥补财政赤字，财政部在公开市场业务中售出政府债券时，这些债券是由中央银行买进的，这实际上是中央银行“贷款”给财政部。在这场合，银行和公众所持有的政府债券并未增加，而中央银行向商业银行提供超额准备金，这一过程称为国债的货币化，自然导致货币供给量的多倍扩大。当然，假如财政部发行的这些债券是由私人认购的，这实际上是公众贷款给政府，是民间可以支配使用的资金转由财政部使用支配，因而财政部得以弥补其赤字支出，而货币供给量并不相应扩大，只是引起债券价格下跌利率上涨。

（二）调整贴现率

中央银行实施货币政策的第二个工具，是调高或降低对商业银行发放贷款的利息率，以限制或鼓励银行借款，从而影响银行系统的存款准备金和利率，进而决定货币存量和利率，以达到宏观调控的目标。20 世纪 30 年代大危机以前，包括美国联邦储备制度在 1913 年成立之初，贴现率政策曾是中央银行实施货币政策的主要工具，通常是银行将其贴现的商业票据拿到中央银行再贴现，故有“再贴现”之称。20 世纪 30 年代以后，商业银行主要不再用商业票据而是用政府债券作为担保向中央银行借款，所以现在把中央银行这种贷款的利率称为贴现率。

中央银行贴现率政策的主要意义和作用有以下几方面。第一，中央银行作为银行的银行或执行最后贷款人的职能，帮助解决银行的流动性。如果许多银行缺乏流动性，那就要通过大量的公开市场买卖来补充贴现率政策的作用。但是，尽管如此，贴现率对那些特别脆弱的会员银行的资金融通是十分有用的。第二，与公开市场业务相配合，通过改变贴现率可以限制或鼓励银行的借款，从而达到调整银行存款和利率的目的。当然，对比公开市场业务，由贴现业务引起的银行存款准备金变动的数额通常是比较小的。第三，除了对借款，从而对准备金的货币存量和利率具有影响之外，贴现率的变动还会在某种程度上（尽管是有限的）影响人们的预期。因为不仅是金融界，社会公众也很关心报纸上的贴现率消息，社会公众通常把贴现率的变化视为中央银行对经济的预测及其政策立场的一个指示器。例如当中央银行提高贴现率时，社会公众可能把它视为中央银行将抑制过度扩张的一个迹象，并且会感到没有理由再担心通货膨胀。这样一来，可能使得公众减少一些膨胀性行为，诸如为防止物价上涨而产生的提前购买，或者为了抵消预期会有的通胀而要求提高工资等。相反，如果中央银行降低贴现率，就可能被看作中央银行采取行动缓和经济下降的迹象。然而，社会公众也许会作出正好相反的反应，例如把提高贴现率解释为中央银行相信通货膨胀已日趋严重的迹象，从而加速加大提前购买，或者更加坚定地要求提高工资。

中央银行实行贴现率政策时对商业银行和存款机构贷款收取的利率，通常低于市场利率，所以有必要对商业银行和存款机构的这种特权加以限制，这种借款不能用于再投资以赚取利润，而只能在确有需要时才能借款。中央银行通常通过检查各借款银行的活动来监督实施这一规定，对享有借款特权的银行借款的数量和次数作了特别的限制。

（三）改变法定存款准备金率

中央银行实施货币政策的第三个工具是改变法定存款准备金率。例如，提高法定存款准备金率不仅使原先有着超额准备金的银行在中央银行的超额准备金消失或减缩，还由于它缩小货币乘数，从而缩小银行在原来超额准备金货币存量和利率的提高，引起宏观经济活动的震动，所以西方发达国家在实践中很少使用这种强有力的武器。

（四）道义上的劝告

道义上的劝告是指中央银行对商业银行发出口头或书面的谈话或声明来劝说商业银行自动地遵循中央银行所要求的信贷政策。这不同于强制性的行政手段，但在某些情况下颇为有效。例如，在通货膨胀扩张时期，中央银行可以劝说放款人更为谨慎地实施其信贷政策，而放款人也很可能会把这一劝告看作经济情势的可靠的消息。此外，这种劝告也可看作对那些不顺从中央银行的一种潜在的威慑，所以尽管道义上的劝告没有法律地位，但它是联储货币政策的一个强有力的武器。

三　货币政策对经济的影响

IS-LM 模型分析了货币政策对经济的影响。当货币供给增加时，LM 曲线向下移动，从而利率下跌，投资增加并进而产量增加。然而这一分析是建立在价格不变的基础上，现在将利用总供给—总需求模型再次分析货币政策对经济的影响。

图 10－3 和图 10－4 中，首先假定经济在i^*、Y^*和 P^* 处到达均衡。

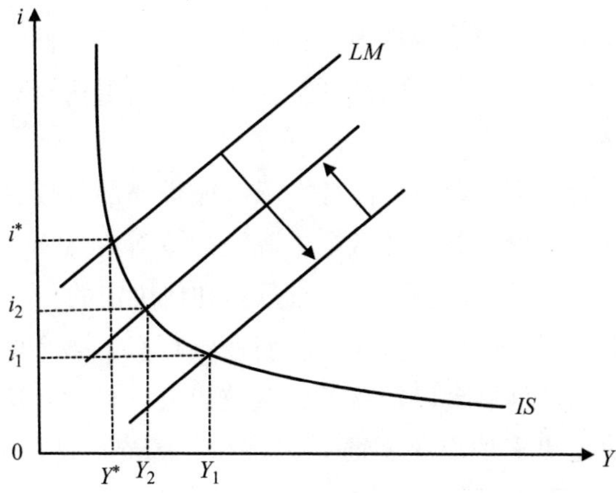

图 10－3　价格可变情况下货币供给的增加对经济的影响（IS-LM 模型）

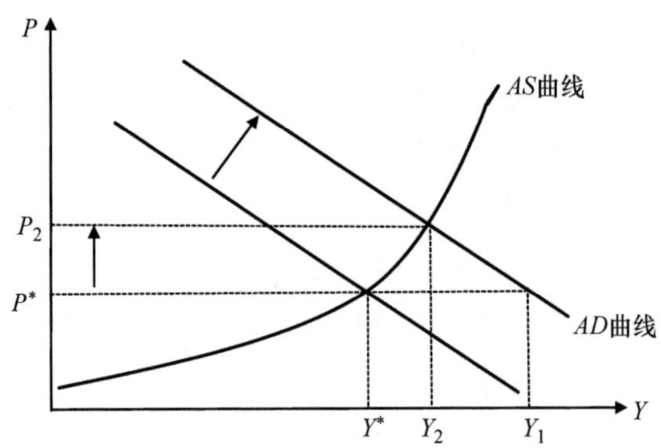

图 10－4 价格可变情况下货币供给的增加对经济的影响（AS-AD 模型）

现在考虑货币供给的一个增量 $\Delta M>0$。在 IS-LM 模型中，货币供给的这一增量将使得 LM 曲线往下移，从而新的均衡点在 Y_1 和 i_1 处达到。在 AS-AD 模型中，货币供给的这一增量使得总需求曲线往外移动。这样在产量增加的同时价格也会上升。价格的上升将使图 10－3 中的 LM 曲线往上移，因此，经济社会的均衡最终会处于（Y_2，P_2，i_2）。

四 货币供给的内生性

对于传统货币理论更为重要的挑战是货币的供给到底是内生还是外生呢？如前所述，无论是基本的凯恩斯模型还是货币数量理论，都是把货币供给看成是外生的，即它由中央银行所控制。正因为如此，中央银行的货币政策主要体现为针对当前的经济形势对货币供给量进行调节，从而影响利率和整个经济。

事实上，我们必须看到中央银行实际所能操作的仅仅是货币政策的一些工具，如公共市场的业务、准备金率和贴现率等。然而，货币中的绝大部分来源于贷款。于是，不得不讨论贷款是如何决定的。

在货币创造的乘数过程中，假定当商业银行有了多余的储备金后，它总是能将这些多余的储蓄金以贷款形式贷放出去。显然，这是一个简单的假设。贷款的决定更多地取决于商业银行和其客户之间的互动。事实上，当中央银行通过公开市场等业务向社会注入更多的高能量货币并使得商业银行的储备金有了多余之后，商业银行也许并不能找到合适的贷款人。所谓合适的贷款人，通常具备如下的条件：第一，他具有一定信誉基础。这种信誉基础表现为银行对贷款人品行和可抵押资产等的了解。第二，贷款人的贷款项目被银行认为是合理的。此种合理性为贷款的归还提供了一定的保障。显然，这种合适的贷款人并不是随处可见，特别是当经济处于不景气的时候。如果银行找不到合适的贷款，则多余的储备金也就不可能贷放出去。此时，货币创造的乘数过程就会中断。

与此同时，在经济繁荣时期，实体经济因为生产和流通的需要向银行提出对贷款需求时，即使商业银行此时已没有足够的储蓄金，但只要这些货款需求被商业银行认为是合理的，它仍然会想方设法筹齐贷款资金，如向其他银行借贷，甚至不惜通过贴现窗口向中央银行借款等。由此可见，货币的供给在很大程度上是内生的，即货币供给的增加是由经济社会内部因生产和流通的需要而产生的对货币的需求所决定。换句话说，中央银行不能随心所欲地控制货币的供给。①

尽管诺贝尔奖获得者托宾早在 20 世纪 60 年代通过考察实际存款储备金率的变动提出了货币乘数内生性的观点，然而在当时，货币供给的内生性并没有得到充分的认同。20 世纪七八十年代以后，随着发达国家金融市场的开放以及银行和金融业的不断演变和发展，不仅出现了各种不同类型的金融衍生产品，同时商业银行和其他金融中介（如投资银行、保险公司等）在各自经营的业务上不断地相互渗透。这使得信用和货币的创造已绝非仅仅由商业银行所独占。商业银行除了提供贷款之外，也同时可以选择投资金融资产和为客户提供各种不同类型的金融服务。此外，中央银行的贴现窗口在各种压力下，已无法拒绝商业银行在现有贴现率上所提出的贷款要求，从而使得中央银行对商业银行的贷款失去了其“最后救助者”的原意。最后，金融市场的开放使得外国的金融资本和货币可以自由出入国内的金融市场。所有这一切都表明，中央银行已越来越不可能控制货币的供给，而货币供给的内生性则开始变得越来越明显。

五　货币政策的中间目标

中央银行是通过其货币政策的工具来影响或控制经济社会的货币供给

① 尽管它仍然可以通过其货币政策的工具来影响利率，从而影响货币供给的成本。

总量。事实上，这里的货币供给量更应理解为货币政策的一个中间目标（或指标）。[①] 中央银行是希望通过利用各种货币政策的工具来达到这一目标的。这里为了方便起见，我们有必要重新列出有关的货币政策工具。公开市场的业务：在公共市场上买卖债券；贴现率：中央银行向商业银行的贷款利率；法定准备金率：每单位存款所要求的最低准备金（或储备金）；央行存款利率：即商业银行（甚至公众）在中央银行的存款（或保证金）利率等。

货币供给的内生性将使得中央银行在利用上述工具实现其货币供给的中间目标时将变得极为困难。而这实际上为我们提出了货币政策中间目标的转型问题。显然，一个理想的中间目标应该是中央银行既能够较为容易和准确地控制，同时又对货币政策的最终目标有着显著和更为直接的影响。从该角度出发，利率似乎比货币供给量更适合作为货币政策的中间目标。

事实上，许多发达国家的中央银行已经放弃了货币供给量指标。而更为频繁地利用利率作为其货币政策的中间目标。以美国为例，美联储现已定期向外公布其联邦基金利率（Federal Fund Rate）的目标值，这里的联邦基金利率是指各商业银行之间的拆借利率。这一利率并不为中央银行所直接控制，它不属于货币政策的工具。然而它却极为容易受中央银行货币政策工具的影响。例如，当联邦储备银行将其联邦基金利率从现有的3%调至3.5%时，它首先会把贴现率提高到3.5%以上，如3.7%。与此同时，它可能会在公开市场出售债券以回笼高能量货币，使得商业银行的准备金开始紧缺，从而导致联邦基金利率上升。与货币供给量作为中间目标相比，以联邦基金利率作为中间目标减少了传统货币政策传导机制中一些重要环节，如通过增加货币供给而使得利率下跌。

六 泰勒规则

确定好货币政策的中间目标以后，接着考察中央银行是如何针对现有的经济状况来调整其中间目标的。这实际上可以用一个反应函数来进行表示。美国的经济学家约翰·泰勒（John Brian Taylor）就曾经提出，中央银

① 最终目标当然是与中间需求有关的通货膨胀和失业率等。

行的货币政策应遵循如下规则（或反应函数）①：

$$i_t = p_t + \bar{r} + \alpha q_t + \beta (p_t - \bar{p}) \tag{10.5}$$

其中，i_t 为名义利率；p_t 为通货膨胀率；q_t 为实际 GDP 与目标 GDP 的偏离百分比；$\bar{r}$ 可以理解为经济处于自然失业率状态时的均衡实际利率；$\bar{p}$ 则为目标通货膨胀率；α 和 β 为大于 0 的参数。显然，这里的 $\bar{p}$、$\bar{r}$ 和 $q_t = 0$ 可以理解为货币政策的最终目标。该规则表明，当通货膨胀率和 GDP 等于它们的目标水平时，即 $p_t = \bar{p}$，$q_t = 0$ 时，经济应处于一般均衡状态，而此时实际利率也应等于其自然的均衡利率。注意，实际利率应等于名义利率减通货膨胀率，即 $i_t - p_t$。相反地，当经济偏离这一目标状态时，利率则应进行调整。例如，当通货膨胀率 p_t 大于其目标值 $\bar{p}$ 时，利率应上升，从而使总需求下降，通货膨胀率下降。这一反应函数被经济学家们称为泰勒规则（Taylor Rule）。

第四节　货币政策与财政政策相结合

从总供给和总需求（AS-AD）模型中可以看到，如果总供给曲线是一稳定的函数，则可以得出一条反映经济基本状况的菲利普斯曲线（见图 10-5，其中横轴表示失业率，纵轴表示通货膨胀率）。

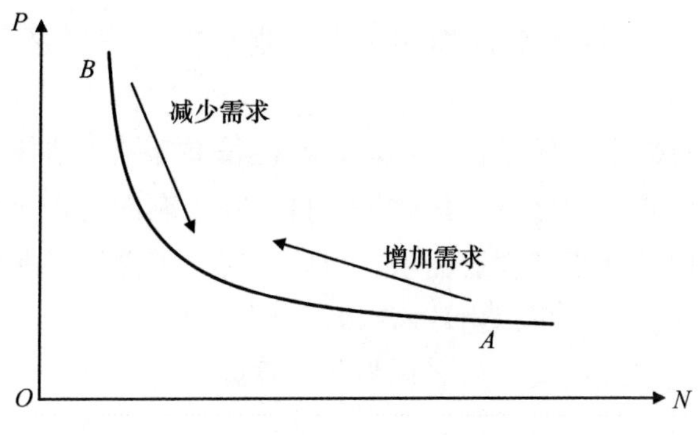

图 10-5　菲利普斯曲线

① Taylor, J., "Discretion Versus Policy in Practice", *Carnegie-Rochester Conference Series on Public Policy*, 1993 (39), pp. 195-214.

可以看出，经济基本上是围绕着菲利普斯曲线上下移动，其在菲利普斯曲线上的具体位置则取决于社会的总需求。当需求相对不足时，产量较低，通货膨胀的压力较少，失业率则较高，此为图 10-5 中的 A 点。相反地，当总需求过旺时，产量较高，通货膨胀的压力较高，失业率较少，此时，经济处于 B 点。由菲利普斯曲线所反映出的失业和通货膨胀之间的替代关系为凯恩斯的宏观经济政策提供了必要的理论基础。

失业和通货膨胀是经济社会的两大宏观经济问题。可以假定减少失业和通货膨胀是政府所应追求的目标。任何一个负责任的政府都不会让其中某一问题得到恶化。按照菲利普斯曲线，失业和通货膨胀之间具有某种替换关系，因此一般情况下它们也不可能同时恶化。与此同时，失业和通货膨胀之间的某种组合（即菲利普斯曲线上的某一具体位置）则完全取决于社会的总需求。

因此，在凯恩斯看来，政府的宏观经济政策目标在于调节总需求。例如，当经济处于 A 点时，失业问题严重，通货膨胀的压力则较少，而造成此问题的直接原因在于总需求的不足。此时合理的宏观经济政策应该是刺激（或增加）总需求，使经济沿着菲利普斯曲线往上移。相反地，当经济处于 B 点时，总需求过旺，通货膨胀问题严重，失业的压力则较小。此时合理的宏观经济政策是减少总需求，使经济沿着菲利普斯曲线往下移。传统上凯恩斯的这种以调节总需求（或调节总供给与总需求之间的平衡）为目标的宏观经济政策通常被称为需求管理型的宏观经济政策（Demand Management Policy）。

按照调节总需求这样一种目标，宏观经济政策有扩张型（或积极型）和紧缩型之分。扩张型宏观经济政策的目的在于刺激总需求的增加；紧缩型的宏观经济政策在于减少总需求。与此同时，无论是扩张型还是紧缩型的宏观经济政策，它既可以由政府财政管理部门执行，也可以由中央银行实施。前者称为财政政策，后者称为货币政策。

所谓财政政策和货币政策的配合，是指政府将财政政策和货币政策按某种形式搭配组合起来，以调节总需求，最终实现宏观经济的内外平衡。财政政策与货币政策的配合使用，一般有四种模式。

一是扩张性的财政政策和扩张性的货币政策，即“双松”政策。松的财政政策和松的货币政策能更有力地刺激经济。一方面通过减少税收或扩大支出规模等松的财政政策来增加社会总需求，增加国民收入，但也会引起利率水平提高。另一方面通过降低法定准备金率、降低再贴现率、买进政府债券等松的货币政策增加商业银行的储备金，扩大信贷规模，增加货币供给，抑制利率的上升，以消除或减少松的财政政策的挤出效应，使总需求增加，其结果是可在利率不变的条件下，刺激了经济，并通过投资乘数的作用使国民收入和就业机会增加。这样可以消除经济衰退和失业，比单独运用财政政策或货币政策更有缓和衰退、刺激经济的作用。扩张性的财政政策和扩张性的货币政策搭配所适用的经济初始状态是：存在比较高的失业率；大部分企业开工不足，设备闲置；大量资源有待开发；市场疲软、没有通胀现象；国际收支盈余过多。在此状态下，这种搭配模式一方面会刺激对进口产品的需求，减少国际收支盈余，另一方面对推动生产和降低失业率有促进作用。这种模式能够短时间内提高社会总需求，见效迅速，但运用时应谨慎，如果掌握的尺度不好会造成通货膨胀的危险。

二是紧缩性的财政政策和紧缩性的货币政策，即“双紧”政策。当经济过度繁荣，通货膨胀严重时，可以把紧的财政政策和紧的货币政策配合使用。这就是说通过增加税收和减少政府支出规模等紧的财政政策压缩总需求，从需求方面抑制通货膨胀。而利用提高法定存款准备金率等紧的货币政策减少商业银行的准备金，会使利率提高，投资下降，货币供给量减少，有利于抑制通货膨胀，同时，由于紧的财政政策在抑制总需求的同时会使利率下降，而通过紧的货币政策使利率上升，从而不使利率的下降起到刺激总需求的作用。其结果可在利率不变的情况下，抑制经济过度繁荣，使总需求和总产出下降。实施紧缩性的财政政策和紧缩性的货币政策搭配的初始状态是：经济处于高通货膨胀；不存在高失业率；国际收支出现巨额赤字。削减总需求一方面有利于抑制通货膨胀、保证货币和物价的稳定，另一方面有助于改善国际收支状况，减少国际收支赤字。但是，这一模式如果运用不当往往会造成经济停滞的后果。

三是扩张性的财政政策和紧缩性的货币政策。这种政策组合的结果是利率上升，总产出的变化不确定。具体说来这种模式在刺激总需求的同时又能抑制通货膨胀，松的财政政策通过减税、增加支出，有助于克服总需求不足和经济萧条，而紧的货币政策会减少货币供给量，进而抑制由于松的财政政策引起的通货膨胀的压力。实施扩张性的财政政策和紧缩性的货币政策搭配适宜的条件是：经济停滞不前，甚至衰退；社会总需求不足；物价稳定，没有通货膨胀迹象；失业率高；国际收支赤字。在这种条件下，用松的财政政策来拉动内需，对付经济衰退，用紧的货币政策来减少国际收支赤字，调节国际收支平衡，从而有助于促进宏观经济的内外均衡。

四是紧缩性的财政政策和扩张性的货币政策。同扩张性的财政政策和紧缩性的货币政策相反，这种政策组合的结果是利率下降，总产出的变化不确定，一方面，通过增加税收，控制支出规模，压缩社会总需求，抑制通货膨胀；另一方面，采取松的货币政策增加货币供应，以保持经济适度增长。实施紧缩性的财政政策和扩张性的货币政策搭配的适宜条件是：经济过热；物价上涨、通货膨胀；社会失业率低；国际收支出现过多顺差。在此状态下，采取紧缩性的财政政策和扩张性的货币政策的配合是适宜的，前者可以用来对付通货膨胀，后者可用来减少过多的国际收支盈余（通过刺激进口和以低利率刺激资本流出），从而有助于促进宏观经济的内外均衡。

可以看出，上述四种组合各有特点，在现实生活中，这四种政策搭配与选择是一个很复杂的问题。采取哪种形式，应视当时的经济情况而定，灵活、适当运用。

图 10－6 分析了双宽松政策下的 IS-LM 模型，如果当经济不景气时，经济增长速度低，失业率上升；政府可以同时使用宽松的财政政策和货币

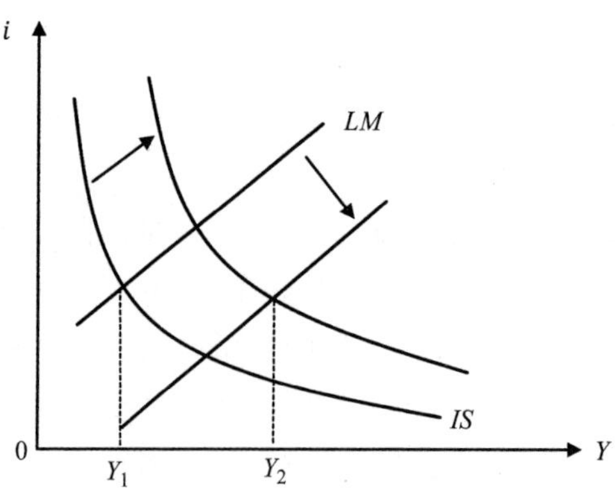

图 10－6 财政政策与货币政策的结合

政策；此时，政府支出增加时，货币供给也同时会增加；IS 和 LM 曲线同时往外移，利率则可以可能降低、不变和上升。在这种情况下，国民收入将从 Y_1 增加到 Y_2，经济将快速复苏，就业情况将改善。现实中，当经济不景气时，政府将同时启用财政政策和货币政策进行干预。

本章小结

本章介绍了宏观经济调控的主要目标：经济增长、就业稳定、国际收支平衡以及适度通货膨胀；财政政策的主要工具：政府购买、税收以及发行国债；财政政策对宏观经济的影响，财政政策的挤出效应以及国债的相关理论；货币政策的基本工具，包括：准备金率、再贴现率、公开市场操作以及央行道义劝说，货币政策对经济的影响，以及货币内生性理论。本章还介绍了货币政策与财政政策相配合对宏观经济进行调控。

理论自测

1. 何为自稳定器？请说明它对缓和经济波动的作用。

2. 宏观财政政策的主要内容是什么？

3. 试用 IS-LM 模型分析财政政策效果。

4. 论述宏观货币政策及其手段。

5. 用 IS-LM 模型说明为什么凯恩斯主义强调财政政策的作用，而货币主义者强调货币政策的作用。

6. 试评析凯恩斯主义经济政策。

应用自测

1. 假定货币需求为 $L=0.2Y$，货币供给为 $M=200$，消费 $C=90+0.8Yd$，税收 $T=50$，投资 $I=140-5r$，政府支出 $G=50$，求：

（1）均衡收入、利率和投资；

（2）若其他情况不变，政府支出 G 增加 20，那么收入、利率和投资有什么变化?

（3）是否存在“挤出效应”?

2. 已知消费函数、投资函数分别为 $C=130+0.6Y$ 和 $I=750-2000r$，设政府支出为 $G=750$ 亿元。试计算：

（1）若投资函数变为 $I=750-3000r$，请推导投资函数变化前和变化后的IS曲线并比较斜率。

（2）增加政府支出时，请比较投资函数在变化前和变化后哪种情况的收入变化大？为什么？

（3）增加货币供给时，比较投资函数在变化前和变化后哪种情况对收入的影响大？为什么？

3. 假设 LM 方程为 $Y=500+25r$，货币需求为 $L=0.2Y-5r$，货币供给量为100；IS 方程为 $Y=950-50r$，消费函数为 $C=40+0.8Yd$，投资函数为 $I=140-10r$，税收为 $T=50$，政府支出为 $G=50$。试计算：

（1）均衡收入、利率、投资各为多少？

（2）若 IS 曲线变为 $Y=800-25r$，均衡收入、利率和投资各为多少？

（3）若自主投资增加30，比较（1）、（2）中收入和利率的变化情况。分析为什么他们的收入变化有所差异？

4. 已知某经济社会中消费函数 $C=200+0.5(Y-T)$，投资函数 $I=150-100r$，货币需求 $MD=0.25Y-200r+50$，货币供给 $MS=200$。试求：

（1）在不含政府部门条件下的国民收入和利率水平；

（2）在 $G=T=50$ 条件下（即平衡财政）国民收入和利率水平。

5. 假定某国政府当前预算赤字为75亿美元，边际消费倾向 $b=0.8$，边际税率 $t=0.25$，如果政府为降低通货膨胀率要减少支出200亿美元，试问：支出的这种变化能否最终消灭赤字？

6. 假定货币需求函数 $L=kY-hr$ 中的 $k=0.5$，消费函数 $C=a+bY$ 中的 $b=0.5$，假设政府支出增加10亿美元，试问货币供给量（假定价格水平不变为1）要增加多少才能使利率保持不变？

案例分析

案例10-1 欧洲主权债务危机[①]

欧洲主权债务危机简称欧债危机，是指2008年金融危机之后欧洲部分国家因在国际借贷领域中大量负债并超过了其自身清偿能力，造

① 李乾孙：《欧洲债务危机的成因、解决途径及启示》，《期货日报》2011年1月25日。

成无力还债或者必须延期还债的现象。2009 年 12 月，欧洲主权债务危机最早在希腊凸显。随即全球三大评级机构（惠誉、标准普尔和穆迪）相继下调希腊主权信用评级，并将其评级展望定位为负面，希腊乃至整个欧洲的债务危机由此拉开序幕。截至 2010 年 4 月底，其已经蔓延至欧元区内经济实力较强的葡萄牙、意大利、爱尔兰和西班牙（与希腊一起，被国际评级机构称为“PIIGS”）。此后，法国和德国两个欧元区的核心国家也受到了危机的影响。2012 年初，标准普尔宣布将法国等 9 国主权信用评级下调，法国主权信用被踢出 AAA 级。至此，由希腊开始的主权债务危机已演变成一场席卷整个欧洲的主权债务危机。

第一阶段：希腊债务危机。2009 年 10 月初，新一届希腊政府宣布 2009 年政府财政赤字和公共债务占国内生产总值的比例预计分别达到 12.7% 和 113%，远超欧盟《稳定与增长公约》规定的 3% 和 60% 的上限，希腊债务危机由此拉开序幕。随后几个月，全球三大评级公司分别下调希腊的主权信用评级，2010 年 5 月底，惠誉宣布将西班牙的主权评级从“AAA”级下调至“AA +”级，至此，希腊债务危机扩大为欧洲债务危机。希腊债务危机的爆发削弱了欧元竞争力，欧元自 2009 年 12 月开始一路下滑，EUR/USD 从 2009 年底的 1.50 水平跌至目前的 1.20 下方。2010 年 5 月 10 日，欧盟 27 国财长被迫决定设立总额为 7500 亿欧元的救助机制，帮助可能陷入债务危机的欧元区成员国，防止危机继续蔓延。这套庞大的救助机制由三部分资金组成，其中 4400 亿欧元将由欧元区国家根据相互间协议提供，为期 3 年；600 亿欧元将以欧盟《里斯本条约》相关条款为基础，由欧盟委员会从金融市场上筹集；此外国际货币基金组织（International Monetary Fund，IMF）将提供 2500 亿欧元。欧盟的重拳出击令市场信心得到一定修复，市场对欧债危机的担忧有所缓解，欧元暂获“喘息之机”。

第二阶段：爱尔兰债务危机。2010 年 9 月底，爱尔兰政府宣布，预计 2010 年财政赤字会骤升至国内生产总值的 32%，到 2012 年爱尔兰的公共债务与国内生产总值相比预计将达到 113%，是欧盟规定标准的两倍。2010 年 11 月 2 日，爱尔兰 5 年期债券信用违约掉期（CDS）费率创下纪录新高，表明爱尔兰主权债务违约风险加大，由此宣告爱尔兰债务危机爆发。2010 年 11 月 11 日，爱尔兰 10 年期国债收益率逼近 9%，这意味着爱尔兰政府从金融市场筹资的借贷成本已高得难以承受。爱尔兰债务危机全面爆发，并迅速扩大影响范围。爱尔兰政府从最初否认申请援助到无奈承认，爱尔兰债务危机进一步升级。欧盟 27 国财长讨论后决定正式批准对爱尔兰 850 亿欧元的援助方案，不过，爱尔兰得到援助须接受苛刻的财政条件，即大力整顿国内财政状况，大幅削减政府财政预算，以达到欧盟规定的水平。爱尔兰成为继希腊之后第二个申请救助的欧元区成员国，欧洲债务危机暂告一段落。

第三阶段：葡萄牙、西班牙、意大利，谁将是下一个？在爱尔兰债务危机甫定之时，市场焦点却转向葡萄牙及西班牙。金融危机后葡萄牙经济下滑，2009 财政年度财政赤字占国内生产总值的 9.4%，大大超出欧盟规定的 3% 的上限，这一比例是继希腊、爱尔兰和西班牙之后的欧元区第四高。西班牙首要问题是总额达 1 万亿欧元的公共债务规模，IMF 预计到 2014 年西班牙债务占 GDP 的比例会达到 80%。IMF 预测，西班牙 2010 年的失业率为 20%，比葡萄牙高出 1 倍。西班牙也是欧洲住房市场问题最严重的国家之一，西班牙存在房产泡沫以及相应的建筑市场过热问题，产能大量过剩，大量房屋空置，建筑行业岌岌可危。危机一旦在西班牙蔓延，后果将不堪设想，因为西班牙是欧元区第四大经济体，希腊、爱尔兰和葡萄牙都属于欧元区小国，经济总量加起来只及西班牙的一半。身为欧元区第三大经济体，意大利也已经受到波及，其 10 年期国债与德国国债之间的收益率利差已升至欧元流通以来的新高；“余震”还波及地处欧洲心脏的比利时，其 10 年期国债收益率呈现连续上扬态势。目前，欧债危机的熊熊火焰虽已得到控制，但只要欧元机制尚存漏洞，欧债危机就随时还有引爆的可能。

案例 10 - 2　中国地方政府隐性债务①

什么是地方政府隐性债务？梳理相关会议公报可知，中央对于地

① 姜超、朱征星、杜佳：《地方政府隐性债务规模有多大？——地方隐性债务系列专题之一》，http://m.sohu.com/a/244260500_460356。

方政府债务的表述经历了从“政府性债务（2014年前）”到“地方政府债券（2015年至今）”到“隐性债务（2017年7月至今）”的变化。其中，“地方政府隐性债务”这个说法首次出现在2017年7月24日召开的政治局会议上。地方政府“隐性债务”与“政府性债务”有何异同？相同的地方在于都与地方政府信用密不可分、主要用于公益性或准公益性项目、在项目自身现金流不够覆盖债务本息时依赖于财政资金偿还，而不同之处在于政府性债务是在地方政府举债机制尚未建立之前而出现的，处于监管的灰色地带，经过债务甄别纳入预算后大部分其实已经退出了历史舞台；而隐性债务从理论上来讲不属于地方政府债务，主要通过不合规操作（如担保、出具承诺函）或变相举债（伪PPP、包装成政府购买等）产生。目前各界对于隐性债务仍缺乏统一口径和认定标准，未来如何处置、是否可以通过新一轮甄别使其显性化目前还未明确。

透视隐性债务的三个视角。目前市场上对于隐性债务的分类有些混淆，如不少人在提到隐性债务时会将棚改项目债务、城投债、融资平台等相并列，事实上它们是不同角度但又相互交叠的概念。(1) 投资端的视角。地方政府筹资后是为了投向公益性项目（棚改、保障性住房、扶贫项目等）、准公益性项目（交通运输、停车场、地下管廊等）和一般竞争性项目（房地产、汽车等）。其中，地方政府所形成的隐性债务主要是为了投向公益性项目和准公益性项目。(2) 融资端的视角。地方政府进行筹资的主要渠道包括发行地方政府债券、PPP项目、政府购买服务、政府基金、城投债、平台贷款、融资租赁和其他非标融资方式等。其中，隐性债务主要集中于PPP项目、政府购买服务和政府基金中的违规操作部分，以及大量的城投债、平台贷款、融资租赁和其他非标融资方式中。(3) 融资主体的视角。地方政府主要通过地方融资平台来筹集资金，另外，一些地方国企也承担了部分公益性项目，因而也具备一定的融资功能。此外，政府自身也会形成部分隐性债务。融资主体、投资端、融资端是“一体两面”的关系，投资端和融资端是一枚硬币的两面，融资主体则是这枚硬币本身。若将地方政府隐性债务编制成资产负债表，投资端的项目是资产负债表的资产端，融资端的各种债务是资产负债表的负债端，而地方政府融

资平台等融资主体则是这一资产负债表的会计主体

地方政府隐性债务规模估算。(1) 其他机构或学者的测算。根据国际清算银行（Bank for International Settlements，BIS）数据估计的中国 2017 年底隐性债务的规模约为 8.9 万亿元，而 IMF 估计的中国 2016 年底的隐性债务规模约为 19.1 万亿元。另外，国内学者常用的测算方法是通过地方融资平台的债务去估算地方政府隐性债务的余额，估算的结果一般在 30 万亿至 50 万亿元之间。我们从上述三个视角大致估算地方政府隐性债务规模。(2) 投资端的角度。以棚改为例，因棚改形成的隐性债务规模可能在 4.5 万亿上下，其中存量棚改贷款约 3.6 万亿，与棚改相关的债券融资余额截至 2018 年 6 月底的存量约 0.57 万亿，其他形式的债务规模可能也在 0.5 万亿左右。(3) 融资端的角度。中国 2017 年底的地方政府隐性债务余额约为 33 万亿元，其中通过银行贷款、发行债券和非标融资流入地方融资平台的资金分别约为 17 万亿元、7 万亿元和 7 万亿元。(4) 融资主体的角度。我们将有公开信息披露的融资平台（主要是发行了 wind 口径城投债的融资平台）的有息债务进行累加，得到 2017 年底各平台合计有息债务约为 32.3 万亿元，扣除掉部分已纳入财政预算的债务，2017 年底隐性债务规模约为 30.6 万亿元。

案例 10 - 3　中国人民银行货币政策工具创新①

为提高货币调控效果，有效防范银行体系流动性风险，增强对货币市场利率的调控效力。这两年央行采取了很多新的货币政策工具。近期常被提及的 SLF、PSL、MLF、SLO，你都清楚是什么意思吗?

1. 常备借贷便利（Standing Lending Facility，SLF）

借鉴国际经验，中国人民银行于 2013 年初创设了 SLF。它是中国人民银行正常的流动性供给渠道，主要功能是满足金融机构期限较长的大额流动性需求。对象主要为政策性银行和全国性商业银行。期限为 1—3 个月。利率水平根据货币政策调控、引导市场利率的需要等综

① https://bbs.pinggu.org/thread-3304891-1-1.html.

合确定。常备借贷便利以抵押方式发放，合格抵押品包括高信用评级的债券类资产及优质信贷资产等。

主要特点：一是由金融机构主动发起，金融机构可根据自身流动性需求申请常备借贷便利；二是常备借贷便利是中央银行与金融机构“一对一”交易，针对性强；三是常备借贷便利的交易对手覆盖面广，通常覆盖存款金融机构。

2. 抵押补充贷款（Pledged Supplementary Lending，PSL）

PSL 作为一种新的储备政策工具，有两层含义，首先量的层面，是基础货币投放的新渠道；其次价的层面，通过确定商业银行抵押资产从央行获得融资的利率，引导中期利率。

PSL 这一工具和再贷款非常类似，再贷款是一种无抵押的信用贷款，不过市场往往将再贷款赋予某种金融稳定含义，即一家机构出了问题才会被投放再贷款。出于各种原因，央行可能是将再贷款工具升级为 PSL，未来 PSL 有可能将很大程度上取代再贷款工具，但再贷款依然在央行的政策工具篮子当中。

中国有很多信用投放，如基础设施建设、民生支出类的信贷投放，往往具有政府一定程度担保但获利能力差的特点，如果商业银行基于市场利率水平自主定价、完全商业定价，对信贷较高的定价将不能满足这类信贷需求。央行 PSL 所谓引导中期政策利率水平，很大程度上是为了直接为商业银行提供一部分低成本资金，引导投入这些领域。这也可以起到降低这部分社会融资成本的作用。

3. 中期借贷便利（Medium-term Lending Facility，MLF）

MLF 虽然期限是 3 个月，临近到期可能会重新约定利率并展期。各行可以通过质押利率债和信用债获取借贷便利工具的投放。MLF 要求各行投放三农和小微贷款。目前来看，央行放水是希望推动贷款回升，并对三农和小微贷款有所倾斜。

它跟我们的比较熟悉的 SLF 也就是常备借贷便利是很类似的，都是让商业银行提交一部分的金融资产作为抵押，并且给这个商业银行的发放贷款。最大的区别是 MLF 借款的期限要比 SLF 要稍微长一些，而且临近到期的时候可能会重新约定的一个利率，就是说获得 MLF 这个商业银行可以从央行那里获得一笔借款，期限是 3 个月，利率是央行规定的利率，获得的这个借款之后，商业银行就有钱了，就可以拿这笔钱去发放贷款了，而且3个月到期之后，商业银行还可以根据新的利率来获得同样额度的贷款。MLF的目的就是，刺激商业银行向特定的行业和产业发放贷款。通常情况下，商业银行它是通过借用短期的资金，来发放长期的贷款，也就是所谓的借短放长，短期的资金到期之后，商业银行就得重新借用资金，所以为了维持一笔期限比较长的贷款，商业银行需要频繁借用短期的资金，这样做存在一定的短期利率风险和成本，由于MLF它的期限是比较长的，所以商业银行如果它用MLF得到这个资金来发放贷款，就不需要那么频繁借短放长了，就可以比较放心发放长期的贷款。所以通过MLF的操作，央行它的目标其实是很明确的，就是鼓励商业银行继续发放贷款，并且对贷款发放的对象有一定的要求，就是给三农企业、小微企业发放，以此来激活经济中的毛细血管，改善企业经营状况。市场人士认为，由SLF向MLF转变，标志着央行货币政策正从数量型为主向价格型为主转变。

4. 短期流动性调节工具（Short-term Liquidity Operations，SLO）

要理解清楚SLO这个工具，先回顾一下逆回购。每周二、周四，央行一般都会进行公开市场操作，目前最主要的是回购操作。回购操作又分成两种，正回购和逆回购。正回购即中国人民银行向一级交易商卖出有价证券，并约定在未来特定日期买回有价证券的交易行为。正回购为央行从市场收回流动性的操作，正回购到期则为央行向市场投放流动性的操作。而逆回购即中国人民银行向一级交易商购买有价证券，并约定在未来特定日期将有价证券卖给一级交易商的交易行为，逆回购为央行向市场上投放流动性的操作，逆回购到期则为央行从市场收回流动性的操作。一言以蔽之，逆回购就是央行主动借钱给银行；正回购则是央行把钱从银行那里抽走。

SLO简单说就是超短期的逆回购。这是央行2013年1月引入的新工具。对于SLO，央行如此介绍：以7天期以内短期回购为主，遇节假日可适当延长操作期限，采用市场化利率招标方式开展操作。中国人民银行根据货币调控需要，综合考虑银行体系流动性供求状况、货币市场利率水平等多种因素，灵活决定该工具的操作时机、操作规模及期限品种等。该工具原则上在公开市场常规操作的间歇期使用。

参考文献

宋承先、许强：《现代西方经济学（宏观部分）》（第三版），复旦大学出版社 2004 年版。

龚刚：《宏观经济学——中国经济的视角》，清华大学出版社 2005 年版。

第十一章　失业与通货膨胀

失业（Unemployment）和通货膨胀（Inflation）是宏观经济学的两大主要问题，在短期中失业和通货膨胀具有交替关系，因此常常也是政策制定者面临的两难选择。每个国家政府都十分重视失业和通货膨胀的问题，并在不同时期通过制定和调整公共政策来改善和影响失业和通货膨胀。本章就失业和通货膨胀的相关理论进行系统的介绍。

第一节　失业

一　失业的含义

失业是指符合法定工作条件、有工作愿望并愿意接受现行工资标准且正在寻找工作但还没有找到工作的经济现象。把握失业的含义，必须注意两点：第一，符合法定工作条件。失业者是相对于具有某种工作条件来说的人，比如达到法定的劳动年龄、具有劳动能力和劳动技能等。如果一个人没有工作过程中所需要的工作能力，没有劳动技能，虽然没有工作，也不属于失业者。中国劳动年龄范围的下限为 16 岁，上限为男 59 岁、女 54 岁。第二，有工作的愿望且接受现行的工资。对于有工作愿望且接受现行工资水平的人来说，尽管积极寻找工作但仍然没有找到工作，就属于失业者。如果没有工作的愿望，或虽然有工作愿望但不接受现行的工资水平而没有工作的人，不属于失业者。失业分为广义失业和狭义失业。广义失业是指现有可用的一切生产要素（包括劳动、资本、土地、企业家才能、技术、信息等）没有得到充分利用的状态。狭义失业是指只有作为生产要素的劳动没有得到充分利用的状态。以后所提到的失业指狭义的失业，不再说明。

图 11－1 表示了美国 1960—1990 年的失业率情况。可以看出，失业率总是为正，表明即便在经济繁荣时期，如 1966—1970 年经济社会也存在失业率。在石油危机爆发后，美国的失业率一度飙升接近超过 10%。

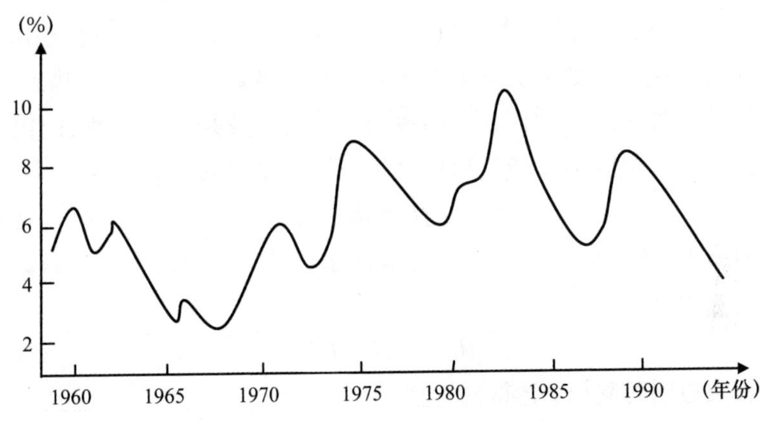

图 11－1　1960—1990 年美国失业率

数据来源：美国劳工部（US Department of Labor）。

失业率是指劳动力中没有工作且在积极寻找工作的人占总劳动人口的比重。失业率的波动一定程度上反映了社会经济波动的情况。一般地，失业率在经济疲软时期上升，在经济复苏时期下降。根据美国劳工部的数据，1999 年 5 月，在科技泡沫爆发之前，失业率为 4.3%；到 2003 年 6 月，达到 6.3%；2009 年 9 月次债危机爆发后，失业率攀升到 9.8%，比 10 年前上升了 5.5 个百分点。

二　失业的衡量和自然失业率

失业率随着就业量的提高而下降，但失业率从来不会降到零。在经济社会发展正常的条件下，仍然存在着失业，此时的失业率称为自然失业率（Natural Rate of Unemployment），与自然失业率相对应的就业量叫作潜在就业量。宏观经济学认为，自然失业率是劳动力市场处于供求平衡时的失业率，只存在自然失业率的就业状况，也被称为充分就业的状态。

为了更好地理解什么因素决定自然失业率，我们建立一个劳动力的动态模型。设 L 代表劳动力，E 代表就业人数，U 代表失业人数。由于每个劳动者不是就业者就是失业者，因此，总有 $L=E+U$。相应地，失业率为 U/L。假设劳动力总数在一定时期内是不变的，重点研究劳动力中的人数在就业 E 和失业 U 之间的转换。

设 s 代表离职率（Rate of Job Separation），即每个月失去或离开自己工作的就业者比例；f 代表入职率（Rate of Job Finding），表示每个月找到工作的失业者的比例。如果劳动力市场处于稳定的状态，那么，找到工作的人数必然等于失去工作的人数。而找到工作的人数是 fU，失业工作的人数 sE，因此，可以把劳动市场达到稳定状态的条件写成：

$$fU=sE \tag{11.1}$$

又因为 $E=L-U$，我们把稳定条件中的 E 用（$L-U$）代替，那么，式（11.1）变为：

$$fU=s(L-U) \tag{11.2}$$

等式两边同时除以 L，得到：

$$f\frac{U}{L}=s\left(1-\frac{U}{L}\right) \tag{11.3}$$

现在我们可以得出失业率的公式：

$$\frac{U}{L}=\frac{s}{s+f} \tag{11.4}$$

式（11.4）就是稳定状态的失业率，通常被视为自然失业率。表明自然失业率取决于离职率 s 和入职率 f。离职率越高，自然失业率越高；入职率越高，自然失业率越低。例如，假定每月有 2% 的就业者失去工作（$s=0.02$），也即意味着平均的就职时间为 50（$=1/0.02$），即约为 4 年。再假定每月有 40% 的失业者找到工作（$f=0.4$），意味着平均失业时间为 2.5 个月。那么，自然失业率的水平即稳定状态的失业率为：

$$\frac{U}{L}=\frac{s}{s+f}=\frac{0.02}{0.02+0.4}=0.0476$$

即自然失业率为 4.8% 左右。

自然失业率有助于我们更好地理解充分就业和潜在产量的含义，也对理解宏观经济政策方面有重要的启示。任何旨在降低自然失业率的经济政策要么就必须降低离职率，要么就必须提高入职率。换句话说，任何影响离职率和入职率的政策都会改变自然失业率水平。

三　失业的经济学解释

对于失业，传统经济学和凯恩斯经济学有不同的解释。传统经济学认为，在市场出清的均衡状态下，劳动市场的供求达到平衡，只存在自然失业率的状况。

图 11 - 2 中，横轴为劳动力数量，纵轴为劳动力价格，即工资率。曲线 D 为劳动需求曲线，曲线 S 为劳动供给曲线。图 11 - 2（a）为市场出清时劳动力市场的供求双方在（W^*，NE）点上达成的均衡情况。在竞争性的、市场出清的均衡状态下，厂商雇佣愿意接受均衡工资水平 W^* 的工人，雇佣的数量为 N_e。在均衡工资水平 W^* 上，还有数量为（$N^* - N_e$）的工人，虽然他们愿意工作，但却不接受现行均衡工资水平，所以他们被认为是自愿性失业。这种情况下，自愿失业者不是找不到工作，而是主动放弃了工作，宁可增加失业的机会成本也不愿意接受现行工作水平；也有可能是寻找第一份工作的人，他们宁可延长失业的时间也要寻找一份“合适”的工作；或者是生产效率较低的人，他们缺乏相应的技能，更愿意接受失业津贴和保障。

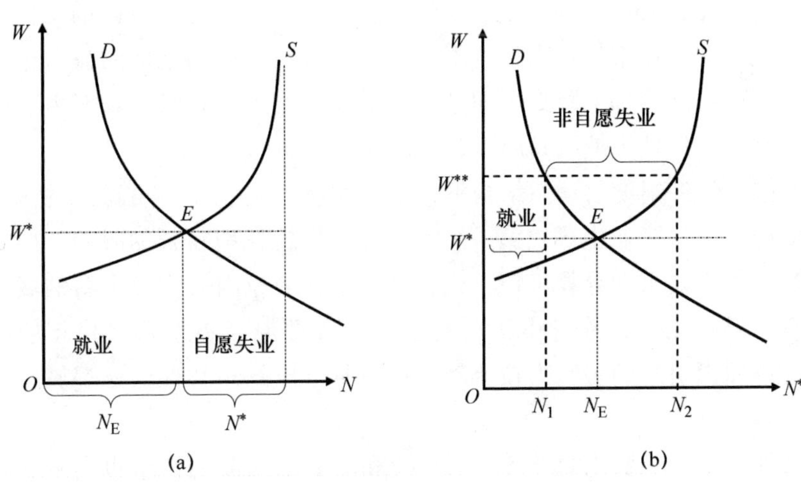

图 11 - 2　失业的经济学解释

相对应的，凯恩斯经济学认为，在非市场出清的状态下，由于工资刚性和工会的垄断力量等都会导致非自愿失业，如图 11 - 2（b）所示。例如，由于工会的干预使市场非出清，劳动的价格 W^{**} 高于均衡工资或市场出清的工作水平 W^*，且具有刚性。在过高的工资水平下，愿意工作的工人数量为 N_2，而企业愿意雇佣的工人数量为 N_1，于是出现了劳动市场的供给过剩，（N_2-N_1）表示愿意接受现行工资水平 W^{**} 的失业者的数量，这部分失业者称为非自愿失业者。在较高工资水平下，企业雇佣劳动力时也会提出更严格的技能要求，雇佣更有经验和资格的劳动者。

第二节 失业的原因

为了考察失业的原因和解释公共政策如何降低自然失业率，我们将失业分为三种类型：摩擦性失业、结构性失业和周期性失业。其中，周期性失业又称需求不足的失业，主要是指由于整体经济的产出和支出水平下降而造成的失业。本节重点考察摩擦性失业和结构性失业。

一 摩擦性失业的原因和公共政策

在现实中，由于每个人具有不同的技能和偏好，工作也有不同的属性和要求，因此，人们总是需要一定的时间和努力寻找适合自己的工作。而且，由于劳动就业市场供求信息不完全，工人在不同的地区间流动也具有摩擦和阻碍，这些都会降低入职率。由于找工作需要花时间和努力而引起的失业称为摩擦性失业（Frictional Unemployment）。

在国家经济制度的动态结构下，一些摩擦性失业是不可避免的。例如在现实中，大学毕业生寻找第一个工作可能需要花费较长的时间，妇女在生育后可能需要重新寻找工作，或者由于家庭等原因搬到一个新的城市后需要重新寻找工作，或者由于目前职业不够理想而想重新寻找新的职业等，这些原因引起的劳动力在流动过程中所造成的短暂性失业都属于摩擦性失业。

另外，在不断变化的经济中，企业和家庭对商品的需求也会随着时间的推移和科技的进步而发生变化。由此，经济中产生了产业结构的变化，一些工作岗位可能消失，新的工作岗位也会应运而生。例如，电脑的发明大大减少了对打字机的需求和对打字员的需求。经济学家把需求在不同行业和地区之间的变动称为部门转移（Sector Shift）。由于产业结构的变化，工人在不同部门的转移总会发生，且这种改变和适应都需要时间来适应，因此摩擦性失业总是存在的。此外，由于人口结构的变化，导致社会资源配置的比例失调，使一些劳动力需要在不同的工作岗位上进行调整和转移。这种由于产业结构调整、部门转移所导致的短暂性失业，也属于摩擦性失业。

在现实中，企业和工人都在搜寻适合自己目标的对象。工人想得到符合自己技能和偏好并且高薪的工作，而企业想寻找能够胜任特定岗位且索要工资水平合理的优秀员工。这时，政府可以通过公共政策缩短双向选择的时间，降低双向选择的成本，由此降低摩擦性失业。例如，政府就业机构可以提供更准确、充足的工作空缺信息以便工作岗位更迅速有效地匹配，或启动推动创新的积极政策，鼓励和扶持创业的良好的社会环境，为创业者提供更加优惠的条件等。

二　结构性失业的原因和公共政策

结构性失业（Structural Unemployment）是指由于经济结构变化引发劳动力的供给与需求不匹配造成的失业。这种类型失业的特点是既存在失业，又有职位空缺，失业者或者没有合适的技能，或者居住地点不当等原因，因此无法填补现有职位的空缺。结构性失业的根本原因是劳动供给大于劳动需求，这样的情况下，企业就会挑选他们所认为的最合适的员工，因此可能存在招工“歧视”现象。

导致结构性失业的一个重要原因就是工资刚性，即工资不能随劳动力市场的供需关系进行及时调整而导致的失业。本章第一节图 11－2b 中说明的就是这种工资刚性导致的失业情况。当实际工资高于使供给和需求达到均衡的工资水平时，劳动供给的人数 N_2 大大超过了需求人数 N_1，于是出现了“虚位以待”的现象，许多工人只能等待匹配的工作岗位的出现。工人失业并不是因为他们不积极寻找适合他们个人技能的工作，而是因为愿意工作的人数与可以得到工作的人数之间存在根本性的不匹配。

为了更好地理解结构性失业和工资刚性，我们必须理解是什么导致工资刚性。西方学者给出了导致工资刚性的三个主要原因：最低工资法、工会的垄断力量和效率工资。

首先是最低工资法。为了缩小收入不均和减少贫困，许多国家先后颁发了最低工资法案，规定企业支付给雇员工资的法定最低水平。以美国为例，美国政府在1938年通过了《公平劳动标准法案》（*Fair Labor Standards Act*），强制实施最低工资，规定最低工资为制造业平均工资的30%—50%，每小时7.25美元。对大多数的工人来说，最低工资约束没有明显的作用，因为他们的小时工资一般高于这一水平。但对一些工人，比如缺乏经验的工人和非熟练劳动者而言，最低工资会将他们的工资提高到均衡水平之上。有研究发现，当最低工资上涨1美元时，中等等级的餐馆就有约14%可能倒闭。有经济学家认为，最低工资对青少年失业的影响是最大的。也有研究发现，最低工资增加10%会导致青少年的就业减少1%—3%。[①]

工资刚性的第二个原因是工会的垄断力量。在许多西方国家，如英国和瑞典，工会化程度比较高，工会的影响也非常重要。工会通过集体谈判影响工资结构和水平，常常把工资提到均衡水平以上，最终影响企业雇佣工人的数量。结果公会的“干预”使得雇佣的工人人数少了，结构性失业增加了。

效率工资（efficiency wage）是最低工资和工会化之外的第三个导致工资刚性的原因。有些企业愿意支付高于市场平均的工资，这并不是因为政府要求它们如此，或者它们受工会的压力，而是它们认为这样做反而能增加企业利润。这种逻辑看似有点自相矛盾。理解这一逻辑的关键是工资水平会影响工人的生产力水平。效率工资理论认为，高工资减少了劳动力的周转，以此激励反而使工人的生产效率更高。工资对工人效率的影响可以解释为尽管劳动力市场存在超额供给，但雇主为了激励员工，尤其是留住具有丰富经验的熟练劳工，仍然支付高于均衡价格的工资，虽然劳动成本相对提高了，但企业的生产效率和经营绩效也提高了。

第三节　失业和奥肯定律

一　奥肯定律（Okun's Law）

经济衰退后果中最令人沮丧的就是失业率的上升。产出下降时，厂商

① Charles Brown，“Minimum Wage Laws：ARE They Overrated?”，*Journal of Economic Perspectives*，pp. 133 – 146.

需要的生产要素减少，比如需要雇佣的劳动人数减少，于是一部分有稳定工作的人面临失业，而准备就业的人更难找到工作。失业的影响是巨大的：1981—1982 年美国经济衰退末期，大约 1/10 的劳动力处于失业状态。20 世纪 90 年代中期欧洲的情况同样令人沮丧，失业人数超过劳动力总数的 10%。

从表 11－1 可知，1929 年以来美国发生高失业的两个主要时期是大危机时期和 1975—1984 年的石油和通货膨胀危机时期。所显示的产出损失是由潜在 GDP 和实际 GDP 之间的累积差额计算而出的。20 世纪七八十年代的石油危机与通货膨胀使美国经济产出损失高达 1 万多亿美元。而之后的 10 年是美国较稳定的经济增长时期，平均失业率为 6.3%。

表 11－1　**高失业时期的经济代价**

时期	产出损失		
	平均失业率（%）	GDP 损失（10 亿美元，1996 年价格）	占该时期 GDP 的百分比（%）
大危机时期（1929—1933 年）	18.2	4400	38.5
石油危机和通胀时期（1975—1984 年）	7.7	1250	2.5
经济衰退后的稳定时期（1985—1996 年）	6.3	500	0.6

资料来源：［美］萨缪尔森、诺德豪斯：《经济学》（第 16 版），华夏出版社 1999 年版，第 454 页。

经验表明，经济周期中失业通常会伴随产出的变动而变动。美国经济学家阿瑟·奥肯提出经济周期中失业变动与产出变动之间存在内在关系，失业的变动引起经济增长的变动，同样，经济增长的变动也会引起失业的相应变动，两者之间的关系即奥肯定律。它描述了实际 GDP 的短期波动与失业率变动之间的关系。

奥肯定律指出，实际 GDP 相对于潜在 GDP 每下降 2 个百分点，失业率就高于自然失业率 1 个百分点。我们选择 1979—1982 年产出和失业的变动来解释奥肯定律。1979—1982 年，美国实际 GDP 基本没有增长，而潜在 GDP 在这一时期每年增长 3%，3 年里共增长了 9%。奥肯定律对这段时期失业率变动和产出之间的关系如何预言呢？奥肯定律认为，实际

GDP 相对于潜在 GDP 每下降 2%，失业率就会上升 1%，因而 GDP 下降了 9%，失业率应该上升 4.5%。1979 年的失业率为 5.8%，根据奥肯法则，1982 年的失业率应该为 10.3%。官方统计显示，1982 年的实际失业率为 9.7%，这跟奥肯定律得出的结果十分接近。

奥肯定律的一个重要结论是，实际 GDP 必须保持与潜在 GDP 同样快的增长速度，以防止失业率的上升。如果政策执行者想让失业率下降，那么，实际 GDP 的增长必须快于潜在 GDP 的增长。

二 失业的影响

高失业率不仅是个经济问题，而且也是个社会问题。经济衰退的社会成本有多大，从表 11－1 就可看出。失业增加后，厂商产品的销售市场萎缩，有效需求下降。于是产出降低，生产能力闲置，利润率开始下降。厂商面临如此景况，就减少投资需求，减少新生产能力的形成。由于家庭消费减少和厂商投资下降，整个国民经济的增长都受到抑制。同时，失业增加使失业者的家庭收入和消费受到消极影响，家庭的需求和需要得不到满足，家庭关系也会因此受到损害。西方学者也发现，高失业率会导致个人的安全感与尊严受损，由此加重家庭关系紧张，导致生活水平下降和疾病增多，甚至导致犯罪增多和社会秩序的混乱。

美国经济学家萨缪尔森指出，高失业时期的损失是一个现代经济中最大的有记录的损失，它们比垄断所引起的微观经济浪费的无效率或关税、配额引起的浪费要大许多倍。社会影响最富戏剧性的实例也是对市场改革试行“休克疗法”后的俄罗斯经济的下滑。1995 年，俄罗斯大约有 1/5 的是失业，实际产出急剧下降，尤其是健康状况恶化，男人的预期寿命由 1990 年的 64 岁下降到 1995 年的 57 岁。除了战争之外，还没有一个工业化国家的国民健康状况会像俄罗斯那样因为当前经济衰退而如此严重滑坡。

三 降低失业率的对策

1. 增加总需求

在潜在产出一定且实际产出小于潜在的条件下，只要增加需求，就可以增加实际产出，从而可以扩大就业，降低失业率。

图 11 - 3 表明，当潜在产出 y_f 和总供给 AS 一定时，不断增加总需求，从 AD_1 增到 AD_2，再增到 AD_3，实际产出就从 y_1 增到 y_2，再从 y_2 增到 y_f，随着实际产出的增长，失业率相应下降。

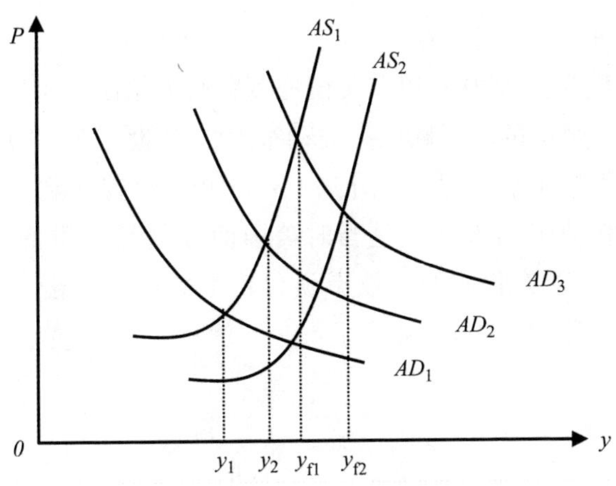

图 11 - 3　降低失业率的经济学解释

2. 增加总供给

在实际产出越来越接近潜在产出时，提高总需求所带来的产出效应越来越小，而提高物价的效应越来越大。在这种情况下，要进一步降低失业率，就必须提高潜在产出和总供给。当潜在产出和总供给曲线向右移动以后，就可以使实际产出增长，降低失业率。

图 11 - 3 表明，当潜在产出由 y_1 提高到 y_{f2} 时，总供给也相应地从 AS_1 提高到 AS_2。这时，总需求曲线与新的总供给曲线相交，都提高了实际产出，同时也可以降低失业率。

第四节　通货膨胀的衡量

一　通货膨胀的基本描述

经济生活中的一个基本特征就是大多数产品和服务的价格随着时间而逐渐上升。结果生产的成本也在随之上涨。我们在前面章节解释了价格水平如何测量经济中产品和服务的平均价格，并引入了 GDP 平减指数作为价格水平的测量。通货膨胀率就是某年的价格水平相较于上一年价格水平变动的百分比。不同国家和不同时期通货膨胀差异很大。1923 年的德国，平均每月的价格水平上升 500%。2008 年，津巴布韦也出现严重的通货膨胀。所以和失业一样，通货膨胀是衡量一个国家或地区经济运行状况的主要宏观指标之一。

图 11 –4 描述了 1970 年以来美国通货膨胀的情况。可以看出，在长达半个多世纪里，美国的通货膨胀率波动很大，20 世纪 70 年代末和 80 年代初，美国的通货膨胀平均每年上升 7.1%，1981 年曾达到了几乎历史最高水平。通货膨胀被美国人认为是当时美国面临的最严重的问题。而在 20 世纪 90 年代，由于美联储的有效干预和较小的供给冲击，通货膨胀被控制在平均每年上升 3% 的较低水平。

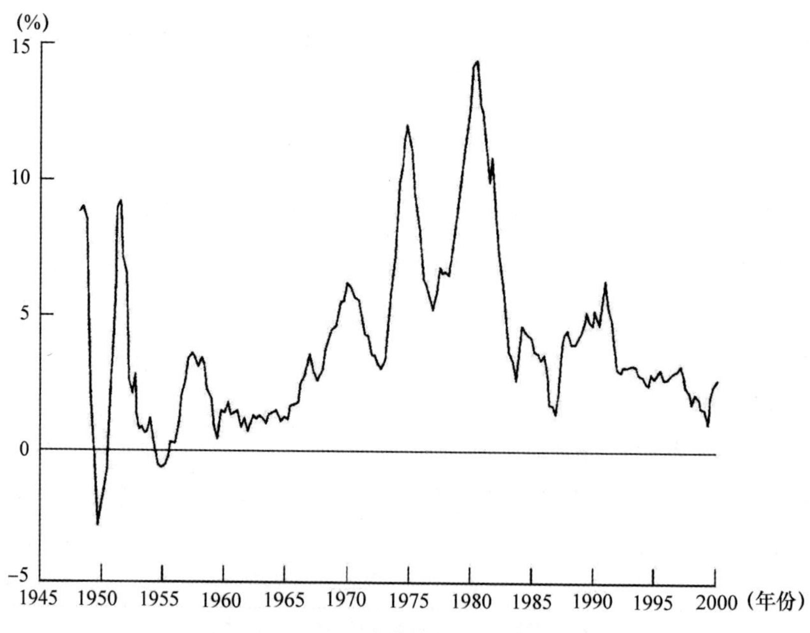

图 11 –4　1945 年以来美国通货膨胀率

资料来源：美国商务部（US Department of Commerce）。

二　通货膨胀的分类

通货膨胀的类型是指通货膨胀的种类。通货膨胀具有不同的类型。依据不同的划分标准，通货膨胀的类型区分也不相同。

1. 按价格上升的速度进行分类

按照价格上升的速度，通货膨胀一般分为温和的通货膨胀（Moderate Inflation）、奔腾的通货膨胀（Galloping Inflation）和超级通货膨胀（Hyper-inflation）。第一，温和的通货膨胀，通常指每年物价的上升比例控制在个位数（1%—9%）。温和的通货膨胀不被认为是经济的主要问题，有些经济学家还认为这种缓慢上升的物价对收入和经济增长都有积极的刺激作用。第二，奔腾的通货膨胀是价格急速上涨的通货膨胀，通常为10%—100%之间。人们会觉得无法再承担之前数量的产品和服务的消费，他们的购买力明显下降了。当这种奔腾式的通货膨胀发生后，公众会理性预期价格可能还会进一步上涨，因而采取各种措施来降低被通货膨胀所伤害，这也使得通货膨胀有进一步加剧的风险。第三，超级通货膨胀，也就是恶性通货膨胀，通常指价格上涨基本失去控制，超过了100%。公众对货币完全失去信心，不愿持有货币在手中，或抢购物资，或兑换成外币持有。这种情况下经济社会的政策活动遭到破坏，甚至引发政局动荡。

2. 按对通货膨胀的预期程度进行分类

依据对通货膨胀的预料程度，把通货膨胀划分为可预期的通货膨胀（Expected Inflation）和非预期的通货膨胀（Unexpected Inflation）。预期的通货膨胀是指通货膨胀过程被经济主体预期到，以及由于这种预期而采取的各种补偿性行为引发的物价上升的现象。例如一国的物价水平平均每年上涨3%，这时，人们就会产生一种理性预期，认为物价水平会按照这一比例持续上升。人们一旦预期到了这种通货膨胀，就会对自己的储蓄和消费进行调整。同时，工人也会要求在新一轮的谈判中要求雇主把工资提高3%以抵抗通胀，维持他们的生活水平。另一种是非预期的通货膨胀，即物价不知不觉地上升，或者物价上升的速度超出人们的预期。

三　通货膨胀的衡量

通货膨胀是指一个经济中大多数商品和劳务的价格在持续一段时间内普遍上涨的现象，我们称之为这个经济体经历着通货膨胀。它有几点要注意的。第一，通货膨胀不是个别一种或几种商品的物价上升，而是大多数商品和劳务的价格都上升。由于现实经济中有成千上万不同种类和数量的商品和劳务，一些商品价格上涨的同时，另一些商品的价格可能下降，而且各种商品和劳务价格的涨跌幅度也不尽相同。第二，它不是物价水平短期或一次性的上升，而是持续一定时期的上升。

宏观经济学用价格指数这一概念来描述整体经济中的各种商品和劳务价格变动的平均数，也就是经济中的价格水平。常用的价格指数主要有消费价格指数（CPI）、生产价格指数（PPI）和 GDP 平减指数。由于这几个概念在第八章中已有介绍，本章就不再赘述。

在掌握了价格指数的概念后，就可以将通货膨胀更好地描述经济社会在一段时间内价格水平持续地和普通上涨的情况。通货膨胀的程度通常用通货膨胀率来衡量。通货膨胀率被定义为一个时期到两个时期价格总体水平变动的百分比。计算通货膨胀率，通常是用现期物价指数与基期物价指数的差额，除以基期物价指数：

$$\pi_t = \frac{P_t - p_{t-1}}{P_{t-1}} \tag{11.5}$$

其中，π_t 为 t 时期的通货膨胀率，P_t 和 P_{t-1} 分别为 t 时期和 $t-1$ 时期的价格水平。假定一个经济体的消费价格指数从上年的 100 增加到今年的 120，那么这一时期的通货膨胀就是 20%。但要注意的是，我们在用消费价格指数衡量和比较不同国家通货膨胀率时，不同国家 CPI 所包含的一篮子商品和劳务的比重是不同的。

第五节　通货膨胀的原因和影响

经济学家对通货膨胀形成的原因提出了多种解释，归纳而言，主要分为三个方面：一是用货币数量论来解释货币的供给如何与价格和收入等经济变量相关，强调货币在通货膨胀过程中的决定性作用。二是从总需求和总供给的角度来解释。三是从经济结构的其他因素角度来说明通货膨胀形成的原因和影响。

一　作为货币现象的通货膨胀

经济学家弗里德曼说过：“通货膨胀发生在货币量增加的速度超过了产量增加的速度情况下，而且每单位产品所配给的货币量增加得愈快，通货膨胀的发展就愈快。”这也是我们常描述的每一次通货膨胀背后都有货币供给的迅速增长。根据货币数量论的基本思想，经济学家用数量方程来表示交易与货币之间的方程：

$$MV = PY \tag{11.6}$$

其中，M 为流通中的货币量，V 为货币的交易流通速度（Velocity of Money），可以理解为在一定时期（如 1 年）一单位货币在经济中流通的次数；P 为价格水平；Y 为一定时期经济中的总产出。等式的左边 MV 反映的是经济中的总支出；等式的右边 PY 是名义收入水平。

可以发现，通货膨胀来源于三个方面：总产出、货币的流通总量和货币的流通速度。一般而言，一个经济社会的平均物价水平跟总产出是成反比的。即实际总产出水平越大，产生通货膨胀的机会就越低。在缩小“通货膨胀缺口”的情况下，政策执行者除了可以抑制需求，还可以通过各种公共政策提高产出水平。相反，物价的变化速度跟货币的流通总量 M 和流通速度 V 都成正比，货币总量越大，流通速度越快，通货膨胀的危险就越大。

货币数量论认为，货币流通速度 V 和实际国民收入 y 在短期内都是常数，因此，物价水平 P 就随着货币供给量的变动而变动。当货币供给量增加时，物价水平就上升，形成通货膨胀。而货币供应量又是由中央银行决定的，因此，中央银行稳定了货币供应量，自然就稳定了价格总水平，也就控制了通货膨胀的发生。而政府通过增加货币供应量引发物价总水平上涨，其目的之一就是筹措政府财政资金，这一现象被称之为通货膨胀税。1775 年，美国政府就是运用增发钞票的方法解决了美国战争期间的部分开支，导致几年间黄金价格上涨了 100 倍之多。

将式（11.6）中的变动动态化，并取自然对数，可得：

$$\ln M + \ln V = \ln P + \ln y \tag{11.7}$$

再对式（11.7）两边求时间 t 的微分，$\frac{1}{M} \cdot \frac{dM}{dt} + \frac{1}{V} \cdot \frac{dV}{dt} = \frac{1}{P} \cdot \frac{dP}{dt} + \frac{1}{y}\frac{dy}{dt}$；设 $\frac{dM}{dt} = \dot{M}$，$\frac{dV}{dt} = \dot{V}$，$\frac{dP}{dt} = \dot{P}$，$\frac{dy}{dt} = \dot{y}$；进一步变形：$\frac{\dot{M}}{M} + \frac{\dot{V}}{V} = \frac{\dot{P}}{P} + \frac{\dot{y}}{y}$；记 $\pi = \frac{\dot{P}}{P}$，$\hat{m} = \frac{\dot{M}}{M}$，$\hat{v} = \frac{\dot{V}}{V}$，$\hat{y} = \frac{\dot{y}}{y}$，则有：

$$\pi = \hat{m} - \hat{y} + \hat{v} \tag{11.8}$$

式（11.8）表明，通胀率等于货币增长率减去产出增长率加上流通速度变化率。我们通常假设长期中，货币的流通速度是不变的。产出的变动取决于生产要素的增长和技术进步，后面章节会详细介绍。而货币增长率是由各国的中央银行控制和影响的。因此，货币数量论说明，控制货币供给量的中央银行如果能保持货币供给稳定，通货膨胀也能最终被控制。

图 11－5 显示了美国 19 世纪 70 年代以来货币增长和通货膨胀之间的关系。货币供给快速增长的年份，如 20 世纪 70 年代，往往也是高通胀的年代。相反，货币增长放缓的年份，如 20 世纪 20 年代和 30 年代，通货膨胀率比较低。可以看出，20 世纪 20 年代和 30 年代美国的通货膨胀率为负数，这种现象称为通货紧缩。

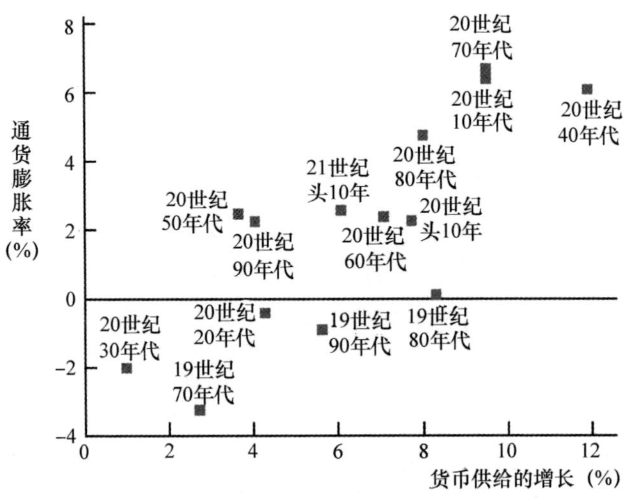

图 11－5　美国货币增长与通货膨胀

资料来源：［美］琼斯：《宏观经济学》，生活·读书·新知三联书店 2010 年版，第 184 页。

二　需求拉动的通货膨胀

需求拉动的通货膨胀（Demand-pull Inflation）也叫作超额需求通货膨胀，是指因总需求增加而引起的一般价格水平普遍和持续的上涨。

需求拉动的通货膨胀理论有两种。一种是凯恩斯提出的充分就业时的需求拉动的通货膨胀理论，一种是 W. 鲍莫尔提出的非实现充分就业时的需求拉动的通货膨胀理论。凯恩斯认为，当经济中实现了充分就业时，如果实际总需求大于实现了充分就业的总需求，其差额就构成了“通货膨胀缺口”（Inflationary Gap），导致需求推动的通货膨胀，如图 11－6a 所示。当总需求不断增加、总需求曲线 AD_1 不断右移至 AD_2、AD_3 时，价格水平就相应由 P_1 上升到 P_2、P_3，同时，收入量也由 y_1 不断增加到 y_2、y_f——这一段的价格上涨是“瓶颈式”通货膨胀。当总需求 AD_3 继续增加至 AD_4 时，由于总供给已经达到充分就业水平，即 AS 曲线呈现垂直形状，总需求的增加不会使收入 y_f 再增加，故在总供给或收入不变的情况下，价格由 P_3 上升到 P_4——这一段的价格上涨就是“需求拉动”的通货膨胀。

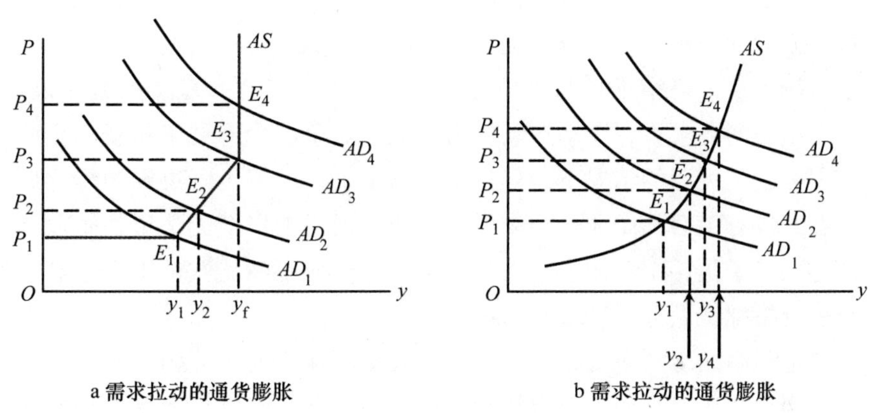

图 11－6　需求拉动的通货膨胀

鲍莫尔认为，不仅在实现了充分就业的条件下会出现通货膨胀，而且在没有实现充分就业的条件下也会出现通货膨胀。未实现充分就业时，总需求增加所引起的通货膨胀率的高低取决于总供给曲线的斜率。总供给曲线的斜率越大，总需求增加所引起的产量就越小，引起的物价上涨的幅度就越大，通货膨胀越严重，如图 11－6b 所示。总供给曲线 AS 一定，总需求 AD 不断增加，当从 AD_1 上升到 AD_2 时，国民收入从 y_1 增加到 y_2；当从 AD_2 上升到 AD_3 时，国民收入从 y_2 上升到 y_3；当从 AD_3 上升到 AD_4 时，国民收入从 y_3 增加到 y_4，增加得越来越慢，而价格相应地从 P_1 上升到 P_2、从 P_2 上升到 P_3、从 P_3 上升到 P_4，上升得越来越快。可以看到，当总供给曲线越来越接近潜在产出时，需求增加推动国民收入增长的作用在下降，而推动物价上涨的作用则在上升。总之，当总供给曲线一定时，连续增加总需求，就会在推动国民收入增长的同时，推动物价水平的上涨。这样，当太多的货币追逐太少的商品时，就发生了需求拉动的通货膨胀。

三 成本推动的通货膨胀

成本推动的通货膨胀（Cost-push Inflation）也叫作成本通货膨胀或供给通货膨胀，是指在没有超额需求的情况下由于供给成本的提高所引起的一般价格水平持续和显著的上涨。成本推动的通货膨胀可以分为三种情况。

一是工资成本推动的通货膨胀。在完全竞争的劳动市场上，工资率完全取决于劳动的供求，工资的提高不会导致通货膨胀；而在不完全竞争的劳动市场上，工资率不再是竞争性的，它取决于工会和雇主的集体议价。在工会组织的要求下，劳动市场成为不完全竞争的生产要素市场，企业在许多工会会员失业的情况下，仍然支付高工资。由于工资决定中攀比原则的存在，没有工会的企业也会支付高工资，因为工资低无法留住企业所需要的工人。于是，工资成本上涨和价格上涨形成了螺旋式的上升运动，即工资—价格螺旋上涨（Wage-price Spiral）。

二是利润推动的通货膨胀，是指具有垄断地位的企业为实现更高的利润而提高价格所引起的一般价格水平的普遍上涨。在完全竞争的产品市场上，价格取决于商品供求，任何企业都微乎其微，都不能通过控制产量来改变市场价格；而在不完全竞争市场上，垄断企业和寡头垄断不再是市场价格的接受者，而是价格的操纵者和影响者；垄断企业甚至能够操纵价格。产品价格定得很高，致使价格上涨的速度超过成本增长的速度，从而引发通货膨胀。

三是原料成本推动的通货膨胀，也称供给冲击。它是指由于进口原料的价格提高而引起的本国物价的普遍上涨。一国从外国进口的商品，有些作为原料进入本国的生产过程。当这种进口商品的价格上涨后，本国的生产成本就会上升，推动本国物价上涨，引发通货膨胀。例如，进口石油的价格上升，就会使以石油为原料的企业的生产经营成本上涨。

在总需求不变的情况下，成本推动的通货膨胀如图 11－7 所示。由于总需求是既定的，表现为 AD。当总供给曲线为 AS_1 时，与从需求曲线 AD 的交点 E_1 决定均衡产量为 y_1，价格水平为 P_1。当各种原因导致商品成本上升时，总供给曲线向右下方移动到 AS_2，这时与不变的总需求曲线的交点为 E_2，价格水平为 P_2。可以看出，总产量比以前下降了，而价格水平却上升了。

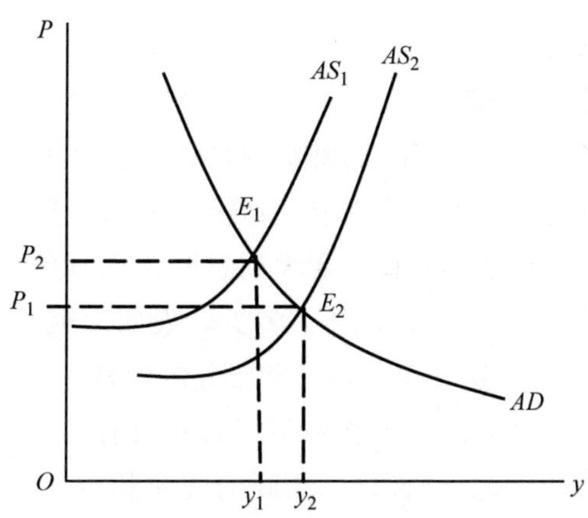

图 11－7　成本推动的通货膨胀

四　结构性通货膨胀

结构性通货膨胀（Structural Inflation）是指经济结构的非均衡状况所引起的一般价格水平普遍和持续的上涨。在现实经济中，有的部门劳动生产率高，有的部门劳动生产率低；有的部门属于先进部门，有的部门属于保守部门（如工业部门是劳动生产率不断提高的先进部门，而服务业则属于劳动生产率低的保守部门）。一般说来，劳动生产率高的生产部门工资应当提高，而劳动生产率低的部门工资应当低。但是，劳动生产率高的部门在提高了货币工资后，劳动生产率低的生产部门会要求"看齐"，其货币工资也要求要提高，否则劳动生产率低的生产部门的工人就感到"不公平"。当劳动生产率低的生产部门的货币工资也提高以后，劳动生产率低的生产部门提供的产品（或服务）的价格也必然提高。这样，整个社会工资增长率高于劳动生产率的增长率，从而引发了一般物价水平持续和普遍的上涨，出现通货膨胀。

假定甲和乙是生产率不同的两个部门，假设两个部门的产量是相等的。部门甲的生产增长率为3%，工资增长率也为3%。这是全社会的一般价格水平不会因为部门甲的工资提高而上涨。但是，当部门乙的生产增长率为1%，而工资增长率因为要求“公平”也达到了3%。这全社会的平均工资增长率为3%，但全社会的生产增长率仅为2%，就使得全社会工资增长率超过了劳动生产率的增长，这必然导致全社会商品和劳务的价格水平上涨即通货膨胀。

五　通货膨胀和实际利率

利率是分析宏观经济政策的重要变量之一，它衡量了现在使用资金的机会成本。假定你把一笔闲置的资金存到银行定期账户上，该账户每年支付你5%的利率。一年后你提取本金和利息时，你真的比一年前富了5%吗？答案取决于这一年的物价上涨了多少。表面上确实比你一年前多了5%的利息收入，但如果这一年的商品和服务的价格也上升了，那么，每1元买到的东西实际减少了，你的真实购买力并没有增加5%。如果这一年的通货膨胀率是3%，那么，你可以买到的商品和劳务数量只增加了2%；如果通货膨胀率是7%，那么，你的真实购买力反而下降了2%。

银行支付的利率称为名义利率，你的真实购买力的变化称为实际利率。如果i代表名义利率，r代表实际利率，π代表通货膨胀率，那么，这三个变量之间的关系可以写成：

$$r = i - \pi \tag{11.9}$$

即实际利率是名义利率和通货膨胀率之差。

第六节　通货膨胀的经济效应

每当发生通货膨胀的时候，当更多的钞票进入经济中影响我们生活的时候，并不是所有的商品和服务的标价都灵敏及时地作出调整，新增的货币总是通过某个出口慢慢渗入我们每个人的生活中，同时它对不同人的影响也是不均匀的。这种货币要经过一段时间才逐渐在整个社会里面摊匀的现象被称为“坎蒂隆效应”（Cantillon Effect）。理查德·坎蒂隆（Richard Cantillon）是第一个认识到货币量增加会导致不同商品和要素价格涨幅程度不一致的经济学家。正如他所描述的：“这种效应更向我们把一种黏性液体，例如蜂蜜倒入一个容器中的时候发生的现象。这个液体会有扩散到整个瓶底表面的趋势，但是会有一个过程。刚开始，蜂蜜倒下去的时候，会有一个轻轻地隆起，而这个隆起会慢慢向外扩散。”他认为货币量的变化对实体经济的不同影响取决于货币介入经济的方式，以及谁是新增货币的持有者。

通货膨胀的经济效应是指通货膨胀对收入分配、就业、产出等经济变量的作用。

一　通货膨胀的收入分配效应

未预期到的通货膨胀会导致财富的再分配效应。首先，通货膨胀不利于低收入者。低收入者一般是低工资劳动者，他们的实际收入因通货膨胀而减少或增长缓慢，尤其是只靠固定救济金生活的人，他们更是通货膨胀的受害者。相反，高收入者一般是拥有其他资产和非工资收入的人，他们可以通过其他资产价格的变化更容易把通货膨胀的损失转嫁出去。其次，通货膨胀不利于储蓄者。大多数存款都设定了一个名义利率，随着价格的上升，定期储蓄的实际利率下降，那些有闲置资金和存款在银行的人就会受到伤害。同样，本来想抵御通货膨胀购买的保险金和其他固定收益的证券资产等，也在通货膨胀中的实际价值受损。再次，通货膨胀调整了债权人和债务人之间的分配关系。具体而言，通货膨胀牺牲了债权人的利益而使债务人受益。例如，甲向乙借款1万元，约定一年后归还，当时约定的利息是每年5%，预期的通货膨胀率为2.5%，那么实际利率为2.5%。但这一年内通货膨胀上升为4.5%，那么一年后债权人的实际回报率由2.5%下降为只有0.5%。最后，通货膨胀使政府获得了一种隐形税收，即通货膨胀税。

二　预期到的通货膨胀成本

（一）菜单成本

现实中，大多数企业不会经常改变他们产品的价格。他们公布的产品价格，通常在几个月或几年内保持不变。因为改变价格是有成本的，对于某些性质的企业甚至是高昂的。调整产品目录和价格的成本被称为菜单成本（Menu Costs）。菜单成本这个词来自餐馆印刷新菜单的成本，后来经济学家把它的内容延伸了，不仅包括印刷新清单和目录的成本，还包括把这些新价格表和目录送给中间商和顾客的成本、为新价格做广告的成本、决定新价格的成本，甚至还包括处理顾客对价格变动怨言的成本。

（二）鞋底成本

更高的通货膨胀会导致价格水平的上升，为了补偿这种价格的上升，要求更高的名义利率，而更高的名义利率又会导致更低的实际货币价值。也就意味着人们把钱放在口袋里的成本更高了，因此，他们必然更频繁地跑银行减少损失。例如，原来可能一个月才跑一次银行，现在可能去两周去一次。这种往返银行路上所花的实践和汽油等开支被称为鞋底成本(Shoe-leather Cost)。尤其是在高通货膨胀时期，人们为了减少货币持有量而选择牺牲的时间和便利就是通货膨胀造成的成本。

（三）相对价格变动导致资源配置的无效率

市场经济主要依靠相对价格来进行稀缺资源的有效配置。消费者也往往通过比较不同商品和劳务的质量和价格来决定购买什么和购买多少。通过价格的引导，市场对稀缺资源在不同的企业和个人之间进行有效配置。由于所有竞争的企业和个人不可能在同一时间改变价格和调整购买习惯，更高的通货膨胀会引起更高的相对价格的变动。这种相对价格的变动会导致消费者的购买决策被扭曲了，从而导致资源配置的低效率或无效率。

第七节　失业和通货膨胀的关系——菲利普斯曲线

如前所述，失业和通胀有时被称为宏观经济学的“两大恶魔”，也是短期宏观经济运行中的两个主要问题。现实经济运行中，低通货膨胀和低失业是很难同时实现的，两者在短期中具有一定的交替关系，这就是著名的菲利普斯曲线。本章利用总供给曲线推导菲利普斯曲线并试图解释宏观经济政策的调整如何影响通货膨胀率和失业率。

一　菲利普斯曲线的提出

英国经济学家 A. W. 菲利普斯（A. W. Phillips）通过研究 1861—1957 年英国的失业率与货币工资增长率的统计资料，最先提出了一条表示失业率与工资变动率之间依存关系的曲线，这条曲线就被称为菲利普斯曲线(Phillips Curve)。菲利普斯发现：在失业和货币工资的变化之间存在一种负相关的关系。即当失业率较低时，货币工资增长率较高；反之，当失业率较高时，货币工资增长率较低。

为什么高失业率会降低货币工资的增长速度呢？其原因在于：货币工资上涨率是劳动市场超额需求程度的函数，而失业率是劳动市场超额需求的一个负函数，对劳动的需求越是超过供给，失业率越低，由于存在超额需求，雇主之间的竞争会驱使货币工资率上升。反之，失业率越高，劳动越是供过于求，货币工资上涨率越少。

菲利普斯曲线对分析短期的失业和通货膨胀的交替变动关系十分有用。图 11－8 所表示的就是简单的菲利普斯曲线。横轴表示失业率，纵轴表示通货膨胀率，菲利普斯曲线为一条向右下方倾斜的曲线 *PC*。美国 20 世纪 60 年代的通货膨胀和失业的数据就直观揭示了菲利普斯曲线所表示的通货膨胀和失业之间的替换关系。

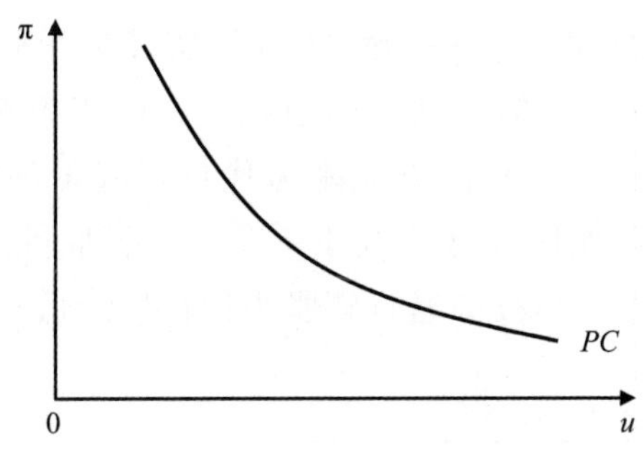

图 11－8　短期菲利普斯曲线

二　改造后的菲利普斯曲线

菲利普斯曲线经以萨缪尔森为代表的新古典综合派的研究，认为货币工资增长率、劳动生产率和通货膨胀率之间存在以下关系：

通货膨胀率＝货币工资增长率－劳动生产增长率

根据这一关系，若劳动生产的增长率为零，则通货膨胀率就与货币工资增长率一致。这样，经过他们改造的菲利普斯曲线，可以阐明失业与通货膨胀之间的交替关系。

若设 π 为失业率，ε 为价格对于失业率的反应程度，u 为失业率，u^* 为自然失业率，则可以将改造后的菲利普斯曲线表示为：

$$\pi = -\varepsilon\ (u - u^{*}) \tag{11.10}$$

如果实际失业率相对于自然失业率每增加一个百分点，通货膨胀率就下降 ε 个百分点。总之，当失业率超过自然失业率，价格水平就下降；反之，当失业率低于自然失业率，价格水平就上升。

被改造后的菲利普斯曲线成为西方宏观经济学政策分析的基石。政策制定者可以选择不同的通货膨胀率和失业率的组合。具体而言，如果他们能容忍一定高的通货膨胀，他们就可以拥有较低的失业率。换而言之，在短期中，政策制定者可以用一定的通货膨胀率的提高来换取较低的失业率。

现实中，每个经济社会都会确定一个社会临界点，由此确定一个通货膨胀和失业的组合区域。在这个组合区域内，政策决策者可以不采取调节手段，如在区域外，则可根据菲利普斯曲线所表示的关系进行调节。如图 11 －9 所示，假定当失业率和通货膨胀率在 4% 以内时，政策决策者认为经济社会是“安全”的，或者可以容忍的，这时就得到了一个临界点，即 A 点，阴影部分就是安全区域。如果实际通货膨胀高于 4%，假设达到了 5%，这是根据菲利普斯曲线，经济决策者可以采取紧缩的财政政策或货币政策，以提高失业率为代价以降低通货膨胀率。相反，如果这时经济社会的实际失业率高于 4%，根据菲利普斯曲线，决策者可以采取扩张性政策，以提高通货膨胀为代价以降低失业率。

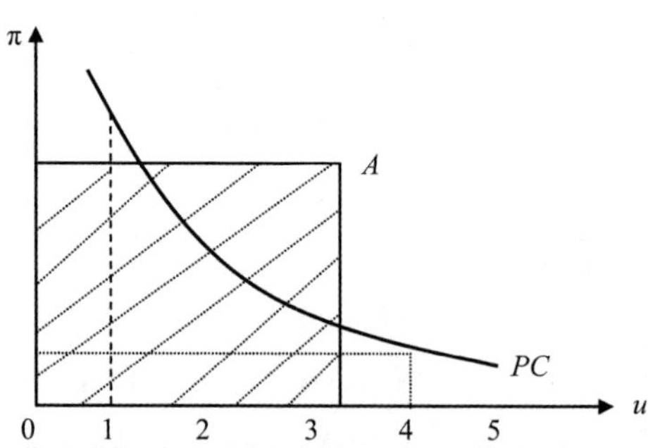

图 11 －9　菲利普斯曲线的合理区域

三　从总供给曲线推导菲利普斯曲线

菲利普斯曲线可以通过短期总供给曲线推导出来。短期菲利普斯曲线告诉我们，通货膨胀率取决于三个主要因素：预期的通货膨胀率；失业对自然失业率的偏离，通常被称为周期性失业；供给冲击。

这三种因素对通货膨胀的影响可以表示为：

$$\pi = E\pi - \beta\ (u - u^n)\ + v \tag{11.11}$$

其中，$E\pi$ 为预期的通货膨胀率，β 为通货膨胀对周期性失业的反应敏感程度，v 为供给冲击。

这个菲利普斯曲线方程可以从总供给曲线推导出来。总供给方程表示为：

$$P = EP + \left(\frac{1}{\alpha}\right)(Y - \overline{Y}) \tag{11.12}$$

根据这个基本公式，首先对方程右边加上一项供给冲击 v 因素，用来表示改变价格水平和使总供给曲线移动的外生事件，如世界石油价格波动，于是可以得到：

$$P = EP + \left(\frac{1}{\alpha}\right)(Y - \overline{Y}) + \nu \tag{11.13}$$

这时，开始考虑通货膨胀率，在上式两边同时减去上一年的价格水平 P_{t-1}，于是得到：

$$P - P_{t-1} = (EP - P_{t-1}) + \left(\frac{1}{\alpha}\right)(Y - \overline{Y}) + \nu \tag{11.14}$$

上式的左边就是通货膨胀率 π，右边的第一项即 $EP - P_{t-1}$ 表示预期的价格水平与上年价格水平之差，即预期的通货膨胀率 $E\pi$。因此，我们用 π 替换 $P - P_{t-1}$，用 $E\pi$ 替换 $EP - P_{t-1}$，于是得到：

$$\pi = E\pi + \left(\frac{1}{\alpha}\right)\ (Y - \overline{Y})\ + \nu \tag{11.15}$$

最后，利用前面章节中介绍的奥肯定律，把产出和失业率联系起来。奥肯定律解释了经济周期中失业变动和产出变动的关系。也就是说，当实际产出高出潜在产出时，失业低于自然失业率。可以把两者关系表示为：

$$\left(\frac{1}{\alpha}\right)(Y - \overline{Y}) = -\beta\ (u - u^n) \tag{11.16}$$

于是用 $-\beta\ (u - u^n)$ 来替换（11.16）式的左边，于是可以得到：

$$\pi = E\pi - \beta\ (u - u^n)\ + \nu \tag{11.17}$$

这就是从供给曲线方程推导出的菲利普斯曲线方程。

四　长期的菲利普斯曲线

短期的菲利普斯曲线告诉我们，政策制定者在短期中能够运用货币政策或财政政策来改变产出、失业和通货膨胀。短期的通货膨胀率决定了菲利普斯曲线位置的高低。如果通货膨胀率上升，短期的菲利普斯曲线向上移动。同时。人们也会调整他们对通货膨胀的预期，工人会根据新的通货膨胀预期要求提高工资，工资的上升会导致厂商的成本上升。因此，通货膨胀和失业之间的替代关系旨在短期成立。当预期的通货膨胀与实际的通货膨胀率一致的时候，较高的通货膨胀不会减少失业。换而言之，在长期中，经济社会在充分就业的水平上，失业也会回到其自然失业率水平，通货膨胀和失业之间不存在权衡。

图 11－10 中，假定某一经济最初的均点为 A 点，该点表示的自然失业率水平为 U^*，通货膨胀率为 3%。如果这时政策制定者采取扩张性的政策以使失业率降低，结果是总需求增加，价格水平上升，通货膨胀率也上升，假设上升为 6%。因为在 A 点，工人预期的通货膨胀率 3%，而由于政策的干预，实际的通货膨胀率上升为 6%，高于原来预期的通货膨胀率。这会导致工人的实际工资下降，但厂商的利润增加，产出增加，从而增加就业，失业率减少。于是就会发生图 11－10 中短期的 PC_1 从 A 点移动至 C 点。但工人会随时间推移调整他们对通货膨胀的预期。经过一段时间，当工人发现价格水平的上升和实际工资的下降，他们会要求厂商提高货币工

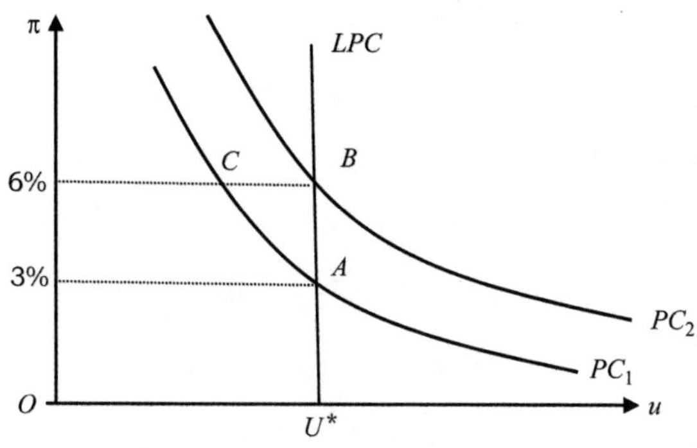

图 11－10　短期和长期的菲利普斯曲线

资。与此同时，工人也会调整他们对通货膨胀的预期，由原来的3%调整至现在的6%。随着预期的通货膨胀和实际的通货膨胀一致，企业的生产和就业又会回到原有的水平，失业率又回到最初的 U^*。但此时的经济均衡点已处于较高通货膨胀率的水平 B 点。以上过程可能会持续下去。

可以发现，在短期，工人由于工资刚性等原因不能及时调整自己的预期，因此存在失业率和通货膨胀之间的短期替代关系，表现在图11－10中，由 PC_1 移动至 PC_2。但从长期看，工人预期的通货膨胀最终会与实际的通货膨胀率保持一致。因此，企业不会增加生产，失业率也不会减低，从而形成了一条与自然失业率水平重合的长期的菲利普斯曲线 LPC。

因此，长期的菲利普斯曲线告诉我们，从长期看，政策制定者运用扩张性政策不但不能降低失业率，还会使通货膨胀率不断上升。

本章小结

自然失业率通常被视为经济稳定状态下的失业率，它取决于离职率和入职率。

失业可以分为摩擦性失业、结构性失业和周期性失业。

导致工资刚性的原因主要有最低工资法、公会的垄断力量和效率工资。

奥肯定律描述了短期中实际GDP与失业率变动之间的关系。如果政策执行者欲降低失业率，那么实际GDP的增长必须快于潜在GDP的增长。

通货膨胀可以依据不同的标准进行分类，既可以按价格上升的速度分类，也可以按照人们对通货膨胀的预期程度进行分类。

对通货膨胀形成的原因既可以用货币数量论来解释，也可以从总需求和总供给的角度解释，还可以从经济结构角度来说明。

通货膨胀的经济效应主要表现为未预期到的通货膨胀导致的财富再分配效应和预期到的各种通货膨胀成本。

最初的菲利普斯曲线反映的是失业率和工资变动率之间的关系，现代的菲利普斯曲线主要反映失业率和通货膨胀率之间的变动关系。

菲利普斯曲线告诉我们，短期中通货膨胀和失业之间存在交替关系，政策制定者可以运用宏观经济政策来改变产出、失业和通货膨胀。但从长期看，扩张性政策不但不能降低失业率，还会使通货膨胀率不断上升。

长期的菲利普斯曲线是一条位于自然失业率水平上的垂直线。

理论自测与应用自测

1. 以下哪两种情况不可能同时发生?

A. 结构性失业和成本推进的通货膨胀

B. 需求不足的失业和需求拉上的通货膨胀

C. 摩擦性失业和需求拉动的通货膨胀

D. 失业和通货膨胀

2. 什么是自然失业率? 影响自然失业率的因素有哪些?

3. 哪些失业是可以消除的? 哪些失业是无法消除的? 为什么?

4. 假设人们预期通货膨胀率等于3%，而实际上物价上升了5%。请描述这种未预期到的通货膨胀率对以下主体有何影响:(1) 政府;(2) 有固定利率抵押贷款的房主;(3) 劳动合同第二年的公会工人;(4) 把其某些资金投资于政府债券的大学。

5. 请用有关理论解释为什么高通胀可以和高失业并存?

6. 试述短期菲利普斯曲线和长期菲利普斯曲线的关系。

7. 假定某国某时期有1.9亿工作年龄的人口，其中有1.2亿人有工作，1000万的人在寻找工作，1500万人放弃寻找工作，4500万人不要工作。求:(1) 劳动力人数;(2) 劳动力参与率;(3) 官方统计的失业率。

案例分析

案例11-1　福特的5美元效率工资

1914年，福特公司的创始人亨利·福特把工资提高到了一天5美元，是当时最低工资标准的两倍以上，还把一天9小时的工作时间改成8小时。这么诱人的条件招来了成千上万的人，工人们都希望能在福特工作。亨利·福特把工资定这么高，是想做慈善吗? 当然不是，是因为福特的离职率太高了。为什么离职率这么高呢? 因为福特工人对工作非常不满。在提高工资之前，福特公司工作时间长，工作内容单调乏味，工人经常懈怠，跟车间主管吵架，甚至破坏生产线，工作效率比较低。福特提高工资以后，提升了工人们幸福感和痛苦承受能力，更重要的是，5 美元的工资，大大提高了工人们离职的机会成本。亨利福特后来写道："我们想支付这些工资，以便企业有一个持久的基础。我们在为未来做建设。低工资的企业总是不稳固的。为每天 8 小时支付 5 美元是我们所做出的最好的减少成本的行动之一。"

福特提高工资之前，当时的劳动力市场，就是"完美"的劳动力市场，工人和雇主都是自由流动的状态，工资稳定在一个水平线上。但是从提高工资开始，劳动力市场变得不完美了，福特的工资远高于市场平均水平，所以很多人宁愿暂时失业，也要排队等着进入福特公司。福特公司开出的每天 5 美元工资，在经济学上叫"效率工资"，比市场平均工资更高。这种高工资有两个好处：一是减少了工人的流动性，增强了工人的忠诚度，同时也减少了企业雇佣和培训新员工的成本；二是工资取决于员工的边际生产力，而这种边际生产力又取决于工人的平均素质和技能，从另一个角度看，增加了员工的竞争力。当然，任何硬币都有两面，高的工资会吸引更多的想要获得这种高薪的工作，而企业只会雇佣效率更高技能更好的人，所以这种情况下反而会减少用人数量，增加失业率。

经济学家提出了各种理论来解释工资如何影响生产效率。一种理论认为，高工资降低了劳动力的转换和更替。现实中，工人由于多种原因选择离职，如接受了其他企业更好的职位、迁移到另一个城市或地区，或者选择了其他职业。企业给工人支付的工资越高，工人离职的机会成本就越高，工人留在企业的激励就越大。企业通过支付效率工资降低了工人的离职率，从而减少了企业雇佣和培训新员工所花费的时间和金钱成本。第二种效率工资理论认为，企业的平均生产效率取决于它向员工支付的工资水平。如果企业降低工资，最好的员工就会跳槽到其他企业，而留在企业的大多都是没有更好选择的较低质量的员工。经济学家把这种不利的分类称为逆向选择——具有更多信息的人以一种不利于具有较少信息的人的方式进行自我选择。企业通过支付高于均衡水平的工资，从而减少逆向选择，提高企业的平均劳动生产力。第三种效率工资理论认为，由于企业不可能完全监督工人的努力程度，通过支付较高工资，可以激励工人不偷懒，从而提高生产效率。经济学家把这种个人行为由于难以监督而带来的风险称为道德风险。效率工资可以减少道德风险，从而降低企业的成本。

案例 11－2 津巴布韦的恶性通货膨胀

津巴布韦（Zimbabwe），曾经是南部非洲继南非之后的第二大经济体。津巴布韦元（以下简称津元），于1980年首次面世，那个时候，津巴布韦元比美元还值钱，1美元只能换0.678津巴布韦元。

罗伯特·穆加贝（Robert Mugabe）是津巴布韦独立运动的领袖。独立后，穆加贝政府在奉行种族和解的政策基础上实行土地改革，并大力发展教育、农业、矿业和制造业，一度取得了令人瞩目的成就。20世纪80年代末90年代初，津巴布韦可谓是非洲乃至西方世界的“宠儿”：正常年景粮食自给有余，甚至出口邻国；鲜花出口欧洲；成为世界第三大烟草出口国；被称为“度假天堂”和南部非洲的“面包篮子”。然而这种光景在2000年彻底反转。特别是在2005—2008年，津巴布韦玉米和烟草的产量分别下降了65.8%和72.2%。由于农业产量的急剧下降，津巴布韦从南部非洲的“面包篮子”变为每年需要大量进口粮食维持人们基本生计的国家。伴随着农业生产的大幅减产，津巴布韦整个社会经济出现了严重问题。工会运动、游行示威等逐渐增多；加上与英国关系逐步恶化，特别是英国不再提供土地援助资金后，穆加贝政府彻底失去了外部资金支持。

2000—2009年，津巴布韦的经济增长率一直为负数。经济产出的大幅下降导致了政府税收的大幅减少。为了解决“透支”的财政预算，穆加贝政府采取了大量印钞的方式来支付政府雇员的工资和其他转移性支付，如国内解放战争老兵的抚恤金。这一举措拉开了津巴布韦货币贬值和恶性通货膨胀的序幕。

“快车道”土地改革开始后，农业生产下滑导致了津巴布韦整个国民经济的衰退，并加剧了津巴布韦通货膨胀的幅度。到2003年中期，津元与美元的汇率已达到近1000∶1。2003年11月，吉登·戈诺就任津巴布韦储备银行行长，开始推行印刷货币、补贴当地产品与关键商品等经济政策，津巴布韦的通货膨胀自此如脱缰之马一般直线上升，到2008年底，美元的官方汇率达到18位数。

恶性通货膨胀的影响遍及全国。《华盛顿邮报》的一篇文章中，一个津巴布韦人这样描述："如果你没有在48小时之内收到账，那么这笔钱就不值得去收了，因为它已经没有价值了。无论我们什么时候拿到钱，都必须马上把它花掉，出去买我们能买到的任何东西。我们的养老金体系在很多年前就被摧毁了。我们没有人留下任何储蓄。"

在管控无效之后，津巴布韦政府于2009年初废除津元，实行以美元和南非兰特为主的多元货币体系，该国的恶性通货膨胀宣告结束。

参考文献

保罗·萨缪尔森：《萨缪尔森谈失业与通货膨胀》，商务印书馆2012年版。

罗伯特·M. 索洛、约翰·B. 泰勒、本杰明·M. 弗里德曼等：《通货膨胀、失业与货币政策》，中国人民大学出版社2013年版。

曼昆：《宏观经济学》（第9版），中国人民大学出版社2018年版。

第十二章　开放经济下的短期经济模型

约翰·穆勒说过："国际贸易的利益使生产要素在全世界范围内的使用更有效率。"中国改革开放至今始终坚持对外开放的基本政策，积极融入经济全球化的发展进程。当今世界大多数国家或地区都与其他国家和地区有一定程度的经济贸易往来。为了更好地了解国际经济与贸易发展的经济力量，本章开始放弃封闭经济的假设，从开放经济的视角考察和研究一国宏观经济的运行情况。

第一节　国际经济的基本知识

在全球化的今天，几乎所有国家的消费者、企业和投资者都要经常和其他国家的消费者、企业和投资者发生联系。中国的消费者可能购买韩国制造的电视机，穿英国生产的羊绒衫，使用美国生产的计算机软件。同时，中国企业也向世界其他国家销售产品。纽约的投资者还可以购买德国企业发行的债券。目前大部分的经济体都是开放经济，国际贸易对一国经济的重要性也越来越高，国家之间进行着广泛的贸易和金融的交易。

一　国际收支平衡表

国际收支（Balance Payment）是一定时期内一国与他国之间进行贸易往来的系统记录。一国国际经济交易的内容包括商品、劳务与商品、劳务之间的交换，金融资产与商品、劳务的交换以及金融资产与金融资产等的交换。狭义的国际收支是指一国在一定时期内同其他国家为清算到期的债权债务所发生的外汇收支的总和。因此，国际收支也可以表示一国在一定时期内，从国外收进的全部货币资金和向国外支付的全部货币资金的对比关系。一国国际收支的状况集中反映在该国的国际收支平衡表上。

国际收支平衡表是一定时期内（通常为1年）一国与其他国家间所发生的国际收支按项目分类统计的一览表，它集中反映了该国国际收支的具体构成和总体面貌。国际收支平衡表的主要目的是让政府了解国家的对外贸易情况，以帮助政府制定货币、财政和贸易政策。当一国政府进行决策时，也常常会参考重要贸易伙伴国的国际收支平衡表。同样，那些直接或间接参与国际贸易和金融活动的银行、公司和个人，国际收支平衡表中披露的信息也具有十分重要的意义。

国际收支平衡表主要包括三个账户：经常账户（Current Account）、资本和金融账户（Capital and Financial Account）和储备资产。

经常账户记录了一国经常性的或短期的资金流入和流出的情况。经常账户包括产品和服务的进出口、本国居民从其他国家获得的投资收益、其他国家居民在本国的投资收益，以及本国对其他国家居民的单方面支付和从其他国家转入本国居民之间的余额（称为净转移支付）。

资本和金融账户主要反映国际资本的流动，包括短期和长期的资本流入和流出。其中，金融账户包括直接投资、证券投资和其他投资（如国际信贷、预付款等）。例如，国外投资者购买由中国政府或企业发行的债券，或者国外公司在中国开设工厂，就有资本流入中国。相反，投资者在中国境内购买由外国公司或政府发行的债券，或者中国公司在其他国家建立工厂时，就有资本流出中国。要注意的是这里的资本，不仅指有形资产，如工厂，而且包括各种金融资产，如股票和债券等。资本账户主要是指非生产、非金融资产的交易（如专利、版权或自然资源的使用权等）和资本转移。

储备资产项目主要包括外汇、黄金、特备提款权（SDR）和在基金组织的储备头寸。

表12-1　**2008年美国国际收支平衡情况**　单位：10亿美元

经常账户	—	—
进口产品	1277	—
出口产品	-2117	—

续表

贸易余额	—	-840
进口服务	549	—
出口服务	-405	—
服务余额		144
投资收益	764	—
投资支出	-646	—
投资净收益	—	118
净转移支付	—	-128
经常项目余额	—	-706
金融账户	—	—
美国持有的国外资产增加	534	—
国外持有的美国资产增加	0	—
金融账户余额	—	534
资本账户余额	—	-28
统计差漏	—	200

资料来源：U. S Bureau of Economic Analysis，"U. S. International Transactions"，June 17，2009。

在封闭经济中的国民经济均衡分析只考虑国内充分就业与价格稳定问题，一旦实现了充分就业和物价稳定也就实现了宏观经济管理的目标。但在开放经济中，国民经济的均衡不仅要考虑对内均衡，而且要考虑对外均衡，在这里对外均衡就是指国际收支均衡。

二　产品和资本的国际流动

在开放经济中，一国生产出的产品和服务除了在国内销售，还可以出口到国外；同时一国还可以购买国外的产品和服务。因此，我们可以把一个开放经济中的产出 Y 用一个恒等式来表示：

$$Y = C + I + G + NX \tag{12.1}$$

这是我们在前面章节熟悉的四部门的恒等式。这里，从国际交换的角度将这个恒等式变形，得出：

$$NX = Y - (C + I + G) \tag{12.2}$$

式（12.2）说明，在一个开放经济中，净出口等于产出减去国内支出。如果总产出大于国内支出总额，净出口为正的，即出口大于进口；反之，如果总产出小于国内支出总额，净出口为负的，即出口小于进口。

从国际收支平衡表中可以看出，在开放经济中产品市场和金融市场是相互联系的。为了更好地理解这一关系，我们用前面章节讲述的投资和储蓄的恒等式关系来说明。

根据式（12.1），我们可以得到：

$$NX + I = Y - C - G \tag{12.3}$$

前面章节我们讲述了，$Y - C - G$ 是国民储蓄 S，即私人储蓄和公共储蓄之和。因此将式（12.3）写成：

$$NX + I = S \tag{12.4}$$

或 $NX = S - I$

式（12.4）说明，一个经济的净出口必须总是等于其储蓄和投资的差额。在国际贸易中，净出口也被称为贸易余额，储蓄和投资的差额也被称为资本净流出（也称为国外净投资）。资本净流出是指从本国流向外国的资本量与从国外流向本国的资本量的差额。如果资本净流出是正的，我们称之为贸易盈余，即经济体的储蓄大于其投资，余额流向了国外市场或借贷给了外国人。这种情况下，我们是国际金融市场上的净债权人。相反，如果资本净流出是负的，我们称之为贸易赤字，即经济体的投资大于储蓄，说明向国外借贷更多的资本来进行投资融资。这种情况下，我们是国际金融市场上的净债务人。如果 NX 和 $S\text{-}I$ 刚好相等，我们就达到了贸易平衡。总之，资本净流出反映了国际资本的流动情况。表 12－2 总结了以上三种情况。

表 12－2　**开放经济下的国际资本流动**

贸易盈余	贸易平衡	贸易赤字
$NX > 0$	$NX = 0$	$NX < 0$
储蓄 > 投资	储蓄 = 投资	储蓄 < 投资
$Y > C + I + G$	$Y = C + I + G$	$Y < C + I + G$
资本净流出 > 0	资本净流出 = 0	资本净流出 < 0

三 布雷顿森林体系和国际货币基金组织

布雷顿森林货币体系（Bretton Woods System）是指战后以美元为中心的国际货币体系。国际货币体系是指各国对货币的兑换、国际收支的调节、国际储备资产的构成等问题共同作出的安排所确定的规则、采取的措施及相应的组织机构形式的总和。有效且稳定的国际货币体系是国际经济极其重要的环节。

在布雷顿森林体系以前两次世界大战之间的 20 年中，国际货币体系分裂成几个相互竞争的货币集团，各国货币竞相贬值，动荡不定，因为每一经济集团都想以牺牲他人利益为代价，解决自身的国际收支和就业问题、呈现出一种无政府状态。20 世纪 30 年代世界经济危机和第二次大战后，各国的经济政治实力发生了重大变化，美国登上了资本主义世界盟主地位，美元的国际地位因其国际黄金储备的巨大实力而空前稳固。这就使建立一个以美元为支柱的有利于美国对外经济扩张的国际货币体系成为可能。

在这一背景下，1944 年 7 月，44 个国家或政府的经济特使聚集在美国新罕布什尔州的布雷顿森林，商讨战后的世界贸易格局。会议通过了《国际货币基金协定》，决定成立一个国际复兴开发银行（即世界银行）和国际货币基金组织（International Monetary Fund，IMF），以及一个全球性的贸易组织。

1945 年 12 月 27 日，参加布雷顿森林会议的 44 国中的 22 国代表在《布雷顿森林协定》（以下简称《协定》）上签字，正式成立国际货币基金组织和世界银行。两机构自 1947 年 11 月 15 日起成为联合国的常设专门机构。中国是这两个机构的创始国，1980 年，中华人民共和国在这两个机构中的合法席位先后恢复。

布雷顿森林体系的实质是建立一种以美元为中心的国际货币体系。其基本内容是美元与黄金挂钩，其他国家的货币与美元挂钩，实行固定汇率制度。《协定》规定了各国货币自由兑换的原则：任何会员国对其他会员国在经常项目往来中积存的本国货币，若对方为支付经常项且货币换回本国货币。考虑到各国的实际情况，《协定》又作了“过渡期”的规定。

《协定》还规定了国际支付结算的原则：会员国未经基金组织同意，不得对国际收支经常项目的支付或清算加以限制。

建立永久性国际金融机构——国际货币基金组织是布雷顿森林体系的一大特色。《协定》确定了 IMF 的宗旨：促进国际货币合作；促进国际贸易和投资的均衡发展，提高会员国的就业和实际收入水平，扩大生产能力；促进汇率稳定，避免竞争性货币贬值；建立多边支付体系，设法消除外汇管制；为会员国提供资金融通，纠正国际收支失衡。

四　欧洲货币体系的演进

1979 年 3 月，欧洲经济共同体的 8 个成员国，包括法国、德国、意大利、比利时、丹麦、爱尔兰、卢森堡和荷兰，决定建立欧洲货币体系，将各国货币的汇率与对方固定，共同对美元浮动。在欧洲货币体系成立后的 10 年内，它的内部固定汇率不断在调整，使它的汇率体制得以持续。1989 年 6 月，西班牙宣布加入欧洲货币体系；1990 年 10 月，英国宣布加入，这时欧洲货币体系的成员国扩大到 10 个。

欧洲货币体系内部的汇率制并非完全固定的，成员国之间货币汇率有一个可波动的范围。欧洲货币单位（ECU）是当时欧共体 12 个成员国货币共同组成的一篮子货币，各成员国货币在其中所占的比重大小是由他们各自的经济实力决定的。每一成员国的货币都与欧洲货币单位（ECU）定出一个中心汇率，这个汇率在市场上的上下波动幅度为正负 2.5%。由于当时的马克是欧洲货币体系中最强的货币，马克又是国际外汇市场上最主要的交易货币之一，人们便常常把欧洲货币体系成员国货币与马克汇率的波动，作为中央银行干预的标志。

欧洲货币体系成员国中央银行干预外汇市场的方法是，每个成员国把黄金和美元储备的 20% 交给欧洲货币合作基金，同时换回相应数量的欧洲货币单位。如果某个成员国的中央银行需要对本国货币与马克的汇率进行干预，它就可以用手中的欧洲货币单位，或其他形式的国际储备金向另一个成员国中央银行购买本国货币，从而对外汇市场进行干预。

第二节 外汇市场和汇率

一 汇率（Exchange Rate）

在开放经济中，汇率和国际贸易对一国经济的发展非常重要。国际贸易涉及不同国家货币的兑换和使用。汇率是一个国家的货币折算成另一个国家货币的比率，它表示两个国家货币之间的比价关系。

例如，我们看到银行的外汇汇率标价为1美元兑换6.3503人民币，我们称这种标价为直接标价法（Direct Quotation）。直接标价法是以外币作为标准单位，以一定数额的本币表示一单位外币交换的比率。用这种标价法，一单位外币折算的本国货币越少，即汇率下降表示本国货币升值或外国货币贬值。另一种是间接标价法，它以本国货币为标准单位折算成一定数额的外国货币。例如，在人民币兑换美元的汇率表示中，1人民币兑换0.1575美元就是间接标价（Indirect Quotation）。这种标价法下，一单位本国货币折算的外国货币越多，表示本国货币升值或外国货币贬值；反之，则相反。比如，同样是1美元兑换6.3503元人民币的汇率标价，如果出现在美国纽约外汇市场上就是间接标价，因为此时美元是本币，人民币是外币。比较这两种标价法，我们发现如果已得到某种外币的直接标价，我们只需取其“倒数”，就可以得到该外币的间接标价。所以，这两种表示汇率的方法是等价的。如无特殊说明，在本章的论述中，我们采用间接标价法加以说明。

在现实生活中，当人们提到两个国家之间的汇率时，一般是指银行的挂牌汇率，也就是名义汇率。名义汇率（Nominal Exchange Rate）是指两个国家通货的相对价格。由于每个国家不同货币之间的实际购买力是与各个国家的价格水平相关的，而名义汇率并没有考虑不同国家之间价格水平的高低情况。而当考虑到价格水平因素时，就涉及实际汇率这一概念。我们将在后面加以说明。

二 汇率制度

了解和掌握各国的汇率制度对理解一国国际贸易对宏观经济的影响也很重要。汇率制度是一国货币当局对本国货币与外币交换时汇率确定方法的安排与规定，安排与规定的内容不同汇率制度就不同。当今世界上的汇率制度主要有两大类，一种是固定汇率制度；另一种是浮动汇率制度。

固定汇率制（Fixed Exchange Rate System）是指两国货币比价基本固定，汇率的波动被控制在一定幅度之内。也就是说，国家决定通货的汇率并允许他们在狭窄的范围内波动。这种小限度浮动的优点是货币当局不必时常对外汇市场进行干预，而只需要保证它不超出一个既定的允许限度即可。

为了维持固定汇率，一国的货币当局经常运用贴现政策工具调控市场汇率，或者动用黄金外汇储备平抑市场汇率的波动。当这些办法仍不能平衡汇率的波动时，货币当局也可以实行外汇管制乃至宣布货币法定贬值或升值来重新调整本币对其他各国货币的比价关系。

浮动汇率制（Floating Exchange Rate System）就是货币当局不规定本国货币与他国货币汇率波动的幅度，听任外汇市场根据市场供求状况的变化自发决定汇率。这种汇率制度下，政府不承诺维持固定汇率，对外汇市场一般也不进行干预。浮动汇率制按照国家是否干预外汇市场，可分为自由浮动汇率制（Free Floating Exchange Rate System）（又称清洁浮动汇率制，Clean Floating Exchange Rate System）和管理浮动汇率制（Managed Floating Exchange Rate System）（又称肮脏浮动汇率制，Dirty Exchange Rate System）。而管理浮动汇率制的形式主要有三种，可分为单独浮动和联合浮动，也有的实行钉住政策的浮动汇率制。单独浮动是指一国货币不与任何国家货币发生固定联系，其汇率根据外汇市场供求变化而自动调整。如美元、日元、澳大利亚元等。联合浮动又称共同浮动，是指国家集团在成员国之间实行固定汇率，同时对非成员国货币采取共同浮动的方法。如在欧元推出之前欧洲货币体系成员国实行联合浮动。钉住浮动汇率制度是指一国货币与外币保持固定比价关系，随外币的浮动而浮动，如香港的联系汇率就是钉住美元的汇率制度。

目前，世界上有 80 多个国家仍然采用固定汇率制，60 多个国家则是采取不同程度的浮动汇率制。一般而言，没有哪个国家实行完全的自由浮动汇率制度，主要发达国家都会对外汇市场进行不同程度的干预。2005 年 7 月中国实行了人民币汇率制度改革，由人民币单一盯住美元的固定汇率制度转向“以市场供求为基础的、参考一篮子货币进行调节、有管理的浮动汇率制度”。

三 汇率的决定

汇率的决定根据各国汇率制度的不同而有所不同。

在自由浮动汇率制下，汇率由外汇市场上的供求关系决定。从经济学的角度看，货币也是一种商品，所以在外汇交易市场上也存在着外汇供给和外汇需求两种力量。人们由于购买外国商品、在国外进行投资和投机活动或出于保值等动机而对外汇有需求。外汇需求随着外汇汇率的上升而减少，随着外汇汇率的下降而增加，因此外汇的需求曲线一般是向右下方倾斜的。例如，对于美国人而言，如果美元相对于欧元的价格下降，说明美元贬值，则会有更多的欧元持有者愿意将欧元兑换成美元。因此，对美元的需求随价格的下降而上升。另外，出口商、外汇交易商以及在外汇市场上的投机者等构成外汇市场的供给方，外汇的供给随外汇汇率的上升而增加，随外汇汇率的下降而减少，因此外汇的供给一般与外汇汇率呈同方向变动。例如，如果美元可以兑换成更多的欧元时，将有更多的美元持有者愿意供给美元。

在图 12－1 中，需求曲线 D_1 是向右下方倾斜的，供给曲线 S_1 是向右上方倾斜的。在供求两种相反力量的相互作用下，汇率最终在 D_1 线与 S_1 线的交点处 E_1 点达到均衡，此时的汇率 E_1 是市场均衡汇率，外汇交易量 Q_1 是市场均衡的交易量。

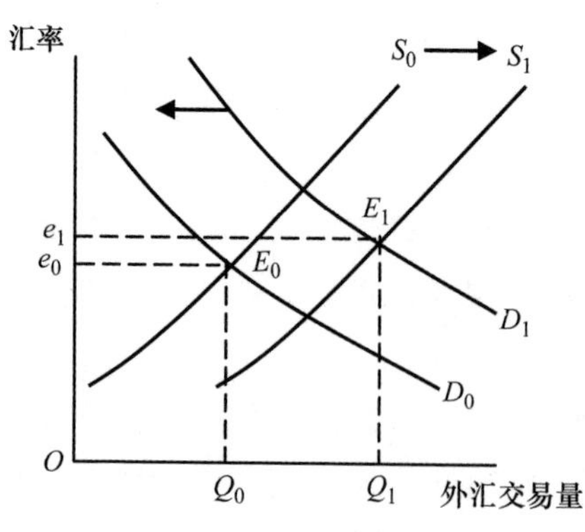

图 12－1 均衡汇率的变动

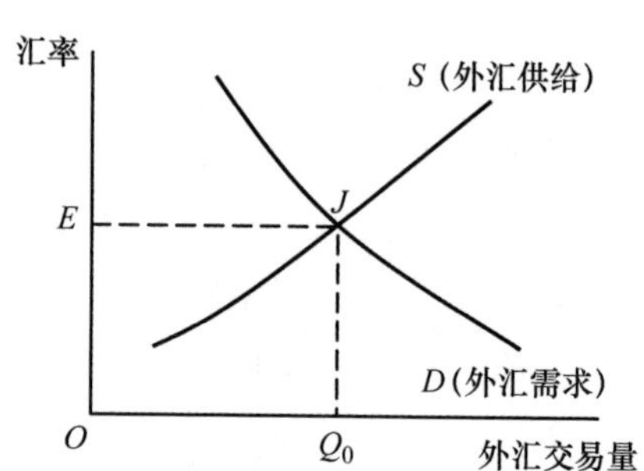

图 12－2 汇率的决定

在同一汇率水平下，外汇需求的增加会引起需求曲线向右移动，例如由于进口增加或对外投资增加，需求曲线从 D_0 向右移至 D_1（见图 12－1）。同样，在同一汇率水平下外汇供给的增加也会使供给曲线向右移动，例如出口能力增加或吸引外资能力增加使供给曲线由 S_0 向右下方移动到 S_1 的位置。需求曲线和供给曲线的移动改变均衡汇率的水平，形成新的均衡点。反之，在固定汇率制下，本国货币与外国货币之间的交换比率由一国的货币当局来决定。但是一国货币当局在决定本国货币与外国货币的交换比率时也不能随心所欲，而要有一定的依据，即要有一个平价或基准价。在固定汇率制下，汇率具有相对稳定性，其波动范围在一国中央银行事先设定的合理范围。比如由于某种原因，市场汇率高于固定汇率值，这时，该国中央银行通常会在外汇市场上卖出本国货币买入外汇，使本国货币的供给增加以使本国货币贬值，直到市场汇率降到固定汇率的水平。一般而言，实行固定汇率制国家的政府在实际决定汇率时要考虑的因素很多，如本国经济实力、出口能力、吸引外资能力等。从理论上说汇率决定的依据主要是购买力平价。

四　购买力平价理论

在短期中，市场汇率会对宏观政策、政治事件和预期变化做出反应而表现得不稳定。但经济学家们相信，长期中汇率是由各国商品的相对价格决定的。这就是解释汇率的购买力平价理论（Purchasing-power Parity）。

购买力平价理论最初是由英国经济学家 G. 桑顿提出，后经瑞典经济学家 G. 卡尔完善。购买力平价理论认为，本国人需要外国货币是因为外国货币在其发行国有购买力，外国人需要本国货币是因为本国货币在本国有购买力。当人们按一定比率用本币购买外币时，也就意味着购进了外币的购买力，因此两国货币之间的兑换比率应由两国货币的实际购买力决定。因为货币的购买力是一般物价水平的倒数，所以两国货币的汇率就可以由两国一般物价水平之比来决定，即：

$$e = \frac{\sum P_A}{\sum p_B} \tag{12.5}$$

其中，$\sum P_A$ 代表 A 国一般物价水平；$\sum P_B$ 代表 B 国一般物价水平；e

代表汇率，表示1单位 B 国货币以 A 国货币表示的价格。

购买力平价理论的理论依据是“一价定律”。一价定律是指假设各国间贸易费用和关税为零，在完全自由贸易条件下，商人们在国际的商品套购活动会使各国商品价格趋于一致，这时尽管各国的商品标价不同，但不过是按照汇率把以一国货币标价的商品价格折算成以另一国货币标价的价格而已。例如，同样1磅咖啡在日本卖500日元而在美国卖5美元，那么名义汇率必然是1美元兑100日元；否则1美元的购买力在这两个国家就不相同。因此，购买力平价告诉我们，两国通货之间的名义汇率取决于这两个国家的物价水平。

为了进一步说明购买力平价是如何起作用的，现在我们比较1美元在国内和国外购买的商品数量。在美国，物价水平是 P，那么美国国内1美元的购买力是 $1/P$。也就是说，1美元可以购买 $1/P$ 的商品数量。在另一个国家，1美元可以交换 e 单位的外国货币，其购买力相应成为 e/P^*。根据购买力平价理论，由于这两个国家1美元的购买力应该趋于相同，则应满 $1/P = e/P^*$。我们也可以写成：$1 = e\ (P/P^*)$

这个式子说明，只要1美元的购买力在国内和国外总是相同的，那么真实汇率——国内和国外物价的相对价格就是稳定的。

五　实际汇率（Real Exchange Rate）

从购买力平价引申出了实际汇率的概念。前面我们说了，名义汇率并没有考虑两个国家价格水平高低的情况，而实际汇率是考虑了两国价格因素时两国商品的相对价格。它告诉我们，能按什么比率用一国的产品交换另一国的产品。

为了更好地说明实际汇率和名义汇率之间的关系，我们假设美国和日本都生产同一种产品：大米。假设每蒲式耳美国大米卖100美元，而每蒲式耳日本大米卖16000日元。为了比较两国大米的价格，我们要把它们转变成一种共同的通货。假设1美元值80日元，那么哪个国家的大米更便宜呢？因为1美元值80日元，那么，每蒲式耳美国大米值8000日元。比较每蒲式耳大米美国的价格（8000日元）和每蒲式耳大米日本的价格（16000日元），我们可以得出，每蒲式耳大米美国的价格是日本的一半。

我们可以把以上计算描述为：

$$\text{实际汇率} = \frac{(80\ \text{日元/美元}) \times (100\ \text{美元/每蒲式耳})}{160000\ \text{日元/每蒲式耳}} = 0.5\ (\text{日本大米/美国大米})$$

这说明每蒲式耳美国大米相当于 0.5 每蒲式耳日本大米。也就是说，美国大米的价格是日本的一半。

我们也可以把这种关系表示为一般化：

$$\text{实际汇率} = \frac{\text{名义汇率} \times \text{国内产品价格}}{\text{国外产品价格}} \tag{12.6}$$

我们也常将式（12.6）表示为：

$$\varepsilon = e \times \left(\frac{P}{P_f}\right) \tag{12.7}$$

其中，ε 为实际汇率，e 为名义汇率（每 1 美元可兑换的日元数量），P 为本国的价格水平（用本国货币衡量），P_f为外国的价格水平（用外国货币衡量）。因此，我们比较两国同一产品或类似产品价格的高低，也即实际汇率取决于两国的名义汇率和两个国家的物价水平。在其他条件不变的情况下，如果实际汇率下降，意味着相对于外国物品，本国商品变得更便宜了。相反，如果实际汇率提高，说明外国产品相对于本国产品更便宜了。

六　净出口函数

汇率的高低也会影响一国的进出口。进口是指该国从其他国家购买商品和劳务，出口则是指该国向其他国家销售商品和劳务。当一国的出口额大于进口额时，该国存在贸易顺差；反之，当一国出口额小于进口额时，该国存在贸易逆差。出口额和进口额的差额，我们称之为净出口。

影响一国进出口的因素很多，在这里，我们主要考虑两个重要的因素：汇率和国内收入水平。宏观经济学中，净出口函数常表示为：

$$nx = \alpha - \gamma y - n\varepsilon = \alpha - \gamma y - n \times e\left(\frac{P}{P_f}\right) \tag{12.8}$$

其中，α、γ 和 n 均为正参数。其中，γ 为边际进口倾向，表示净出口变动与引起这种变动的收入变动的比率。从进出口函数的公式我们可以看出，当本国收入提高时，本国消费者用于购买进口产品的支出会增加，而一般地，出口不直接受一国收入水平的影响。因此，一国净出口与一国的实际收入水平成反比。另外，当实际汇率较高，意味着外国产品相对于国内产品变得更便宜了，所以本国居民会增加购买外国产品。因此，该国的进口增加，进出口减少。所以，一国的净出口也与实际汇率成反比。

为了更直观地表明实际汇率与一国进出口的影响，我们常将净出口函数简单表述为：

$$nx = nx\ (\varepsilon) \tag{12.9}$$

图 12－3 表现了净出口与实际汇率之间的关系：实际汇率越高，说明国内产品相对于国外产品变得更昂贵了，国内居民会购买更多的进口产品，因此，该国的净出口减少；反之，实际汇率越低，说明相对于国外产品，国内产品变得更便宜了，外国人想购买更多的本国产品，因此，该国的出口增加，净出口增加。总之，一国净出口与实际汇率成反比。

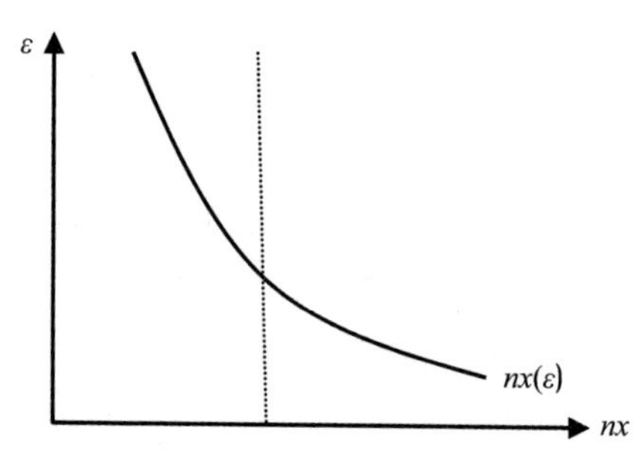

图 12－3　净出口与实际汇率

除了汇率外，一国的进口还取决于该国的实际收入水平。一般而言，当实际收入提高时，该国居民购买本国和外国产品的支出都会增加，但不直接影响该国出口。因此，一国净出口与其实际收入水平成正比。

第三节　蒙代尔—弗莱明模型

蒙代尔—弗莱明模型（Mundell-Fleming Model，M-F 模型）被描述为“研究开放经济货币政策和财政政策的主导政策范式”，是把对经济总需求的分析扩展到开放经济中的环境中。实际上，这个模型也与前面章节讨论的 IS-LM 模型密切相关。这两个模型都假定物价水平是固定的，并说明是什么因素引起了总产出的短期波动。蒙代尔—弗莱明模型扩展了开放经济条件下不同政策效应的分析，说明资本是否自由流动以及不同的汇率制度安排对一国宏观经济的影响。

一　关键假设：资本完全流动的小型开放经济

蒙代尔—弗莱明模型的一个关键假定是所考察的经济体是资本能够完全自由流动的小型开放经济。“小型”是指这个经济体是世界经济的一小部分，其本国市场利率的波动或利息率的变化对世界利率的影响微不足道。而“资本自由流动”是指该国居民可以完全没有阻碍地进入世界金融市场，该国政府不阻止国际资本借贷和流通。

基于这样的假定，我们可以得出这样一个结论：在这个小型开放经济中的利率 r 必定等于世界利率水平 r_w。在短期中，国内利率和世界利率不一定相同。比如，短期内国外利率可能高于世界利率，一旦出现这种情况，外国人就会开始把资金流入这个高利率的国家（如购买这个国家的债券）。资本的流入会使国内利率下降，直至和世界利率相等。相反，任何事件如果使国内利率下降，资本就会流出该国到国外去寻找更高的收益，而资本的流出将使国内利率回升到世界利率 r_w 的水平。总之，由于资本可以完全没有阻碍地自由流动，国内利率 r 最终和世界利率水平 r_w 相等。

二　开放经济的 *IS* 曲线

第八章分析中，*IS* 曲线未能考虑开放经济条件。这一章，我们引入开放经济假设条件，可以得出在包括四部门的经济中，国民收入的恒等式表示为：

$$y = c(y) + i(r) + g + nx(\varepsilon) \tag{12.10}$$

在开放经济条件下，支出行为方程中除了消费函数和投资函数外，还包括净出口函数。

将净出口函数（12.6）代入国民收入恒等式 $y = c + i + g + nx$ 中，有：

$$y = c + i + g + nx = \alpha + \beta(y - t) + (e - dr) + g + nx(\varepsilon) \tag{12.11}$$

从式（12.11）可以看出，总收入 y 是消费、投资、政府购买和净出口的函数，其中，消费正向取决于可支配收入，投资反向取决于利率，以及净出口反向取决于汇率水平。我们称该式为开放条件下的 *IS* 方程，用 IS^* 表示，如图 12-4 所示。

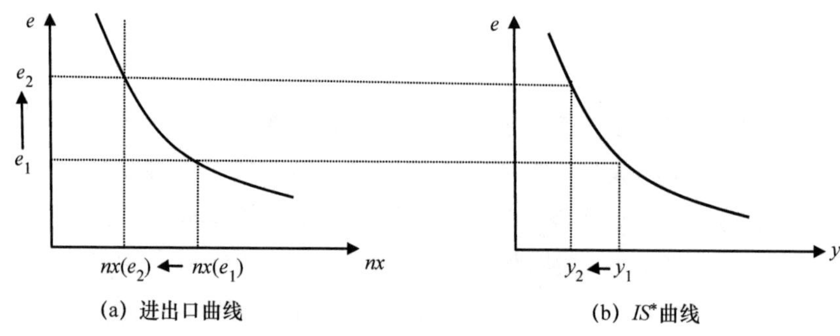

图 12-4 开放经济下的 IS 曲线

由图 12-4 可知，IS^* 曲线描绘了国民收入 y 和汇率 e 之间的关系，并表现为向右下方倾斜，说明收入和汇率是呈反方向变动的。即较高的汇率说明本国产品相对于国外产品变得更昂贵了，所以会引起出口减少和进口增加，即净出口减少，从而减少总收入。在图 12-4（a）中，汇率从 e_1 上升至 e_2，使净出口从 nx（e_1）减少至 nx（e_2）。在图 12-4（b）中，由于净出口的减少，使国民收入由 y_1 减少至 y_2。这里要注意的是，由于模型假定国内物价水平和国外物价水平都是固定的，因此，实际汇率和名义汇率是同比例的。

我们在 *IS-LM* 模型章节所论述的宏观经济政策的变化同样会使 IS^* 曲线移动。比如，政府购买增加时，会导致 *IS* ∗ 曲线向右方移动；或者政府降低税收时，会导致 IS^* 曲线向右移动。

三 开放经济的 *LM* 曲线

开放经济的 *LM* 曲线可从货币市场均衡条件入手。根据蒙代尔—弗莱明模型的假设，即小型开放经济中的利率 r 必定等于世界利率 r_w，根据 IS-LM 模型可得开放经济的 *LM* 方程式即 LM^* 方程式：

$$\frac{M}{P}=L\ (r_w,\ y) \tag{12.12}$$

式（12.12）说明，实际货币供给 M/P 取决于实际利率水平 r_w 和国民收入 y。其中，货币供给 M 仍是由中央银行控制的外生变量，同时，由于我们旨在分析短期经济波动，所以物价水平 P 也是外生固定的。因此，在小型开放经济中，在给定世界利率水平下，本国利率始终等于世界利率。换句话说，在给定世界利率水平的条件下，无论汇率怎么变化，并不影响收入。图 12－5 解释了 LM^* 曲线为什么是垂直的。

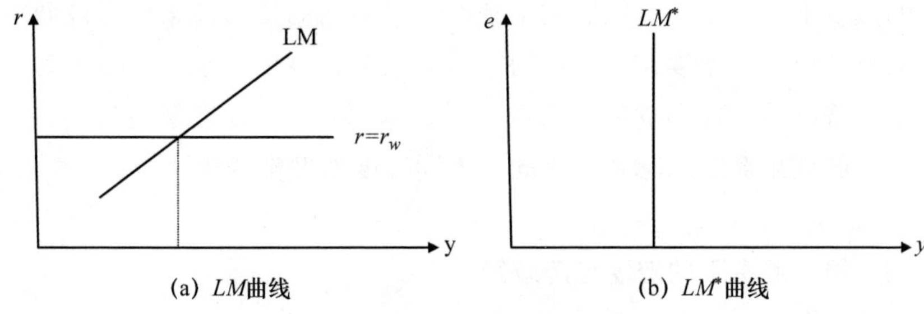

图 12－5　开放经济下的 LM^* 曲线

四　蒙代尔—弗莱明模型

把前面分析的开放经济条件下的 IS^* 曲线和 LM^* 曲线综合在一起就形成了简单的蒙代尔—弗莱明模型：

$$y = c(y) + i(r_w) + g + nx(\varepsilon) \qquad (12.13)$$

$$\frac{M}{P} = L(r_w, y) \qquad (12.14)$$

式（12.13）描述了产品市场的均衡，式（12.14）描述了货币市场的均衡。和前面章节的 *IS-LM* 模型相同的是，政府支出、货币供给量和物价水平都是外生的；所不同的是，IS^*-LM^* 模型解释的是收入 y 和汇率 e 之间的关系。

图 12－6 显示了这个模型的均衡结果。y^* 和 e^* 表示产品市场和货币市场同时均衡时的汇率和收入水平。根据这个图形，我们可以分析收入 y 和汇率 e 会对宏观经济政策的变动作出什么反应。

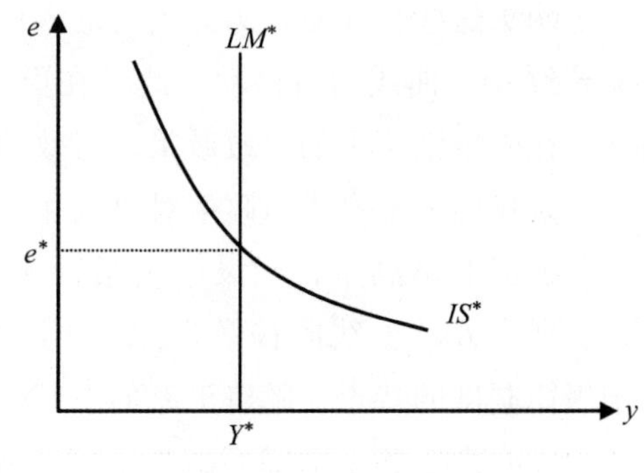

图 12－6　蒙代尔—弗莱明模型

第四节 蒙代尔—弗莱明模型的应用

蒙代尔—弗莱明模型在宏观经济中最重要的应用体现在研究开放经济模型的假设下，考虑在不同的汇率制度下，不同的货币政策和财政政策对经济的总产出、汇率以及进出口的影响。因此，该模型也常被描述为“研究开放经济财政政策和货币政策的主导政策范式”。该模型还指出，宏观稳定政策的效果会随国际资本流动的不同程度而发生变化。

一 固定汇率下的宏观经济政策

在固定汇率制度下，两国货币的比价基本固定，汇率的波动被一国中央银行控制在一定幅度之内。1944—1971 年，包括美国在内的世界大部分主要经济体都在该制度下运行。这里考察当某种外在力量改变汇率市场原有均衡时，为了维持固定汇率，宏观经济政策的影响和效果。

一个扩张性的财政政策表现为政府支出增加或税收减少，IS^* 曲线向右移动，如图 12－7 所示，由此提高了汇率，假设原固定汇率是每 1 人民币兑 15 日元，现在汇率上升为每 1 人民币兑 20 日元。但是根据固定汇率制度的特点，随着汇率的变化，中央银行随时准备按照固定的两国货币的比价对本国与外国通货的比率进行干预。这是在外汇市场上，由于汇率的上升，套利者对上行汇率市场做出的反应是用 1.5 人民币购买 30 日元，然后以 2 人民币卖给中央银行，套利者获利了。同时，当中国央行从套利者手中购买这些日元时，为此支付的人民币也自动增加了。于是货币供给增加导致 LM^* 曲线向右移动，此时在更高国民收入水平形成了新的均衡。因此，在固定汇率下的财政政策是有效的。

下面我们再考察货币政策对收入和汇率的影响。

在固定汇率制下，假设中央银行采取扩张的货币政策，增加货币供给，表现为 LM^* 曲线向右移动，汇率下降，如图 12－8 所示。但是，根据固定规律制度的特点，随着汇率的下行，套利者必然向中央银行出售本国货币，同时由于利率下降而减少的资本流入（或增大的资本流出），将产生巨大的国际收支逆差。这时，中央银行为保持固定的两国汇率，回购本国货币，使 LM^* 曲线又回到其初始位置。因此，在固定汇率下的货币政策是无效的。

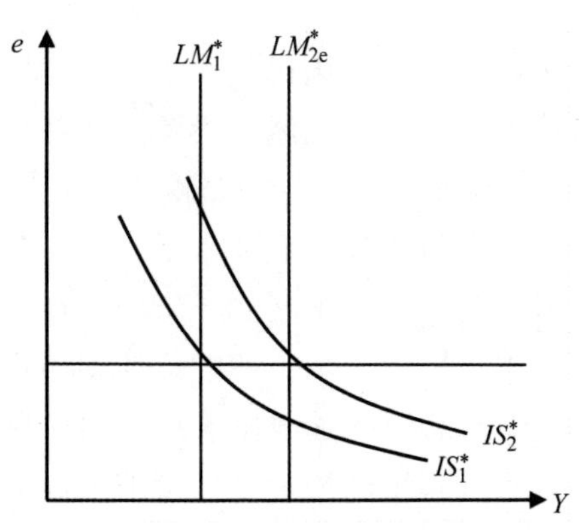

图 12－7　固定汇率下的财政政策

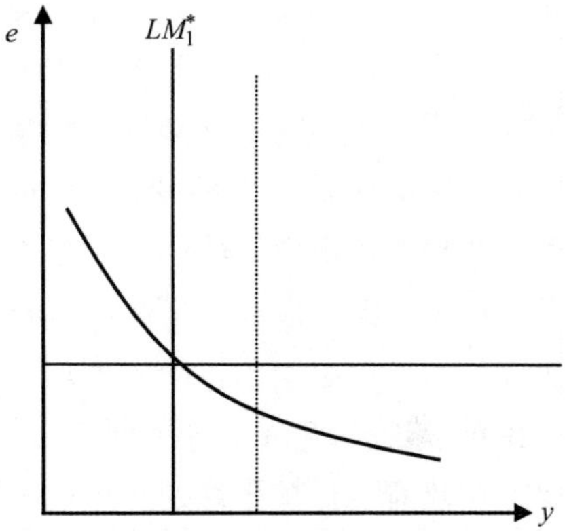

图 12－8　固定汇率下的货币政策

二　浮动汇率下的宏观经济政策

在浮动汇率制下，汇率由市场供求双方的力量决定，并且允许汇率随经济状况的变动而波动。在这种情况下，当某种力量改变原内外市场均衡时，汇率会根据市场波动形成新的内外均衡。

一个扩张性的财政政策表现为政府支出增加或税收减少，IS^* 曲线向右移动，如图 12－9 所示，如果在封闭经济中表现为在一个更高的国民收入水平下，商品市场在每一个利率水平下的均衡。但在浮动汇率下的小型开放经济中，资本是自由流动的，所以国内利率始终等于实际利率，只要利率高于世界利率水平，资本就迅速从国外流入以便获得更高的投资回报。因此，LM^* 曲线在这种机制下是垂直的，由此也导致了扩张性的财政政策提高了汇率，但收入保持不变。

我们再从汇率的影响进一步分析财政政策的效果。由于汇率上升，导致国外资本流入本国，引起对本币的需求增加，从而提高了本币的价值。本币的升值使国内产品相对于国外产品变得更加昂贵，从而减少了出口，净出口也减少。因此，当政府实行扩张的财政政策时，汇率的上升和进出口的减少将足以抵消政策对收入的扩张作用。

但浮动汇率下的货币政策对产出的影响是有效的。假设中央银行增加了货币供给，由于物价水平是固定的，货币供给的增加也就意味着实际货币余额 M/P 的增加，LM_1^* 曲线向右移动至 LM_2^*，产出水平提高，如图 12－10 所示。要注意的是，开放经济和封闭经济中货币政策的传导机制是不一样的。在封闭经济中，货币供给的增加使国民收入增加，是因为实际货币余额的增加降低了利率，较低的利率水平刺激了投资。但在小型开放经济中，利率的变动会引起资本的自由流动，从而影响汇率的变动。宽松的货币政策使国内利率水平下降，即低于世界利率水平，资本就迅速从国外流出以寻找更高的收益。同时，资本的流出必然经历把本币兑换成外币，引起本币供给的增加，从而使本币贬值。本币的贬值使国内产品相对于国外产品变得更便宜了，从而刺激了出口，增加了净出口。因此，在政府实行扩张性的货币政策时导致收入水平的增加是通过汇率而非利率进行传导的。

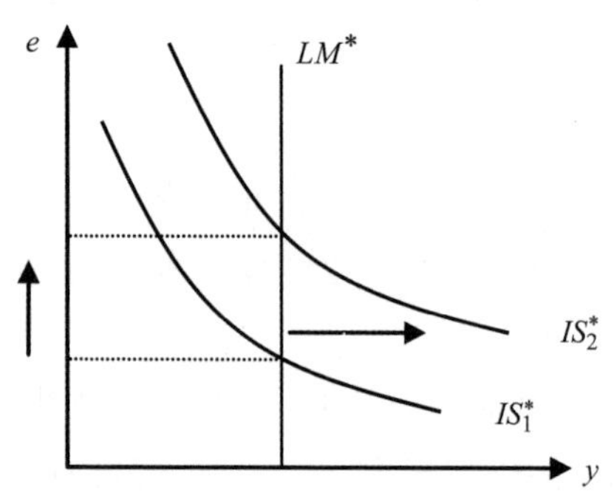

图 12－9　浮动汇率下的财政政策

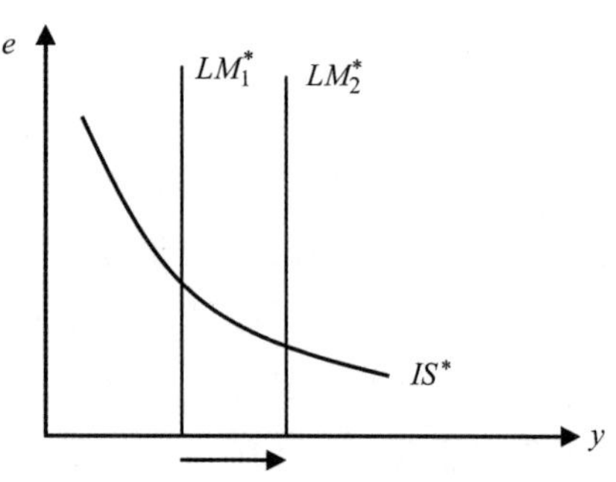

图 12－10　浮动汇率下的货币政策

三　政策小结

蒙代尔—弗莱明模型说明了在小型开放经济中，财政政策和货币政策的影响和效果取决于汇率安排制度。在固定汇率制度下，只有财政政策能影响收入水平，而货币政策的正常影响能力的丧失是因为货币供给的变化致力于把汇率维持在固定的水平上。在浮动汇率下，财政政策的扩张性影响被汇率的上升和净出口的减少完全抵消了，所以只有货币政策能影响收入水平。表 12－4 概括了财政政策和货币政策对收入和汇率的影响分析。

表 12－4　　蒙代尔—弗莱明模型：政策影响的总结

政策	汇率制度					
	固定汇率			浮动汇率		
	y	e	NX	y	e	NX
财政政策	↑	—	—	—	↑	↓
货币政策	—	—	—	↑	↓	↑

四　不可能三角

对汇率制度的研究产生了一个简单的结论：经济学是一门选择的科学，你不可能什么都拥有。更确切地说，就是一国（或地区）不可能同时拥有资本的自由流动、汇率的稳定和独立的货币政策，三者不可能兼得。这一事实常常被称为“不可能三角”（Impossible Trinity），或“三元悖论”，即一国（或地区）只能选择这个三角的一边，而放弃对角的目标。

第一个组合选择是允许资本自由流动和本国央行能够实行独立的货币政策，比如美国近些年来所采取的政策组合。在这种情况下，资本的自由流动必然引起本国货币供给的变动，从而引起本国货币的升值和贬值。因此，汇率必须浮动以平衡外汇市场和国际收支状况。

第二个组合选择是允许资本自由流动和固定汇率，比如中国香港。在这种情况下，国家或地区会失去独立货币政策的能力，如中国香港实施的是联系汇率制度，即将其通货按照固定汇率与美元挂钩，在某种意义上，它采用的就是美国的货币政策。

第三个组合是选择独立的货币政策和汇率稳定，比如中国。在这种情况下，一国（或地区）必须牺牲资本的完全自由流动性，或实行资本管制以保持对外经济稳定。

必须强调的是，“不可能三角”这一理论是在建立在严格假设条件基础上的，即完全的资本自由流动、完全独立的货币政策和完全的汇率稳定，而没有考虑中间情形。

本章小结

本章在宏观经济学的简单模型基础上，放开了封闭假设，引入了国际经济部门，从开放经济的视角研究了国家间产品和服务的交换对一国宏观经济的影响。

国际收支反映了一国在一定时期内对外经济交易的总和，国际收支平衡表是国际收支核算的重要工具。

资本净流出是国内储蓄和国外投资之间的差额。增加投资或减少储蓄往往会引起资本净流出和贸易赤字，而减少投资或增加储蓄往往会引起资本净流入和贸易盈余。

名义汇率是指用一国通货交换另一国通货的比率，即两个国家通货的相对价格。实际汇率是考虑了两国价格因素时交换物品的比率，它表示为名义汇率乘以两国价格水平的利率。

由于实际汇率反映的是国内产品相对于国外产品的价格，因此，实际汇率升值往往引起本国净出口减少，而实际汇率贬值往往引起本国净出口增加。

蒙代尔—弗莱明模型是小型开放经济的 IS-LM 模型，也是研究开放经济货币政策和财政政策的主导政策范式。该模型把价格水平作为给定的，说明资本是否自由流动以及不同的汇率制度安排对一国宏观经济的影响。

蒙代尔—弗莱明模型说明了在固定汇率下，财政政策能够影响总收入，但货币政策不能影响总收入。

蒙代尔—弗莱明模型说明了在浮动汇率下，财政政策不能影响总收入，但货币政策能够影响总收入。

理论自测与应用自测

1. 对于一个国际收支处于逆差，同时失业率低于自然失业率的国家，其最佳的政策组合的方式是（　）。

A. 扩张性货币政策和扩张性财政政策

B. 扩张性货币政策和紧缩性财政政策

C. 紧缩性货币政策和扩张性财政政策

D. 紧缩性货币政策和紧缩性财政政策

2. 在浮动汇率制下，资本完全自由流动的体系中，如果政府增加税收会导致下列哪种结果？

A. IS^* 曲线左移，国民收入减少，利率下降

B. IS^* 曲线左移，国民收入减少，利率不变

C. IS^* 曲线左移，国民收入不变，利率下降

D. IS^* 曲线左移，国民收入不变，利率不变

3. 在浮动汇率制下，贸易限制对于收入没有影响，这是因为（　）。

A. 净出口增加，但投资减少了

B. 汇率上升，以抵消净出口最初的增加

C. 进口的减少和出口的增加相等

D. 以上均正确

4. 如果一国外汇市场实行间接标价法，而且该经济可以用浮动汇率的蒙代尔—弗莱明模型准确描述，那么，在均衡状态下，给定其他条件不变，当增加国内税收时，会导致（　）。

A. 总收入下降，汇率上升，贸易余额上升

B. 总收入不变，汇率上升，贸易余额下降

C. 总收入上升，汇率下降，贸易余额上升

D. 总收入不变，汇率下降，贸易余额上升

5. 在固定汇率制下，如果均衡汇率大于固定汇率，则下列哪一项是正确的?

A. 中央银行将允许货币供给减少，以保证均衡汇率等于所宣布的汇率

B. 套利者会在外汇市场上将本币换成外汇，再把外汇卖给中央银行，以从中套利

C. 套利者会在外汇市场上将外币换成本币，再把本币卖给中央银行，以从中套利

D. 由于套利者的行为，货币供给会自动减少

6. 当汇率固定且资本可以完全自由流动时，财政扩张对产出和利率有什么样的影响?

7. 在开放经济中，由于国内消费和投资增加而引起的总需求增加与由于出口增加而引起的总需求增加，对宏观经济均衡有什么不同影响?

8. 假设在一个由两国（A，B）组成的世界中，两国间资本和货物可以完全自由流动，如果 A 国政府采用扩张的货币政策及财政政策来刺激本国的经济，由蒙代尔—弗莱明模型分析：

（1）在浮动汇率下，哪一种政策相对比较有效？哪一种政策比较无效？汇率将会有什么变化？B 国经济（产出和物价）如何受到影响?

（2）在固定汇率下，哪一种政策相对比较有效？哪一种政策比较无效？*A* 国的外汇储备将会有什么变化？*B* 国经济（产出和物价）如何受到影响？

案例分析

案例 12－1 新货币的诞生：欧元①

1999 年，欧元（Euro）开始作为欧盟 15 个成员国中的 11 个国家（奥地利、比利时、德国、芬兰、法国、爱尔兰、意大利、卢森堡、西班牙、葡萄牙和荷兰）的货币。希腊于 2001 年初被接纳为联盟成员。2002 年 1 月 1 日，欧元正式作为新货币投入流通，几个月后（即一些欧盟成员国收回其国内货币之后），欧元成为欧盟成员国 12 个国家的唯一货币。这还是第一次由一批独立主权国家自愿放弃其各自的货币去支持一种统一货币，它被视为第二次世界大战后最重要的经济事件。由于欧元的产生，欧洲有可能像美国一样成为一个完全统一的经济市场。

欧元的问世具有必然性，它也必将成为一种重要的国际货币。其原因在于：(1) 欧盟是一个和美国差不多大的经济贸易实体；(2) 欧盟具有一个巨大的、发达的、成长着的金融市场且独立性日益增加；(3) 欧盟可以找到应对通货膨胀的好办法以保持欧元稳定。如果欧元的国际使用比重能与欧盟的国内生产总值、出口、金融市场在全球所占的比例相匹配，欧元将成为像美元一样重要的国际支付货币。这意味着国际上使用美元的比重将下降到 40%—45%，与国际上使用欧元所占的比重相当，其余将依次是日元和其他一些使用较少的货币如瑞士法郎、加拿大元、澳元等。

同时也有很多原因使欧元很难在短时间内取代美元成为国际支付货币，这些原因有：(1) 大多数商品用美元标价，这在短时间内很难改变；(2) 除了中、东欧国家以及中、西非原法国殖民地国家外，大

① D. Salvatore, "The Euro: Expectations and Performance", *Eastern Economic Journal*, 2002, pp. 121－136.

多数非欧盟成员国将继续主要使用美元作为国际交易货币；(3) 惯性原理也更有利于美元的继续使用。

一些金融专家预言，未来大约有45%—50%的国际交易使用美元(原先的比例为55%—60%)，欧元约占40%，日元和其他货币约占10%。这就是说，欧元所占的比重将很有可能超过欧元问世前德国马克所占的比重，但略微少于欧盟当今世界经济中的国际贸易和国际金融所占的相对比重——至少欧元开始使用后的最初几年会是这样的。

案例12-2 中国汇率制度的主要发展变革

中国改革开放以来，人民币汇率制度大致经历了以下几个主要阶段。

1949—1952年，人民币采用单一浮动汇率制度。1953—1973年，计划经济制度下人民币与美金正式挂钩，汇率保持在1美元兑换2.46元人民币的水平上。但是在这段时期中国的对外贸易的规模较小，所以人民币汇率意义不是很大。

1973年，由于石油危机，世界物价水平上涨，西方国家普遍实行浮动汇率制，汇率波动较频繁。为了适应国际汇率制度的这种转变与现实中国际主要货币汇率变动带来的不利影响，根据有利于推行人民币计价结算、便于贸易、为国外贸易所接受的原则，人民币汇率参照西方国家货币汇率浮动状况，采用“一篮子货币”加权平均计算方法进行调整。为此人民币对美元汇率从1973年的1美元兑换2.46元逐步调至1980年的1.50元，美元对人民币贬值了39.2%，同期英镑汇率从1英镑兑换5.91元调至3.44元，英镑对人民币也贬值了41.6%。

1980—1994年，中国实行双重汇率制度。1981—1984年，初步实行双重汇率制度，即除官方汇率外，另行规定一种适用进出口贸易结算和外贸单位经济效益核算的贸易外汇内部结算价格，该价格根据当时的出口换汇成本确定，固定在2.80元的水平。人民币官方汇率因内外两个因素的影响，其对美元由1981年7月的1.50元向下调整至1984年7月的2.30元，人民币对美元贬值了53.3%。

1985年至1991年4月恢复单一汇率制度。汇率继续向下调整，从1984年7月的2.30下调到1985年1月的2.80，之后又多次下调。这阶段虽然恢复了单一的汇率制度，但在具体的实践中随着留成外汇的增加，调剂外汇的交易量越来越大，价格也越来越高，因此名义上是单一汇率，实际上又形成了新的双重汇率。

1991年4月至1993年底这一阶段中国对人民币汇率实行微调。在两年多的时间里，官方汇率数十次小幅度调低，但仍赶不上出口换汇成本和外汇调剂价的变化。到1993年底，人民币对美元官方汇率与调剂汇率分别为5.7和8.7。可见，这时期人民币汇率制度演化与改革的特点是：官方汇率和调剂市场汇率并存、官方汇率逐渐向下调整。

人民币在1994年起与美元非正式地挂钩，汇率只能在1美元兑8.27—8.28元人民币这非常窄的范围内浮动。中国开始实行以市场供求为基础的、单一的、有管理的浮动汇率制。同时建立银行之间的外汇交易市场，改进汇率形成机制。

2005年7月，中国重启停顿8年之久的汇改。中国人民银行宣布美元/人民币官方汇率由8.27调整为8.11，人民币升幅约为2.1%。央行同时还宣布废除原先盯住单一美元的货币政策，开始实行以市场供求为基础、参考一篮子货币进行调节、有管理的浮动汇率制度。2008年，人民币自2005年汇改以来已经升值了19%，但受到金融危机的影响，人民币停止了升值走势。2010年6月19日，中国人民银行决定进一步推进人民币汇率形成机制改革，增强人民币汇率弹性。

2015年8月11日，中国人民银行宣布对人民币汇率制度进行重大的改革。此次改革优化了人民币汇率中间价的形成机制，使人民币兑美元汇率中间价形成机制进一步市场化，为人民币纳入SDR（特别提款权）做了更充分的准备。

案例12-3 巨无霸汉堡理论

为了验证购买力平价理论，《经济学人》杂志会定期比较各国巨无霸汉堡包的价格。如果购买力平价成立的话，那么，在美国购买一个巨无霸所需的美元，刚好可以把这些美元兑换成在其他国家购买一个巨无霸汉堡包所需的该国的货币数量。表12-3显示了一系列的购买力平价。2009 年 6 月，一个巨无霸汉堡包在美国的售价是 3.57 美元，而一个巨无霸汉堡包在挪威的售价是 40 克朗，所以当购买力平价成立时，两国的汇率应该是 40/3.57，或者是 11.2 克朗 =1 美元。2009 年 6 月克朗和美元的实际汇率是 6.5 克朗 =1 美元。所以，基于巨无霸汉堡包的购买力平价，克朗对于美元低估了约 72%。也就是说，如果巨无霸汉堡包购买力平价成立的话，那么你购买 1 美元就会少花 72% 的克朗。

表 12-3　**部分货币购买力平价**

国家	巨无霸汉堡的价格	购买力平价决定的汇率	实际汇率
英国	2029 英镑	0.64 英镑 =1 美元	0.62 英镑 =1 美元
瑞士	6.50 瑞士法郎	1.82 瑞士法郎 =1 美元	1.09 瑞士法郎 =1 美元
加拿大	3.89 加元	1.09 加元 =1 美元	1.16 加元 =1 美元
阿根廷	11.5 比索	3.22 比索 =1 美元	3.81 比索 =1 美元
中国	12.5 元	3.5 元 =1 美元	6.83 元 =1 美元
日本	320 日元	89.6 日元 =1 美元	92.6 日元 =1 美元
印尼	20900 卢比	5854 卢比 =1 美元	10200 卢比 =1 美元

资料来源："The Big Mac Index", *Economist*, July 16, 2009。

你能够利用购买力平价所决定的汇率与实际汇率之间的差别，通过购买挪威奥斯陆的低价巨无霸汉堡包，然后再以较高的价格在旧金山出售，从而变得极其富有吗？答案显然是不能的。因为当你把低价的奥斯陆的汉堡运到旧金山时，这些巨无霸汉堡包已经变质了。事实上，全世界巨无霸汉堡包售价的不同并不能说明为什么购买力平价不成立。

参考文献

保罗·克鲁德曼：《国际经济学：理论与政策》（第十版），人民大学出版社 2016 年版。

管涛:《汇率的本质》,中信出版社 2016 年版。

周其仁:《货币的教训:汇率与货币系列评论》,北京大学出版社 2012 年版。

潘英丽:《人民币变局:汇率与国际化路径》,中信出版社 2017 年版。

第十三章　经济增长理论

前面的各章内容中分析了短期运行中价格黏性下，财政政策和货币政策对产出 GDP 的影响。两种政策不影响经济长期运行中的 GDP。到此为止的章节指出产出由劳动 L 和资本 K 所决定，并没有解释两生产要素的变化如何造成产出的长期变化。本章通过哈罗德—多马模型和索洛模型分析了储蓄（或投资）如何影响资本的变化并进而影响产出的增长。分析结果能部分解释国与国之间的贫富差异，为第二次世界大战以后一些国家（如德国）的经济腾飞提供解释。内生增长模型和二部门模型使得索洛模型更加接近事实。

第一节　经济增长的一般概念

在古典理论中，国民收入的核算恒等式为 $Y = C + I + G$。其中 C 为消费，I 为投资，G 为政府支出。其中国民储蓄可以由 $S = Y - C - G$ 来决定。在封闭经济中，国民储蓄等于投资，即 $S = I$。在信贷市场中，I 的大小共同决定了利率 r。开放经济有 $Y = C + I + G + NX$。稍作调整可以得到，$S - I = NX$。开放经济中的投资取决于国际利率 r^*，由 $S - I$ 可以计算出净出口 NX。由于净出口 NX 是实际汇率的函数，可以计算出均衡下的实际汇率。在均衡中，商品市场、可贷资金市场和外汇市场同时达到均衡。

世界上既有富裕的国家，也有贫穷的国家。发达的欧美国家与亚非拉国家存在着巨大的差异。地处非洲南部的莱索托，2018 年人均实际 GDP 只有 1324 美元。2018 年，美国的人均 GDP 为 62606 美元；而同样是以白人为主体民族的国家，地处拉丁美洲的阿根廷，人均 GDP 只有 11627 美元；地处欧洲的乌克兰，人均只有 2963 美元。阿根廷曾经是拉丁美洲最发达的国家，第一次世界大战以前的人均 GDP 位列世界第八，被公认为第二世界国家。乌克兰拥有完整的工业体系，集成了苏联的火箭生产基地。即使在非洲，最富有的国家和最贫穷的国家之间差距也是巨大的。

孟德斯鸠（Montesquieu）在《论法的精神》中提到，在寒冷气候下，人们会有较充沛的精力；而在一个闷热的地方，人们会感到心神萎靡。炎热地带的人民就像老人一样胆怯；寒冷地区的民族就像青年一样勇敢。他认为气候是影响国家之间贫富差异的重要原因。类似的，经济学家杰弗里·萨克斯（Jeffrey Sachs）认为气候和土壤条件是影响经济增长的重要因素。孟德斯鸠和萨克斯的观点解释不了国际事实。阿根廷地处南美洲南部，属于典型的温带湿润气候，降雨充沛。乌克兰拥有巨量的黑土地，更是欧洲的粮仓。有些经济学家认为马克斯·韦伯的新教伦理，或者东方的儒家思想是经济增长的驱动力。著名经济学家阿西莫格鲁（Acemoglu）认为健全的制度，为实现目标和创新提供机会的法治，安全感以及政府体系可以解释地区之间的贫富差异。热带国家的疾病阻碍了欧洲殖民者大量的定居并建立完善的制度，而是促使少数成为统治阶级的殖民者建立一套剥削的制度。后者阻碍了这些地区经济的发展。

关于影响了经济发展因素的故事还有很多：识字率被认为是非常重要的因素。高识字率的国家经济往往增长得越快。性别不平等被认为抑制了经济的增长。当今世界两性最不平等的国家存在于非洲和中东。资源诅咒论者认为矿产资源丰富的国家在后期更容易丧失发展动能。一些非洲国家，艾滋病等疾病极大地阻碍了经济的发展。本章仅仅通过资本积累和技术进步的角度来解释发展的差异。

第二节　哈罗德—多马模型

一些经济学家早就注意到，古典模型没有加入上一期行为对未来经济的影响，无助于解释国家之间收入的差距，也解释不了国家之间收入增长的不同。哈罗德—多马模型（Harrod-Domar Model）分别由英国的罗伊·哈罗德（Roy Harrod）在 1939 年的论文《动态理论论文》（“An Essay in Dynamic Theory”），与麻省理工学院的埃弗塞·多马（Evsey Domar）在 1946 年的论文分别独立提出。

假设1：全社会只有一种产品，社会总生产函数具有线性生产函数形式（$Y=K/v$）。资产—产出比 v 反映了生产过程中的资本密集度，为常数。规模收益不变。

假设2：储蓄是国民收入的函数，假设储蓄率是外生给定的不变常数，即：

$$S_t = sY_{t-1} \tag{13.1}$$

其中，S 为总储蓄，t 为时间下标。$s=\mathrm{d}S/\mathrm{d}Y$ 为边际储蓄倾向或储蓄率。

假设3：假设资本折旧率为零。也就是说投资总额正好等于资本存量的增加，即：

$$I_t = \Delta K_t \tag{13.2}$$

为说明投资变动对国民收入和就业的影响，资产—产出比 v 为：

$$v = \mathrm{d}I/\mathrm{d}Y \tag{13.3}$$

其中，$Y_t - Y_{t-1}$是产出的增量。v 为资本—产出比，常数，表示投资对经济增长的影响程度。

$$I_t = v\ (Y_t - Y_{t-1}) \tag{13.4}$$

市场达到均衡的时候必有投资等于储蓄：$C_t + S_t = C_t + I_t$，$S_t = I_t$。

将 $S_t = I_t$ 和 $S_t = sY_{t-1}$代入 $I_t = v\ (Y_t - Y_{t-1})$ 可得：

$$sY_{t-1} = v\ (Y_t - Y_{t-1}) \tag{13.5}$$

整理后得出：

$$\frac{Y_t - Y_{t-1}}{Y_{t-1}} = \frac{s}{v}，\text{或者 } G = \frac{s}{v} \tag{13.6}$$

G 代表了产出的增速，或成为实际增长率。式（13.6）是哈罗德长期增长路径。表明收入总是以一个稳定的速度$\frac{s}{v}$增长，只要储蓄等于投资的条件能够成立，产出就会以恒定的速度增长。当一个国家的储蓄率越高（低），经济就增长得越快（慢）。这样可以部分解释国家之间经济增长的差异。

哈罗德还提出了有保证的增长率（the Warranted Growth Rate）和自然增长率（Natural Growth Rate）两个概念。用 s_d 表示人们想要进行的储蓄水平，用 v_r 表示令投资者满意并与资本存量相一致的资本—产出比。两者之比为有保证的增长率：

$$G_w = \frac{s_d}{v_r} \tag{13.7}$$

有保证的增长率是一种自由竞争和自由放任条件下的均衡增长率，在不加干预的条件下，人们所愿意进行的储蓄与投资者的预期投资需要相一致。$G > G_w$ 表明实际储蓄率大于满意的储蓄率，引起累积性经济扩张。$G < G_w$ 表明实际储蓄率小于满意的储蓄率，形成累积性的投资缩减，导致经济收缩与失业。

另外，自然增长率的表达式为：

$$G_n = \frac{s_n}{v_n} \tag{13.8}$$

自然增长率是在劳动人口增加和技术改进的条件下所能达到的最大增长率。$G_n = n$。其中 n 为人口增长率。当 $G_w > G_n$ 时，投资和储蓄的增长率超过了人口增长率，应该削减投资。反之当 $G_w < G_n$ 时，投资增长率低于人口增长率，造成失业。此时应该增加投资。

哈罗德—多马模型的优点在于具有简单的形式，在预测一些国家的经济增长时效果惊人。哈罗德—多马模型的问题在于，在维持 s/v 不变的前提下，国家经济会一直不断地增长下去。这一点与现实不符。同时，资产—产出比不随着产出的改变而改变，这与生产函数的边际产出递减的性质不符。长期来看，随着技术进步，资产—产出比会发生变化，模型的预测越来越不精确。

第三节　新古典经济增长模型

索洛的新古典增长理论是现代增长理论的基石。索洛模型（Solow Model）帮助我们理解为什么有一些国家比其他国家富裕。罗伯特·索洛（Robert Solow）因在经济增长中的贡献而获得 1987 年诺贝尔经济学奖。

在索洛模型的假设中只有一个国家。资本、劳动以及生产技术是总收入的源泉，因此同一国家在不同时期以及不同国家之间收入的差别必然取决于这三个因素。这个模型的关键之一是生产函数符合边际产出递减且规模收益不变，即将所有的生产要素增加（或减少）同样的比例可以使得总产量可以提高相同的比例。假设生产函数为 $F(K, L)$。由生产函数的规模收益不变形可以得到：

$$Y = F(K, L) = LF\left(\frac{K}{L}, 1\right) \tag{13.9}$$

其中，Y 表示总产出，代表了短期总需求与总供给模型中的自然产出。$k = K/L$ 为人均资本。在索洛模型中，我们一般用小写字母表示人均，而用大写字母表示总量。用 y 表示人均产出，用 f 表示人均产出，可以有：

$$y = F\left(\frac{K}{L}, 1\right) = f(k) \tag{13.10}$$

规模收益不变的生产函数具有以下的性质，$F'(K, L) = f'(k)$。可以用以下的过程来证明这一性质：

$$\frac{\partial F(K, L)}{\partial K} = \frac{\partial\left[LF\left(\frac{K}{L}, 1\right)\right]}{\partial K} = L \times \frac{1}{L}\frac{\partial F\left(\frac{K}{L}, 1\right)}{\partial\left(\frac{K}{L}\right)} = \frac{\partial f(k)}{\partial k}$$

因此在下文中并不区分 $F'(K, L)$ 和 $f'(k)$，而只提及资本的边际产出。索洛模型遵循了国民收入核算恒等式 $Y = C + I$。为了简单起见，省去了政府开支 G 和进出口 NX。产出 Y 有两方面的用途，消费 C 和投资 I。用 s 代表储蓄率，则经济的总储蓄为 $S = sF(K, L)$，人均储蓄可以表示为 $sf(k)$。在封闭经济体中，有 $I = sf(k)$。假设资产的折旧率为 δ。每期因为折旧而损失的资产为 δK。假设没有人口增长的情况，折算到每个人损失的资产变为 δk。用 ΔK 表示每一期资本运动过程，则有：

$$\Delta K = sF(K, L) - \delta K\text{，或者 } \Delta k = sf(k) - \delta k \tag{13.11}$$

当 $sF(K, L) > \delta K$ 的时候，来自储蓄的投资总额大于折旧，总资本的数量增加。当 $sF(K, L) < \delta K$ 的时候，投资总额小于折旧，总资本的数量减少。对 $sF(K, L) - \delta K$ 求导得 $sF'(K, L) - \delta$。由于生产要素的边际产出递减，可能存在某个 K^*，使得以下条件成立：

$$sF(K^*, L) = \delta K^* \tag{13.12}$$

也就是说，当资本总量达到 K^* 时，新投资的数量正好等于资本的折旧，经济的总资本不会再发生变化，经济达到稳态。反映到人均资本存量，有：

$$sf(k) = \delta k \tag{13.13}$$

图 13－1 中，折旧曲线 δk 与投资线 $sf(k)$ 相交于 E 点，对应的投资

等于折旧。当 s 增大时，$sf(k)$ 上移，意味着 $sf(k)$ 与 δk 的交点必定在原来交点的右边，稳态下人均资本存量比原来的高。由于 $f(k)$ 是增函数，较高的稳态人均资本存量意味着人均收入比较高。结果显示 s 增大时会使得稳态下的人均收入增加。类似的，s 减小会使得稳态下的人均收入减少。当资本的折旧率 δ 比较大时，δk 与 $sf(k)$ 的交点向左移，意味着稳态的人均资本存量减少。确实，只有当人均资本比较少的时候，新增投资额才能与折旧量相等。

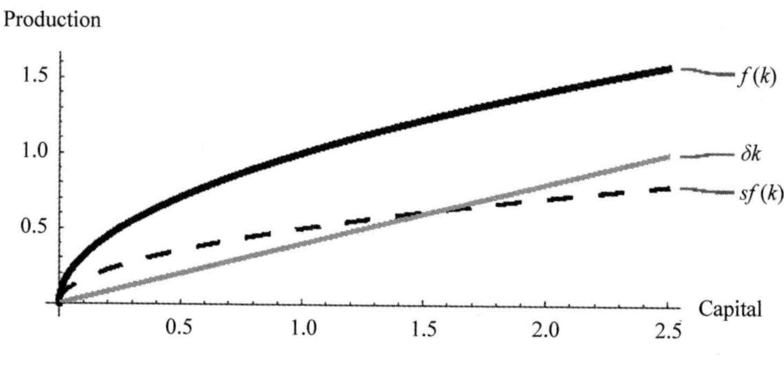

图 13－1　稳态下的人均资本存量

此时我们考虑劳动人口 L 增长。如果用 t 表示时间下标，L_t 则为 t 时间节点劳动人口，假设每年劳动人口增长率为 n。即有 $L_{t+1}/L_t=(1+n)$。由于引入了时间下标，资本的运动方程可以重写为：

$$K_{t+1}-K_t=sF(K_t,\ L_t)-\delta K_t \tag{13.14}$$

通过等式两边同时除以 L_t，可以得到：

$$\frac{K_{t+1}-K_t}{L_t}=\frac{sF(K_t,\ L_t)}{L_t}-\delta\frac{K_t}{L_t} \tag{13.15}$$

将式（13.15）整理后可得：

$$(1+n)\ k_{t+1}-k_t=sf(k_t)-\delta k_t \tag{13.16}$$

再稍作整理可得：

$$(1+n)(k_{t+1}-k_t)=sf(k_t)-(\delta+n)\ k_t \tag{13.17}$$

当人均资本存量处于稳态时，$k_{t+1}-k_t=0$。于是从等式的右边也等于零可以得到：

$$sf(k_t)=(\delta+n)\ k_t \tag{13.18}$$

与没有人口增长的例子不同的是，每期新进入的资本除了需要抵消折旧的资本，还需要分配给新增的人口。可以认为相同的储蓄率已经无法支撑原来的人均资本存量。关于折旧率的表述与之前相同。当人口增长率增大时，每期需要分配给新增人口的资本就更多，于是稳态的人均资本存量就越少。

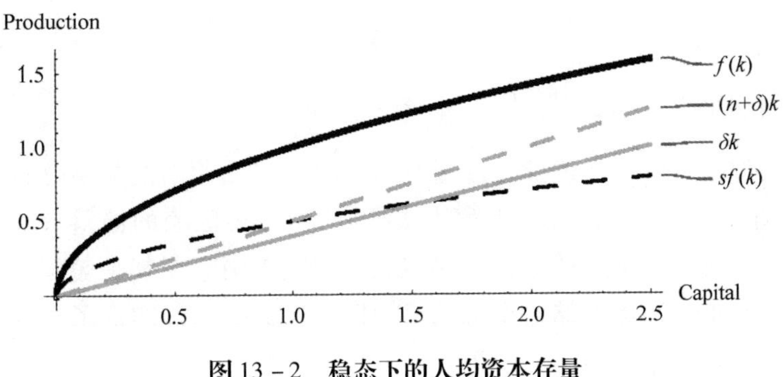

图 13-2　稳态下的人均资本存量

达到稳态的过程遵循如下的规律：当人均资本存量满足 $sf(k_t) > (\delta + n)k_t$ 时，新增资本大于折旧和分散的资本，人均资本存量增加。当人均资本存量满足 $sf(k_t) < (\delta + n)k_t$ 时。新增资本小于折旧和分散的资本，人均资本存量减少。无论个人资本存量 k 处于哪个点，经过资本的变化方程，总能到达稳态。更显然的是，k 偏离稳态 k^* 得越多，则下一期变化的绝对值就越大。

1948—1972 年，日本每年人均产出增长率为 8.2%，德国为 5.7%。根据索洛模型的推断，第二次世界大战极大地摧毁了两国的存量资本。在存量资本极低的初始条件下，两国开始的快速的发展过程。相同时期的美国和拉丁美洲国家，由于没有收到战争的破坏，经济增长率并没有达到德国和日本的水平。1960 年，韩国人均 GDP 不到美国的 1/10。1960—1990 年，韩国和美国用于投资的 GDP 份额相似。但在同一时期，美国只有 2% 左右的适度增长，而韩国却以超过 6% 的惊人速度增长。

从稳态的人均资本存量 k^* 我们可以算出稳态的人均收入 $y^* = f(k^*)$。可以认为稳态的人均收入是不变的。这时总收入 $Y = f(k^*)L$ 在每一期的增长率是 $1 + n$。社会的总收入每年以 n 的速度增长。至于人均收入 $f(k^*)$

是多少，我们可以认为它与储蓄率 s，折旧率 δ 和人口增长率 n 相关。稳态人均 $f(k^*)$ 是 s 的增函数，δ 和 n 的减函数。

可以通过具体的生产函数形式计算出 k^*，假设生产函数满足 $Y = F(K, L) = \sqrt{KL}$。则人均收入满足 $y = \frac{F(K, L)}{L} = \sqrt{\frac{K}{L}} = \sqrt{k}$。稳态条件可以写为：

$$s\sqrt{k^*} = (\delta + n)\ k^* \tag{13.19}$$

简单的整理可以获得，$k^* = \frac{s}{\delta + n}$。

我们似乎可以从上述推导得到的人均收入与储蓄率的关系分析国家之间个人收入的差别。表 13－1 列出了 2003 年主要国家的储蓄率。我们发现中国、韩国和新加坡的储蓄率比较高，而欧美国家尤其是美国和英国的储蓄率比较低。印度的储蓄率也低于中国。这似乎间接印证了索洛模型关于中国经济增长率超过印度的预测。

表 13－1　**主要国家的储蓄率**　单位:%

	国民总储蓄	家庭储蓄	消费占 GDP 比重	经常账目余额占 GDP 比重
中国	42.7	25.5	44.7	3.3
韩国	32.8	10.0	53.8	2.0
马来西亚	42.9	n. a.	43.3	13.0
新加坡	46.7	n. a.	43.1	30.8
泰国	32.8	18.7	56.3	5.6
印度	28.1	24.3	64.4	1.1
加拿大	20.5	1.4	56.8	2.0
德国	19.9	10.7	58.6	1.2
日本	25.7	7.4	56.9	3.2
英国	14.4	5.5	65.6	－1.9
美国	13.5	1.4	70.5	－4.8

索洛模型预测人口增长与人均收入呈反向关系。这是因为人口增长得

越快，每一期就需要分配更多的资本给予新增人口。图 13 - 3 的横坐标是 1960—1992 年平均人口增长率，纵坐标为 1992 年人均收入的对数。数据印证了索洛模型的预测。丹麦、德国、意大利和芬兰等国家的人口增长率比较低，这些国家的人均收入比较高。乌干达、肯尼亚和津巴布韦等国家的人口增长率比较高，这些国家的人均收入比较低。当然索洛模型并不能完全解释这些国家人均收入的差异，关于它们其他解释超出了本书的范围。

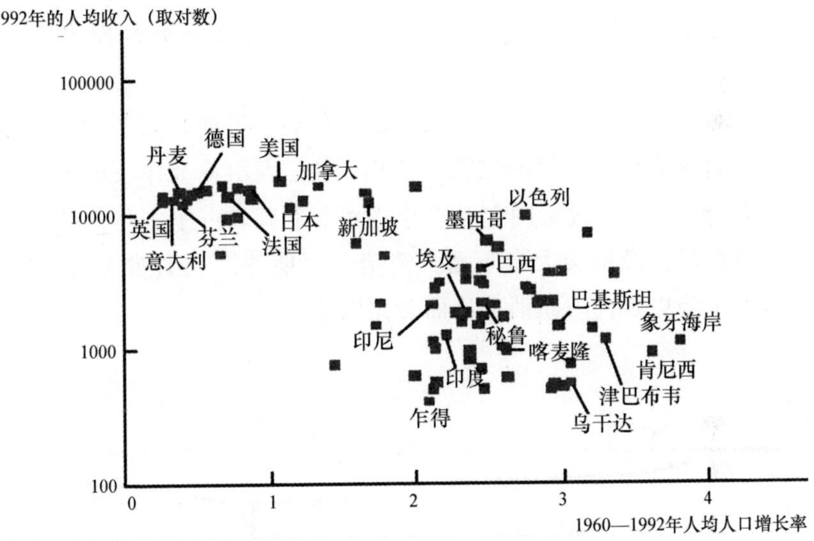

图 13 - 3 人均收入与人口增长关系的国际证据

根据索洛模型的预测，储蓄率越高，稳态的人均收入就越高。模型似乎在告诉我们，只需要增加储蓄就可以了。其实不然，因为居民的幸福指数最终需要聚焦到消费，而不是收入。光存钱不花钱，难以给人带来幸福。由国民收入核算恒等式可以得出，$c^* = y^* - i^*$。由 $i^* = sy^*$，我们可以得出：

$$c^* = f(k^*) - sf(k^*) = f(k^*) - (\delta + n) k^* \quad (13.20)$$

假设消费者的效用仅仅与他的消费相关。而且我们只考虑稳态时的消费。从式（13.20）可以看出，我们需要选择一个 k^* 来最大化消费者的效用。这一选择可以由最大化 $c^*(k^*)$ 得出，一阶条件得出黄金律（The

Golden Rule）的条件：

$$f'(k^*) = \delta + n \tag{13.21}$$

此时，k^*成为黄金律水平下的人均资本存量。而由 $sf(k^*) = (\delta+n)k^*$ 可以得知，k^*与储蓄率 s 一一对应，选择了 k^*就等同于选择了储蓄率 s。整个过程相当于消费者选择了某个储蓄率 s 来最大化他的效用。已知 $f'(k)$ 是减函数。$f'(k^*) > \delta + n$ 意味着稳态的人均资本存量比较黄金律时的太低。这表明他的储蓄太低，而消费太高，以至于影响了总体消费水平。反过来 $f'(k^*) < \delta + n$ 意味着稳态的人均资本存量太高。这表明他的消费太低，储蓄太高，而消费太低，以至于大部分资本损失在折旧过程中。

经济并不会自动地向黄金律稳定状态移动。需要政策制定者制定合适的政策来引导消费者合理的储蓄。我们用 k^*_{gold}表示黄金律下的人均资本存量。当 $k^* > k^*_{gold}$时，政策制定者引导储蓄率下调。由于不再需要原来那么高的资本存量，投资会大幅下滑，消费会短期冲高。虽然人均收入下降，由于折旧下降更多，因此消费反而会比以前高。

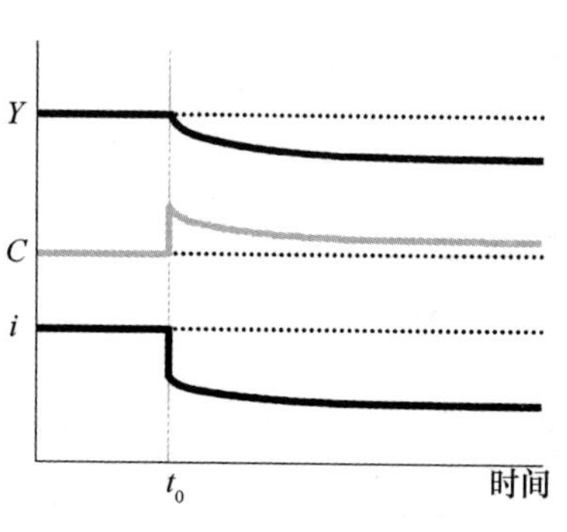

图 13－4　$k^* > k^*_{gold}$时指标走势

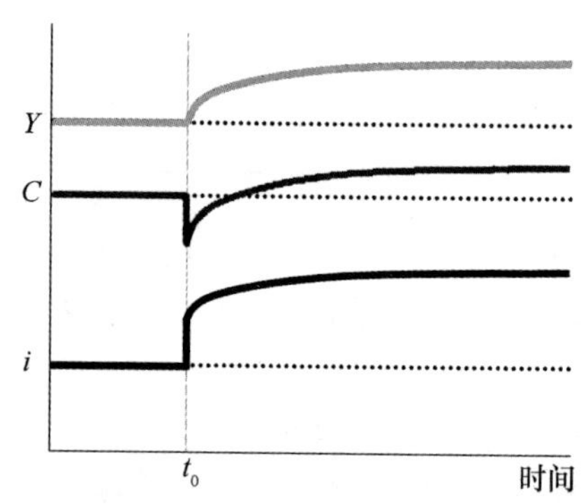

图 13－5　$k^* < k^*_{gold}$时指标走势

相反 $k^* < k^*_{gold}$时指示储蓄率太低。居民提高储蓄率则会导致消费在短时间内下跌。瞬时消费下跌的幅度正好等于投资上升的幅度。此后由于储蓄上升，人均资本存量随着上升，人均收入也跟着上升。因此人均消费呈现的趋势是先下跌后上升，人均投资和人均产出呈现的是一直在增加。

格雷格·曼昆（Greg Mankiw）的《宏观经济学》中提到了一种观点，

即工人的边际消费倾向高，而资本家的边际消费倾向低。为了弄清楚这种观点的启示，假定一个经济所有的工资收入都用于消费，而所有的资本收入都用于储蓄。如果生产要素赚到了各自的边际产量，这个经济就达到了黄金率：

$$sf(k) = MPK \times k \tag{13.22}$$

均衡中的人均资本存量是收支相抵的。由此可以得出：

$$sf(k) = (\delta + n) \times k \tag{13.23}$$

综合式（13.22）和式（13.23）可以得到：

$$MPK = \delta + n \tag{13.24}$$

式（13.24）正好符合黄金率。

第四节　索洛模型中的技术进步

索洛模型能够解释在一段时间内经济的增长。如果发展周期以年来计算，20 年后大部分经济体将进入低速增长，其增长率近似于人口增长。这无法解释第二次世界大战以后 30 年，即 1975 年以后主要资本主义国家收入水平仍然保持着较高速的增长。其解释可能在于科技的发展。1970 年以前，电子计算机只用于学校和研究机构中的科学计算。到 2000 年，计算机已经广泛地用于生产和生活中，互联网也已经普及。在漫长的岁月中，科学技术会发生变化。一种可能性情况是，生产函数 $F(K, L)$ 的结构也许会发生变化。另一种可能性情况是，生产函数里某个变量的值可能会发生变化。仅仅 K、L 两个参数已经无法解释。为解释持续的增长，需要引入技术进步。

将 E 视为劳动效率。至少有两种方式将可以放入生产函数中。一是将 E 与劳动相乘的形式成为劳动扩张型。虽然劳动力人数没有增加，但技术进步使每个劳动力实际上有了更多单位的劳动。可以想象高学历工人的效率等同于两个低学历工人。二是将 E 与资本相乘的形式成为资本扩张型。可以想象新一代计算机的速度等于老式计算机的两倍。技术进步引起劳动效率以不变的速率 g 增长。

$$g = \frac{\Delta E}{E} \tag{13.25}$$

生产函数的形式变为：

$$Y = F(K, L \times E) \tag{13.26}$$

其中，$L \times E$ 称为有效工人的数量。这里劳动效率的增加与劳动人口的增加对产出的影响是相同的。跟上一节不同的是，这里需要计算的是每个效率工人的产出，

$$y = Y/LE \tag{13.27}$$

而每个效率工人的资本存量为 $k = K/LE$。将生产函数两边同除以 LE 可得：

$$\frac{Y}{L \times E} = F\left(\frac{K}{L \times E}, 1\right) \tag{13.28}$$

令 $f(k) = F\left(\frac{K}{L \times E}, 1\right)$，上述方程可以简写为 $y = f(k)$。进一步分析需要为状态变量添加时间下标 t。资本总量的运动方程跟上一节类似，为：

$$K_{t+1} - K_t = sF(K_t, L_tE_t) - \delta K_t \tag{13.29}$$

等式两边同除以 L_tE_t，可以得到：

$$\frac{K_{t+1}}{L_tE_t} - \frac{K_t}{L_tE_t} = sF\left(\frac{K_t}{L_tE_t}, 1\right) - \delta\frac{K_t}{L_tE_t} \tag{13.30}$$

劳动 L_t，技术 E_t 的增长率分别为 n，g：

$$(1+n)(1+g)k_{t+1} - k_t = sF(k_t, 1) - \delta k_t \tag{13.31}$$

当 n，g 都比较小的时候，$(1+n)(1+g) \approx 1+n+g$，式（13.31）可以重写为：

$$(1+n)(1+g)k_{t+1} - (1+n)(1+g)k_t = sf(k_t) - \delta k_t - nk_t - gk_t \tag{13.32}$$

如果 $k_{t+1} - k_t = 0$，则右侧有 $sf(k_t) = (\delta + n + g)k_t$。图 13－6 中，虚线进一步上移。在相同的储蓄率 s 下，效率工人的人均资本存量减少了。

无论是人口增长率、技术增长率还是资本的折旧率的提高都会使得虚线上移，从而稳态下效率工人的人均资本存量减少。每个效率工人的人均资本存量在稳态时保持不变，因此每个效率工人的人均收入在稳态时也保持相同。这意味着，每个工人的人均收入增长率为 g。经济的总收入的增长率为 $n+g$。

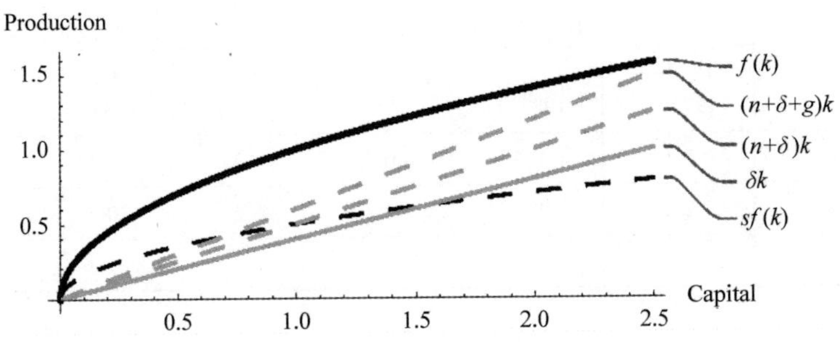

图 13－6　**稳态下的效率工人人均资本存量**

表 13－2　**技术进步时：稳态增长率**

变量	符号	稳态增长率
效率工人人均资本	$k=K/LE$	0
效率工人人均产出	$y=Y/LE$	0
人均产出	Y/L	g
总产出	Y	$n+g$

稳态时每个效率工人的人均产出基本保持不变，而每个工人的人均收入会以固定的速度增长。这些预测可以通过观察到的数据来证实。1950—1973 年，除了日本以外资本主义国家都保持着人均收入和科技增长以相同的速度增长。1973—1987 年，所有主要资本主义国家的收入增长速度都下降了，而且人均收入的增长速率和科技的增长速率基本符合。

表 13－3　**20 世纪 50—80 年代主要资本主义国家的人均 GDP 增速**　单位：%

	人均产出增长率			科技增长率		
	1950—1973 年	1973—1987 年	变化	1950—1973 年	1973—1987 年	变化
法国	4.0	1.8	－2.2	4.9	2.3	－2.6
德国	4.9	2.1	－2.8	5.6	1.9	－3.7
日本	8.0	3.1	－4.9	6.4	1.7	－4.7

续表

	人均产出增长率			科技增长率		
	1950—1973 年	1973—1987 年	变化	1950—1973 年	1973—1987 年	变化
英国	2.5	1.8	-0.7	2.3	1.7	-0.6
美国	2.2	1.6	-0.6	2.6	0.6	-2.0
平均	4.3	2.1	-2.2	4.4	1.6	-2.8

跟上一节相同的是，每一个储蓄率对应着一种稳态。消费者关心的焦点始终是消费而非产出。定义每个效率工人的消费为 c。有 $c=y-i$。当经济处于稳态时，有：

$$c^{*}=y^{*}-i^{*}=f(k^{*})-(\delta+n+g)k^{*} \tag{13.33}$$

对式（13.33）中的 k^{*} 求导，有：

$$f'(k^{*})=\delta+n+g \tag{13.34}$$

从式（13.34）可以判断经济是否处于黄金律中。$f'(k^{*})>\delta+n+g$ 显示 k^{*} 比较小，说明储蓄率太低，应该实施政策引导储蓄率上升。反之，$f'(k^{*})<\delta+n+g$ 显示 k^{*} 比较大，说明储蓄率太高，应该实施政策引导储蓄率下降。

为了估算美国经济的 $f'(k^{*})$，我们采用关于美国经济的三个事实：①资本存量是一年 GDP 的 2.5 倍。②大约 10% 的 GDP 用于替代折旧的资本。③资本收入约为 GDP 的 30%。

以上三个条件可以翻译为：$k=2.5y$，$\delta k=0.1y$ 和 $MPK\times k=0.3y$。用一式除以二式，可以得到：

$$\frac{\delta k}{k}=\frac{0.1y}{2.5y}\Rightarrow\delta=0.04$$

用三式除以一式，可以得到：

$$\frac{\text{MPK}\times k}{k}=\frac{0.3y}{2.5y}=\frac{0.3}{2.5}=0.12$$

由前面的计算知：$MPK-\delta=0.08$。美国实际 GDP 每年增长 3%，因此

$$n+g=0.03$$

有 $MPK-\delta>n+g$。由此可见美国效率工人的人均资本存量太低。

而提高储蓄率有很多种方法，政府可以通过提高税收，缩减开支以提高公共储蓄；也可以通过一系列方法来提高私人储蓄。政府也需要通过一系列方法来鼓励技术进步，如专利法的颁布，对高科技企业提供减税，对大学的科研资助等。

第五节　内生增长理论

索洛模型（Solow Model）较好地解释了多国经济的增长。然而它并不能很好地解释经济的内生增长。索洛模型预测在稳态时经济的增长速度应与储蓄率无关，这与现实经验相悖。新古典增长理论把经济的长期增长归于技术进步，但对什么决定技术进步并没有解释。

一　AK 模型（AK Model）

AK 模型假设资本的边际产出是外生的，不变，且为 A。生产函数为：

$$Y = AK \tag{13.35}$$

这与索洛模型关于资本的边际产出递减并不一致。为了简单起见，假设没有人口增长。假设储蓄率为 s，折旧率为 δ。此时资本的运动方程为：

$$\Delta K = sY - \delta K \tag{13.36}$$

在等式两边同除以 K，可以得到：

$$\frac{\Delta K}{K} = \frac{sY}{K} - \delta \tag{13.37}$$

由于 $Y = AK$，可以得到：

$$\frac{\Delta K}{K} = sA - \delta \tag{13.38}$$

由于 A 和 δ 都是常数，如果 $sA - \delta > 0$，则经济将持续增长。读者可能发现经济的增长主要取决于储蓄率 s。据此可以预测，高储蓄率促使高增长率的发生。而在索洛模型中，稳态中经济增长率与 s 无关。

AK 模型很重要的假设是资本的边际产出不变，与先前理解的边际产出下降有一些出入。确实，保持劳动不变的前提下，狭义的资产（如机器，厂房）的边际产出确实是下降的。除非在定义上取得突破，将资本的范围扩大到人力资本、知识；同时将资本产出范围的定义扩大到社会报酬，即考虑到生产的外部性。思想的复制花费极少；知识一经发现就会外

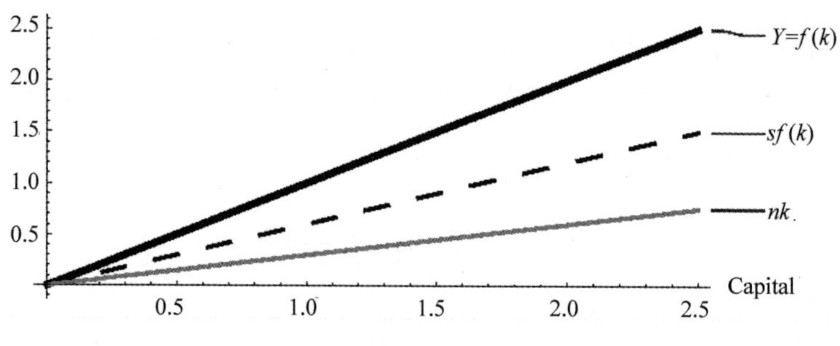

图 13－7　AK 模型中的收入、储蓄和折旧

溢到整个经济中，这称为知识的溢出效应（或者技术的外部性）。考虑到广义的资产定义和报酬定义，我们认为 AK 模型中资本的边际产出不变的假设是可能的。

二　二部门模型（Two-sector Model）

假设经济中存在两个部门：生产部门，主要任务是生产商品；研发部门，主要任务是生产知识，有助于提高制造业企业的劳动效率。令外生变量 u 表示大学的劳动力比例。假设生产函数满足规模收益不变的性质。厂商的生产函数为：

$$Y = F[K, (1-u)EL] \tag{13.39}$$

K 为资本，$1-u$ 为不在大学中的劳动力比例。知识的生产函数为：

$$\Delta E = g(u)E \tag{13.40}$$

资本的积累满足：

$$\Delta K = sY - \delta K \tag{13.41}$$

在稳态，制造业企业的人均产出增长率为：

$$\Delta E/E = g(u) \tag{13.42}$$

劳动人口数量为 EL。对生产函数的两边同除以 EL，可以得到：

$$\frac{Y}{EL} = F\left(\frac{K}{EL}, 1\right) \tag{13.43}$$

令 $y = \frac{Y}{EL}$，$k = \frac{K}{EL}$ 且 $f(k) = F\left(\frac{K}{EL}, 1-u\right)$，式（13.43）可以重写为：

$$y = f(k) \tag{13.44}$$

当大学的劳动力比例 u 突然下降，$1-u$ 增加。总产出会在这个时间点跳跃上升。此后经济保持在较先前低的速度增长。当 u 突然上升的时候，$1-u$ 下降。总产出会在这个时间点跳跃下降，此后经济保持在较先前高的速度增长。

AK 模型与二部门模型都内生化了经济增长。在 AK 模型中，经济增长来源于储蓄率；而在二部门模型中，经济增长来源于知识的创造。二部门模型中稳态下经济增长依然与储蓄率无关，这点与索洛模型相同。二部门模型说明了，为了提高技术进步率，需要加强研究与开发。而索洛模型中假定技术进步率是既定的。

英国经济学家马尔萨斯认为两性之间的情欲是基本固定的，而食物是生存的必需品。他认为人口的增加会导致人均资源的贫乏，其最终结果是人类将永远生活在贫穷之中。马尔萨斯生活在 18 世纪，没有亲历过工业大革命和后来高速的科技发展。在过去的两百年，世界人口增加了大约 6 倍，但人类的生活水平非但没有下降，还得到了很大的提升。这些是由于科技的发展抵消了人口增加带来的压力。如今工人的生产效率是 200 年前的很多倍。而且 200 年间世界上出现了很多新产品。这些都证明马尔萨斯的担心有点多余。

本章小结

本章旨在通过使用满足特定性质（规模收益不变）的生产函数下，证明不同国家地区之间的经济差异。我们发现储蓄率在其中扮演着重要的角色。在模型中，储蓄率乘以产出即等于国民储蓄。在封闭经济中，国民储蓄等于投资。当储蓄大于资本折旧时，总资本存量增加。反之，总资本存量减少。人均资本存量还受到人口变化的影响。当人口增长过快时，人均资本存量降低。模型发现，在一定的储蓄率下，存在一个人均资本存量不再变化的稳态。此时，资本存量的增速就等于人口的增速，也等于总产出的增速。稳态人均收入的多少很大程度上取决于储蓄率。储蓄率越高，稳态人均收入就越高，反之越低。模型进一步发现，存在一个黄金率下的储蓄率，使得人均消费得以最大化。

在考虑到技术进步以后，索洛模型发现存在一个效率工人的人均资本存量不变的稳态。在稳态中，每个工人的人均资本存量和人均收入以固定的速度（科学技术增加的速度）增加，经济体总资本存量和总收入也以固定的速度增加。在长期中人均收入增长的速度由高技术从业人员的比例，国民的教育程度决定。良好的教育能使经济在稳态中增长得更快。这也是所有发达国家都重视教育的原因。

索洛模型的上述两种形式都没有将经济增长内生化：在第一个模型中，总收入的增长速度等于人口增长速度。在第二个模型中，总收入的增长速度等于人口增长速度加上技术增长速度。这些增长速度都是外生的，而且稳态中的增长速度与储蓄率无关。本章尝试了两种内生化的方法。在AK 模型中，资本的边际产出是常数。在满足一定的条件下，经济可以持续的增长。在两部门模型中，稳态中经济增长的速度取决于大学的劳动力比例。

理论自测与应用自测

1. 某个国家的生产函数为 $Y=F(K, L)=\sqrt{KL}$。

（1）这个生产函数是规模收益不变的吗？

（2）人均生产函数 $y=f(k)$ 是什么？

（3）假设资本的折旧率为 δ，人口的增长率为 n，储蓄率为 s。求出稳态下个人资本存量的表达式。

（4）讨论稳态个人资本存量与 δ，n 和 s 之间的关系。

2. 索洛模型中的关键假设之一是规模报酬不变。在没有技术进步的索洛模型中，如果生产函数呈现规模报酬递增或者递减，那么稳态下总产出增加，但人均产出并不增加的结论还正确吗？

3. 21 世纪以来，一些发达国家的出生率持续下降。2018 年，韩国生育率仅为 0.98。分析人口出生率下降对索洛模型稳态和黄金律的影响。

4. 自 1999 年，大学开始扩招，1999 年的招生人数约为 159 万，2000 年的扩招幅度为 38.2%，2001 年的扩招幅度为 21.6%，2002 的扩招幅度为 19.5%。我们通常将高校毕业生看成高技术工人。试通过二部门模型分析高校扩招对产出，人均产出造成的短期和长期影响。

5. 假设某个国家的生产函数为 $Y=K^{\alpha}L^{1-\alpha}$。假设从某个阶段开始，国家的生产函数转向更加依赖资本（表现为 α 的值增加）。讨论这一变化对稳态的人均资本存量，黄金率下的储蓄率造成的影响。

参考文献

［美］罗伯特·巴罗：《宏观经济学：现代观点》，沈志彦、陈利贤等译，上海人民出版社 2018 年版。

［美］N. 格里高利·曼昆：《宏观经济学》（第九版），梁小民、梁砾译，中国人民大学出版社 2016 年版。

第十四章　宏观经济学的争论

西方经济学经过几百年的发展，已经形成了相对完善的理论体系。在这个理论体系中，凯恩斯主义流传相对较广，也被认为是西方经济的主流学派。但是，西方经济学仍然存在不同流派，在某些核心问题上存在较大争议。本章将介绍目前西方经济学中主要的经济学流派，主要包括新古典综合派、新自由主义（现代货币主义和理性预期学派）和新凯恩斯主义。

第一节　新古典综合派

一　相关背景

（一）“新古典综合派”的含义

“新古典综合派”（The Neo-classical Synthesis）这一概念由美国经济学家萨缪尔森（Paul A. Samuelson）在他的《经济学》第五版（1961 年）中首先提出。“新古典综合”就是把凯恩斯经济理论和新古典学派的理论综合在一起。萨缪尔森说明了新古典综合派的含义：“只要适当地增强财政货币政策就可以使我们混合经济不会过分的繁荣和萧条，能够达到健全的前进的成长。如能理解这个基本点，那么小规模微观经济学的老古典原理，即它缺乏现实妥当性的论点，也就会自然消失。总之，如果坚持收入决定的近代分析，那么也就确认作为古典派基础的价格原理。所以现在的经济学家被认为是能够填平微观经济学和宏观经济学之间的鸿沟。”从上述定义可以看出：①当前资本主义国家经济为混合经济，新古典综合派则是混合经济的代表理论；②混合经济有着很大的优越性；③这种综合是凯恩斯的收入分析与新古典的价格理论的综合。

（二）新古典综合派的理论依据

客观上，凯恩斯的宏观经济理论缺乏微观基础；凯恩斯的某些提法，为新古典综合派提供了依据。凯恩斯在《通论》中提道：“我们对于经典学派理论之批评，倒不在发现其分析有什么逻辑错误，而在指出该理论所依据的几个暗中假定很少或从未能满足，故不能用该理论来解决实际问题。但实行管理以后，总产量与充分就业下产量相差不远，则从这点开始，经典理论还是对的。今设产量为已知，换句话说，设决定产量多寡之力量，不在经典学派思想体系之内，则经典学派所作分析，例如私人为追求自己利益将决定生产何物，用何种方法（即何种生产要素之配合比例）生产，如何将最后产物之价值分配于各生产要素等，仍无可非议。”

（三）新古典综合派的衰落与复兴

第二次世界大战后，新古典综合派作为西方经济学的正统或主流，持续了 20 余年。20 世纪 60 年代末期特别是从 70 年代以后，其理论和政策受到越来越多的批评与攻击，新古典综合派开始走下坡路。其衰落的原因，从根本上说，是由于其理论体系存在着重大的缺陷，其政策主张的实施带来了一些严重的问题，而新古典综合派又提不出合理的解释和有效的对策。在经历了 80 年代的沉寂和理论调整之后，90 年代以后又开始重新活跃起来，他们以“新凯恩斯主义”的面目出现，以示与凯恩斯主义有所不同。而新凯恩斯主义的政府干预论又被西方国家的政府纷纷采纳，成为新的政策理论依据。

二　新古典综合派的主要理论内容

（一）IS-LM 一般均衡模型

曲线的方程：$i(r)=s(Y)$　　$L=L_1(Y)+L_2(r)$

（二）IS-LM 模型与劳动市场的结合

传统的劳动市场观点：在完全竞争的劳动市场上，均衡的劳动雇佣量为：$VMP=P_L=w$，即 $MPP\cdot P=P_L=w$ 或 $MPP=P_L/P=w/P$；w/P 为劳动的真实工资；劳动市场上劳动的需求和劳动的供给均为 w/P 的函数：$N_D=N_S=f(w/P)$。

IS-LM 模型与劳动市场的结合。在新古典综合论中，劳动市场结合到 IS-LM 模型中的具体过程如下：

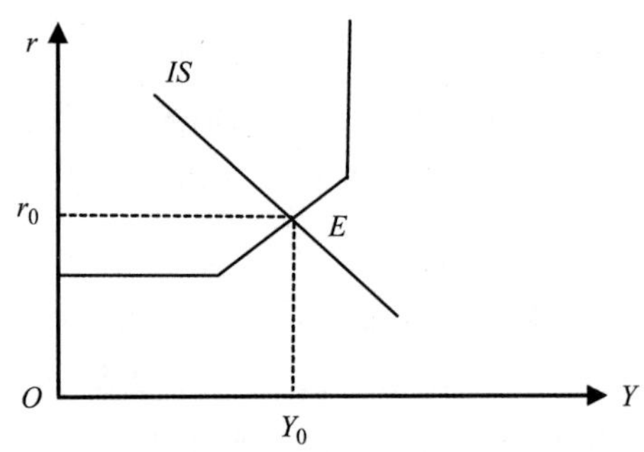

图 14－1 IS-LM 模型

第一，建立总生产函数：$Y=f(N)$。整个经济的劳动的边际产品即为产量的增量与就业量增量之比（$\Delta Y/\Delta N$）由于收益递减规律的作用，随着雇佣劳动量的增加，$\Delta Y/\Delta N$ 将会递减。而完全竞争条件下，均衡的劳动雇佣量为劳动的边际产品价值等于其成本，即：$\Delta Y \cdot P=\Delta N \cdot w$ 其中 P 为一般价格水平；w 为货币工资。等式可重新表述为：$\Delta Y/\Delta N=w/P$。

第二，建立劳动市场的均衡。上式中 w/P 是真实工资；公式表明各厂商处于均衡状态和实现最大利润时，真实工资必然等于劳动的边际产品；其含义是劳动需求为真实工资的函数：$N_D=f(w/P)$。在劳动供给方面，新古典综合派接收了传统的观点，即劳动总供给也是真实工资的函数：$N_S=f(w/P)$。劳动需求曲线和劳动供给曲线的交点，确定了均衡就业量和真实工资率。如图 14－2 所示。

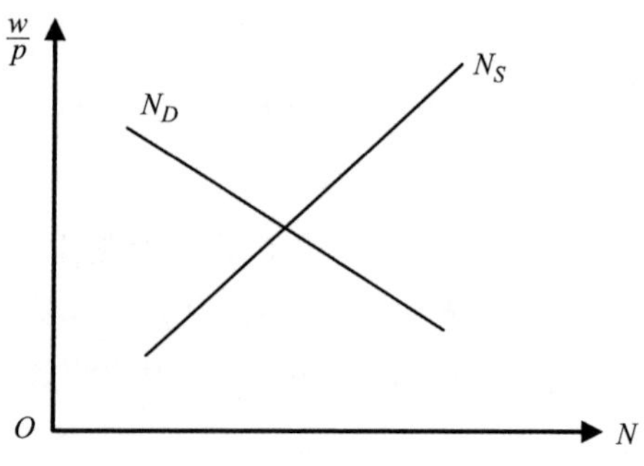

图 14－2 劳动市场供给与需求

第三，引入劳动市场和总生产函数，说明工资和价格可变情况下的充分就业均衡。图 14－3 中任意给定一个价格水平 P_0，图 14－3c 中会有一条 LM 曲线与 IS 曲线相交得到一个均衡点（r_0，Q_0）决定着总需求为 Q_0；但这时充分就业的总供给为 Q_f，于是在价格为 P_0 时商品市场会有过度供给 ES。但这种 $AS > AD$ 的状态是不稳定的，商品市场的过度供给会使价格水平下降，当价格降为 P_1 时，会使图 14－3c 中的 LM 曲线右移；而在货币工资不变时，实际工资 w/P 上升，使劳动市场的 $N_S > N_D$；于是 w 降低为w_1，w/P 又回到原水平，仍为均衡状态；而 LM 右移使需求水平提高，P_1 价格下的需求量与充分就业的供给量相等，从而商品市场达到充分就业

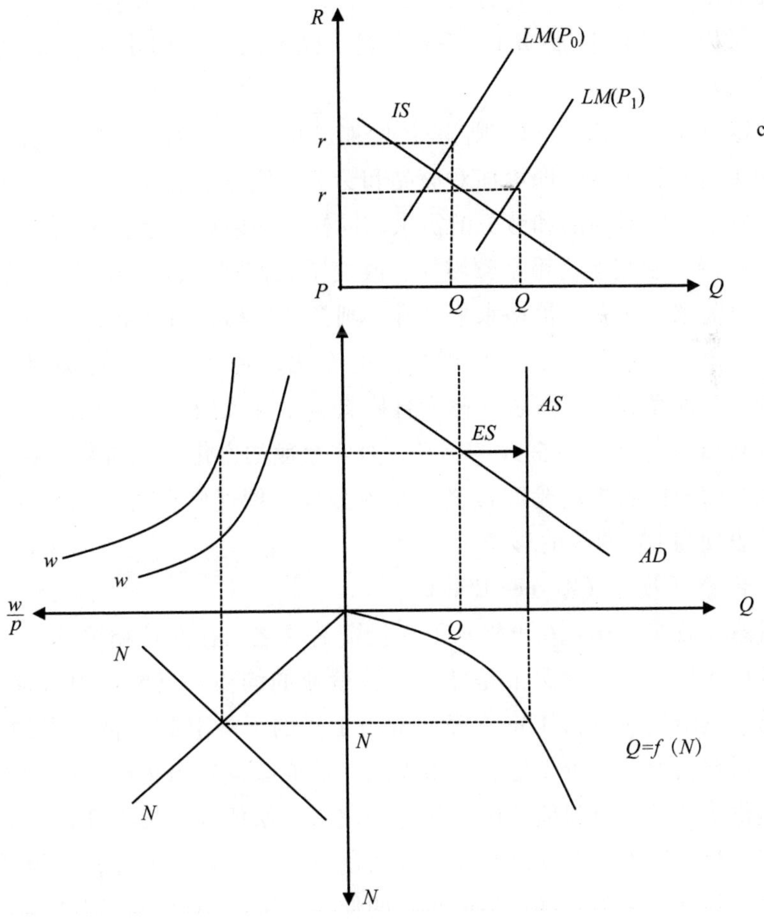

图 14－3　引入劳动市场的均衡产出决定

的均衡。

（三）真实余额效应（Real Balance Effect）

新古典综合派还引进了美国经济学家巴廷金（Don Patinkin）的真实余额效应说，以说明价格持续下降，一国经济将自动恢复充分就业。

1. 真实余额效应的含义

巴廷金认为，消费不但决定于真实收入，还决定于个人财富的真实价值。在经济社会中，个人以不同形式持有其财富，最普遍的方式是持有货币，这样消费函数改写为：$C=f(Y, M/P)$。即说明消费决定于真实收入水平和真实货币余额，后者为公众真实财富的代表。真实货币余额的变动对商品需求的变动的影响，称为真实余额效应。真实货币余额（M/P）的变动，可以由货币数量 M 的变化引起，也可以由价格水平 P 的变动而引起。

假定 P 不变而 M 增加，则 M/P 增加，M 余额过剩，人们将以多余的部分购买商品和劳务，即增加对商品和劳务的需求；相反，名义货币存量减少，则会压缩对商品和劳务的需求。同样，如果货币存量 M 不变，价格水平 P 下降，则真实货币余额增加，改变了人们拥有各类财富的比例，也将增加总需求；相反，价格水平上升，则会产生相反的结果。

巴廷金认为：凡是真实货币余额的变化，通过个人的各类财富的调整，影响对商品和劳务需求的称为直接真实余额效应，即以往所说的庇古效应，其结果表现为 IS 曲线的移动；真实余额的变化通过利率的变动再影响商品和劳务的需求的是间接真实余额效应，即通常所说的凯恩斯效应，其结果表现为 LM 曲线的移动。

2. 凯恩斯效应（Keynes Effect）

凯恩斯效应是建立在价格水平和投资需求之间存在负相关这一假定之上的。由于均衡通常情况下是低于充分就业的均衡，只要货币有伸缩性，超额劳动供给迫使货币工资下降，货币工资的下降引起价格水平的下降，提高货币购买力，减少交易的货币需求，造成超额货币供给，同时给投机需求提供了条件，引起债券市场的超额需求，使债券价格上涨，从而使利率下降，投资增加，总支出增加，进而使产量和就业量增加，直至达到充分就业的均衡。货币工资和价格水平的伸缩性影响利率和投资的这种间接机制，被称为凯恩斯效应；它使 LM 曲线位置移动。

3. 庇古效应（Pigou Effect）

庇古等人认为，凯恩斯及其追随者没有深入分析通货紧缩问题，只注意了 LM 曲线的移动，而没注意到 IS 曲线的移动。庇古认为，衡量一个人的财富是看他财富的实际价值。财富水平与价格水平是反方向变化的，价格水平的下降会提高财富的实际价值，使人们感觉到自己的财富增加了，为了重新获得人们以前保持的最优财富存量，他们将减少储蓄增加消费，结果导致 IS 曲线右移，使利率和收入水平提高，达到充分就业的均衡。这种实际现金余额对储蓄和消费的影响被称为“庇古效应”。同凯恩斯效应相似，庇古效应也是建立在价格水平和总支出之间存在负相关这一假定之上。区别在于，前者注意的是总支出中的投资支出，只在债券市场上起作用；后者则注意到总支出中的消费支出，只在产品市场上起作用。新古典综合派有条件地接受了凯恩斯效应和庇古效应。认为工资和价格的下降太缓慢，要想通过市场调节机制自动实现充分就业状态为时过长；从政治上看将会有风险。

（四）对“滞胀”的解释和对策

凯恩斯认为，如果总需求小于总供给，即有效需求不足，厂商将缩减产量解雇工人，出现经济萧条和失业；反之，如果总需求大于总供给，会产生过度需求，引起通货膨胀。因此，有效需求不足与过度需求不可能并存，所以失业和通货膨胀也不可能同时并存。但是，第二次世界大战后的事实与凯恩斯的断言恰恰相反。为说明这一问题，新古典综合引入了菲利普斯曲线（Phillips Curve），以弥补凯恩斯解释之不足。

1. 菲利普斯曲线（Phillips Curve）

菲利普斯曲线最初由伦敦经济学院的经济学家威廉·菲利普斯（Alban William Phillips）在 1958 年提出。它表明 1913—1957 年的失业率和货币工资变动率之间存在交替关系。1960 年萨缪尔森和索洛在《反通货膨胀政策的分析》一文中，将失业率和货币工资变动率之间的交替关系改换为失业率和通货膨胀率之间的交替关系。而之所以用通货膨胀率代替货币工资率，是因为他们认为决定价格的原则是成本价值法，即在成本的基础上加一个固定比率的利润，在短期中当其他成本一定时，通货膨胀率 = 货币工资增长率 - 劳动生产率增长率。因此，在劳动生产率增长率一定时，如果货币工资增长率上升并超过劳动生产率的增长率，则通货膨胀率与货币工资增长率同比率上升。由此引起的通货膨胀不同于传统的需求拉动型通货膨胀，而是由工资成本推进的新型通货膨胀。新古典综合派进一步使菲利普斯曲线成为制定经济政策的工具。因为根据该曲线，失业率和通货膨胀率在短期中存在替代关系，所以政府在制定政策时可运用该曲线进行相机抉择，使失业率和通货膨胀率都能控制在社会可接受的较低水平内。

总之，新古典综合派的菲利普斯曲线实际上是以“成本推进型”的通货膨胀理论来补充凯恩斯的需求拉动型通货膨胀理论。而前者又是新古典理论的继承。因此菲利普斯曲线也是一种“新古典—凯恩斯综合”。但是，由于20世纪70年代西方“滞胀”经济的出现使失业率与通货膨胀率之间的替代关系消失，新古典综合派因此受到了越来越多的批评。新古典综合面对各种批评和挑战，为了维护自身的正统地位，不得不寻求新的解释。

2. 对于“滞胀”的解释

第一，部门供给的冲击。第二，社会福利支出的过度增长。第三，劳动力市场的不完全性和结构变化。以上三种解释，都是从微观分析的角度来解释“滞胀”的原因，以弥补凯恩斯宏观经济分析的不足。这也再次体现了新古典综合派的折中调和的本质特征。

3. 关于“滞胀”的对策

基于上述分析，新古典综合派提出了治理“滞胀”的微观经济政策。不过，他们认为，财政政策和货币政策作为总需求管理的两大手段，用来单独对付失业或通货膨胀仍然有用，它提供了调节经济的基本手段。各项微观经济政策不能取代宏观需求管理政策，但可作为补充。第一，制定和执行新的能源政策和农业政策。如限制石油消费等。第二，改进社会福利政策。第三，收入政策，即工资和物价管制政策，以对付成本推进型通货膨胀。第四，人力资本政策，以对付“结构性失业”。

（五）新古典经济增长理论

新古典经济增长理论的创立者是美国经济学家索洛和英国经济学家斯旺。后来又被进一步发展。新古典经济增长理论的显著特点是，在他们的理论中，即有凯恩斯经济学的成分，又有古典经济学的成分。因此经济学家将这种理论称为“新古典经济增长理论”。它是以柯布—道格拉斯生产函数（Cobb-Douglas Production Function）为基础建立起来的增长理论。

1. 柯布—道格拉斯生产函数及其特点

20 世纪 30 年代，美国经济学家柯布（Charles W. Cobb）和保罗·道格拉斯（Paul H. Douglas）研究了 1899—1922 年美国有关资本、劳动和产量之间关系的统计资料，建立了这一期间的生产函数：

$$Q = AL^{\alpha}K^{1-\alpha} \tag{14.1}$$

柯布—道格拉斯生产函数有如下特点：第一，一阶齐次性：$\lambda Q = A(\lambda L)^{\alpha}(\lambda K)^{1-\alpha}$；第二，劳动和资本是可以相互替代的；第三，边际产量递减；第四，技术水平不变，A 为常数，对于确定的劳动和资本的投入量只对应着一个唯一的产量。即不存在技术进步因素的影响；第五，生产函数中的产量、劳动量和资本量都是总量概念。$Q = GNP = Y$ 因此，生产函数也可表述为：

$$Y = AL^{\alpha}K^{1-\alpha} \tag{14.2}$$

2. 新古典增长模型（Neoclassical Growth Model）的基本结构

对式（14.2）取对数可得：

$$\ln Y(t) = \ln A + \alpha \ln L(t) + (1-\alpha)\ln K(t) \tag{14.3}$$

两边再对时间求导，并注意到 A 为常数，则有：

$$\frac{dY/dt}{Y} = \alpha\frac{dL/dt}{L} + (1-\alpha)\frac{dK/dt}{K} \tag{14.4}$$

两边同时乘以 dt，则有：

$$\frac{dY}{Y} = \alpha\frac{dL}{L} + (1-\alpha)\frac{dK}{K} \tag{14.5}$$

将式（14.5）中各增量以Δ表示，则变为：

$$\frac{\Delta Y}{Y} = \alpha\frac{\Delta L}{L} + (1-\alpha)\frac{\Delta K}{K} \tag{14.6}$$

其中，$\Delta Y/Y$ 就是收入增长率（经济增长率）；$\Delta L/L$ 就是劳动力增长率（人口增长率）；$\Delta K/K$ 即为资本增长率。如果用 G_Y 表示收入增长率，用 G_L 表示劳动力增长率，用 G_K 表示资本增长率，则有 $G_Y = \alpha G_L + (1-\alpha)G_K$；这就是新古典经济增长模型的基本公式。在这个基本公式中，收入增长是由劳动力增长和资本增长两种因素所引起的。α 和 $1-\alpha$ 分别代表劳动和资本在总产量中所做出的贡献（以各自收入衡量）占国民收入的百分率。将以上基本公式两端同时减去 G_L，则有：

$$G_Y - G_L = (1-\alpha)(G_K - G_L) \tag{14.7}$$

式（14.7）左边为收入增长率减去劳动力增长率，可得平均每人的收入增长率；右边为资本增长率与劳动增长率之差，可看作平均每个工人所使用的资本的增长率。所以公式意味着：第一，人均资本存量即平均每人所使用的资本量不变，则人均收入水平不变；第二，在资本的边际产品大于0的条件下，提高人均资本存量可以提高人均收入水平。相反，如果劳动力增长率大于资本增长率，即人均资本存量低，则人均收入水平将会下降。因此，要使人均国民收入逐年上升，就必须使资本增长率大于劳动增长率，即平均每个工人使用的资本数量增加。

由于在新古典经济增长模型的基本公式中 G_K 是资本增长率，即 $G_K = \Delta K/K = I/K$，由均衡条件 $I = S$ 可得：$G_K = I/K = S/K = S/Y \cdot Y/K = s\sigma$。将 $G_K = s\sigma$ 代入新古典的基本公式，可得到在 $S = I$ 条件下的新古典增长模型：

$$G_Y = \alpha G_L + (1-\alpha) s\sigma; \quad G_K = s\sigma \tag{14.8}$$

假定权数α储蓄率 s 和劳动力增长率 G_L 均为常数，因而 G_Y 和 G_K 仅与资本生产率 σ 有关。分别就上两式对 σ 求导，则可得：

$$\frac{dG_Y}{d\sigma} = (1-\alpha) s; \quad \frac{dG_K}{d\sigma} = s \tag{14.9}$$

由于 $0 < 1 - \alpha < 1$，所以$\frac{dG_K}{d\sigma} > \frac{dG_Y}{d\sigma}$。当 G_K 不等于 G_Y 时，G_K 随 σ 变动而变动的速度大于 G_Y 随 σ 变动而变动的速度，即当 σ 增大时，G_K 和 G_Y 都随着增大，因这时$d\sigma > 0$，$dG_K = sd\sigma > 0$；$dG_Y = (1-\alpha) sd\sigma > 0$，但 G_K 增大的速度大于 G_Y 增加的速度；当σ减小时，G_K 和 G_Y 都随着减小，因这时 $d\sigma < 0$，$dG_K = sd\sigma < 0$；$dG_Y = (1-\alpha) sd\sigma < 0$，但 G_K 减小的速度大于 G_Y 减小的速度。因此，不论是收入增长率大于资本增长率的状态，还是收入增长率小于资本增长率的状态，都不会长期维持下去，只有当收入增长率等于资本增长率时，才达到了均衡增长。

由于某种原因，使得 $G_Y > G_K$，即 Y 的增长大于 K 的增长，于是 $\sigma = Y/K$增大（$d\sigma > 0$）。这时 G_K 和 G_Y 都增大，但 G_K 增大的速度大于 G_Y 增加的速度。因此最终 G_K 会追上 G_Y，使得 $G_Y = G_K$。相反，如果 $G_Y < G_K$，即 Y 的增长小于 K 的增长，于是 $\sigma = Y/K$ 缩小（$d\sigma < 0$）。这时 G_K 和 G_Y 都随着缩小，但 G_K 缩小的速度大于 G_Y 减小的速度，因此，最终会达到 $G_K = G_Y$。

国民收入的增长率就是劳动力的增长率。由于在均衡增长时，$G_Y =$

G_K，将其代入基本公式中即为：$G_K = \alpha G_L +(1-\alpha)G_K = \alpha G_L + G_K - \alpha G_K$；所以，$G_L = G_K$。因此可知，在均衡增长时：$G_Y = G_K = G_L$。

由于任何社会中的劳动力增长率总是既定的，所以，要实现均衡增长，就必然要使资本增长率与既定的劳动增长率相等，进而使收入增长率也与之相等，并且增长率的大小取决于既定的劳动增长率的水平。一旦收入增长率和资本增长率偏离了这个水平，它们会自动地恢复到这个水平。这是因为：当 $G_Y > G_L$ 时，由基本公式可得出，$G_K > G_Y$。这时会出现 $G_K > G_Y > G_L$ 的情况。我们已经知道，当 $G_K > G_Y$ 时，G_K 和 G_Y 都会缩小，但 G_K 缩小的程度大于 G_Y 缩小的程度，最终 G_K 会等于 G_Y。那么在什么时候或 G_K 和 G_Y 缩小到什么程度时，G_K 才等于 G_Y？由均衡时 $G_K = G_Y = G_L$ 可知，当它们恰好缩小到社会既定的 G_L 水平时，G_K 恰好与 G_Y 相等。当 $G_Y < G_L$ 时，由基本公式可得出，$G_K < G_Y$。这时会出现 $G_K < G_Y < G_L$ 的情况。我们知道，当 $G_K < G_Y$ 时，G_K 和 G_Y 都会增大，但 G_K 增大的速度快于 G_Y 增大的速度。这样二者的差距将会越来越小，当它们增大到既定的 G_L 水平时，G_K 与 G_Y 的差距恰好为零，这时 $G_K = G_Y = G_L$。于是索洛认为，在技术水平不变条件下，社会上既定的劳动力增长率或人口增长率决定了均衡的收入增长率水平。尽管实际收入增长率的大小可能偏离这个水平，但决不会偏离太久或太远，只有可能在这个水平附近波动。

由于在均衡时 $G_K = G_Y = G_L$ 也就是 $\Delta Y/Y = I/K = \Delta L/L$，因此，经济均衡增长时，还应有如下特点：其一，$\Delta Y/I = Y/K$，即边际资本生产率等于平均资本生产率，或资本生产率不变；其二，$\Delta Y/\Delta L = Y/L$，即边际劳动生产率等于平均劳动生产率；或劳动生产率不变；其三，$\Delta L/I = L/K$，即新投入的劳动资本比率等于原有的劳动资本比率，或劳动资本比率不变。

以上三个特点只在经济均衡增长时存在。在实际增长中，资本生产率、劳动生产率和劳动资本比率都是可变动的。这里所说的劳动生产率可变，并不是因生产技术变动而引起的（假定技术不变），而是因平均每个工人所使用的资本数量的变动所引起的。

实际经济增长率的自动均衡趋势。如前所述，实际经济增长率可能大于均衡增长率，也可能小于均衡增长率。但是，无论怎样，实际经济增长率存在着自动走向均衡增长率的趋势。例如，假定某经济社会的劳动增长率是 5%，社会的储蓄率是 15%，该社会的资本生产率是 1/3，则按上述的新古典增长公式，可知：

$$G_Y=\frac{\Delta Y}{Y}=\frac{\Delta Y}{I}\cdot\frac{I}{Y}=\frac{\Delta Y}{I}\cdot\frac{S}{Y}=S\sigma$$

$$G_Y=S\sigma=15\%\times\frac{1}{3}=5\%=G_L$$

现假定，某种原因，使储蓄率 s 由 15% 提高到 20%，当资本生产率不能及时调整时，实际的经济增长率为：

$$G_Y=S\sigma=20\%\times\frac{1}{3}=6.7\%>5\%=G_L$$

这表明，实际的经济增长率大于均衡的经济增长率。这种情况下新古典经济学家认为，由于储蓄率提高了，资本的供给量会增大，利率将会下降，这时会促使生产者采用资本密集型程度较高的生产方法，也就是提高劳动资本比率 K/L，从而提高资本—产量比率 K/Y，即降低资本生产率 σ（$=Y/K$）的方法更为有利。这种降低资本生产率 σ 的调整过程将在以后每期中继续进行下去，一直到 σ 的数值下降到 1/4 时为止。这时：

$$G_Y=S\sigma=20\%\times\frac{1}{4}=5\%=G_L$$

相反，如果储蓄率从 15% 下降到 10%，这时，实际的经济增长率小于均衡的经济增长率。这种情况下储蓄减少了，资本的供给也减少了，从而利息率会上升，这将促使生产者采用劳动密集型程度较高的生产方法更为有利，于是调整过程沿着资本生产率提高的方向发展。所以资本生产率将从 1/3 提高到 1/2 为止，实际增长率从 3.3%（=10%×1/3）提高到均衡增长率 5%（=10%×1/2）为止。

上述实际经济增长率的自动趋向均衡增长率的倾向，建立在以下假定基础之上：一是利率可根据资本供求关系自动涨落；二是厂商可以调整资本与劳动的比率。

3. 与哈罗德—多马模型（Harrod-Domar Model）的比较。

在哈罗德—多马模型中，均衡增长的条件是 $G=s/C=s\cdot 1/C=s\sigma=G_n$；而在新古典经济增长模型中，同样是 $G_Y=s\sigma=G_L$；因此有 $G_Y=G=G_L=G_n=s\sigma$。

由此可见，新古典增长模型同哈罗德—多马模型一样，也是以 $G_n=s/C$ 或 $G_L=s\sigma$ 为经济稳定的均衡增长的条件。所不同的是：哈罗德—多马模型着重从产品的需求方面来探讨均衡增长的问题，所以能否实现均衡增长，取决于是否有足够的投资需求，使既定的储蓄全部转化为投资。而新古典增长模型，由于假定资本与劳动的比率（K/L）是可调整变化的，因而对于任何给定的储蓄（资本供给量）都可以使全部劳动与之配合，从而实现充分就业的均衡增长。所以，新古典模型则着重从供给方面出发即从劳动力的增长率和储蓄率为既定的条件下，通过调节生产方法，改变资本与劳动的比例，进而改变资本—产出比率 C（K/Y），或称资本的生产率 σ（Y/K），从而不仅使给定的储蓄能够全部转化为投资，而且使实际的收入增长率一定能与均衡增长率或者说是自然增长率相等，即：

$$G_Y = G_W = G_L = G_n = s\sigma \tag{14.10}$$

从而可以实现充分就业的收入均衡。例如，$G_L = 5\%$，$C = 3\left(\sigma = \frac{1}{3}\right)$，$s = 20\%$ 按哈罗德—多马模型分析，经济将出现长期停滞。因为：

$$G_W = \frac{20\%}{3} > 5\% = G_n$$

既然 $G_W > G_n$，储蓄必然超过投资的需求，结果生产将发生积累性的收缩。但是，按照新古典增长模型来分析，只要投资量能增大到可吸收全部储蓄量，就仍能实现充分就业的均衡增长。为达到这一目标，就改变生产方法，提高每个劳动力的资本装备程度，从而提高资本—产出比率 C，即提高资本系数为 4 时，增长率就等于 $20\%/4 = 5\%$。或者说，提高资本的装备程度会使资本的边际生产率下降，即降低资本生产率 σ，当 $\sigma = 1/4$ 时，$G_Y = s\sigma = 20\% \times \frac{1}{4} = 5\% = G_n$。

提高资本的装备程度既然会降低资本的边际生产力，从而使利润率下降，那么，生产者为什么要去提高资本的装备程度呢？其原因新古典经济学家已有说明，即在储蓄超过资本的需求时，利息率会下降，降低资本的机会成本，因而促使生产者采用资本集约化程度更高的生产方法，提高资本与劳动之比（K/L），从而提高资本—产出之比 C（K/Y），使充分就业的均衡增长能够实现。

4. 技术进步条件下的经济增长

在技术进步条件下，柯布—道格拉斯生产函数如下：

$$Y(t) = L^{\alpha}(t)\,K^{1-\alpha}(t)\,e^{\lambda t} \tag{14.11}$$

式（14.11）加上了一个技术因子 $e^{\lambda t}$，其中 λ 的值取决于技术进步的状况。将上式两边取对数，得 $\ln Y(t) = \alpha \ln L(t) + (1-\alpha)\ln K(t) + \lambda(t)$ 两边对时间求导：

$$\frac{dY/dt}{Y} = \alpha\frac{dL/dt}{L} + (1-\alpha)\frac{dK/dt}{K} + \lambda \quad (14.12)$$

即：$G_Y = \alpha G_L + (1-\alpha) G_K + \lambda$ （14.13）

这就是技术进步条件下新古典经济增长理论的基本公式。将式（14.13）两边同时减去 G_L，得 $G_Y - G_L = (1-\alpha)(G_K - G_L) + \lambda$ 加上技术进步因素 λ 后，可以看出与没有技术进步时（$\lambda = 0$ 时）的情况不同。如果 $\lambda > 0$，这时，即使平均每人资本装备率不变，即 $G_K - G_L = 0$，人均收入仍然增加，即 $G_Y - G_L > 0$。而在技术不变的条件下（$\lambda = 0$），当人均资本存量不变时 $G_K = G_L$，人均收入也固定不变。因而，人均国民收入的大小不仅取决于人均资本存量，而且在很大程度上取决于技术进步。一般情况下，λ 的值不会为负。而 λ 的值越大，对经济增长也就越有利。λ 的值不可能直接测定出来，因为技术进步融合在劳动者和资本设备中。但是可以利用公式估算出来。因为：$G_Y = \alpha G_L + (1-\alpha) G_K + \lambda$；所以 $\lambda = G_Y - \alpha G_L - (1-\alpha) G_K$。

例如，假定 $G_Y = 3\%$；$G_L = 0.7\%$；$G_K = 2\%$；$\alpha = 0.75$。则有 $\lambda = 3.0\% - 0.75\% \times 0.7\% - 0.25 \times 2\% = 2.0\%$。

以上结果表明，在收入增长率 3% 中，有 2% 是由技术进步所带来的，其余的 1% 是由资本和劳动投入量的增加所带来的。也就是说，技术进步对收入增长的贡献是 2/3；而资本和劳动投入量的增加对收入增长的贡献只有 1/3。

（六）总供求的基本理论

AS-AD 模型或称收入—价格模型，它是对马歇尔的均衡价格模型加以改进建立的总供求模型。在模型中把最终产品的市场上的总供给和总需求都看作一般价格水平的函数，而目的在于说明国民收入的决定。用总供求模型来代替原来的“IS-LM 模型”作为分析宏观经济重大理论问题的工具，人们称这是新古典综合派的第二次综合。这也是从 1948 年萨缪尔森的《经济学》问世以来修订最彻底的一次，宏观经济学部分几乎被重新改写，宏观经济学中的所有重大问题都用这些新的工具加以分析。

三　新古典综合派的经济政策主张

新古典综合派的经济政策主张建立在他们自己的一套理论基础上，同样既有凯恩斯主义特色，又有新古典学派特点。

新古典综合的凯恩斯主义特色：通过需求管理来调节社会总需求，以实现经济的稳定与增长。政府应面对膨胀与萧条的不同的经济情况，采用“逆对经济风向”的紧缩的或扩张的宏观经济政策。新古典综合派认为，要根据各个时期衰退或繁荣的经济形势，交替使用紧缩性与扩张性的宏观经济政策。这被称为是“补偿性”的经济政策。这种“补偿性”的经济政策以补偿性财政政策（Compensatory Fiscal Policy）为主，同时辅之以补偿性货币政策（Compensatory Monetary Policy）。补偿性财政政策较之当年凯恩斯的膨胀性财政政策可算是一个发展。它不仅要控制衰退，还可以抑制通货膨胀。

新古典综合派中的新古典学派特色：既然通货膨胀也是“成本推进”的，失业是结构性的、与职位空缺并存的，简而言之，“滞胀”也是由生产方面造成的，那么，单靠凯恩斯需求管理的宏观经济政策还不够，还要实行调节生产要素供给和生产要素价格的收入政策和人力政策。

四　对新古典综合派经济理论的评论

（一）新剑桥学派（New Cambridge School）的批评

第一，新古典综合派用均衡观念代替了凯恩斯主义的历史时间观念。是对凯恩斯主义的背叛。第二，新古典综合派恢复了被凯恩斯革命所否定的、新古典学派中的充分就业的假定。即从理论上背叛了凯恩斯主义。第三，新古典综合派抛弃了凯恩斯主义的“投资支配储蓄”的观点，恢复了新古典学派的“储蓄支配投资”的观点。第四，新古典综合派背叛了凯恩斯关于物价水平主要受货币工资率支配的论断，回到了新古典学派关于物价水平受货币数量决定的传统。第五，新古典综合派的主张歪曲了凯恩斯主义的原意，引发了当代资本主义社会严重的滞胀局面。

（二）新自由主义经济学派（Neoliberalism Economics）的批评

第一，现代货币主义者的批评。现代货币主义者认为，新古典综合派的一个重大错误在于片面强调财政政策特别是扩张性财政政策对于扩大总需求和刺激经济增长的作用，而忽视货币政策的重要作用，使货币政策仅仅被动地配合财政政策，随财政政策的扩张而增加货币供应量，结果必然造成通货膨胀，破坏宏观经济的稳定性。第二，供给学派（Supply-side Economics）的批评：供给学派认为，凯恩斯主义片面强调总需求管理，而忽视总供给刺激，是造成通货膨胀及“滞胀”的根本原因。第三，理性预期学派（Rational Expectation School）则以“理性预期”假定为基础，根本否认总需求管理政策的有效性。

第二节　现代货币主义学派

一　现代货币主义学派的形成和发展

现代货币主义学派（Modern Monetarism）也叫现代货币主义。它是20世纪50年代在美国出现的一个重要的经济学流派。该学派的领袖和奠基人是美国芝加哥大学经济学教授米尔顿·弗里德曼。“现代货币主义”一词是由布伦纳在1968年7月发表的论文《货币和货币政策的作用》中提出的。

现代货币主义的形成和发展过程。货币主义是通货膨胀的产儿，它的形成和发展经历了三个阶段：第一阶段，20世纪50年代，现代货币主义理论准备阶段；第二阶段，20世纪60年代，现代货币主义形成阶段；第三阶段，20世纪70年代，现代货币主义成为一个重要的经济学流派与凯恩斯主义分庭对抗的时期。

现代货币主义者们在以下几个问题上的观点基本是一致的：第一，以私有产权和自由竞争为基础的市场经济本身具有内在的稳定性，会大致上保持在充分就业（即处于自然失业率状态）水平。第二，货币供给量的增长也许会导致不同的通货膨胀率，但是任何货币供给增长率都可以同充分就业的均衡相配合，也就是说，充分就业的均衡可以处在不同的价格水平上。第三，货币供给增长率的变动，在短期内会暂时改变实际的经济增长率和失业率，但是，在长期中，这种实际效应等于零，因此，只剩下通货膨胀率的持续上升。第四，反对积极的需求管理政策（货币政策和财政政策），主张长期的货币政策“规则”或者事先宣布的“目标”。

但是，现代货币主义者仍然存在着分析方法、理论模型和假设条件的明显不同。本节主要介绍的是米尔顿·弗里德曼的理论和政策主张。

二　现代货币主义学派的思想渊源

现代货币主义的历史渊源主要是早期货币数量论和20世纪30年代早期芝加哥学派的传统。货币数量论的核心论点是：物价水平的高低和货币价值的大小是由一国货币数量所决定的，物价水平与货币数量成正比变化，货币价值与货币数量成反比变化。20世纪初，美国经济学家凯默尔（E. W. Kemmerer）和菲利普·费雪（Philip A. Fisher）提出了"现金交易数量说"（Cash Transaction Theory），英国经济学家马歇尔和庇古提出了"现金余额数量说"（Cash Balance Theory）。

费雪提出了著名的"交易方程式"（Transaction Equation），$MV = PY$。其中 M 表示货币流通量，V 表示货币流通速度，P 表示一般价格水平，Y 表示商品和劳务的交易总量。费雪认为，从长期看，货币流通速度稳定，充分就业假设下，商品和劳务总量也不变，于是价格就随货币数量而成正比例变动。费雪的理论强调，在商品和劳务的交易中，货币作为流通手段和支付手段的作用，所以称为"现金交易数量说"。这一理论成了弗里德曼的现代货币主义思想的直接来源之一。

剑桥学派的阿尔弗雷德·马歇尔（Alfred Marshall）强调了货币与物价的关系取决于人们手中保存的货币数量，提出了"现金余额数量说"，阿瑟·塞西尔·庇古（Arthur Cecil Pigou）根据这一理论提出了"剑桥方程式"（Equation Of Cambridge）：$M = KY$。其中，M 表示货币需求量（为应付日常开支平均经常保存的货币量），Y 表示国民收入（货币计算），K 表示手中的货币量与国民生产总值的比例，$K = 1/V$。因为 $Y = PT$。可见，两个方程式所反映的基本观点"物价水平与货币数量成正比例变化"是一致的。所不同的是"交易方程式"强调货币在支付过程中的作用（货币供应量的作用）。"剑桥方程式"则强调人们手持现金的作用（货币需求量的作用）。

凯恩斯的货币需求理论对弗里德曼的货币理论也产生了相当的影响，凯恩斯提出了$\frac{M}{P} = K(y) + L(r)$的实际货币需求函数。$K(y)$为产生于交易动机和预防动机的实际货币需求量；$L(r)$为产生于投机动机的实际货币需求量。

现代货币主义学派另一个直接的理论渊源是20世纪30年代形成的早期芝加哥学派的经济理论。早期芝加哥学派的主要特点是：继承货币数量说的传统，重视货币理论的研究；主张经济自由主义，鼓吹市场机制的调节作用。

按照弗里德曼的看法，现代货币主义的基本观点可以概括如下：(1) 货币数量的增长率同名义收入的增长率有着保持一致的关系，如果货币数量增长很快，名义收入也会增长很快，反之亦然。(2) 货币数量增长的变化对收入发生影响作用需要一段时间，既有一个时间的滞后过程。(3) 货币数量的变化只在短期内影响产量，在长期中，货币数量的增长率只影响价格，产量则是由一系列实际因素（如产业结构、储蓄率等）决定的。(4) 通货膨胀随时随地都是一种货币现象，就是说，如果货币数量的增长超过产量的增加，就会发生通货膨胀；如果政府开支是通过印发货币（钞票）或银行信贷取得的，并且导致货币数量增长率超过了产量增长率，那么，政府的财政政策就是通货膨胀政策。(5) 货币数量的变化并不直接影响收入，它最先影响的是人们的资产选择行为。这种行为使得现有资产（债券、股票、房地产、其他实物资本）的价格上升（货币数量增加时），利息率下降，鼓励了人们扩大开支，最终导致产量和收入的增加。(6) 货币数量增长加速时，起初会降低利息率，但是，由于它使人们增加开支，刺激了价格上涨，引起了借贷需求的增加，又会促使利息率上升。可见，利息率不是制定货币政策的好向导。(7) 货币政策是十分重要的，而在制定货币政策时，重要的是控制货币数量，并相应避免货币数量的变化率大幅度地摇摆，明智的政策是让货币数量在一定时期内按某种规则稳定地增加。

三　现代货币主义学派的主要观点

（一）货币需求理论

弗里德曼认为，物价水平或名义收入水平是货币需求函数和货币供给函数相互作用的结果，决定货币供给的是货币制度，即法律和货币当局的政策，而货币需求的决定则是货币数量论所要研究的问题。

弗里德曼的现代货币数量论受到凯恩斯的货币需求理论的影响。凯恩斯认为影响人们对货币需求的因素是收入和利息率，即：

$$\frac{M}{P}=f(Y,\ r) \tag{14.14}$$

弗里德曼认为，影响人们货币需求的因素是多种多样的，因此，可以用一个多元函数来表示货币需求函数：

$$\frac{M}{P}=f\left(Y,\ W;\ rm,\ rb,\ re,\ \frac{1}{p}\frac{dP}{dt},\ u\right) \tag{14.15}$$

其中，M 表示个人保存的货币，P 表示一般价格水平，$\frac{M}{P}$表示个人财富持有者手中的货币所能支配的实际量，即实际货币需求量；Y 表示实际收入；W 表示非人力资本（财产）收入；r_m表示预期货币名义报酬率；r_b表示预期债券名义报酬率；r_e 表示预期股票名义报酬率；$\frac{1}{P}\frac{dP}{dt}$表示预期商品价格变动率；u 表示收入以外可能影响货币需求的其他因素和变量。

弗里德曼货币需求函数说明了对货币需求取决于多种因素，即财产总额、财产构成（物质资本和人力资本所占的比例）、各种财产收入在总收入中的比例、人们保有货币及其他形式资产时所预期的收益率以及其他影响货币效用的因素。弗里德曼将人们收入分为暂时性收入和持久性收入。暂时性收入指短期内得到的、非连续性和带偶然性的收入。持久性收入指在长期内经常能得到的、带长久性和规则性的收入。货币需求主要取决于持久性收入，二者之间存在稳定的正向函数关系（持久性收入增减 1%，货币需求将增减 1.8%）。利息率对货币需求的影响很小（利息率增减 1%，货币需求仅仅减增 0.15%）

弗里德曼对货币需求函数的分析和论证，得出几点结论：①凯恩斯主义者认为消费是现期收入（暂时性收入）的函数，并用消费支出增量和现期收入增量的关系（边际消费倾向递减规律）来解释有效需求不足及短期经济波动。持久性收入假说认为消费支出中只有较小部分与现期收入有关，因而凯恩斯学说不能完全解释经济波动问题。②由于消费支出与现期收入关系不大，因而政府为了克服经济危机而采取的财政政策（如减税）可能是无效的。③货币需求是相当稳定的，而货币供应量却因受政策当局的操纵而在短期内剧烈变化，从而影响了经济体系的稳定。要使经济稳定发展，就必须稳定货币供应量的增长率，使货币供应与货币需求相适应。

（二）货币分析的理论模型

弗里德曼认为，他的货币数量论与传统的货币数量论和凯恩斯的收入—支出理论的重要区别，是他创立了决定名义收入的货币理论。他的理论模型由六个方程组成：①$\frac{C}{P}=f\left(\frac{Y}{P}, r\right)$表示实际消费量是实际收入与利息率的函数；②$\frac{I}{P}=g(r)$表示实际投资是利息率函数；③$\frac{Y}{P}=\frac{C}{P}+\frac{I}{P}$表示在均衡条件下，实际收入等于实际支出；④$Md=PL\left(\frac{Y}{P}, r\right)$是简化的货币需求函数；⑤$M_s=h(r)$是货币供给函数；⑥$M_d=M_s$是均衡方程。

早期货币数量论以充分就业为前提，假定产量既定，货币供应量的增加全部由物价水平的提高而吸收。凯恩斯的收入—支出理论认为，物价水平是既定的，货币供应量的增加全部被实际产量的扩大所吸收。弗里德曼认为，短期内货币供应量的增加会引起名义收入和实际收入的提高，但在长期中，所有实物量都是由非货币因素或者说实际因素决定的。货币作用只是决定物价水平，决定以货币表现的名义收入和名义利息率等。

在货币供应量对经济活动发生作用的传导机制方面，弗里德曼与传统货币数量论和凯恩斯的观点也不同。(1) 传统货币数量论的传导机制是：货币供应量的增加将通过人们手上增多的货币来购买数量既定的产品，最后导致物价水平和名义收入水平同比例上升。(2) 凯恩斯的传导机制是通过利息率的变化使投资量发生变化，最终影响国民收入。(3) 弗里德曼认为，货币供应量增加了，而货币需求并没有变，人们便将多余的货币用来购买债券、股票及其他实物资产，这将导致债券、股票等价格上升，利息率下降，这就刺激了消费和投资，引起了产量的增加和物价的上升，于是又会促使利息率上升。所以从长期看，货币供应量的增加并不会降低利息率，反而使利息率上升，而为降低利息率再增加货币供应量，则只会加剧通货膨胀。

货币供应量的变化对实际经济和通货膨胀率的变化之间存在着“时滞”。一般说来，货币增长率的变化平均需要6—9个月以后才能引起名义收入和产量增长率的变化，在名义收入和产量受到影响后，平均在经过6—9个月价格才会受到影响，因此，货币供应量的变化和通货膨胀率的变化两者之间平均的时间间隔为12—18个月。

（三）通货膨胀与自然失业率

自然失业率是指在没有货币因素干扰的情况下，让劳动市场和商品市场的自发供求力量发挥作用时所应有的，处于均衡状态的失业率。包括在自然失业率中的失业者都属于摩擦性失业，不含非自愿失业。

弗里德曼指出，根据自然失业率，菲利普斯曲线表明的通货膨胀率和失业率的交替关系，只是在特定的条件下才能实现，即货币供给增加，价格高于预期水平，实际工资下降，雇主愿意增雇工人，这样通过提高通货膨胀率会减少失业，使实际失业率降到自然失业率之下；但这只是暂时的，因为价格变化会同时影响到预期，刺激实际工资上升，恢复到原来水平，于是雇主就减少产量，解雇工人，失业率上升被拉回到一个与较快的物价增长率相应的自然失业率。因此，菲利普斯曲线只在短期内才会存在，并且这种交替关系不是由通货膨胀本身造成的，而是价格预期落后于通货膨胀的结果。正因为存在自然失业率，故凯恩斯以充分就业为目的的经济政策就无法完全消灭失业，而这些扩张性的政策只能增加货币供给量，引起通货膨胀，结果使资本主义国家出现了目前所存在的严重的“滞胀”局面。

对“滞胀”的解释，弗里德曼认为，“通货膨胀和低速增长是政府庞大化的产物，两者有相互强化的力量”。政府庞大化导致货币供应量的加速增长，而政府的管理又会导致价格体系失常，使经济资源不能有效配置，影响经济发展。

现代货币主义者认为，在开放条件下，通货膨胀可以从一国传递到另一国，这种国际传导机制主要有以下两种：①通货膨胀通过进出口产品价格的变动及其相互影响而在国际传递，即通货膨胀通过国际贸易从一国传到另一国。②通货膨胀通过国际资本流动渠道传递。

四　现代货币主义的经济政策

（一）政策主张的基调：自由放任

弗里德曼认为社会应该保证每个人在选择职业、运用资源、保有私有财产与使用收入方面的自由，而实现这种自由的经济制度就是自由竞争的资本主义。他们认为，市场的自发力量具有使资本主义经济自然而然地趋向均衡的作用。

弗里德曼把正确的货币政策归结为三点：第一，货币政策能防止货币本身成为经济混乱的主要根源。第二，货币政策能够给经济运行和发展提供一个稳定的背景。第三，货币政策能够有助于抵消经济体系中其他原因引起的比较重要的干扰。

（二）具体政策

1. “单一规则”的货币政策（Monetary Policy of Single Rules）

弗里德曼认为，凯恩斯把限定利息率作为货币政策的目标是错误的，因为从长期看，该政策不仅不能降低利息率，还会引起通货膨胀。因此，他指出，货币当局只需实行“单一规则”的货币政策，把控制货币供应量作为唯一的政策工具，由政府公开宣布把货币供应量的年增长率长期固定在同预定的经济增长率基本一致的水平。这就可以避免经济的波动和通货膨胀。

2. “收入指数化”方案

20 世纪 70 年代，西方各国对付经济“滞胀”都先后推行了冻结和管制工资、物价的“收入政策”，但是收效甚微。弗里德曼的收入指数化方案，主张把工资、政府债券和其他收入同生活费用，例如同消费物价指数紧密联系起来，即对各种不同收入实行“指数化”，然后根据物价指数的变动进行调整，这样就能抵消物价波动对收入的影响，剥夺政府从通货膨胀中获得的非法收入，从而杜绝搞通货膨胀的动机。

3. 实行浮动汇率制

弗里德曼认为，浮动汇率制是一种自动调节机制，它有助于国际贸易和国际收支均衡的自动维持，能减轻国际收支失衡对国内经济的不利影响。1971 年 8 月 15 日美国宣布停止以美元兑换黄金，这就宣告了固定汇率的结束，各国陆续实行了浮动汇率制。

五　评论

第一，在经济政策取向上赞成实行经济自由主义。第二，其理论本质上，仍然没有脱离传统的货币数量论的范围。第三，自然失业率尽管从“充分就业”的概念向现实前进了一步，但仍然与现实有距离。第四，他们的理论和政策主张是为了解决资本主义国家现实的经济问题而提出来的，但是，实行现代货币主义经济政策的后果是 20 世纪 80 年代初西方各国的持续的经济衰退，这是其理论政策局限性的一个证明。

第三节　理性预期学派

一　理性预期学派概述

(一) 理性预期的含义和基本论点

理性预期经济学是20世纪70年代在美国出现的一个经济学流派。其主要代表有罗伯特·卢卡斯（Robert E. Lucas）、约翰·弗雷泽·穆斯（John Fraser Muth）、和约翰·泰勒（John Taylor）等。“理性预期”（Rational Expectation）一词由穆斯在《理性预期与价格变动理论》一文中首次提出。他假定：人们在进行预测时，总是以自己尽可能收集到的信息作为依据。

理性预期是相对“适应性预期”而言的，适应性预期（Adaptive Expectations）就是运用某些经济变量的过去记录去预测未来，反复检验和修订，采取错了再改的方式，使预期逐渐符合客观的过程。而理性预期与这种适应性预期根本不同，它是指人们预先充分掌握了一切可以利用的信息而作出的预期。这种预期之所以称为“理性的”，因为它是人们参照过去历史提供的所有知识，对这种知识加以最有效利用，并经过周密的思考之后，才作出的一种预期。正因如此，这种预期能与有关的经济理论的预测相一致，所以，尽管政策制定者及时地制定了正确的政策并付诸实施，但由于人们对经济的进程和政府的政策能够作出合理的预期并采取相应对策，从而使政府的政策失败。

> 在解释政府政策为什么会失败时，理性预期学派喜欢用林肯的一句名言：你或许能永远地欺骗一些人或能一时地欺骗所有的人，但你却不能永远地欺骗所有的人。

理性预期学派的基本论点是：人们在经济生活中，根据过去价格变化的资料，在进入市场之前就对价格作出预期，这样，他们的决策是有依据的。市场会发生一些偶然情况成为干扰因素，但可以事先计算它的概率分布，因此可以选出最小风险的方案，以预防不利后果的侵害。例如，在确定房租、债券利息、议定工资、规定供给价格时，都可把未来价格波动估计进去，订得高一些，以防止因通货膨胀而降低收入。同时，由于政府对经济信息的反应不如公众那样灵活及时，所以政府的决策不可能像个人决策那样灵活，因此政府任何一项稳定经济的措施，都会被公众的理性预期所抵消，成为无效措施。甚至政府拟要实行的政策，其意向很快被公众猜透而采取防卫措施，迫使政府放弃实行。因此，理性预期学派认为，国家干预经济的任何措施都是无效的。要保持经济稳定，就应听任市场经济的自动调节，反对任何形式的国家干预，所以，一般认为理性预期学派是比货币主义更彻底的经济自由主义。

鸟儿不懂空气动力学却能飞翔。

那么，人们对经济政策和经济进程为什么能作出“理性的”预期呢？对此理性预期学者的说法不一。有的认为这是由于现代经济学发达，经济知识丰富，经济信息和情报十分完备，每个当事人都可以享用；有的则更强调人们可以从经验中获得智慧和才干，认为即使没有学过经济学的人也能作出正确的分析判断。现实生活中常看到成功的、精明的公司经理并不是优秀的经济学家。实际上这种相信人们能够作出“理性的”判断和预期的观点，最终还是源于亚当·斯密的经济人理论。

（二）理性预期学派对凯恩斯宏观经济理论的批评

1. 凯恩斯主义宏观经济理论缺乏微观基础

西方学者认为，既然宏观总量是微观数量的总和，而微观数量又是微观单位的行为的后果，那么，研究宏观数量之间的关系的宏观经济理论是否正确必须取决于微观单位的行为，而微观单位的行为又是微观经济学研究的对象。所以，宏观经济理论必须具有微观经济学的基础。凯恩斯本人的理论并未注意到微观基础的问题，而在这个问题上，理性预期学派给予凯恩斯主义以沉重打击。

2. 凯恩斯主义是不合理性的预期或无理性预期

凯恩斯的预期是无理性预期，在这种预期下建立的经济模型只有在将来和过去的变动相似或差别不大时才大致准确；但未来是不确定的，是在不断变化着的，依据这种无理性的预期而建立的经济模型就不可能符合现实，从而毫无用处。

3. 凯恩斯主义理论体系自相矛盾

按照西方经济学公认的说法，同一类型的人的行为不应相互矛盾，因为，行为自相矛盾的人不是合乎理性的，而合乎理性的人又是西方经济学的基本假设之一。但凯恩斯主义理论体系中所假设的人在两个或两个以上的函数或方程中具有不同的行为。例如，在消费函数中，劳动者之所以进行储蓄是为了将来的消费，而在劳动的供给函数中，他们又被认为是在现在的收入和闲暇之间进行选择。即是说劳动者在消费函数中考虑到将来而在劳动的供给函数中只想到现在。换言之，在两个函数中，劳动者具有不同的行为。

4. 一项经济政策是否成功必须要从微观经济学的角度来考虑该政策是否能增加社会成员的福利，而不能根据凯恩斯主义的宏观经济数字判别经济政策的成败。因为这一标准没有考虑到社会成员为此而必须支付的代价。

个人是自己利益的最好的看守者。

（三）符合理性预期的条件

理性预期学派所说的预期，主要是指参与经济生活的人对经济变量在将来某一时期的数值作出的估计，如人们对明年粮食价格的估计。要想使这种估计成为理性预期，或合乎理性的预期，它必须满足以下三个条件：第一，对某一经济变量的估计必须是该变量的数学期望值。第二，在求出某一变量的数学期望值时，参与经济活动的人必须有效地利用一切可以得到的信息，因为对经济变量的估计的精确程度关系到人们自己的利益。因此为了得到自己的最大利益一个合乎理性的人必然会以最有效的方式充分利用一切可以得到的信息。第三，对一个变量的理性预期的数值，必须和根据预测者所使用的理论而推算出的同一变量的数值相等。

（四）理性预期的分析方法

理性预期学派认为凯恩斯主义的分析前提是不现实的，分析方法是有缺陷的，并用自己的心理预期方法取代或补充了凯恩斯主义的分析方法。

第一，非充分就业的假定前提并不存在。20 世纪 70 年代后全世界都产生了资源短缺能源紧张的问题，资源的有限性和供给不足已成为经济增长的瓶颈，没有资源闲置和不充分就业。

第二，总量分析方法过于一般化，没有考虑微观因素或市场机制的作用和公众对经济政策的反应，依这种方法制定的政策也就不一定正确和有效力。

第三，用总量分析方法建立的宏观经济模型没有考虑“个人决策”的作用，而个人决策的作出与人们对经济形势的预期有关。

因此，个人决策对经济活动的变化有决定的影响作用，而个人决策依赖于人们的理性预期，所以公众的理性预期是影响客观经济变化的一个主要因素。理性预期就是要利用这种公众的理性的心理预期方法，来考虑产量、就业量和价格总水平的决定及其变动。理性预期的方法：微观分析与宏观分析相结合的方法；理性的心理预期方法。

二　理性预期学派的基本理论框架

（一）理性预期学派的三个假说

1. 自然失业率假说（Natural Rate Hypothesis）

理性预期学派的理论基础之一是自然失业率假说。自然失业率是在没有政府干预的情况下通过市场力量的自发作用而自然形成的失业水平。在货币主义理论体系中，自然失业率假说有着极其重要的地位。根据自然失业率假说，通货膨胀和失业率的交替关系，虽然从短时期来看是可能存在的，但从长期来看是不存在的。这是因为在资本主义社会，劳动力市场的不完全性、供给和需求的随机变动、获得有关工作空位和可利用的劳动力的信息搜集费用、劳动力流动的费用等，总会存在一个与此相应的包括摩擦性失业和自愿失业在内的“自然率”。如果政府当局试图通过扩大货币供应量把市场的失业率降低到“自然率”以下，那么由于劳动者最初没有预料到这种货币供应量的扩大所引起的需求增长会带来今天物价的相应上涨，产量和就业会暂时地得到增加。但过了一段时间后，由需求增加所带动的物价上涨会使劳工的实际工资下降，会影响劳工的预期，从而会根据预期的通货膨胀率要求提高他们的名义工资。这样雇主们会发现增雇劳工于他们不利，于是纷纷解雇工人，市场失业率又恢复到“自然失业率假说”，如果政府当局把市场失业率降至“自然失业率”以下作为政策的既定目标，那么，在工人预料的通货膨胀率低于后来实际上的通货膨胀率前提下，政府以一定的物价上涨为代价换取较低的失业率，但或迟或早，一旦工人预料的通货膨胀率赶上实际上出现的通货膨胀率，失业率又维持原来的水平，或者说，菲利普斯曲线长期内成为一条垂直线，而不是负斜率的。

理性预期学派的代表人物则进一步把他们的“理性预期假说”同货币主义的“自然率假说”结合起来，得出通货膨胀和失业的此长彼消的关系在短期内也不存在的结论。按照托宾的说法，理性预期学派的这个结论不仅是向凯恩斯主义宏观经济学挑起的第一次论战，而且也是向货币主义宏观经济学挑起的第一次论战。理性预期学派认为，凯恩斯主义的长期菲利普斯曲线和货币主义的短期菲利普斯曲线，实际上是假定政府的财政货币政策可以通过有规律地影响各经济行为主体对通货膨胀预期的失误，来使失业率发生变化。

2. 理性预期假说

理性预期假说是理性预期学派的又一重要理论基础。理性预期假说既不同于凯恩斯的“无理性预期”，也不同于弗里德曼的“适应性预期”。这一假说认为，人们在作出经济决策之前，由于有以往经验和知识作参照，并能充分地掌握有关信息，因而他们经过周密的思考和判断，可以形成符合实际的理性预期。这样，人们可以据此对政府政策和价格变动作出明智的、准确的判断，并对未来可能发生的变化采取预防性措施从而使政府的政策效应被理性预期抵消，甚至根本不产生效应。

这个作为理论基础或前提的假说包含两方面的内容：一是假定消费者花钱的行为准则是从花费中换得的物品的效用极大化，而生产者则以利润极大化为其行为准则。二是“完全预期”假设，也就是假定任何经济行为主体在进行当前决策时能预测到未来会有的情况，总是完全地符合未来实际上会发生的情况。这是因为它假定单个经济单位在形成预期时使用了一切有关的、可以获得的信息，并且对这些信息进行明智的调整。

3. 货币中性假说（Monetary Neutrality Hypothesis）

理性预期学者提出货币中性假说。这种假说是要阐明各种信息、货币政策、财政政策同经济周期之间的本质关系。理性预期学派既不赞同凯恩斯主义所说的好的货币政策能够影响实际产量的理论，也反对货币主义者所说的坏的货币政策能够造成严重后果的观点。他们从自然失业率假说出发，认为货币是“中性的”。货币中性可以用货币面纱论说明；货币面纱论就是说明货币中性的理论。这种理论表明，由于生活中实际上是商品与商品交换，所以货币交易只不过是一层掩盖着内部真实活动的面纱。而当人们看不透这层货币面纱，以为货币本身也是有价值时，就会产生货币幻觉，也就是对货币所作的心理上的估价而忽视了它的购买力。按古典经济学的观点，货币完全是中性的，因而货币供应量的任何变化只能影响物价的绝对水平，而不会影响经济系统中任何实际的变量和产量水平。所以，理性预期学派认为，货币对于经济中的实际变量并没有什么规则性的影响，换句话说，规则的货币政策仅仅影响诸如物价水平和通货膨胀率等。而不会或极少能对诸如实际产量与就业量等实际变量发生影响。产生这种现象的原因，是由于以柔性工资和信息完备假设为基础所导出的货币中性假设，使规则的货币政策可以被准确地预料到。

（二）理性预期的基本模型

穆思在《理性预期与价格波动理论》一文中发展了适应性预期理论，首次提出“理性预期”理论。他假定：经济信息是稀缺的，经济体系不会浪费，而是充分利用了信息；预期形成方式主要依赖于描述经济的有关体系构成；公众的预期对经济体系运行不产生实质性影响。

在上述假定前提下，穆思提出其理论要点：（1）理性预期是使厂商利润最大化的预期，是人们有效地利用代价昂贵的信息后形成的，因而它是理性的，其结果与客观的理性预测一致。（2）理论预期是观察到的过去经验的规律性总结，它可以指导人们的经济行为。由于它与理性预期结果一致，因而理性预期可以构成经济行为的基础。（3）理性预期模型中存在随机误差项，表明厂商和经济学家都不能无所不知地掌握一切信息，因而会对其行为发生影响。（4）最主要一点在于，理性预期模型说明，规则的经济政策不会对实际经济行为产生影响，而只有当经济体系受到预料之外的冲击时，才会使实际产量偏离其正常轨道。显然，这一结论部分地否定了凯恩斯主义经济政策的有效性。

穆思所提出的理性预期模型为：

$$Y_t - Y_t^n = \alpha\ (P_t - P_t^*)\ + e \tag{14.16}$$

其中，Y_t 为 t 时期中实际总产量；Y_t^n 代表供给的稳定值；P_t 是 t 时期的实际价格水平；P_t^* 是 t 时期的预期价格水平；α 是正的系数，e 为随机误差。该模型表明在掌握了相同信息条件下，厂商的预期趋向于接近理论的预期。或者说，厂商与个人的主观心理预期与经济学家作出的理论预测即客观预测大体相同。

这一模型假定总供给同它的稳定值的偏离（$Y_t - Y_t^n$）源于实际价格水平与预期价格水平的差别（$P_t - P_t^n$）而这个差别又是因为外生变量（如经济政策）的冲击引起的，因此，该模型与规范化的菲利普斯曲线是一致的。即是说，当厂商未能区分这种差别并观察到其产品的实际价格变化时，实际价格的提高就会使厂商作出扩大其产量的决定。

如果厂商是理性的，那么可写为：

$$^{t+1}P_t^* = E_t P_{t+1} \tag{14.17}$$

$^{t+1}P_t^*$ 是对 t 时期中价格总水平的主观预期；$E_t P_{t+1}$是根据有关价格决定的信息作出的 $t+1$ 时期内的价格水平的最佳数字预测。这一公式表明：理性预期模型由确定部分和随机部分构成，因为预期的误差的回归值为零，所以主观心理预期等于客观的理论预测。穆思的理性预期模型是理性预期理论的雏形，还存在明显的缺陷与不足。此后，卢卡斯等人循着这一思路，提出了更完整、系统的理性预期理论。

（三）理性预期的国民收入与价格水平的均衡

理性预期学派对传统的总供给曲线的修改主要是添加了一个预期的变量。理性预期学派认同传统的劳动供给和需求取决于实际工资（w/P）的观点，但他们认为，在决定实际工资的大小时，劳动供给方面的 P 和劳动需求方面的 P 不一定是相同的。厂商在决定他所支付的实际工资大小时，是用其产品的价格去除以货币工资，因为对厂商来说，只要劳动的边际产品（厂商的利益）大于他为该劳动必须支付的实际工资（厂商的代价），他就会增雇劳动量，直到劳动的边际产品与劳动的实际工资相等为止。

而且每一行业的厂商都会用本行业的实际价格去计算他所支付的实际工资的大小，所以从社会整体看，所有厂商都必然会用实际存在的价格 P 去计算实际工资。而劳动者用于计算实际工资的价格水平与厂商所使用的不同，社会劳动者整体并不像厂商那样熟悉各行各业现行的实际价格，因此，劳动者整体只能用预期的价格水平 P_e 来决定实际工资的高低。如果考虑到这种差别，理性预期的总供给曲线与传统的总供给曲线就会有所不同。

三 理性预期理论的政策含义

第一，“反危机政策”无效。第二，放弃“积极的”政府调节，而使经济政策稳定化。第三，反对后凯恩斯主义扼杀市场机制的收入政策。第四，确定有利于人们进行预测的政策规律，而不能用频繁的政策变动迷惑人。总之，理性预期学派认为，稳定经济最重要的不在于像货币主义所主张的那样调节货币供给量，而在于不让公众采取各种防范性措施，在于取信于民。

四 西方经济学界对理性预期的批评

同其他西方经济学一样，理性预期理论也受到了另一些西方经济学家的批评，提出了一些反对的意见，主要有以下几种观点。

第一，理性预期假说的理论基础是在竞争过程中私人经济机构能够采取最优行动，即风险最小的行动。但是经济属于历史的范畴而非逻辑的范畴，在现实经济生活中充满了不确定性，因为历史是不确定的。这种不确定性不能像风险那样，可以用统计方法进行计算。统计方法只能适用于重复发生事件，而重复不是历史发展的特点，何况大多数人并不具备统计学等专门知识。人们的预期随着信息的变化而变化，而且往往是不正确的。因此，理性预期理论对理想世界的描述不适用于现实世界。

第二，预期的形成是一种心理过程，散布在广大公众中的感情基调具有决定性的作用。预期的形成是由各种因素决定的，货币和财政政策对预期有重要的影响，但在某些时候国际冲突、国内政治形势、地区性经济发展等因素对预期的影响更重要。预期还有分布的特点，不同的人有不同的预期，具有不同预期的人的比例是个重要因素，因为预期的分布不同，企业家和消费者的经济行为的效果也不同。对预期的研究应该更注重对企业家和消费者的抽样调查，并从心理学方面加以检验，而不应该像理性预期学派那样，把预期的研究建立在逻辑抽象或理性思考的基础之上。

第三，理性预期假说和自然率假说都假定价格是“完全弹性”的，即价格能够对需求的变化迅速作出反应，但实际上价格是“黏性”的；而且在这两种假说中工资决定的方式与实际情况不符，很多工人的名义工资是由长时期的工资合同确定的，并不像理性预期说的那样，一个时期接一个时期预期地不断进行调整。

第四，理性预期假说意味着“对自然失业率的偏离是小的和短暂的”，或失业率会保持在自然失业率的水平。但是美国和其他一些西方国家的实际情况却是失业率不但高于自然失业率，而且持续的时间还很长。此外，实际决策时政府拥有的信息远比私人机构多；而且理性预期的现实应用的可能性很小，因此反对理性预期。

第四节　新凯恩斯主义

一　新凯恩斯主义概述

（一）新凯恩斯主义主要代表人物

新凯恩斯主义（New-Keynesian School）或称新凯恩斯主义综合、新凯恩斯主义经济学，是 20 世纪八九十年代在美国出现并流行的一个经济学流派。其主要代表人物有哈佛大学的劳伦斯·萨默斯（Lawrence Summers）、N. 格里高里·曼昆（N. Gregory Mankiw）、斯坦福大学的约瑟夫·斯蒂格利茨（Joseph Stiglitz）、和加州大学的詹纳特·耶伦（Janet Yellen）。迈克尔·帕金（Michael Parkin）在 1984 年的《宏观经济学》中第一次使用了“新凯恩斯主义理论”一词，而后在 1985 年，这个词又被费尔普斯（Edmund S. Phelps）用在他的《政治经济学：导论》一书中，1988 年后，“新凯恩斯主义经济学”这一术语正式出现在学术论文中。进入 90 年代，新凯恩斯主义成为西方最有影响的两个经济学流派（另一个是新古典主义）之一。

（二）新凯恩斯主义的基本特点

传统凯恩斯主义一般有两个特点：一是他们通常把产量和就业的波动仅仅归因于名义工资和名义价格的刚性，即把工资—价格刚性看成是解释名义总需求变动造成实际经济变量变动的唯一或者至少是主要的原因；二是传统凯恩斯主义对他们所倚重的这种名义工资和价格刚性又只“假定是如此”，或只是说“事实如此”，而并未作进一步的解释，也不试图去说明为何会存在这样一种似乎与经济主体的理性预期行为相违背的刚性。这种“假定如此”或“事实如此”的理论显然不能使人满意，这也是在 20 世纪 70 年代初后传统凯恩斯主义陷于深刻危机的主要原因之一。

新凯恩斯主义从本质上看与传统凯恩斯主义是一致的，即承认资本主义市场经济体制的固有缺陷是造成失业和经济周期波动的原因，解决问题不能单靠市场经济的自发调节作用，而需政府对经济活动实行必要的干预调节。但他们与传统凯恩斯主义也有不同之处：新凯恩斯主义不像传统凯恩斯主义那样只是假定经济体系的不完全性并由此引出凯恩斯主义的结论，而是试图对这些不完全性进行合理的解释，特别是承认经济当事人的理性预期和最大化原则是分析宏观经济问题的出发点。这样，新凯恩斯主义经济学就具有了与新古典主义在形式上基本相同的分析结构。因此也可以说，新凯恩斯主义经济学是运用了新古典主义的研究方法。

新凯恩斯主义也吸收或借鉴新古典主义的观点，因此表现为一种新的“综合”。他们同新古典主义一致的地方是，都认为宏观经济学应当建立在微观经济学的基础之上，并认为理解宏观经济行为要建立一个简单的一般均衡模型（General Equilibrium Model）。新凯恩斯主义经济学与新古典主义的区别在于：新古典主义是利用完全信息、完全竞争、完全的市场体系、不存在交易成本、有代表性的经济主体等来建立自己的经济模型；而新凯恩斯主义在建立自己的经济模型时，利用的则是不完全信息、不完全竞争等。他们使用了与新古典主义相同的一般均衡的方法和结构，但不同意市场出清的假定。

（三）新凯恩斯主义经济学产生的理论根源与现实背景

新凯恩斯主义经济学的出现，被看成是自20世纪60年代之后便开始走下坡路的凯恩斯主义的复兴；而这种凯恩斯主义的复兴，既有理论方面的根源，也有其现实的经济背景。

从现实的经济背景方面看，20世纪80年代，经济形势开始朝着有利于凯恩斯主义复兴的方向变化。80年代早期，美国以及整个西方经济经历了大危机以来最为严重的衰退，企业倒闭、工人失业率曾高达两位数；以供给学派、理性预期学派和货币学派为代表的新自由主义政策在实践中并未取得突出效果，远远低于各阶层的愿望。严重的失业衰退，再一次把经济学家的注意力吸引到经济的失衡、特别是劳动市场的凯恩斯式失衡，即现行工资水平造成劳动供给远远大于劳动需求。这就使得凯恩斯主义理论和政策重新受到重视。

从理论根源方面看，后凯恩斯经济学家为凯恩斯主义理论作出了新的进一步发展：一方面，传统的凯恩斯主义者不断吸收其他学派的理论观点与政策主张，充实自己的理论体系，使之更为折中综合。如对供给的重视，把总供给与总需求的分析相结合，由 IS-LM 模型推出 AS-AD 模型。另一方面，一些年轻经济学家则既要坚持凯恩斯的非均衡思想，又受到新古典主义理论的启发，着眼于研究新的宏观经济理论，力图将宏观理论与微观理论有机地结合起来，构建有微观基础的、以凯恩斯思想为核心的宏观经济理论，由此产生了新凯恩斯主义。

传统凯恩斯主义把非自愿失业和经济的波动归因于名义工资和价格的刚性，而没有对这种刚性本身给予合理的解释；新古典主义经济学家们批评说，仅仅是假定工资和价格的刚性，而不去进一步解释为什么工资和价格会具有这样的刚性，这是不能令人满意的。新古典主义的冲击，使凯恩斯主义者再进一步认识其理论和政策的基础，于是他们看到了传统凯恩斯主义的缺陷和新古典主义的成功，因而决意从事结合宏微观的理论工作。同时，他们又注意到新古典主义"市场出清"假定的不现实性，因而继续坚持凯恩斯主义的基本思想。他们用"非市场出清""工资—物价刚性"的假设取代了新古典主义的"市场出清"和"工资物价灵活性"的假设。他们认为，由于市场的不完全性和经济当事人的理性行为，工资与物价是刚性的，因而当总需求减少或波动时，就不能通过价格的调整来适应、消化，必然导致实际产量与就业的减少或波动，经济将呈现出不稳定性。在 20 世纪 80 年代发展出了另外一种以新古典宏观经济学风格出现并且包括理性预期在内而具有凯恩斯主义结论的凯恩斯主义模型。这种理论就是新凯恩斯主义宏观经济学。

（四）新凯恩斯主义对新古典主义的批评

新古典主义有两个基本的假定：一是市场出清；二是理性预期。理性预期假定的作用是使经济的总供给曲线成为一条位于自然失业率水平的垂直线；市场出清假定的作用则是使得实际的产量和价格水平总是由总需求曲线与总供给曲线的交点决定。这两个假定合起来的结果是：垂直的总供给曲线与总需求曲线的交点决定了均衡的价格和均衡的产量，而这个均衡的产量显然就是充分就业的产量。这就得到了新古典主义宏观经济学模型中的充分就业的结论。当实际产量由垂直的总供给曲线和总需求曲线的交点决定时，如果试图通过政府的总需求政策把总需求曲线向右上方移动，那么唯一的结果就是使价格水平上升，产量仍将停留在自然产出的水平，这样就得到了新古典经济模型的政策无效的结论。因此，反驳新古典主义的理论，可从反驳这两个假定入手，修正两个假定中的任何一个假定，都可能使新古典主义经济模型的充分就业和政策无效的结论不再成立。

如果修正了理性预期的假定，则总供给曲线就不再是垂直的，而可能是向右上方倾斜的。在这种情况下，即使市场是结清的，经济总是处于总需求和总供给曲线的交点上，但这个交点也可能是位于总供给曲线向右上方倾斜的部分。这就出现了低于充分就业的均衡。对于向右上方倾斜的总供给曲线，政府的总需求政策就可以有一定的效果；它使得总需求曲线沿着向右上方倾斜的总供给曲线移动，结果造成产量的增加。

如果修正了市场出清的假定，则经济就可能不处于总需求曲线与总供给曲线的交点上，即是说价格水平或工资水平可能高于或者低于均衡的水平。无论实际的价格或者工资水平低于还是高于均衡的水平，在这两种情况下产量和就业量都将只由较少的需求或供给一方决定，结果都可能造成低于充分就业的均衡。特别是当价格水平高于均衡价格时，即使总供给曲线是垂直的，总需求曲线的移动仍然可能增加总的产出水平。

新凯恩斯主义认为，新古典主义经济学家们关于对价格的理性预期将导致工资和价格同时变化，从而抵消价格变化对总供给的影响的说法，至少从短期看是有问题的。这是因为现实的经济情况非常复杂，人们难以在短期中形成所谓理性的预期。即使人们相信，企业和居民消费者在进行预期时不会犯系统性错误，即预期最终会变为“理性的”；但在这个最终时刻到来之前，也许要花费一定的时间来调整人们的预期。在这个“短期”的调整过程中，总供给曲线就是向右上方倾斜的。实际上，新凯恩斯主义认为，这个短期很可能是一个很长的时期。只要在这个时期中，总供给曲线不是垂直的，则即使价格是有弹性的，从而总供给和总需求是相等的，也可能出现低于充分就业的情况，通过移动总需求曲线也可以增加产出水平。

但是，新凯恩斯主义者对新古典主义的批评，主要集中在第二方面，即否定市场结清假定。这又分为两个方面：一是否定劳动市场结清的假定；二是否定商品市场结清的假定，并由此建立了新凯恩斯主义的工资刚性与价格刚性的理论。

二　新凯恩斯主义主要理论观点

（一）商品市场：价格刚性理论

在传统凯恩斯主义理论中，特别是在一般非均衡的凯恩斯主义理论中，通常以假定价格刚性为前提，即价格不随名义总需求的变动而变动。而宏观的价格刚性则来源于微观的价格刚性，即产生于单个企业的价格刚性。但这种微观的价格刚性又是从何而来呢？传统凯恩斯主义没作进一步的研究，大部分凯恩斯主义者只是简单地假定单个企业的价格具有刚性，就是说这种“外生的”价格刚性是被强加到他们的模型之中，这显然没有说服力。于是，一部分新凯恩斯主义经济学家试图对此作出新的解释说明。主要有菜单成本、扭折的需求曲线、平缓的成本曲线等。

（二）劳动市场：工资刚性理论

对于凯恩斯主义经济学来说，劳动市场的问题是十分重要的，因为它的主题就是研究就业问题。但在以前的凯恩斯主义经济学中，却很少有对劳动市场的分析，他们只涉及商品市场和货币市场，如 IS-LM 分析。新古典综合派也是按照新古典的理论来解释劳动市场的供求问题，凯恩斯的就业理论仅被看作古典或新古典理论加工资刚性的结合。工资刚性也只是一种简单假定或是对经济现象的简单陈述，而不是从经济行为主体的最大化原则中推导出来的。20 世纪 80 年代出现的新凯恩斯主义经济学在一定程度上弥补了这个不足，他们试图在最大化行为及理性预期的基础上推导出工资刚性，并由此来说明就业的波动和非自愿失业的存在。

1. 效率工资理论（Efficiency Wage Theory）

实际工资刚性的一种解释是效率工资理论。当劳动市场存在着非自愿失业时，企业本可以用较低的工资雇佣到工人，但却没有这样做。企业为什么宁愿支付较高的工资呢？效率工资理论的解释是：实际工资的高低会影响工人的生产效率，而工人的生产效率又会影响到企业的利润。如果企业削减工人工资，其结果可能是更大程度上降低劳动生产率，反而增加平均的劳动成本，降低企业的利润。因此，企业宁可支付超过劳动市场出清所要求的均衡工资，以保证工人有较高的生产效率，从而获得更多的利润。从效率工资论出发，也可以说明为何非自愿失业存在。

2. 隐性合同（Implicit Contracts）理论

隐性合同是工人与企业之间在工资和就业问题上的一种没有明说的合同。隐性合同认为，实际工资呈现刚性是因为厂商和工人之间的一种非正式的或含义不清的合同造成的。在这种合同中，厂商愿付更高的工资作为应付可能出现的失业的一种保险。即是说，当工人工作时，他们可以得到较高的工资；作为交换条件，工人不能埋怨厂商随便改变雇佣数量，在厂商认为必要的时候，他们可以解雇或重新雇佣这些人。

3. 集体谈判（Collective Bargaining）理论

在西方现实经济生活中，人们可以看到在工人和企业之间存在着一些有关工资和就业的正式合同，这些合同关系是作为工人的代表——工会与企业之间进行谈判或讨价还价而形成的结果，由于这些讨价还价都是在企业和工会之间进行的，这种讨价还价就被称之为“集体谈判”。根据不同的假定前提，也可以建立不同的集体谈判模型，主要有：假定工会单独决定工资、工会和企业谈判决定工资、工会和企业谈判同时决定工资和就业等，不同的模型将有不同的结果。

三　新凯恩斯主义的政策思想

在对经济分析中，新凯恩斯主义经济学家也提出了影响和调节经济的政策方法，尤其注重财政政策的调节。新凯恩斯主义的经济政策思想主要包括以下几个方面。

第一，财政政策的微观基础。新凯恩斯主义认为，使货币政策有效的那些因素一般也会对财政政策有效。因为这些因素造成了价格刚性，而价格刚性会使任何影响总需求的政策变得有效。新凯恩斯主义求助于经验研究证明财政政策的有效性，为此他们提出了以下私人行为函数：

$$C_t = \alpha_0 + \alpha_1 Y_t + \alpha_2 W_t + \alpha_3 GE_t + \alpha_4 TR_t + \alpha_5 r_t D_t + \alpha_6 T_t + \alpha_7 D_t + \alpha_8 GK_t + \alpha_9 DR_t + \alpha_{10} GKR_t + \alpha Z_t + \sum{}_t \qquad (14.18)$$

其中，C_t 为私人消费，Y_t 为国民收入，W_t 为私人财产，GE_t 为政府购买，r_tD_t 为政府的利息支付，T_t 为税收，D_t 为政府净金融债务额，GK_t 为政府非金融资本，DR_t 为对 D_t 的实际再估价，GKR_t 为对GK_t 的实际再估价，Z_t 为其他外生变量，$\sum_t$ 为随机变量。

式（14.18）表明，收入变量的系数与财政赤字的系数差异构成了财政政策变化的影响，即税收对债务的替代效应。经过研究表明，新凯恩斯主义估算财政、税收对消费等因素的影响低于传统凯恩斯主义的估计值，但比最优消费理论所作的估计值要高，结果是财政政策是有效的，但不如传统凯恩斯所估计的那么大。

第二，不完全竞争条件下的财政思想。不完全竞争条件下的财政政策作用是由曼昆（G. Mankiw）提出来的。他认为，在不完全竞争条件下，价格高于边际成本存在超额利润，因而企业总是希望销售更多的产品。这种超额利润的存在为凯恩斯的财政政策乘数效应发挥作用创造了一个前提。扩张性财政政策能增加总支出，总支出增加会提高利润。反过来，利润提高又会增加总支出。因此，扩张性财政政策能刺激经济增长。政府的作用就是通过实施有效的财政政策而发挥其乘数效应。同时，曼克尤还考察了政府购买、税收及平衡预算对个人福利的影响，其基本结论是平衡预算型的财政刺激一般会降低福利，而政府购买增加和减税都会提高福利水平。

第三，名义工资刚性条件下的财政思想。该财政思想是由布兰查德（Olivier Blanchard）提出来的。名义工资刚性条件下的财政思想是指，在名义工资刚性存在的条件下，财政政策能影响实际工资水平。在短期内，利率的降低通过扩大财政赤字提高总需求水平，同时通过降低企业所负担的实际工资水平提高总供给水平。如果个人所得税税率降低或公司所得税税率降低都会对总需求和总供给发生影响，或是增加就业和扩大财政赤字或是价格下降，实际货币余额增加，财政赤字下降。在此基础上，布兰查德认为降低企业所得税率比降低个人所得税是一种更可取的扩张性财政政策。但是为了防止财政赤字的增加，还必须辅之以扩张性的货币政策。

本章小结

本章主要根据时间线索梳理西方经济学发展的基本脉络和主要经济学流派，包括新古典综合派、货币学派、理性预期学派以及新凯恩斯主义。介绍了不同学派的理论渊源，以及主要政策主张，也同时分析了各个学派存在的不足之处。

理论自测

1. 凯恩斯在哪些方面对传统的古典经济学进行了革新？
2. 新古典综合派经济学家是如何解释失业和通货膨胀并存的现象的？
3. 新凯恩斯主义的假设条件。
4. 实际工资黏性理论。
5. 现代货币主义者的经济政策主张有哪些？

应用自测

1. 设总需求方程 $y=120-20P$，卢卡斯曲线控制着经济的运行。有100个企业，每个企业都有供给方程 $y_i=4(P_i-P_e)+1$。每个企业都用去年的价格 P_{-1} 和它自己的价格形成它对总价格水平的预算，$P_e=P_{-1}+0.5(P_i-P_{-1})$。

（1）求卢卡斯总供给函数。

（2）假定 $P_{-1}=1$，求总需求曲线和卢卡斯总供给曲线相交时的总产量水平和总价格水平。

（3）假定需求突然上升，AD 方程变为 $y'=131-20P$，求产量和价格。

2. 设卢卡斯供给曲线为：$y=c(P-\hat{P})+y^*$，其中，$c=20000$，$y^*=4000$，当价格水平 $P=1.01$，预期价格 $\hat{P}$ 为1，产量 y 就为4200，即高于潜在水平 $y^*=4000$，假设总需求曲线为 $y=1101+1.288G+3.221M/P$。

（1）假设某一时期经济已处于产量为潜在水平状况，并在近期内预期政策不会变化。货币供给为600，政府支出为750，价格水平为多少？

（2）假设央行宣布将货币供给从600增加到620，新的产量水平和价格水平将为多少？

（3）假设央行宣布将把货币供给增加到620，但实际上却增加到了670，新的产量水平和价格水平为多少？

参考文献

N. 格里高利·曼昆：《宏观经济学》（第六版），张帆、杨祐宁、岳珊译，中国人民大学出版社2009年版。

耿作石：《当代西方经济学流派》，中国人民大学出版社2015年版。

龚刚：《宏观经济学——中国经济的视角》，清华大学出版社 2005 年版。

宋承先、许强：《现代西方经济学（宏观部分）》（第三版），复旦大学出版社 2004 年版。